兒童課後照顧服務 訓練教材 上

Teaching Materials of Schoolager's After-school Care
in Child Welfare Professionals' Training

郭靜晃、黃志成、王順民／主編　郭靜晃 等／著

序

　　我國自二〇〇三年五月二十八日公布「兒童福利法」與「少年福利法」合併為「兒童少年福利法」，此法中第十九條第一項規定：「直轄市、縣（市）政府應鼓勵、輔導、委託民間或自行辦理下列兒童及少年福利措施。」其第十二款規定：「辦理兒童課後照顧服務。」同條第三項並規定：「第一項第十二款之兒童課後照顧服務，得由直轄市、縣（市）政府指定所屬國民小學辦理，其辦理方式、人員資格等相關事項標準，由教育部會同內政部定之。」

　　兒童少年福利法業經第二次修訂於二〇〇三年五月二十八日經總統公布施行。兒童少年福利法第五十一條規定：「兒童及少年福利機構之業務，應遴用專業人員辦理，其專業人員之類別、資格、訓練及課程之辦法，由中央主管機關訂之。」又第五十條規定：「兒童及少年福利機構分類如下：(1)托育機構；(2)早期療育機構；(3)安置及教養機構；(4)心理輔導或家庭諮詢機構；(5)其他兒童及少年福利機構。」又兒童福利專業人員資格要點第二條規定，兒童福利專業人員包括：托兒所保育員、安置及教養機構保育員、社會工作人員、心理輔導人員、生活輔導人員、早期療育人員及主管人員。其中課後照顧人員因應托教合一制度將行政及管理權交由教育部，而零至五歲之托育人員、六至十二歲之課後托育人員及其他有關兒童福利機構之保育員、心理輔導員、生活輔導員、早期療育人員及主管人員，則依兒童福利專業人員資格要點規定辦理。

目前國小兒童課後照顧體系的行政及管理仍是兩頭馬車，在二○○三年五月二十八日之後申請立案課後托育機構，其行政及管理權交由教育部；而之前立案之課後托育機構，其行政及管理權則屬於內政部兒童局。此外，國民小學學校可辦理兒童課後照顧服務，至於人員資格，國民小學學校辦理的兒童課後照顧服務則依國民小學辦理兒童課後照顧服務及人員資格標準，取得三百六十小時受訓資格之後，始得在國民小學學校辦理課後照顧方式；但在學校外之兒童課後照顧服務，其行政及管理權則屬於內政部兒童局，其人員資格要適用於兒童福利專業人員之保育人員（或助理保育人員資格），則需接受兒童局所委託之兒童福利專業人員資格訓練及格且取得證書者。

本書針對「國民小學辦理兒童課後照顧服務及人員資格標準」之課程內容，包括核心課程及彈性課程，共計有十五項課程（核心課程的部分由各執行單位統一辦理；彈性課程的部分則視各執行單位之需求，自行規劃安排課程），邀請國內十一位專家學者共同撰寫，分為上、下兩冊，上冊內容包括：第一章「兒童發展的理念」（郭靜晃）、第二章「學齡兒童之生心理發展」（郭靜晃）、第三章「兒童福利導論」（郭靜晃）、第四章「兒童福利服務」（郭靜晃）、第五章「課後照顧服務概論」（王順民）、第六章「兒童心理衛生」（賴宏昇）、第七章「特殊教育概論」（黃志成）。下冊內容包括：第八章「兒童醫療保健及意外事故急救訓練」（羅聿廷、林秀桑）、第九章「兒童故事」（黃惠如）、第十章「親職教育」（黃惠如）、第十一章「兒童行為輔導（賴宏昇）、第十二章「兒童安全」（蔡嘉泗）、第十三章「初等教育」（邢小萍）、第十四章「學習指導」（邢小萍）、第十五章「兒童體育與團康」（蔡明昶）、第十六章「兒童遊戲與發展」（吳幸玲）、第十七章「兒童遊戲與休閒發展及運用」（吳幸

玲)、第十八章「班級經營」(羅聿廷)。

　　本書得以順利出版,要感謝揚智文化事業股份有限公司葉總經理忠賢,在葉總經理十年來的誠懇及堅持不懈地邀請與期盼之下,爲本書付梓提供各種協助,才能使本書順利交稿,在此表達誠摯的謝意。

郭靜晃、黃志成、王順民 謹識

陽明山華岡

目　錄

Chapter

O1

● 第一章　兒童發展的理念 ●

郭　靜　晃

•美國俄亥俄州立大學家庭關
　係與人類發展學系博士
•中國文化大學社會福利學系
　教授兼系主任

前　言

　　兒童發展的起點應為個體受孕開始，而狹義的終點約到青年期為止，廣義的終點則到死亡為止；兒童的年齡界定也會因文化差異而有所不同。一般兒童係指十二歲以下之人，但發展國家例如美國或日本將兒童界定為十八歲以下之人。我國兒童少年福利法雖將兒童界定為十二歲以下之人，但實際兒童福利工作範疇已將十二歲擴大至廣義的十八歲。發展改變的過程是有順序的、前後連貫的、漸進的、緩慢的；其內容包含生理和心理的改變；其改變與遺傳、環境、學習、成熟有關，其變化包括量和質的改變，其方向是由簡單到複雜，由分化到統整。一般而言，兒童的分期可分為產前期、嬰兒期、幼兒期及兒童期。兒童發展改變的類型有：大小的改變、比例的改變、舊特徵的消失、新特徵的獲得。Havighurst 曾提出嬰幼兒期及兒童期的發展任務。而兒童發展的一般原則包括：早期的發展比晚期重要，發展依賴成熟與學習，發展有其關鍵期，發展的模式是相似的，發展歷程中有階段現象，發展中有個別差異，發展的速率有所不同，發展具有相關性。

　　關於本章所討論的兒童發展，主要著重於影響兒童發展的因素及理論，以及介紹學齡兒童期之生、心理特徵，如身體、動作、智力、認知、語言、社會、情緒或人格等，是如何發生？又如何繼續開展？且是什麼原因導致個體間出現相同或相異的發展狀況呢？近年來，先天與後天或遺傳與環境一直是討論影響發展的主要因素；在遺傳方面主要是談到人類基因對發展的影響，如個體的特徵、發展的速度及順序，與個體的異常

等。而環境因素方面,則有很多文化的期望、貧窮、家庭組成分子、家庭結構、對兒童的照顧與教育等,與兒童的人格智力及身體發展等的關係。不過,近年來的研究者,開始對過去以同卵雙胞胎在智力與人格測驗之高相關來解釋遺傳與發展的關係,提出不同的看法,如父母親的育兒經驗、排行序等,可能也是與這些發展相關的因素。換言之,現已趨於同意人類的發展是取決於「遺傳特徵」及「環境經驗」的交互影響。

　　兒童發展爲全人發展(life-span development)的一環,更是人類行爲的詮釋。在探索千變萬化的人類行爲之前,應去瞭解「發展」(development)這個名詞。發展的基本概念是行爲改變(behavior change),不過並非所有的行爲改變都具有發展性,諸如中了樂透,或車禍,對人類而言,這是一種意外事件,更是一種周遭環境的改變而影響過去的固定的生活模式(life pattern)。

　　每個人帶著個人獨特的遺傳結構來到這個世界,並隨之在特定的社會文化與歷史背景展露(upholding)個人的特質,而形成個體的敘事(narrative)及生活形態。就如同Loren Eiseley所主張:「人類行爲是在於歷史的特定時間內與他人傳說之互動中逐漸模塑成形的。它受個體之生理、心理及所處環境之社會結構和文化力之相互作用中逐漸形成其人生歷程(life course)。」從社會學的觀點來看,人生歷程是穿越時間而進展(Clausen, 1986),也就是說,隨著時間的推移而產生行爲的改變。因此,個體除了生物性的成長改變,他也必須隨著社會變遷而改變,以迎合更穩定的社會結構、規範和角色。生命只有兩種選擇,改變或保持現狀。誠如二千五百年前的希臘哲人Heraclitus所言:「世界無永恆之物,除了改變。」社會學家Durkheim也以社會變遷與整合來分析社會的自殺行爲,他說:

「一個人越能與其社會結構相整合，他越不可能選擇自殺。」

　　從心理社會的觀點（psychosocial perspective）來看，人生歷程指的是工作以及家庭生活階段順序之排列的概念。這個概念可用於個體生活史的內容，因為個人生活史體現於社會和歷史的時間概念之中（Atchley, 1975; Elder, 1975）。每個人的生活過程皆可喻為是一種人生適應模式，是每個人對於在特定時間階段所體驗到的文化期望，所衍生的人生發展任務、資源及所遭受障礙的一種適應。

　　綜合上述，人類的發展是終其一生連續性的變化，每個人的成長及變化是持續並隱含於每個發展階段之中，全人發展意指人類在有生之年，內在成長與外在環境之動態交互作用中產生行為的變化，而變化最能代表發展之含義。本章是以人類生命週期（發展階段）與全人發展的觀點，呈現個人的成長變化、發展與行為。基於兒童之定義為十二歲以下之個體，廣義可延伸至十八歲以下之人，故本章將著重於十八歲以下之兒童（少年）及其家庭之不同生命歷程對其個人及家庭產生的衝擊及衍生的需求。

一、人生歷程與發展之意涵

　　Atchley（1975）提出一種在職業和家庭生活歷程中，與年齡聯繫在一起所產生變化的觀點（參考圖1-1）。由圖1-1中可看到生命歷程中工作與家庭生活之間的可能結合形式。例如，某一女性青年結婚前曾在工作職場待過，在結婚生子之後，因要撫養子女而退出就業市場，待孩子長大又重返勞動市場，她必須重新受訓。對她而言，職業生涯可能會產生很大變化，例

如，從全職工作退居到兼差，或從在大企業工作轉到小企業，甚至到個人工作室。對於那些結婚、生育子女、再結婚、再生育子女的人而言，家庭生活在其個人之觀點及體驗是有所不同的。這也可解釋爲何許多婦女在工作職業生涯之變化與其是否有孩子、孩子數目及孩子年齡層有關。而有關本章兒童福利爲兒童發展之關係更要保持兩個層面，一是父母在其發展階段所面臨之環境與角色和社會對其的期望；另一層面是父母及其家庭對兒童所產生的影響。

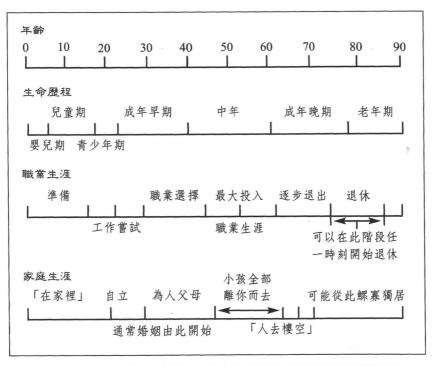

圖1-1　年齡、生命歷程、職業生涯和家庭生涯之間的關係

資料來源：Atchley R. C.(1975).The life course, age grading, and age-linked demands for decision marking, in N. Datan & L. H. Ginsberg(eds.).*Life-Span Developmental Psychology:Normative Life Crises* (p.264). New York:Academic.

　　生命過程模式受歷史時代的影響。生活於西元一九○○至一九七五年的人，其生命過程可能就不同於生活於一九二五至二○○○年的人。人們可能在不同人生階段，面對著不同的機遇、期望和挑戰而經歷那同樣的歷史年代。職業機遇、教育條件和同族群人數的差異，是可能影響生活經歷模式的三個族群因素（Elder, 1981）。最近，日本學者將西元一九五五年之前出生者歸之為舊人類，在一九五五年之後出生者稱之為新人類。而這些新人類在一九六五年之後出生者稱之為X世代（X generation），一九七五年之後出生者為Y世代，及一九八五年之後出生者謂之為Z世代。這些世代歷經了社會變遷、教育模式及不同境遇也衍生了不同價值觀，甚至形成了特定的次文化（subculture）。換言之，處於不同世代的父母，因受社會變動因素之影響，而有不同之機遇及別人對其角色的期望，而產生此世代的個別經驗及知覺。應用於兒童福利（尤其是托育服務），此世代之父母對於養育子女的觀念及需求也會異於不同世代之父母，加上父母因需求之滿足或個人境遇之變化（例如，離婚家庭或外籍配偶家庭）而產生對子女管教與保育之差異，進而對子女發展產生不同之影響。

　　儘管生命歷程與事件的時間順序密切相關，但有一種觀點認為，處於不同年齡階段的人對事件有不同的看法。人們並不是簡單地在各個事件之中埋頭忙碌，他們會進行選擇。有的人在選擇時比別人更為小心、更為明智；他們接受某些職責，拒絕其他職責；而有些人則比其他人承擔更多的責任。

　　人們對角色的興趣或重要性有著不同的看法。他們認為，有些角色是重要的，有些角色則是次要的。他們從某種過去經驗中吸取教訓，增加他們在某些角色中的效果。例如，在成年早期，有關母親和父親的回憶可能關係到一個人結婚或生育子

女方面的決定。在中年期，隨著人們在社會組織中接觸到職業生涯管理或領導的任務，人們對手足或學校同儕經歷的懷念會更加明顯（Livson, 1981）。

　　然而，不管什麼時候，每一個人的早期經驗都將影響其當前的選擇，個人特點也將由此而形成。在研究生命歷程時，我們不僅對經驗的時間順序感興趣，而且還很關注在成人努力於適應中不斷變化，且有時此變化是相互衝突的角色要求時所出現的心理成長。

　　在生命歷程中，適應模式的整體面貌應包括：年齡增長的生理過程及其他生物歷程的概觀，這其中又包括：生育子女、更年期停經、荷爾蒙分泌的減少、慢性疾病，以及死亡（Katchadourian, 1976）。適應模式的總體概觀還應包括各種因素，例如，發展任務、心理社會危機及種種經歷，包括：職業、婚姻、養育子女等生活的各個方面（Feldman & Feldman, 1975）。它應包括規範性的、針對各個年齡的期望、發展期望和角色期望方面的背景，也應包括一個廣泛的涉及經濟危機、戰爭、饑荒、政治變革和社會運動等的社會歷史背景。對於一個特定的年齡群體來說，這些方面都會改變某些行為的含義（Erikson, 1975; Miernyk, 1975）。事實上，大多數有關生命歷程的研究並沒有做到如此全面。這些研究往往只是單獨涉及對心理社會事件的適應，或只是注重與年齡相關聯之期望的背景（Brim, 1976）。

　　人的全人發展的起點是從個體受孕開始，一直到終老死亡為止。發展改變（change）的過程是有順序的、前後連貫的、漸進的，及緩慢的，其內容包含有生理和心理的改變，此種改變受遺傳、環境、學習和成熟相關。而人類行為是由內在與外在因素之總和塑造而成，藉著社會規範所給予個人的方向與指

引，因此有些人類行為是可預期的且規律的。例如，在吾人社會中，依時間前後排序的年齡，時常會隨著地位和角色轉換而產生改變，文化上也相對地規範在「適當的」時間中上托兒所、學才藝、上學、約會、開車、允許喝酒、結婚、工作或退休。當在這些特殊生活事件中存在相當的變異性時，個人將「社會時鐘」（social clock）內化並時常依照生命歷程的進行來測量他們的發展進程，例如，某些父母會（因他們兩歲的小孩尚未開始說話，或是一近三十歲的已成年子女並未表現出職業發展方向，或一近三十五歲結婚女性尚未生育子女等行為）開始擔心他們子女是否有問題。問題是與「在某段時間之內」有關，會因此受內在情緒強度所掌握，此種社會規範的影響是與特定生活事件所發生的時間有關。

社會規範界定社會規則，而社會規則界定個體之社會角色。若社會角色遭受破壞，那他可能會產生社會排斥。例如，過去的傳統社會規範「女子無才便是德」，女性被期待在她們青少年晚期或二十歲初結婚，再來相夫教子並維持家務。至於選擇婚姻及家庭之外的事業，常被視為「女強人」，並被社會帶著懷疑的眼光，而且有時還會視為「老處女」，或「嫁不出去的老女人」。或現代之父母育兒觀：「望子成龍，望女成鳳」，孩子在小時候被期望學習各種智能及才藝，甚至要成為超級兒童（super kids）。除此之外，社會價值也隨著社會變遷與發展產生了變化，原有的傳統家庭價值受到挑戰與衝擊，進而形成各種家庭形態（如單親家庭、隔代家庭、外籍配偶家庭），這些改變也相對地影響兒童的發展，所以現代之家庭與兒童需要外在之支持以幫助其適應社會。

人生全人發展常令人著迷，有著個別之謎樣色彩，相對地，也是少人問津的領域。想去理解它，我們就必須弄清楚在

發展各個階段上，人們是怎樣將他們的觀念與經歷統合，以期讓他們的生命具有意義，而這個生命歷程就如每個人皆有其生活敘事（narrative），各有各的特色。

由人類發展的含義來看，它包括有四個重要觀念：第一，從受孕到老年，生命的每一時期各個層面都在成長。第二，在發展的連續變化時程裏，個體的生活表現出連續性和變化性；要瞭解人類發展，必須要瞭解何種因素導致連續性和變化性的過程。第三，發展的範疇包含身心各方面的功能，例如，身體、社會、情緒和認知能力的發展，以及它們相互的關係。我們要瞭解人類，必須要瞭解整個人的各層面發展，因為個人是以整體方式來生存。第四，人的任何一種行為必須在其相對的環境和人際關係的脈絡中予以分析，因為人的行為是與其所處的脈絡情境有關，也就是說，人的行為是從其社會脈絡情境中呈現（human behavior nested in the social environment），故一種特定的行為模式或改變的含義，必須根據它所發生的物理及社會環境加以解釋。

人生歷程將生命視為一系列的轉變、事件和過程，發生在人生歷程中任何一階段，皆與其年齡、所處的社會結構和歷史變革有關。然而，Rindfuss、Swicegood及Rosenfeld等人（1987）卻指出：人生事件並非總是依照預期中的順序發生，破壞和失序在穿越生命歷程中均隨時可能會發生。例如，不在計畫中、不想要的懷孕，突然發生的疾病、天災（九二一地震、風災或SARS），經濟不景氣被裁員等，都會造成生命事件中的那段時間段落的失序和破壞，甚至衍生了壓力，此種壓力的感受性通常是依個人與家庭所擁有的資源及其對事件詮釋而定（Moen & Howery, 1988）。

持平而論，個人的人生歷程是本身的資源、文化與次文化

的期待，社會資源和社會暨個人歷史事件的綜合體，深受年齡階段、歷史階段和非規範事件所影響（參考圖1-2），茲分述如下：

(一)年齡階段的影響

人類行為受年齡階段之影響（age-graded influences），是那些有關於依照時間進程的年齡（例如，出生、青春期），以及特定的年齡期待（例如，學業、結婚生子、退休）。在發展心理學的Freud的心理分析論、Erikson的心理社會論、Piaget的認知發展論及Kohlberg的道德發展論，皆指明人類行為根植於生命歷程中各年齡階段的行為改變。

人類行為會因個體的成熟機能而表現出不同的行為結構，加上這些事件上許多文化期待的規範性和預期性的形態，而產

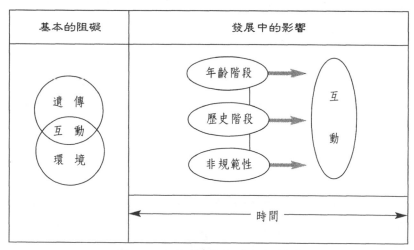

圖1-2　人生歷程中之影響因素

資料來源：陳怡潔譯（1998），《人類行為與社會環境》（台北：揚智文化），頁173。

生預期社會化的行為（Hagestad & Neugarten, 1985）。預期的社
會化過程規範個人在文化中所假定的扮演角色行為。例如，在
某些文化，要求青少年獨立自主，並會安排家務或其他雜務給
子女，並視此種獨立及幫忙家務是為日後職業生涯之價值及工
作取向做準備。

　　年齡階段之影響是由文化性與歷史性所定義，例如，在二
十世紀初期，童工在貧窮與中等階級的家庭中是必要的人力資
源；但至二十世紀初通過童工法和補習教育，兒童被期望接受
教育並為日後提升經濟生活做準備。將此觀點應用於兒童福利
實務，應給予父母親職教育，倡導尊重孩子的權利及適齡發展
的托育，以及避免給予過度學習壓力的快樂童年。

(二)歷史階段的影響

　　歷史階段的影響（history-graded influences）意指由歷史事
件帶來的各項社會變遷，例如，人口統計學上的更動、能力技
巧的改變和就業率。「族群」（cohort）受其出生年代和分享歷
史背景經驗所影響，如前面所述的舊人類和新人類的X、Y、Z
世代。族群的概念在解釋人生歷程中不同時間點上所受之歷史
階段影響，它會受歷史階段或同儕的相互影響而形成一種特殊
的行為模式。例如，最近台灣的經濟不景氣即是一歷史事件，
此事對失業的青壯年及其家庭的生活造成衝擊。幾十萬人無法
找到工作，且承受著經濟不景氣及通貨膨脹的痛苦。結果，造
成他們在工作、節約和經濟消費行為的信念改變。工作不再是
事求人、唾手可得的，因此，經濟上的節約變得相當重要。對
那些原本就是貧窮的人而言，他們會經歷到「比原本更困苦」
的沮喪；而對那些富有的人而言，這只是一段困苦的時間，並

非原本就必須要承受的災難，或許暫時咬緊牙關，忍耐一陣就會否極泰來。將此觀點應用於兒童福利實務，除給予急難救助的社會支持及服務方案外，也要運作各種資源增加個人因應壓力的能力，增加個人生活的堅毅力及增強正性的自我信念與價值。

(三)非規範性的影響

非規範性的影響（non-normative influences）係指在行為上的各種事件是無法預測及始料未及的事件，例如，天災（火災、地震、風災、水災、SARS）或失業，突然喪偶或爆發疾病。這些事件與歷史上的推移關聯甚少，而且時常比預期中的生命事件具有更大的壓力及影響。「天有不測風雲，人有旦夕禍福」，兒童福利應提供社會支持，整合社會可利用之資源，增強及充權增能兒童及家庭能有再適應社會之功能。

二、兒童發展的意義、分期與原則

(一)發展的意義

發展（development）的意義牽連甚廣，要如何界定，端賴學者以何種角度切入，Gesell（1952）認為發展是一種有順序的、前後連貫方式做漸進的改變。Hurlock（1968）認為發展是一個過程，在這個過程，內在的生理狀況發生改變，心理狀況也受到刺激而產生共鳴，使個體能夠應付未來新環境的刺激。

Anderson（1960）亦強調：發展不僅是個體大小或比例的改變，也不只是身高的增加，或能力的增強，發展是統合個體許多構造與功能的複雜過程。朱智賢（1989）認為發展係指一種持續的系列變化，尤指有機體在整個生命期的持續變化，這種變化既可是由於遺傳因素，也可局限於出生到青春期這一段時間。張春興（1991）將發展分為廣義與狹義而言，就廣義而言，係指出生到死亡的這段期間，在個體遺傳的限度內，其身心狀況因年齡與學得經驗的增加所產生的順序性改變的歷程；至於狹義的定義，其範圍則縮短至由出生到青年期（或到成年期）的一段時間。在以上兩界說中，雖然均以「自出生」作為研究個體發展的開始，而事實上目前多從個體生命開始（受孕）研究發展。黃志成（1999）在其所著《幼兒保育概論》一書中，則將發展的意義界定如下：係指個體自有生命開始，其生理上（如身高、體重、大腦、身體內部器官等）與心理上（如語言、行為、人格、情緒等）的改變，其改變的過程是連續的、緩慢的，其改變的方向係由簡單到複雜、由分化到統整，而其改變的條件乃受成熟與學習，以及兩者交互作用之影響。

　　綜觀上述各家之言，發展之意義可歸納出下列幾點：

1.發展的起點應為個體受孕開始；而其終點就廣義而言，應到死亡為止；就狹義而言，則約到青年期為止。
2.發展為個體的改變，其改變的過程是有順序的、前後連貫的、漸進的、持續的。
3.發展的內容應包含生理和心理的改變。
4.發展的改變與遺傳、環境、學習、成熟有關。
5.發展不單是量的變化，也是質的變化。
6.發展的方向是由簡單到複雜，由分化到統整。

(二)兒童的分期

前已述及，兒童發展是前後連貫的、漸進的，故實難為兒童的生長過程分期，然為研究、瞭解之方便，學者專家總是大略的將它分為若干階段，例如，盧素碧（1993）將之分為：

1.胚胎期：自受精至誕生。
2.初生期：大約指出生後的十天或一個月。
3.嬰兒時期：大約指出生後十天或一個月至一歲多的期間。
4.幼兒期：指一歲多到滿六歲的期間。
5.兒童期：自六歲至滿十二歲。
6.青年期：自十二歲到成熟。

黃志成、王淑芬（1995）以年齡為標準，將兒童期劃分為：

1.產前期：從受精至出生前為止。
2.嬰兒期：從出生至滿週歲。
3.幼兒期：約從一至六歲。
4.兒童期：從六至十二歲。

張春興（1992）在《現代心理學》一書中，將兒童期分為：

1.產前期：從受孕到出生。
2.嬰兒期：指出生至兩歲。
3.前兒童期：二至六歲。
4.後兒童期：六至十三歲。

Erikson（1963）的心理社會性階段，將兒童分為以下四期：

1.嬰兒期：指出生至一歲。

2.學步期：指二至三歲。

3.幼兒期：指三至六歲。

4.兒童期：指六至十二歲。

Newman和Newman依據Erikson之心理社會發展理論，將兒童期分為：

1.胚胎期：胚胎期又稱為產前期，自受精到出生前為止，約二百六十六天，此發展階段可以分為三個三月期（trimester）之分期，又可稱之為受精卵期、胚胎期及胎兒期，在發展及保育的需要上，以優生保健最為重要，此外，媽媽的健康、胎教以及文化的觀點，及對孕婦的支持等等，都會直接及間接地影響到胎兒的健康與孕育。

2.嬰兒期：自出生至二週為新生兒，二週至二歲為嬰兒期，此期是人生發展最快及最重要的階段，在生命中的第一年裏，體重可成長至出生時的三倍，兩歲時，運動、語言、概念形成的基礎已具備。在此時期的發展與保育、營養衛生保健、疾病預防及給予依戀及信任是必需的，此外，適當的教育也是相當重要的。

3.學步期：學步期又稱嬰幼兒期，自二歲到四歲左右，在此階段的幼兒總是活動不停，好問問題，幻想。在此階段的發展與保育，預防意外產生、營養衛生保健、親情與教育的提供是必需的。

4.幼兒期：從四歲到六歲，此階段的幼兒已受到複雜的社會所影響，大都在此階段的幼兒會去上托育機構（幼兒園或K教育），台灣在四歲至五歲左右托育率約有80％，而五至六歲的幼兒則有96％是在托育機構受到照顧與教育。除家庭與托育機構外，同儕團體、鄰里環境及電視對幼兒期的自我概念也產生具體影響，在此時期的發展與保育的需要上，安全、營養、衛生及生活自理能力的培養也是相當重要的。

5.兒童期：從六歲至十二歲，又稱學齡兒童期或兒童後期，此時期對於日後適應社會的能力的培養相當重要，亦是親子關係、同伴友誼及參與有意義的人際交往對於日後因應青少年期的挑戰是必要的。此時期的兒童大都是快樂、充滿活力及有意願學習。此時期的發展與保育的需要上，教育及培養技能是最為優先的要務。

6.青少年期：大約從性成熟開始，終於文化之發展特殊性，又分為青少年前期（約十至十八歲），及青少年後期（十八至二十四歲止）（郭靜晃、吳幸玲譯，1993）。從生理的突然衝刺到生殖系統成熟，出現第二性徵，在此時期的少年歷經思春期的變化，約在十歲至十八歲。除了生理的變化，還有明顯的認知成熟及對同伴關係特別敏感。這一階段的特點是確定對家庭的自主性及發展個人認同。在此階段發展與保養的需要上，性教育及獨立生活的培養以及在同儕互動中產生正向之自我評價是必需的。

(三)發展改變的類型

　　兒童發展上的改變，包括生理的、心理的兩大類，其改變的內容，Hurlock（1978）曾提出在發展上變化的類型（type of change）如下：

■大小的改變

　　在兒童期，無論是身高、體重、頭圍、胸圍，以至於內部的器官，都一直不斷的在增長中，以體重為例，剛出生的嬰兒約三點二公斤，至四個月大時，再成長一倍，至週歲時，其體重再增一倍，約近十公斤。

■比例的改變

　　兒童不是成人的縮影，在心理上不是如此，於生理上亦同。以頭部和身長的比例而言，在胚胎期，頭與身長的比例約為1：2，出生時約為1：4，而長大成人後約1：7（或1：8）。

■舊特徵的消失

　　在兒童期的發展過程中，有些身心特徵會逐漸消失。在生理上，如出生前胎毛的掉落；在嬰兒期，許多反射動作自然消失；在幼兒後期，乳齒的脫落等皆是。在心理上，如自我中心語言逐漸減少，轉向較多的社會化語言；對父母的依賴慢慢減少，轉向同儕。

■新特徵的獲得

　　兒童身心之若干新的特徵，是經由成熟、學習和經驗獲得

的。在生理上，如六歲左右，恆齒的長出；在兒童後期，青春期的到來，男女兩性在主性徵及次性徵的變化。在心理上，例如，語言的使用、詞類越來越多、認知層次越高、興趣越廣泛等皆屬之。

(四)發展的一般原則

兒童發展，雖有個別差異，但大致仍遵循一些普遍的原則，有助於吾人對兒童的瞭解，說明如下：

■早期的發展比晚期重要

人類的發展，以越早期越重要，若在早期發展得好，則對日後有好的影響，反之則不然。例如，在胚胎期可能因一點點藥物的傷害，而造成終身的殘障；Erikson（1963）也認為在嬰兒期如果沒有得到好的照顧，以後可能發展出對人的不信任感；Sigmund Freud為精神分析學派的心理學者，此學派的理論重點也主張人類行為均受到早期經驗的影響，可見早期發展的重要性。

■發展依賴成熟與學習

兒童發展依賴成熟，成熟為學習的起點，生理心理學派即持此一觀點，例如，六、七個月的嬰兒吾人無法教他學習走路，因為還未成熟到學習走路的準備狀態（readiness），但到了十一、十二個月時，因為生理上的成熟，嬰兒即有學習走路的動機，因此，嬰兒會走路的行為端賴成熟與學習。

■發展有其關鍵期

　　所謂關鍵期（critical period）係指兒童在發展過程中，有一個特殊時期，其成熟程度最適宜學習某種行為；若在此期未給予適當的教育或刺激，則將錯過學習的機會，過了此期，對日後的學習效果將大為減少。例如，語言的學習，其關鍵期應在幼兒期，此期學習速度較快，效果也好，過了此期再學效果較差，許多人到了青少年期，甚至成年期開始學習第二種語言或外語，常發現發音不正確的現象即是一例。一般所謂學習的關鍵期是針對較低等層次的動物行為，例如鴨子看移動物體而跟著它，對於人類則對本能成熟之發音及爬行較能解釋，對於學習高等層次之思考行為則較無法用學習的關鍵期來做解釋。

■發展的模式是相似的

　　兒童發展的模式是相似的，例如，嬰幼兒的動作發展順序為翻滾、爬、站、走、跑，次序不會顛倒。也因為如此，吾人在教養兒童時，掌握了發展的預測性，依循關鍵期的概念，更能得心應手。

■發展歷程中有階段現象

　　有些學者認為人的發展是一個階段接著一個階段進行，當一個兒童由一個階段邁向一個更高的階段時，即會有定性的變化（qualitative change）。例如，當兒童的認知發展由一個階段邁向一個更高的階段，表示他們的思維方式有顯著的定性變化（馬慶強，1996）。

■發展中有個別差異

　　兒童發展雖有其相似的模式，但因承受了不同的遺傳基因，以及後天不同的家庭環境、托育環境、學校環境、社區環境等因素，故在發展上無論是生理特質、心理特質仍會有個別差異。此種差異並未違反「發展模式相似性」的原則，因為在此所謂的差異是指發展有起始時間的不同、發展過程中環境的不同而造成個體的差異。

■發展的速率有所不同

　　兒童發展並非循固定的發展速率，各身心特質的進程，在某些時候較快，在某些時候則較慢。例如，在幼兒期，淋巴系統、神經系統是快速成長，而生殖系統則進展緩慢，直到進入青春期時，則快速發展。

■發展具有相關性

　　兒童身心發展相輔相成，具有相關性。生理發展良好，可能帶動好的心理、社會發展。反之，有些生理障礙的兒童，如視覺障礙、聽覺障礙、肢體障礙、身體病弱的兒童，其心理、社會發展常受到某些程度的影響。

三、兒童發展的理論

　　當我們檢驗兒童發展時，重要的是能夠從發展模式的一般性看法轉入對特殊變化過程的解釋。心理社會理論為我們探究人的發展提供了概念保護傘，但是我們也需要其他理論在不同

的分析層次上來解釋行為。如果我們要說明一生中的穩定性和可變性，我們就需要有理論構想，來幫助說明全面演化的變化、社會和文化的變化，以及個體的變化。我們也需要有種種概念，解釋生活經驗、成熟因素，以及一個人的經驗結構對生理、認知、社會的、情緒的和自我發展模式之作用。本節將介紹影響兒童個體行為改變理論之重要基本概念：成熟理論、行為理論、心理動力論、認知理論和生態環境理論。

理論乃是指針對觀察到的種種現象與事實（facts），以及其彼此間的關係所建構出之一套有系統的原理原則。理論是整合與詮釋資料之一種架構，主要的功能是用於探究兒童的成長與行為，對於所觀察到的行為提出一般性的原則並加以詮釋，它指出了在兒童遺傳的結構上和環境之條件下，哪些因素影響兒童的發展和行為改變，以及這些要素如何產生關聯。

(一)成熟理論

成熟理論（maturationist theory）主張人類之發展過程主要是由遺傳所決定。人類之行為主要受內在機制，以有系統之方式，且不受環境影響的情況下指導著發展的進行，進而影響個體組織的改變。

在遺傳上，兒童在成熟的時間產生行為逐漸外露（upholding）的過程。成熟理論學派認為當一些行為尚未自然出現時，即予以刻意誘導是不必要的，甚至造成揠苗助長。被強迫性地要求達到超過其成熟現狀發展的兒童，他們的發展不僅效率低而且須經歷低自我與低自我價值，但兒童的發展情況若不符期望中的成熟程度，則產生低學習動機，則需要予以協助與輔導。

　　被視爲兒童發展之父的George Stanley Hall，其觀點影響了兒童心理學與教育學之領域，他的學生Arnold Gesell更延續Hall的論點，將其論點以現代的科學研究加以運用。

■George Stanley Hall

　　G. Stanley Hall（1844-1924）在哈佛大學跟隨心理學家William James，取得博士學位，又轉往德國跟隨實驗心理學派（亦是心理學之父）Wilhelm Wundt研究，回到美國後，便將實驗心理學之知識應用於兒童發展的研究，並且推展至兒童保育之應用。

　　Hall的研究發展雖然採用不合科學系統研究之嚴謹要求，其論點反映發展是奠基於遺傳。兒童行爲主要是受其基因組合之影響。其研究是招募一群對兒童有興趣的人來進行實地觀察（field observation），蒐集大量有關兒童的資料，企圖顯示不同階段兒童之發展特質。

　　Hall的研究工作反映出Darwin進化論的論點，其深信：人類每一個體所經歷的發展過程類似於個體發展的順序，即是「個體重複種族演化的過程」（ontology recapitulates phylogy）。兒童行爲從進化的原始層面脫離出來，透過成熟，帶來兒童的行爲及自然的活動。

■Arnold Gesell

　　Arnold Gesell（1890-1961）以更有系統的方式延續Hall的研究，他待在耶魯大學的兒童臨床中心（Yale University Clinic for Child Development）近四十年的歲月，研究兒童的發展。他藉由觀察並測量兒童各種不同領域：生理、運動、語言、智力、人格、社會等之發展。Gesell詳細的指述從出生至十歲兒

童發展的特徵，並建立發展常模。

　　Gesell的發展理論強調成熟在兒童發展之重要性，他與Hall不同之處是其不支持發展的進化論點，但是其相信兒童發展是取決於遺傳，並且人類發展之能力及速率是因人而異，故在兒童保育要尊重每個人與生俱來的個人特質。環境對改變兒童行為僅扮演次要的角色，而應取決於人類內在具有的本質，而保育應配合兒童發展的模式，故教育更要配合兒童發展的基調，壓迫與限制只會造成兒童負面之影響（Thomas, 1992）。

　　成熟理論多年來在兒童發展領域深深地影響兒童托育。成熟學派論點的哲學觀點與Rousseau之浪漫主義相符，支持「以兒童為本位」的教育觀點。因為後天環境對於個體的發展影響不大，所以，企圖擴展超越兒童之天賦能力，只會增加兒童的挫折與傷害，甚至揠苗助長。配合兒童目前的能力提供學習經驗，是較符合兒童發展與人性（本）之教育理念，同時亦是美國幼兒教育協會（National Association of Education for Young Children, NAEYC）所倡導的「適齡發展實務」（Developmentally Appropriate Practice, DAP）的重要依據。基於這個觀點，兒童保育之教師（保育員）被要求本於兒童的「需求與興趣」來設計教學計畫，課程要配合兒童發展，並以遊戲為主要的教學設計原則。

　　此論點同時也導引出學習準備度（readiness）的概念。假使兒童被評定為尚無能力學習某些事，則教師必須等待兒童進一步成熟，這種準備度之觀點尤其在閱讀教學的領域更為明顯。成熟學派對於幼兒早年學習所持有之取向是依賴個體之成熟機能，不同於往年教育學者所採用之介入論者（interventionist）的取向。後者針對失能兒童（disabled children）或處於危機邊緣之兒童（children at risk）所設計，主要是依據行為主義

之觀點，利用特殊介入模式來協助兒童符合學習的期望。

(二)行為理論

行為理論（behaviorism theory）影響心理學的理論發展已超過一世紀之久，行為理論基本上是一種學習理論，同時也一直被當作是一種發展理論，其提出了解釋由經驗而引起的相對持久的行為變化的機轉（mechanism）。它與成熟學派持有不同看法，此學派認為除了生理上的成熟之外，個體的發展絕大部分是受外在環境的影響。人類之所以具有巨大的適應環境變化的能力，其原因就在於他們做好了學習的充分準備，學習理論之論點有四：古典制約、操作制約、社會學習，以及認知行為主義，茲分述如下：

■古典制約

古典制約（classical conditioning）的原則是由Ivan Pavlov（1849-1936）所創立的，有時又稱Pavlov制約。Pavlov的古典制約原則探究了反應是由一種刺激轉移到另一種刺激的控制方法，他運用唾液之反射作用作為反應系統。

古典制約模型由圖1-3可見，在制約之前，鈴聲是一中性刺激（neutral stimulus, NS），它僅能誘發一個好奇或注意而已，並不會產生任何制約化之行為反應。食物的呈現和食物的氣味自動地誘發唾液分泌（是一反射作用），即非制約反應（unconditioned response, UR）（流口水）的非制約刺激（unconditioned stimulus, US）（食物）。在制約試驗期間，鈴聲之後立即呈現食物。當狗在呈現食物之前已對鈴聲產生制約而分泌唾液，我們則說狗已被制約化。於是，鈴聲便開始控制唾液分泌反應。僅

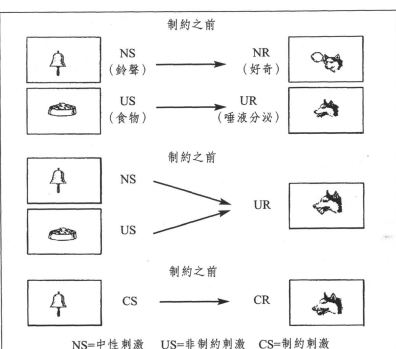

NS＝中性刺激　　US＝非制約刺激　　CS＝制約刺激
NR＝中性反應　　UR＝非制約反應　　CR＝制約反應

在制約之前，鈴聲是一個僅能引起好奇而別無其他反應的中性刺激。
隨著鈴聲與食物的多次配對，鈴聲就變成了一個能引起制約性唾液
分泌反應的制約刺激。

圖1-3　古典制約

資料來源：郭靜晃、吳幸玲譯（1993），《發展心理學：心理社會理論與
　　　　　實務》（台北：揚智文化），頁114。

在鈴響時才出現的唾液分泌反應稱作制約反應（conditioned response, CR）。此一原則先對動物實驗，再由John B. Watson（1878-1959）應用到Albert的小男孩，將新的刺激與原先的刺激聯結在一起，對新刺激所產生的反應方式相類似於其對原先刺激所做出的反應。

　　古典制約可以說明人一生中出現的大量的聯想學習。當一

個特殊信號與某個表象、情緒反應或物體相互匹配之後，該信號便獲得了新的意義。在嬰兒期和幼兒童，隨著兒童依戀的發展，各種正性和負性的情緒反應便與人物和環境建立了制約作用，同樣的，恐懼也不能成為古典制約的作用，許多人可能回憶出一次恐怖經驗，如被蛇咬、溺水、挨打等，此恐懼反應可能與特定目標相聯結，而造成此人一生會逃避那目標，正如俗語所言，一朝被蛇咬，十年怕草繩。

■操作制約

Edward L. Thorndike（1874-1949）採用科學方法來研究學習，他嘗試由聯結刺激與反應的過程來解釋學習，又稱為操作制約（operant conditioning）學習，強調學習中重複的作用和行為的結果。Thorndike利用貓逃出迷籠的行為，他觀察貓是利用嘗試錯誤（trial and error）的學習過程，在學習過程中，貓的盲目活動越來越少，行為越來越接近正確解決之方法。他發展出一組定律來說明制約過程，其中最主要為效果率（law of effect）：說明假如一個刺激所引起的反應是愉快、滿足的結果，這個反應將會被強化，反之，這個反應會被削弱。另一定律為練習率（law of exercise），主張：個體經歷刺激與反應鍵之聯結次數越頻繁，則聯結將會越持久。第三個定律為準備率（law of readiness），則說明：當個體的神經系統對於行動容易產生反應的話，則學習將更有效果。

Thorndike之效果率實為增強概念及操作制約概念之先驅，亦是B. F. Skinner之行為主義取向之基礎。Skinner對學習心理學與發展理論的貢獻，在於其巧妙地將學習理論應用到教育、個人適應以及社會問題上。Skinner相信欲瞭解學習必須直接觀察兒童在環境改變的因素下所產生的行為改變。其認為兒童表現

表1-1　正增強、負增強和處罰的區別

	愉快的事務	嫌惡的事物
增加	正增強 小明上課專心給予記點,並給予玩具玩	處罰 小明上課不專心,給予罰站
剝奪	處罰 小明上課不專心,而不讓他玩喜歡的玩具	負增強 小明取消罰站的禁令,因而增加上課的專心

出來的大部分行為,都是透過工具制約學習歷程所建立的。換言之,行為的建立端賴於行為的後果是增強或處罰而定,是受制於環境中的刺激因素。增強與處罰正是行為建立或解除的關鍵,增強被用於建立好的行為塑化(shaping good behavior),而處罰被用於移除不好的行為聯結(removal of bad behavior)。

　　增強物(reinforcement)有兩種,分為正增強或負增強。對兒童而言,係食物、微笑、讚美、擁抱可令其產生愉悅的心情,當它們出現時,正向之行為反應連續增加,稱之為正增強物。反之,負增強物,如電擊、剝奪兒童心愛的玩物,當它們被解除時,其正向行為反應便增加。另一個觀點是處罰,是個體透過某種嫌惡事件來抑制某種行為的出現。有關正增強、負增強及處罰之區別請參考**表1-1**。

■社會學習

　　社會學習論(social learning theory)認為學習是由觀察和模仿別人(楷模)的行為而學習(Bandura & Walters, 1963),尤其在幼兒期的階段,模仿(imitation)是其解決心理社會危機的核心,此外,青少年也深受同儕及媒體文化所影響,漸漸

將其觀察的行為深入其價值系統，進而學習其行為，這也就是
兒童在生活周遭中，透過觀察和模仿他人來習得他們大部分的
知識，而成人及社會也提供兒童生活中的榜樣（model），換言
之，也是一種身教，如此一來，兒童便習得了適應家庭和社會
的生活方式。

　　Bandura（1971, 1977, 1986）利用實驗研究方法，進行楷模
示範對兒童學習之影響，結果表現兒童喜歡模仿攻擊、利他、
助人和吝嗇的榜樣，這些研究也支持了Bandura之論點：學習本
身不必透過增強作用而習得。社會學習的概念強調榜樣的作
用，也就是身教的影響，榜樣可以是父母、兄弟姊妹、老師、
媒體人物（卡通）、運動健將，甚至是政治人物。當然，學習過
程也不只是觀察模仿這般簡單而已，一個人必須先有動機，並
注意到模仿行為，然後個體對行為模式有所記憶，儲存他所觀
察到的動作訊息，之後再將動作基模（訊息）轉換成具體的模
仿行為而表現出來（郭靜晃等，2001）。換言之，行為動作之模
仿學習是透過注意（attention）→取得訊息的記憶（retention）
→行為產出（reproduction）→增強（reinforcement）的四種過
程。

■認知行為主義

　　過去的行為主義以操作與古典制約強調環境事件和個體反
應之間的聯結關係，而卻忽略個體對事件的動機、期望等的認
知能力。Edward Tolman（1948）提出個體之認知地圖（cogni-
tive map）作為刺激與反應聯結中的學習中介反應的概念，此概
念解釋個體在學習環境中的內部心理表徵。Walter Mischel
（1973）認為要解釋一個人的內部心理活動，至少要考量六種認
知因素：認知能力、自我編碼、期望、價值、目標與計畫，以

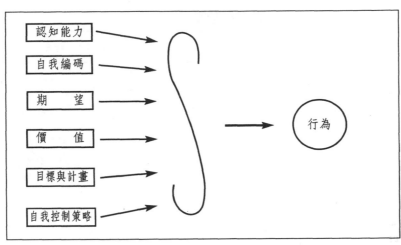

圖1-4　影響行為的六個認知向度

資料來源：郭靜晃、吳幸玲譯（1993），《發展心理學：心理社會理論與
　　　　　實務》（台北：揚智文化），頁114。

及自我控制策略（見**圖1-4**）。認知能力（cognitive competency）
是由知識、技巧和能力所組成。自我編碼（self-encoding）是對
自我訊息的評價和概念化。期望（expectancy）是一個人的操作
能力、行爲結果和環境事件的意義和預期。價值（value）是由
一個人賦予環境中行爲結果的相對重要性。目標和計畫（goal
and plan）是個人的行爲標準和達到標準的策略。自我控制策略
（self-control strategy）是個體調節其自我行爲的技術。

　　所有這四種學習理論都對洞察人類行爲有所貢獻（見**表1-
2**），也說明人類行爲習得的過程。古典制約能夠說明信號與刺
激之間形成的廣泛的聯想脈絡、對環境的持久的情緒反應，以
及與反射類型相聯繫的學習的組織。操作制約強調以行爲結果
爲基礎的行爲模式的習得。社會學習理論增加了重要的模仿成
分，人們可以透過觀察他人學習新的行爲。最後，認知行爲主
義認爲，一組複雜的期望、目標和價值可以看作是行爲，它們

表1-2 四種學習過程

古典制約	操作制約	社會學習	認知行為主義
當兩個事件在非常接近的時間內一起出現時，它們就習得了相同的意義並產生相同的反應。	隨意控制的反應既可以加強，也可以消除，這取決於和它們相聯繫的結果。	新的反應可以透過對榜樣的觀察和模仿而習得。	除了新的反應以外，學習者還習得了關於情境的心理表徵，它包括對獎賞和懲罰的期望、適當的反應類型的期望以及反應出現的自然和社會環境的期望。

資料來源：郭靜晃、吳幸玲譯，《發展心理學：心理社會理論與實務》
（台北：揚智文化），頁114。

能夠影響操作。訊息或技能在被習得之時並不能在行為上表現出來，除非關於自我和環境的期望允許它們表現。這種觀點強調了個人指導新的學習方向的能力。

(三)心理動力論

　　心理動力論（psychodynamic theory）如同認知論學者Piaget與Kohlberg，對兒童發展及兒童教育領域有廣泛、深遠之影響，他們皆認為兒童隨年齡成長，機體成熟有其不同階段的發展特徵及任務（參考表1-3），如同認識發生論（epigenetic）般，個體要達到機體成熟，其學習才能達到事半功倍。

■心理分析論

　　Sigmund Freud（1856-1939）的心理分析理論集中於個人之情緒與社會生活的人格發展，他更創立性心理發展。雖然該理

表1-3　各理論的發展階段對照表

生理年齡 及分期	性心理階段 （S. Freud）	心理社會階段 （E. Erikson）	認知階段 （J. Piaget）	道德發展階段 （L. Kohlberg）
0歲　乳兒期	口腔期	信任←→不信任	感覺動作期	
1歲　嬰兒期				避免懲罰
2歲	肛門期	活潑自動←→羞愧懷疑		服從權威
3歲　嬰幼兒期			前運思期	
4歲	性器期	積極主動←→退縮內疚		
5歲　幼兒期				
6歲				現實的個人取向
7歲　學齡兒童期	潛伏期	勤奮進取←→自貶自卑		
8歲			具體運思期	
9歲				
10歲				
11歲				和諧人際的取向
12歲			形式運思期	
13歲　青少年前期	兩性期	自我認同←→角色混淆		
14歲				
15歲				
16歲				
17歲				社會體制與制度取向
青少年後期 （18歲～22歲）	※		※	
成年早期 （22歲～34歲）	※	親密←→孤獨疏離	※	基本人權和社會契約取向
成年中期 （34歲～60歲）	※	創生←→頹廢遲滯	※	
成年晚期 （60歲～70歲）	※		※	
老年期 （70歲～死亡）	※	自我統合←→悲觀絕望	※	普遍正義原則

論大部分已被修正、駁倒或扼殺，但許多Freud的最初假設仍存留於現代之人格理論中。Freud集中研究性慾和攻擊驅力對個體心理活動之影響，他認為強而有力的潛意識生物性驅力（drive）促成了人的行為（尤其是性與攻擊驅力）。Freud的第一個假定：人有兩種基本的心理動機：性慾和攻擊，他認為人的每一行為都源自個體之性慾和攻擊衝動的表現。其第二個假定是：人具有一種叫作潛意識（unconscious）的精神領域。它是無法被察覺到，且是強大的、原始的動機儲存庫。無意識動機和有意識動機會同時激發行為。Freud將此種假定應用到個人之心理治療，而個人之精神問題源自於童年（尤其前五年）影響個人行為和情緒的潛意識衝突。Freud認為活動個人之意識和潛意識需要心理能量，稱為原慾（libido），其集中於性慾或攻擊衝動的滿足，個體基本上的行為是追求快樂，避免失敗與痛苦，故心理能量激發個體兩種行為本能：生的本能（eros）及死的本能（thanato）。而隨著個體生理的成熟，性本能透過身體上不同的區域來獲得滿足，他稱之為個體之性心理發展階段（stage of psychosexual development）（參見**表1-3**）。Sigmund Freud發展獨特的心理治療模式，他稱之為精神分析（psychoanalysis），讓患者主述其過去的歷史以及目前的狀況，其利用夢的解析（dream interpretation）及自由聯想（free association）等技術，協助患者面對其潛意識的害怕與矛盾，其心理分析論廣泛影響了心理學家、精神病醫師與精神分析師的思想，甚至也影響了日後的遊戲療法。

此外，Sigmund Freud將人的人格結構分為三種成分：本我（id）、自我（ego）及超我（superego）。本我是本能和衝動的源泉，是心理能量的主要來源，其更是與生俱來。本我依據唯樂原則（pleasure principle）表現其生物性之基本需要，此種思維

稱作原始過程思維（primary process thought），其特點是不關心現實的制約。自我是個人同環境有關的所有心理機能，包括：知覺、學習、記憶、判斷、自我察覺和語言技能。其負責協調本我與超我之間的衝突。自我對來自環境的要求做出反應，並幫助個人在環境中有效地發揮作用。自我依據現實原則（reality principle）來操作個體與環境互動及協調個人生物性之需求，在自我中，原始過程思維（即本我）要配合現實環境之要求，以更現實的取向來滿足個人的本我衝動，所以此思維為次級過程思維（secondary process thought）。次級過程思維即是我們在與人談論中所用的一般邏輯、序列思維，其必須要透過現實來體驗。超我包括一個人心中的道德格言——良心（conscience）以及個人成為道德高尚者的潛在自我理想（ego ideal）。超我為一個人的觀念，如哪些行為是適當的、可接受的、需要追求的，以及哪些是不適當的、不可接受的，提供一個良好的衡量，它也規定一個人要成為一個「好」人的志向和目標。兒童則是透過認同（identification）與父母與社會互動，在愛、親情和教養的驅使下，兒童積極地模仿他們的重要他人，並將社會準則內化，成為他們日後的價值體系及理想的志向。

■心理社會發展論

Eric Erikson是出生於德國的心理分析家，他擴展了Sigmund Freud的精神分析論，並修正 Freud 的性心理發展，是社會化之概念解釋一般人（不限於病態人格）並擴及人的一生的生命歷程發展的心理社會發展理論（psychosocial theory）。Erikson主張個體在其一生的發展乃透過與社會環境互動所造成，成長是經由一連串的階段進化而成的（Erikson, 1968）（參

考表1-3)。在人的一生發展中，由於個人身心發展特徵與社會文化要求不同，每一階段有其獨特的發展任務與所面臨的轉捩點（即心理危機），雖然這個衝突危機在整個人生中多少會經歷到，但此一時期特別重要，需要透過核心過程（central process），例如幼兒期的模仿或認同，學齡兒童期之教育來化解心理社會發展危機，進而形成轉機，以幫助個體的因應能力，那麼個體行為則能獲得積極性地適應社會環境的變化，以促進個體的成長，更能順利地發展至下一個階段。Erikson之心理社會發展強調解決社會之衝突所帶來的心理社會危機，而非如Sigmund Freud強調性與攻擊的衝突，因此，個體必須能掌控一連串的社會衝突，方能達到個體成熟（Erikson, 1982），衝突則是由於個體在文化上以及個體在社會所經歷的處境所致。

　　心理動力論強調人際需要與內在需要在塑造人的人格發展中的重要性。Sigmund Freud強調個人的性和攻擊衝動的滿足，而Erikson則強調個人與社會互動中的人生發展，前者較著重童年期對成人行為之影響，而後者則強調個人一生中的各階段的成長。心理動力論認為兒童期的發展非常重要，同時也體察到如果我們冀望幼兒能成長為一健全的成人，則在幼兒階段便須幫助他們解決發展上的衝突，而且成人與社會應扮演著重要的角色，此理論也深深影響兒童心理、教育及福利工作之實務者。

(四)認知理論

　　認知（cognition）是經驗的組織和解釋意義的過程。解釋一個聲明、解決一個問題、綜合訊息、批判性分析一個複雜的課題皆是認知活動。而認知理論在一九六〇年代之後除了一致

性研究兒童的智力發展的建構論點,且研究也持續進行,而理論也不斷修正,進而形成更周延的建構理論。建構理論(constructivist theory)主張個體是由處理其經驗中所獲得的資訊,而創造出自己的知識。建構理論乃是針對理性主義和經驗主義兩者間對立之處而提出的一種辯證式的解決之道。這兩種理論的論點皆是探索個體是如何知悉世界萬物的方法。理性主義者(rationalism)視理性(即心智)爲知識的來源,而經驗主義者(empiricalism)視經驗爲知識的來源。建構主義者自一九六〇年代之後才開始影響美國兒童發展和教育領域,其中以Jean Piaget、Lev S. Vygotsky及Jerome S. Bruner爲代表人物,其分別之論點,特分述如下:

■Jean Piaget

Jean Piaget (1896-1980)乃是認知發展建構理論的先驅。他利用個案研究方法,長期觀察其女兒而建立其認知發展階段理論(參考**表1-3**)。除此之外,他長期蒐集一些不同年齡層的兒童解決問題、傳達夢境、道德判斷及建構其他心智活動之方法與資訊。Piaget主張兒童的思考系統是透過一連串階段發展而來,而且這些發展階段在各種文化中適用於所有的兒童。

Piaget假定,認知根植於嬰兒天生的生物能力(又稱之爲反射動作),只要在環境提供充分的多樣性和對探索(遊戲)的支持,智力則會系統地逐步發展。在Piaget的發展理論,有三個重要的概念:基模、適應和發展階段。

• 基模

依Piaget的觀點,兒童是經由發展基模來瞭解世間萬物的意義。基模(schema)乃是思考世間萬物之要素的整合方式。對嬰兒而言,基模即行動的模式,在相似的情境當中會重複出

現，例如嬰兒具有吸吮（sucking）和抓握（grasping）的基模，稍後隨基模逐漸分化及練習而發展出吸吮奶瓶、奶嘴和乳房的不同方式，或抓握不同物品的動作基模。基模是透過心理調節過程而形成的，它隨著個體成長與環境的各個層面的反覆相互作用而發展，人終其一生皆不斷地產生並改變基模。

• 適應

適應（adaptation）是兒童調整自己以適應環境要求的傾向。Piaget擴充演化論之適應概念，提出：「適應導致邏輯思維能力的改變。」適應是一個兩方面的過程，也是基模的連續性與改變。此過程是透過同化（assimilation）及順應（accommodation）。同化是依據已有基模解釋新經驗，也是個體與外在互動造成過去基模的改變，同化有助於認識的連續性。例如有一幼兒小明認為留長鬍子的男性都是壞人。當小明遇到男性，他留著長長的鬍子，小明預料（認知）留鬍子的這位男性是壞人。

適應過程的第二方面是順應，這是為說明物體或事件顯露出新的行為或改變原有基模，換言之，也是個體改變原有的基模以調適新的環境要求。例如小明如果與那位留著鬍子的男性相處的時間更久些，或與他互動，小明可能發現，這位男性雖留著鬍子，但他很熱情、親切並且很友善。日後，小明就瞭解並非每個留著鬍子的男性都是壞人。兒童即透過此兩個歷程增加其對世界的瞭解並增進個體認知的成長。在一生中，個體透過相互關聯的同化和順應過程逐漸獲得知識。為了得到新的觀點與知識，個體必須能夠改變其基模，以便區分新奇和熟悉的事物。個體之同化與順應之過程造成適應的歷程，也造成個體的心理平衡的改變。平衡（equilibrium）是在個人與外界之間，以及個人所具有的各個認知元素之間，求取心理平衡的一

種傾向。當個體無法以既有的認知結構處理新經驗時,他們會組織新的心理形態,以回復平衡的狀態(郭靜晃等,2001)。

• 發展階段

Piaget的興趣在於理解人是如何獲得知識。認識(knowing)是一種積極過程,一種構造意義的手段,而不是瞭解人們知道哪些特定內容。Piaget的研究集中於兒童探索經驗方式之基礎抽象結構,他對兒童如何瞭解問題的答案,比對答案本身更感興趣。基於這個觀點,他不斷觀察兒童如何獲知問題的答案過程,而創立了認知發展的基本階段理論,共分為四個階段:感覺動作期、前運思期、具體運思期和形式運思期。Piaget認為個體透過此四種認知成熟的基本模式成長,發展個體的邏輯推理能力。因此,他所指述的階段包含著能夠運用於許多認知領域的抽象過程,以及在跨文化條件下,在實際年齡大致相同的階段中觀察到的抽象思維過程。一九六〇年代之後,許多研究兒童發展的學者除受Piaget理論之影響,也深入探究其理論,也有些人駁斥Piaget的理論並修正其理論,而成為新皮亞傑學(neo-Piagetian theory)。

■Lev Semenovich Vygotsky

Lev S. Vygotsky(1896-1934)是一位蘇聯的心理學家,也是一位建構心理學的理論家,他原先是一位文學教師,非常重視藝術的創造,日後轉而效力發展心理學和精神病理學的研究。

Vygotsky認為人同時隨著兩種不同類型的發展──自然發展和文化發展來獲得知識,創立「文化歷史發展理論」。自然發展(natural development)是個體機體成熟的結果;文化發展(cultural development)則是與個體之語言和推理能力有關。所

以，個體之思考模式乃是個體在其成長的文化中，從他所從事的活動所獲得的結果。此外，進階的思考模式（概念思想）必須透過口頭的方式（即語言發展）來傳達給兒童。所以，語言是決定個體學習思考能力的基本工具，也就是說，透過語言媒介，兒童所接受正式或非正式的教育，決定了其概念化思考的層次。

　　Vygotsky提出文化發展的三階段論，有一個階段又可再細分為一些次階段（Thomas, 1992）（見**表1-4**）。Vygotsky認為兒童的發展是透過他們的「近似發展區」（zone of proximal development），或他們可以獨立自己運作。在這個區域中，兒童從比他們更成熟的思考者（如同儕或成人）提供協助，猶如建築中的鷹架（scaffolding）一般，支持並促使兒童發揮功能及學習新的能力。從Vygotsky的觀點，學習指導著發展，而非先發展再有學習。Vygotsky的理論近年來引起廣大的注意，尤其是那些對Piaget理論有所質疑的兒童發展與教育學者，Vygotsky的理論在語言及讀寫能力之教育應用上已有研究的雛型。

■Jerome Seymour Bruner

　　Jerome S. Bruner（1915-　）如同Vygotsky般，對兒童思考與語言之間的關心，他提出三個認知過程：(1)行動模式（enactive mode）；(2)圖像模式（iconic mode）；(3)符號模式（symbolic mode）。行動模式是最早的認知階段，個體透過動作與操作來表達訊息，大約在出生至兩歲的嬰兒期，嬰兒透過行動來表達他的世界，例如用手抓取手搖鈴表示他想說，或用吸吮物體表示他的饑餓。

　　圖像模式約在二至四歲的幼兒期，兒童藉由一些知覺意象來表達一個行為，如用視覺的、聽覺的、觸覺的或動態美學的

表1-4　Vygotsky的文化發展階段

階段	發展內涵
階段1	思考是無組織的堆積。在此階段，兒童是依據隨機的感覺將事物分類（且可能給予任何名稱）。
階段2	利用複合方式思考，兒童不僅依據主觀印象，同時也是依據物體之間的聯結，物體可以在兒童心中產生聯結。兒童脫離自我中心思考，而轉向客觀性的思考。在複合思考中，物體是透過具體性和真實性來進行思維操作，而非屬於抽象和邏輯的思考。
階段3	兒童可從概念思考，也發展了綜合與分析能力，已具有抽象和邏輯思考能力。

資料來源：Thomas, R.M.(1992).*Comparing Theories of Developmant*(3rd ed)(pp.335-336). Belmont, CA：Wadsworth.

方式，來表達其心中的圖像或其所目睹的事件。符號模式發展在五歲之後，由於兒童語言的擴增，可幫助其表達經驗並協助他們操作及轉化這些經驗，進而產生思考與行動，故語言成為兒童思考與行動的工具。之後，理解力得以發展。故兒童的認知過程始於行動期，經過了關係期，最後到達符號期，如同個體對事物的理解力般，一開始是透過動手做而達到瞭解，進而藉由視覺而獲得瞭解，最後是透過符號性的方式表達個體意念。建構主義對幼兒發展的解釋，也影響日後幼兒保育及兒童福利。Piaget的理論已被廣泛地運用於幼兒的科學與數領域的認知模式之托育，而近年來，Vygotsky及Bruner之理論已影響到幼兒閱讀與語言領域之幼兒保育，尤其在啟蒙讀寫之課程運作。

■Lawrence Kohlberg

　　Lawrence Kohlberg（1927-1987）是Piaget道德認知論的追

隨者，同時，他又在Piaget道德發展理論（前道德判斷、他律道德判斷及自律道德判斷三階段）的基礎上，進一步做了修改與擴充，在一九五〇年代提出了他自己的一套兒童發展階段論（參考**表**1-3）。

Kohlberg 與Piaget一樣，承認道德發展有一固定的、不變的發展順序，都是從特殊到一般，從自我中心到關心他人利益，而道德判斷要以其認知爲基礎，也皆強調社會之互動作用可以促進道德的發展。

Kohlberg 於一九二七年生於美國，是一猶太人，由於生活中親身經驗到的道德兩難問題，自一九五八年在芝加哥大學獲得博士學位，之後三十年，其結合哲學、心理學及教育實務，致力於道德判斷發展歷程的研究（張欣戊等，2001）。Kohlberg的實徵資料的蒐集，範圍遍及歐、亞、非三洲，包括有工業化社會、發展中社會、農業社會及部落社會，雖然他以個人建構爲道德原則的基礎，其實是相當西方式之個人主義，有時難以應用至部落社會或東方社會之以集體（社會）運作及和諧爲考量的道德原則之基礎。

道德發展的研究也吸引後面的學者研究兒童的道德情感（例如，良心、道德感化）、道德行爲（例如，攻擊行爲、利社會行爲、誘惑抵制），以及道德調節。這些研究之應用對於社會上培養與教育兒童道德行爲有很大的啓發，尤其對於現代兒童少年價值的功利、行爲反常、受外在環境所誘惑，如果能有效地對兒童少年進行道德教育，探索兒童道德發展之心理機制，並促進兒童發展高層次的道德判斷，對於社會上之不良風氣及偏差行爲應可以產生抑制之作用，促進兒童少年之發展及福利。

(五)生態環境理論

　　生態環境理論（ecological theory）視兒童整個人為其周遭的環境系統所影響，此理論可應用解釋到兒童保育及兒童福利。此理論相對於個體之成熟論，是由Urie Bronfenbrenner（1917-　）所倡導的。他認為人類發展的多重生態環境，是瞭解活生生的、成長中的個體如何與環境產生互動關係，他將環境依與人的空間和社會距離，分為連環圖層的四種系統——微視、中間、外部和鉅視等系統（參見圖1-5）。個人被置於核心，個人受其個人的原生能力及生物基因的影響，以及日後受環境互動中所形成個人的經驗及認知，稱之為微視系統（microsystem），而與個體最密切的家庭或重要他人如照顧者、

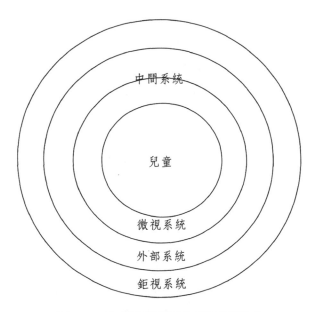

圖1-5　生態系統理論之系統組合

保母與個人互動最直接與頻繁，故影響最直接也最大。中間系統（messosystem）是各微視系統（如家庭、親戚、同儕、托育機構、學校、宗教機構等）之間的互動關係，兒童最早的發展即是透過與這些微視系統所組成之居間系統的接觸而達成社會化，進而瞭解最早的周遭環境。外部系統（exosystem）是指社會情境直接影響其中間系統的運作，間接地影響兒童的發展，例如父母的工作情境、學校的行政體系、政府的運作、社會制度或民間團體等等。最後的系統是鉅視系統（macrosystem），是直接受到各個社會文化的意識形態和制度模式所影響，例如社會文化、社會意識形態和價值觀，直接影響外部系統、中間系統及微視系統的運作，再間接影響個體的發展。

在Bronfenbrenner理論，人類發展最重要的本質是透過與環境互動增加個體之適應社會之能力。年小的兒童因個人之成熟性不夠，受微視系統影響最大，而隨著年齡的成長，其微視系統擴大，個體可從家庭、托育的機構、學校、社區或宗教組織，甚至擴大個人生活圈與同儕接觸及多媒體之影響。就此理論運用到兒童托育：個體之發展受個人天生之基因遺傳、家庭及托育環境（空間、玩物、課程）、同儕機構之行政與社會對托育價值之影響。

生態環境論著重兒童對於周遭環境的詮釋，以及這些詮釋是如何改變的。所以兒童發展工作者在解釋兒童行為時，必須先瞭解兒童身處情境中的知覺，才能對兒童的行為有所體認。而兒童的行為深受環境中任何一個環節（系統）所衝擊，環境中之家庭、學校、社區與文化皆息息相關，唯有是透過正面地影響兒童身處的社區及社會的改善，並透過這些環境的支持與協助，才能改善不好的發展因素，以促進正向的兒童發展。兒童身受其所處的家庭、社區、大眾傳播媒體、社會中之教育及

福利政策，以及社會文化之價值所影響。而兒童福利工作者更是要整合兒童身處於環境之各種資源，以幫助兒童及其家庭適應環境之要求、期待及衝擊，培養一身心健全之個體。

四、運用兒童發展知識於兒童福利實務

　　兒童發展在探討個人之先天與後天，也就是遺傳與環境對兒童在各層面，諸如認知、語言、生理、情緒、社會等之影響，而發展上之規律性造成個人差異，諸如文化、語言、社會階層及發展上之差異。兒童發展相關之知識與理論提供了一常態的、平均的發展趨勢，但是遺傳、環境及社會事件也會造成個人之影響，例如不平等的對待及特殊需求兒童的發展。兒童是國家未來的主人翁，其在社會有生存的權利，如果兒童成長的環境與文化不能促進兒童達成一般或潛能發展，社會工作之服務則須發展、規劃各種不同之處遇計畫，落實兒童身心成長之需求及倡導兒童福利事業。

　　在現代之社會發展中，兒童面臨一些不利生存的因子，例如，不被期望的出生、身心障礙兒童、重症病童、貧窮、出生率降低、猝死、家庭破碎，而造成流浪兒童、受虐兒童、愛滋病兒童或失親（依）的兒童。兒童福利之本質為促進兒童及少年身心健全發展、保障其權益，增進其福利（兒童福利法之第一條規定），給予兒童少年一健全成長的環境、擁有快樂的童年、讓兒童免於恐懼、免於人身安全危險，以及免於經濟困頓之兒童照顧，這是執行當局，也是整體社會共同追求的願景，更是攸關國家人口素質及社會發展的指標，準此，世界各國皆積極地挹注經費、人力，制定不同的服務方案，以確保兒童福

利的保障，在執行各項兒童福利計畫時，宜先考量兒童不同年齡層次以及不同層面的發展。以下乃以兒童之年齡區分，就兒童福利之服務層面——「善種」、「善生」、「善養」、「善教」及「善保」之五善政策原則來敘述兒童福利應發展的方向與業務。

(一)懷孕及胚胎期

兒童發展的起始在於精子與卵子受孕的一瞬間，此時期約二百六十六天，故父母先天之遺傳基因的完善，才能確保不良遺傳之排除。為了預防不良遺傳，只能從婚前檢查及產前篩檢著手。故兒童福利工作者須瞭解相關遺傳之生物學知識，與醫療單位結合資源，積極推展優生保健概念，以促進兒童「善種」規則，有關服務有：

1.婚前健康檢查與遺傳諮詢服務。
2.婚前性教育與兩性教育的推展。
3.準父母教育。
4.對貧窮婦女及家庭給予營養補助。
5.胎教的倡導及對孕婦提供可能的支持方案。
6.對危機受孕父母做強制性的體檢。

(二)嬰兒期

兒童福利之工作者除了積極善種兒童安全與健康生長之環境以為發揮「善生」之精神，另一方面也要規劃支持及補充父母因不能親自照顧子女的教育計畫，例如，保母、托嬰所，以及提供兒童有多元參與學習及受到良好生活照顧，使其潛能得

以發展之「善教」精神，此時期的兒童福利服務有：

1.提供親職教育。

2.提供量足質優之托嬰所及家庭（保母）照顧。

3.安全教育之宣導。

4.倡導兒童生存、保護及發展之兒童權利，禁止兒童被販
　賣。

5.提倡家庭生活教育。

6.落實出生通報制。

(三)學步期

在此時期的兒童福利服務除延續上一階段之「善生」及
「善教」之精神，更要保護兒童、尤其是弱勢兒童的發展權利，
以落實「善保」之精神。相關兒童福利之服務有：

1.倡導兒童不能單獨在家之法令。

2.規劃各種補助方案，支持不利地位及高危險家庭之兒童
　照顧。

3.兒童保護的宣傳與落實。

4.規劃量足質優的托育機構。

5.早期療育服務。

(四)幼兒期

此時期的兒童福利服務除重視「善生」、「善教」、「善保」
之外，也要加強促進兒童因成熟發展所衍生之各種生理與心理

需求的滿足之「善養」精神。此時期相關的兒童福利服務除延續上階段之服務外，還須有：

1. 健全兒童托育政策，使兒童能獲得優質的照顧。
2. 淨化媒體，避免給予兒童心靈污染之節目。
3. 提供兒童及其家庭諮詢輔導服務。
4. 提高貧窮線，給予需要之家庭生活扶助或醫療及托育補助。
5. 提供兒童適當之休閒、娛樂及文化活動。
6. 加強家庭之外之社區支援系統，以健全兒童成長環境。

(五)兒童期

此時期的兒童福利服務需要有「善生」、「善教」、「善保」及「善養」之精神，相同之服務除延續上一階段外，還需要有：

1. 規劃各種兒童課程照顧方案。
2. 兩性教育及性教育之推展。
3. 健全適齡適性及適文化之教育。
4. 加強校園安全。
5. 落實學校社工制度。

(六)青少年前期

此時期除了延續上一階段之兒童福利服務之外，加上此一階段正值成長之青春期，更需要有一些服務規劃，目標則是滿足少年之身心發展，強調少年之發展性、保護性及育樂性。

1.預防中輟問題。

2.強化生活輔導及社會技巧訓練。

3.規劃不同性質之安置機構。

4.提供少年家庭之處遇。

5.推展少年健康休閒。

6.預防未婚懷孕及生子。

7.強化就業準備及生涯發展。

參考書目

中文部分

朱智賢（1989），《心理學大辭典》，北京：北京師範大學。

馬慶強（1996），〈發展心理學〉，輯於高尚仁主編，《心理學新論》，台北：揚智文化。

張欣戊等（2001），《發展心理學》（第三版），台北：國立空中大學。

張春興（1991），《張氏心理學辭典》，台北：東華書局。

郭靜晃、吳幸玲譯（1993），《發展心理學：心理社會理論與實務》，台北：揚智文化。

郭靜晃、黃志成、陳淑琦、陳銀螢（2001），《兒童發展與保育》，台北：國立空中大學。

陳怡潔譯（1998），《人類行為與社會環境》，台北：揚智文化。

黃志成（1999），《幼兒保育概論》，台北：揚智文化。

張春興（1992），《現代心理學》，台北：東華書局。

黃志成、王淑芬（1995），《幼兒發展與輔導》，台北：揚智文化。

盧素碧（1993），《幼兒發展與輔導》，台北：文景書局。

英文部分

Anderson, J. E. (1960). Behavior and personality. In E. Ginsberg(ed.). *The Nation's Children: Development and Education.* NY : Columbia.

Atchley, R. C.(1975). The life course, age grading, and age-linked demands for decision making. In N. Datan & L. H. Ginsberg (eds.). *Life-span Developmental Psychology: Normative Life Crises.* New York: Academic Press.

Bandura, A. & Walters, R. H.(1963). *Social Learning and Personality Development.* New York: Holt, Rinehart & Winton.

Bandura, A. (1977). *Social Learning Theory.* Englewood Cliffs, NJ: Prentice-Hall.

Bandura, A.(1986). *Social Foundations of Thought and Action: A Social Cognitive Theory.* Englewood Cliffs, NJ: Prentice-Hall.

Bandura, A. (ed.)(1971). *Psychological Modeling*. Chicago: Aldine-Atherton.

Brim, O. G., Jr.(1976). Theories and the male mid-life crisis.*Counseling Adults*, 6, 2-9.

Clausen, J.(1986). *The Life Course: A Sociological Perspective*. Englewood Cliffs, NJ: Prentice-Hall.

Elder, G. H.(1975). Age differentiation and life course. *Annual Review of Sociology*, 1, 165-190.

Elder, G. H.(1981). Social history and life experience. In D. H. Eichorn, J. A. Clausen, N. Haan, M. P. Honzik & P. H. Mussen (eds.), *Present and Past in Middle Life,* 3-31. New York: Academic Press.

Erikson, E. H.(1963).*Childhood and Society* (2nd ed.). New York: Norton.

Erikson, E. H.(1968). *Identity: Youth and Crisis*. New York: Norton.

Erikson, E. H.(1975). *Life History and the Historical Moment*. New York: Norton.

Erikson, E. H.(1982). *The Life Cycle Completed: A Review*. New York: Norton.

Feldman , H. & Feldman, M.(1975). The family life cycle: Some sugges-tions for recycling. *Journal of Marriage and the Family*, 37, 277-284.

Gesell, A.(1952). *Developmental Pediatrics. Nerv. Child*, 9.

Hagestad, G. & Neugarten, B.(1985). Aging and the life course. In R. Binstock & E. Shanas (eds.), *Handbook of Aging and the Social Science*, pp.35-61. New York: Van Norstrand Reinhold.

Hurlock, E. B.(1968). *Developmental Psychology* (3rd ed.). NY: McGraw-Hill Inc.

Hurlock, E. B.(1978). *Child Development* (6th ed.). NY: McGraw-Hill Inc.

Katchadourian, H. A.(1976). Medical perspectives on a adulthood. *Deadalus*, Spring.

Livson, F. B.(1981). Paths to psychological health in the middle years: Sex differences. In D. H. Eichorn, J. A. Clausen, N. Haan, M. P. Honzik & P. H. Mussen (eds.), *Present and Past in Middle Life*, 195-221. New York: Academic Press.

Miernyk, W. H.(1975). The changing life cycle of work. In N. Datan & L. H. Ginsberg (eds.), *Life-span Developmental Psychology: Normative Life Crises*. New York: Academic Press.

Mischel,W.(1973). On the interface of cognition and personality: Beyond the person-situation debate. *Psychological Review,* 80, 5-11.

Moen, P. & Howery, C.(1988). The significance of time in the study of families under stress. In D. Klein and J. Aldous (eds.), *Social Stress and Family Development,* 131-156. New York: Guilford Press.

Rindfuss, F., Swicegood, C. & Rosenfeld, R.(1987). Disorders in the life course: How common and does it matter? *American Sociological Review,* 52, 785-801.

Thomas, R. M., 1992, *Comparing theories of development* (3rd ed.). Belmont, CA: Wadsworth.

Tolman, E. C.(1948). Cognitive maps in rats and men. *Psychological Review*, 55, 189-208.

Chapter

O2

第二章　學齡兒童之生心理發展

郭　靜　晃

・美國俄亥俄州立大學家庭關
係與人類發展學系博士
・中國文化大學社會福利學系
教授兼系主任

前 言

　　學齡階段兒童的身體發展是以平緩、穩定的速度成長，其頭腦及四肢在此階段有明顯的發展，例如粗而大的動作發展及學習（像球類運動等）、精細及小肌肉的發展（如寫字、畫畫、吹奏樂器等），兒童的注意力變得較易集中且能專注地學習。此階段兒童在進入小學後透過學校的學習環境，發展各種學習技能與技巧，可增強其社會適應的能力。本章內容涵括學齡兒童身體的發展及常見之生理問題、學齡兒童的安全、學齡兒童的認知發展、情緒發展、社會發展、兒童社會化過程的理論，以及性發展與性教育等，分別說明如下：

一、學齡兒童的身體發展

　　學齡兒童期身體呈現緩慢但穩定的成長。平均說來，他們的身體比例是均勻且優雅的，每年約成長2.15公分及4.5至5公斤左右。在六歲左右，他們的平均身高約為成人的70%；到十一歲時，其身高約為成人的90%，當然，這其中在身高、體重及形狀有個別差異存在。當我們到一所國民小學參觀時，我們便可發現兒童的外形，在身高與體重上相差很大。試想一國小六年級最高的孩子與一國小一年級最矮的孩子站在一起，他們之間的差異真是令人訝異！

　　一年級與六年級的平均身高相差約有四十五公分，甚至同年級的身高與體重也有很大的差異。Meredith（1969）曾比較

來自英美等發展中國家與未發展國家的八歲兒童，由於營養的因素，也有二十三公分（約九吋）之差距。學齡兒童骨骼比學齡前兒童更堅固，但仍有許多軟骨組織。由於骨骼中所含的石灰質較少、膠質較多，故富有彈性，所以不易骨折，但卻容易變形、脫臼。牙齒正由乳齒換爲永久齒、額部加寬、嘴唇增厚。身體逐漸增長、胸腔加寬、頸部增長、雙臂與雙腿比二歲時增加一半的長度；但此時肌肉仍未顯著發育，肌力雖有發展但仍很柔軟，內含蛋白質相對較少，水分較多，缺乏耐力，容易疲勞。

　　內在的器官繼續成長，心臟和血管管積比成人小，但新陳代謝快。小學生心率平均約每分鐘八十至九十次，比成人來得快。肺泡開始成熟並增多，心肺功能增強也促進兒童的肌能。肌肉與骨骼的成長也造成兒童成長的痛苦（growing pains），這也促使兒童去使用他們的肌肉。這解釋了爲何學齡兒童很少能保持長時間的不運動或舒展筋骨。

　　視覺器官還在發育，曲光狀況由透視逐漸趨向正視（李丹，1989）由於國內的兒童在學齡期不當使用眼睛的頻率較高，及未能保持適當距離和做適度的休息，造成此時期是兒童罹患近視比率最高的時期。國內研究指出：五至六歲及九至十歲爲國內兒童罹患近視的兩個高峰期。

　　學齡兒童的腦重量也有顯著的增長。九歲兒童的腦重約爲一千三百五十克，十二歲時約爲一千四百克，已接近成人。腦神經細胞體積增大，神經纖維也增長。隨著大腦皮層的發育生長，兒童腦的興奮過程和抑制過程逐漸趨向平衡，這使得兒童的睡眠時間縮短，覺醒時間延長。七歲兒童平均每天需要睡眠的時間爲十一小時，十歲爲十小時，十二歲爲九小時（李丹，1989）。

(一)百年趨勢

　　如果有機會到歷史博物館參觀，我們可發現先人所穿的衣服、所睡的床較小。我們不禁要問：難道他們的品種與我們不同嗎？他們是侏儒嗎？還是他們是省錢所以布做得省？答案皆不是，事實上，以前的人是比我們現在的人來得矮。研究顯示：現在的人比以前來得高大，而且達到性成熟的年齡也比以前來得早。這種現象，我們稱為百年趨勢（secular trend）。Tanner（1968）比較一九〇五年到一九六五年的兒童，發現大約每隔十年的性成熟會早了三個月，也就是說相差四十年時，其成熟比率約早了一年。例如，一九六五年的五歲幼兒比一九〇五年的五歲幼兒高出兩吋；一九六五年的十一歲兒童比一九〇五年的十一歲兒童大約高出四吋左右。Zastrow與Kirst-Ashman（1987）指出，在美國，兒子普遍比其父親高一吋，重十磅；女兒是高二分之一吋，重二磅。女兒進入青春期平均也比其母親早十個月左右（Muuss, 1970）。造成成長提升的原因還不是很清楚，但有人假設可能是營養及暴露在燈光下所使然。在進小學之前達到青春期是百年趨勢的極限。然而，雖然在身體發展及達到性成熟方面發現有提前的現象，但在兒童之心智與情緒發展方面卻無此記載，這可能是社會變遷造成社會複雜化。

(二)動作發展

　　學齡兒童有更多能力控制自己的身體，並瞭解自己身體的限制，一般來說他們滿意自己的身體，並對自己的能力充滿自

信。由於成長緩慢、優雅及協調，所以他們可以發展一些技巧。當他們到青春期，由於身體快速成長及身體比例變化太快，他們失去身體的優雅及精準性，因此他們必須不斷練習其手眼或手腳協調性。

所有動作發展種類很多，我們可以歸納為兩類：粗而大的動作發展及小而精細的動作發展。

■粗而大的動作發展

六歲幼兒一般已可以騎三輪車、腳踏車、跳繩或溜冰，甚至是溜直排輪。進入小學低年級的兒童已發展不錯的大肌肉動作技巧；如跳、跑、丟球、接球、踢球，這些是許多團體運動的基本技巧。學齡兒童的動作能力與其年齡及體型有關。雖然男女在學齡兒童時體型相似，但動作技巧發展卻有很大不同。男孩較屬於肌肉型，特別是腿及肩膀的肌肉；而女孩較有準確性的發展，如跳躍或跳高。所以說來，女孩較傾向視覺動作協調成熟，而男孩有較強的肌肉發展。隨著年齡的增長，動作技巧的協調與平衡會越來越好。**表2-1**呈現學齡兒童的動作要素、一般測驗、特定技巧測量及其綜合分析。

■精細及小肌肉發展

學齡兒童不但已開始發展大肌肉動作的控制與協調，而且也控制得很好，同時他們也開始發展手及手指動作的技巧。在小學一年級時，學齡兒童對握筆寫直線的字常有些困難。但之後六年，他們不但可彈鋼琴、拉小提琴、組合飛機模型、畫圓，也可拆建小零件的電子設備。這些能力需要控制小肌肉發展及其手眼之視覺協調能力。此外學齡兒童的認知技巧也逐漸提升，加上其手指操作技巧的能力皆可以使兒童處理更複雜的

表2-1 學齡兒童的動作發展與分析

動作要素	一般測驗	特定技巧測量	綜合分析
協調性	跳繩 單腳跳 用手帶球 用腳帶球	大動作身體協調 小動作身體協調 手一眼協調 手一腳協調	隨著年齡增長，其協調性發展更好。六歲之後，男孩優於女孩。
平衡	走平衡木 單腳站立	動態平衡 靜態平均	隨著年齡增長，此能力發展更好。女孩優於男孩，尤其是動態平衡。之後，男女相差不大。
速度	三十公尺賽跑 五十公尺賽跑	奔跑速度 奔跑速度	隨著年齡增長，速度增快。在六、七歲時，男女相差不多；之後，則是男孩優於女孩。
敏捷性	迂迴穿梭的跑	奔跑敏捷性	隨著年齡增長，其能力會增加。十三歲以前，女孩優於男孩，之後，男孩在此能力大有改善。
力量	跳高 立定跳遠 擲遠	腿的力量與速度 腿的力量與速度 手臂的力量與速度	隨著年齡增長而增加其能力。男孩優於女孩。

資料來源：參考Gallahue, D.（1981）。

動作技巧。複雜的動作技巧與認知、知覺、動機、神經和肌肉的系統是有關的（Bee, 1992）。一個人的動作技巧是與個人運動、非運動和操作技能有關。**表2-2**是兒童的動作、非動作與操作技巧的發展順序。

表2-2　動作、非動作與操作動作技巧的發展順序

年齡	動作技巧	非動作技巧	操作技巧
18～24月	跑（20個月）；走路走得很好（24個月），用雙腳上下樓梯。	可推、拉盒子或有輪子的玩具，打開瓶蓋。	可顯現慣用手，可堆放四至六個積木，可翻書。
2～3歲	跑得很穩；在家具上爬高爬低。	可從障礙物間搬運大玩具。	可撿拾小物件；站立中丟球。
3～4歲	單腳上下樓梯；用腳尖走路。	騎三輪車；拉大玩具車行進。	接大球；用剪刀剪紙，用大拇指及兩個手指握拿。
4～5歲	可用雙腳交替上下樓梯；用腳尖站、走、跑得很好。		擊球、踢球或接球；可用串珠穿線，但不是用針線；握筆較成熟點。
5～6歲	可用雙腳輪流輕躍；直線走得很好；溜滑梯或盪鞦韆。		球打得很好；會用針線。
7～8歲	可輕躍超過十二次或以上。	騎兩輪的自行車，但不能騎太遠。	字寫得很好，會寫字母或名字。
8歲以上	自由輕躍。	自行車騎很得好。	

資料來源：參考Connolly & Dalgliesh (1989)；Thomas (1970)；Bee (1992).

(三)慣用左手vs.慣用右手

　　出生時，雙手可左右開弓；而到了幼稚園階段，幼兒大都已習慣會用哪隻手做特別的動作。其中也有一些幼兒是雙手靈

巧。在我國及美國的文化中，還是較傾向慣用右手，且教育設備也大部分以右手為導向。左右手傾向一直被認為與個人之左右腦發展有關。人腦分為左右兩對稱的半球，左大腦與身體右部器官相連，右大腦則與身體左部相連接。因此左大腦控制右手而右大腦控制左手。在嬰兒期，兩側大腦運用相同的控制；但隨著年齡的增加，兩側大腦逐漸控制不同功能，並發展一側為優勢。若左大腦較優勢，此兒童可能較傾向為右撇子；相反地，如果右大腦較優勢，則此兒童較傾向為左撇子。

在日常生活中，常看到父母糾正兒童使用正確的手（通常是希望兒童使用右手）。雖然有臨床醫學報導指出，強迫兒童使用慣用手會造成其情緒上的困擾，例如神經症狀或口吃。現在的發展學家較鼓勵父母不要強迫孩子使用慣用手，但社會還是要求孩子改變慣用手，理由之一可能是社會對於左手所提供的工具並不很普遍，例如剪刀、高爾夫球桿，甚至課堂的單人座椅。

二、學齡兒童常見的生理問題

學齡兒童常被形容為精力充沛、對事好奇。他們時常將笑容掛在臉上、臉頰紅潤、汲汲於學習與娛樂中。然而，這種刻板化的印象（stereo-type）並不適合所有兒童。對某些兒童而言，他們生病、無精打彩，對學習及休閒技巧沮喪。在所有發展國家中的中產階級應有能力提供最好的健康照顧，即使是最富有的國家之一——美國，但其每一千人口中嬰兒低死亡率的比率，卻占全世界第十七位。雖然如此，美國在長期的努力之下，還是具有高度公共健康的水準。近一世紀中，美國的孩童

也遭遇寄生蟲、營養不良或傳染病的肆虐。在一九八〇年代來自低社經地位的家庭約有30％患有貧血（Zigler & Trickett, 1978），今日未開發的國家也有此種問題；很不幸地在未開發的國家爲了減少嬰兒死亡率，卻也造成學齡兒童醫療資源的耗盡。因此，未來兒童健康仍是公共健康的重要項目之一。

　　二十世紀初，兒童常患的疾病有麻疹、百日咳、白喉、破傷風、耳下腺炎、小兒麻痺等。這些具有很高致死性的疾病，需要透過注射疫苗來預防。這些疾病當中除了天花之外，其他大都可經由疫苗來控制。兒童的嚴重疾病還有肺結核、癌症、流行性感冒等。流行性感冒是兒童期常見的疾病之一，常常在學校或同儕團體中相互傳染，一年中常有傳染六至七次的呼吸道毛病，甚至引發氣喘（Behrman & Vaughan, 1983）。此外，還有一些遺傳疾病仍威脅著兒童的身體健康，甚至會致命，這類疾病目前尚找不出原因及有效的控制方法。

　　在台灣地區一九九一年及一九九五年兒童生活狀況的調查中（內政部，1992；1996）指出，台灣地區未滿十二歲兒童中，約有99.76％及99.80％在嬰幼兒期接受預防接種，其中全部接種預防針者高達90.50％及93.18％，部分接種者占9.25％及6.62％；而未接受預防接種者僅占0.24％及0.20％。其中又以經濟發展層次較低層者的部分接種比率較高，顯示對於這些地區要多加強全部預防接種。又未滿十二歲兒童從未有過任何傷病者，占87.12％，曾患有殘障、哮喘、過敏、慢性病、意外身體傷害者，占12.88％。其中曾患過敏症（如蠶豆症、皮膚過敏等）者，占3.6％；患有意外身體傷害（如車禍、嚴重燙傷等）者，占2.91％；患有哮喘者，占1.46％；有視覺障礙或因不乖被打傷者，分別占0.81％及0.82％；其餘傷害罹患比率較低。

(一)牙齒保健與視力保健

■牙齒保健

　　學齡兒童的另一特徵是換牙。第一顆恆齒大約在五至六歲開始長出，此時兒童的乳齒開始掉落，之後的幾年之中，每年大約長出四顆恆齒，臼齒大約在六歲、十二歲及二十歲左右，分三次長出（Behrman & Vaughan, 1983）。

　　有鑑於牙齒健康對營養、身體健康和外觀的重要性，牙齒毛病常常也是發展國家中的健康話題之一。在國內，學齡兒童患有齲齒的比率也很高。因此，透過牙齒保健的宣導加上切實的刷牙、加氟（由飲用水或牙膏提供），充足的營養和良好的保健，應該可以消弭不健康牙齒的問題。

　　齲齒（蛀牙）的原因很多，主要是由於日常食物中的碳水化合物附在牙齒上，發酵產生酸，使口腔內的乳酸菌、鏈球菌、葡萄球菌等活動增加，產生「牙菌斑」，而直接腐蝕牙齒表面，形成蛀洞。學齡前幼兒的乳牙比學齡兒童的恆牙的蛀牙率來得高，理由之一是幼兒較無法妥善照顧自己的牙齒和不適當的飲食，另外是乳牙的鈣化程度比恆牙來得低，從飲食中吸收氟的時間較短，牙齒表面硬度較低，抗酸力較弱等原因。

　　要如何幫助兒童維護牙齒的健康呢？

1.適當的飲食：避免吃容易引起蛀牙的食物，尤其是柔軟、帶黏性的有醣食物。多吃含蛋白質、鈣質和維生素的食物，如魚、肉、蛋、牛奶、豆腐、水果、蔬菜等有助於兒童身體發育和牙齒健康的食物。此外，梨子、蘋果、甘蔗、芹菜、紅蘿蔔、黃瓜等食物含有維生素，能

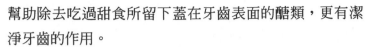

幫助除去吃過甜食所留下蓋在牙齒表面的醣類，更有潔
淨牙齒的作用。

2.養成正確的漱口及刷牙習慣：最重要的，每吃完東西一
定要養成立刻漱口的習慣。刷牙的正確習慣，尤其是每
餐飯後和臨睡前的時間，以及正確的刷牙方式更能有效
清除牙垢及避免牙齦受損。最好能在刷牙之前，先用牙
線清除牙垢。

3.儘早及定期做牙齒檢查：在小孩還小的時候就應該定期
看牙醫，一方面做牙齒保健，預防以及治療；另一方面
也可讓孩子習慣看牙醫，如此不僅可以做到預防治療，
並可克服看牙醫的恐懼。

■視力保健

　　學齡兒童的另一個保健問題是視力。當兒童到達學齡時，
視覺較以前敏銳，而此時的視覺器官系統發展也較臻於成熟。
學齡前兒童大都為遠視（視力超過1.0），主要原因是其眼部發
展尚未成熟，形狀也與大人有所不同。到了學齡兒童期，其雙
眼共同運作的協調能力逐漸發展成熟，有利於更好的對焦。

　　學齡兒童依賴視力的活動越來越多，例如，看書、看漫
畫、玩電動、畫圖、玩樂高玩具等。這些活動皆需要近距離看
物體，加上時間一長，又缺乏休息或調節看遠方距離，使得視
力習慣近距離，又因過度使用而產生疲勞，因此很容易近視。
目前最容易罹患近視的年齡層為五至六歲及九至十歲，大約是
在幼稚園大班和國小三年級這兩個時期。一旦發現近視，如果
不加以改變使用視力的習慣，每年平均會增加一百度左右。不
少國小學齡兒童還有視覺上的問題，例如近視及遠視，但這些
孩子仍有許多都沒有戴眼鏡矯正。

(二)其他的身體保健

■肥胖症

在台灣由於經濟的發展帶來物質文明的進步，大家對飲食的要求都變得相當講究，在吃得多、吃得好，又缺乏適當運動的情況下，再加上飲食嗜好的改變（由於電視廣告的促銷，兒童也較偏向高醣、高脂肪的速食文化），因此造成小胖子越來越多。肥胖除了帶給兒童身體活動上的不便，最令人擔心的是日後的健康問題；因爲高血壓、糖尿病、心臟病與肥胖有非常密切的關係（Marieskind, 1980）。而且兒童期的肥胖症會持續到成年期。

造成肥胖症（obesity）的原因可能來自遺傳、內分泌失調、環境、飲食、生活習慣等，但是在現代的社會裏，主要的原因還是吃得太多與運動太少。目前治療兒童肥胖症的方法除了多鼓勵兒童運動之外，也要強調肥胖不是福的認知療法，扭轉家長的觀念以及建立正確飲食觀念——營養均衡。

■神經性無食慾症

另外一個與肥胖症相反的是「神經性無食慾症」（anorexia nervosa），此種症狀大都發生在青春期的少年身上。病徵是厭惡飲食、食慾不振、體重急遽下降，甚至無月經等現象；也有人會有嘔吐、便秘的現象。神經性無食慾的重要病徵是吃少量食物，但精神激昂、不知疲倦。嚴重的患者須送往精神科做專門性的治療。

■心身症

現代兒童面對生活的忙碌、過分的期望及缺乏相對的生活技能而遭遇到生活壓力。這些心理上的壓力引起身體器官的功能失常，但經由醫生診治後，卻發現其身體器官的功能良好，此種現象稱爲心身症（psychosomatic disorder），也稱爲「器官神經症」。例如，在考試的壓力下，因過度緊張及擔心而使得胃腸功能失常，引起腹瀉、便秘、噁心等症狀，嚴重者甚至會破壞身體器官組織（例如胃潰瘍）。除了生理病症外，有些患者心理會陷入不安或發生心理障礙（如極度憂鬱症）。

一般而言，心身症常是根據出現症狀的部位來定名稱，如胃腸機能障礙、胃潰瘍、神經性無食慾症、支氣管氣喘、多尿症、月經不順、神經性皮膚炎等。

心身症的共通症狀爲情緒緊張；但此種緊張並非一直持續出現，且患者也不一定會察覺這種心理狀態。例如考試前（如聯考、大考前），考生在面臨考前的壓力時，心理總是陷於此種緊張狀態，便可能會出現頻尿、月經不來或腹瀉等因人而異的種種現象。然而這種現象只暫時出現，待壓力源消失了，症狀也會隨之消失。

造成心身症的原因除了個人有容易緊張的人格特質外，有時是來自父母過度期望所致，父母的嚴格管教方法致使兒童陷入備戰心理（由於自律神經活躍），而使身體器官產生機能障礙，長期下來也可能會破壞器官組織，形成生理的疾病。

在兒童特殊心理病兆方面，陳淑惠（1999）將特發於兒童及青少年時期的心理疾病分爲六類：

1.與壓力反應有關的心理疾病，如適應障礙症、重大創傷後壓力症。

2.與焦慮有關的精神與心理疾病，如分離焦慮症、社交恐懼症、轉化症。

3.與情緒或情感障礙有關的精神與心理疾病，如憂鬱症。

4.與飲食習慣有關的精神與心理疾病，如心因性厭食症。

5.與思考、現實感障礙有關的精神疾病，如精神分裂症。

6.與社會規範、行為控制有關的心理疾病，如注意力偏差／過動症、行動違常症等。

　　由於這些心理疾病的肇發原因受到生物層面的遺傳因素、個人的成長經驗，以及社會文化環境等因素交互影響，因此，有必要在兒童健康照顧服務的建構過程中，針對兒童提供適當的心理發展環境，並且對心理健康的照顧積極規劃服務，以預防或提早發現兒童心理疾病的產生。

三、學齡兒童安全

　　近幾年，台灣地區學齡兒童慘遭腸病毒的威脅，影響之巨，甚至死亡。影響學童安全的，除了流行病學之感染以外，意外事故是兒童死亡的第一因素。根據全國一九九一年兒童安全狀況調查（內政部，1992）指出：未滿十二歲兒童曾有意外身體重傷者（如車禍、嚴重燙傷等）占2.91％；曾經有特殊遭遇者（如被疏忽、被同學脅迫敲詐、被虐待、離家出走及觸犯少年事件、被拐騙、做乩童、車禍等）占0.38％。因成人疏忽或社會體系不健全使得常有兒童溺水、交通事故、食物中毒等意外發生，加上治安惡化，孩童被綁架的事件時有所聞，甚至被撕票，這也造成國人普遍對生活有不安全感。歸咎兒童受傷害的原因，最常是父母及大人的疏忽、缺乏危機意識，以及兒

童缺乏安全的技能。由於兒童是不成熟的個體，安全技能未臻成熟，加上他們精力充沛、對事物好奇，如果缺乏危機意識，皆可能使其身心受到傷害。本節就兒童常遭遇的安全問題——交通、食品、藥品、玩具、設施，以及人身安全來做探討。

(一)交通安全

　　由於近年來工商業發達，經濟繁榮，社會進步，生活水準不斷提高，使用車輛的人口日益增多，馬路到處是汽車、機車。根據統計，台灣機動車的密度遠超過美、日、法、德等已開發國家，已達每平方公里三百一十九輛，是日本的三倍強，荷蘭的二點三倍（靖娟幼兒安全文教基金會，1993）。隨著經濟的成長，現代化大眾捷運嚴重缺乏，造成每年增加三十萬輛汽車的成長速度。台灣地區至一九九五年三月底為止，國人擁有的小客車已達3,905,722輛，而機器腳踏車更高達12,054,919輛，平均每5.4人就擁有一輛小客車，每1.7人就擁有一輛機器腳踏車，較諸工業先進國家毫不遜色。這些汽機車更帶來噪音、廢氣等污染；而且相關的道路設施、交通號誌、動線規劃不盡完善，使整個交通顯得相當紊亂、擁擠；加上國人守法習慣尚未養成，駕駛人缺乏耐性及禮讓不足，造成人車爭道，不遵守交通規則，導致交通事故不斷發生，造成個人、家庭的悲劇，破壞不少和樂家庭，更造成社會問題。

　　交通部為加強道路交通管理、維護交通秩序、確保交通安全，制定「道路交通管理處罰條例」，於一九六八年二月五日總統頒布，全文共七十七條，並於當年五月一日施行。其後在一九六九年、一九七五年、一九八一年、一九八六年、一九八七年陸續修正及增訂共九十三條，使在維持交通秩序、保障行人

權益及維護交通安全方面，有周全的法規基礎。

　　根據藍武王（1991）之研究發現：兒童步行事故八成發生在馬路上，主要地點以交叉路口附近最多（占39％），其次為快車道（占24％），再其次為行人穿越道（占11％），其中七成多的兒童交通事故發生在穿越馬路時，又以五至九歲小朋友發生率最高。推究其發生事故的原因可能是因為兒童的視覺範圍小，反應及注意力較低；此外，步行速度緩慢、綠燈時間短來不及過馬路、身材矮小不易被駕駛人察覺，也常是導致兒童步行時發生事故之原因。而張新立（1996）的研究發現：國內青少年無照騎車相當普遍。有六成在十二至十四歲期間嘗試他們的第一次騎車經驗，甚至最早的年齡也出現在六歲及八歲，這些青少年中有四成曾發生交通事故，年事故發生率為0.7％左右；有一成左右的青少年曾發生較嚴重的交通意外事故。

　　此外，學齡兒童在每學期皆有安排校外教學或旅遊活動，其中相關的交通事宜大都委託遊覽車公司。近幾年來已發生幾件重大交通安全的事件：例如，一九九二年五月十六日，北市健康幼稚園校外教學的遊覽車火燒車意外，造成林靖娟老師、兩名家長及二十名幼童共二十三人被大火燒死。一九九三年三月五日，北市碧湖國小校外教學，兩名學童自光華巴士安全門跌落路上，分別造成輕重傷。究其上述事件之原因，不外乎是缺乏安全常識、觀念和危機意識，以及忽視尊重個人之權利。

(二)食品安全

　　依據衛生署（1999）的統計資料顯示：台灣地區食物中毒事件，有超過四成四的患者發生在學校（參考**表2-3**）。

　　食物中毒係攝食被病菌、毒素或化學物質所污染的食物，

表2-3　台灣地區食品中毒事件攝食場所分類表（1998年）

攝食場所	件數	患者數	死亡數
自宅	55	611	0
營業場所	54	957	0
學校	39	1,751	0
辦公場所	18	369	0
醫療場所	2	15	0
運輸工具	1	6	0
部隊	4	187	0
野外	2	21	0
攤販	3	7	0
其他	2	27	0
合計	180	3,951	0

資料來源：行政院衛生署（1999）。

而引起身體的不適或疾病。中毒症狀以消化系統及神經系統障礙為主，常有頭痛、頭暈、腹痛、腹瀉、嘔吐、發燒等現象發生。郭鴻均（1986）從流行病學觀點來分析食物中毒：二人或二人以上攝取相同食物，而產生一樣的疾病症狀，並自可疑食餘檢體及患者糞便中，分離出相同類型（如血清型或噬菌體型相同的細菌）的致病因素，則稱為一件食物中毒；但若因攝取肉毒桿菌或因急性化學中毒而引起死亡，即使僅有一人亦被稱為一件食物中毒。通常食物中毒是以其原因來分類，如細菌性食物中毒、天然毒素食物中毒，化學性食物中毒、類過敏食物中毒、黴菌毒素食物中毒，及其他病毒等（請參考圖2-1）。

　　依據食物中毒發生的統計資料，常發現一年中以五月至十月發生的件數最多，尤其是暑假期間。導致中毒的病因物質以細菌性食物中毒最多，其中又以金黃色葡萄球菌所引發的中毒

案件占最大比例。食物中毒不僅有症狀上的上吐下瀉問題，嚴重的甚至會造成生命的危險。所以，發現食物中毒時一定要有敏感度，做謹慎迅速的妥當處理，如通知衛生單位及保留剩餘食品，以便迅速找出引起食物中毒的原因。一般處理食物中毒最忌諱掩蓋事實，而忽略重要的處理步驟。以下是食物中毒的處理步驟：

1. 發生食物中毒時，應迅速將患者送醫診治。人數過多時，則應分送各大醫院，以免延誤就醫時間。
2. 保留剩餘食品、患者嘔吐物及排泄物，以利確定中毒原因供醫療參考。

食物中毒
├─ 細菌性食品中毒
│   ├─ 感染性
│   │   ├─ 沙門氏菌 ➔ 牛、老鼠、蛋
│   │   └─ 腸炎弧菌 ➔ 海鮮類
│   ├─ 毒素型
│   │   ├─ 葡萄球菌 ➔ 濕瘡
│   │   └─ 肉毒桿菌 ➔ 土壤、動物糞尿
│   └─ 未定型
│   ├─ 魏氏梭菌 ➔ 人及動物的腸道、土壤
│   └─ 病原性大腸桿菌 ➔ 人及動物的腸道
├─ 天然毒素食品中毒
│   ├─ 動物性 ➔ 河豚毒、有毒魚介類等
│   └─ 植物性 ➔ 菇、發芽的馬鈴薯、毒扁豆等
├─ 化學性食品中毒
│   ├─ 化學物質 ➔ 農藥、有毒非法食品添加物等
│   └─ 有害金屬 ➔ 砷、鉛、銅、汞、鎘等
├─ 類過敏食品中毒 ➔ 組纈胺、味精、不新鮮或腐敗的魚、肉類
├─ 黴菌毒性食品中毒
└─ 其他，如病毒

圖 2-1　食物中毒分類

資料來源：郭鴻均（1986）。

3.迅速通知當地衛生單位派員處理，同時陳報上級主管單位（社會局或教育局）協助處理。

4.通知家庭，安排人員照顧患者。

　　做好上述食物中毒的處理工作，才能使食物中毒的管理與預防工作做得更具體與有效，如此一來也可幫助衛生單位掌握及控制中毒事件的擴張；瞭解病因並針對病因找出預防之道，建立管理及預防之方向、完整的調查、檢驗、統計報告，以減少事件的發生及做更確切的預防措施。

　　食物中毒由於病媒傳輸管道不同，所以其預防方法也有所不同，但是仍然可歸納出幾項共同的原則（李宏才，1993）：

1.廚房設施：

(1)廚房的器具、用具、容器要洗滌、消毒並保持乾燥。

(2)酸性飲料或食品不可使用鍍鋅罐或含鎘密器。

(3)容器不可以有積水現象，並保持通風及排水良好，以免滋生病媒。

(4)砧板應分類使用，避免生熱食交互污染。

(5)洗滌劑、殺蟲劑、消毒劑等物品須標示清楚，並放在固定且孩童拿不到的地方。

2.工作人員：

(1)注意個人衛生習慣，調理時注意手部、頭髮的清潔，最好能戴上手套、帽子。

(2)烹煮的時間與溫度不能為了好看或好吃而不顧衛生與營養。

(3)手部受傷、身體不適或受感染時，切勿接觸食物，以免造成污染而致食物中毒。

(4)安全衛生的食物是來自健康的工作人員，所以工作人

員應注意自己健康狀況及做定期健康檢查。

3.飲食處理：

(1)選擇新鮮的食物，最好當天採購及當天食用。

(2)減少食物在空氣中暴露的機會與時間，以免被細菌污染。從冷藏室取出後應儘快調理，不宜擱置太久。

(3)選購食物要注意有效日期及添加物是否為合格者。

(4)不要使用包裝破壞或過度污染的免洗餐具。

(5)冰箱及貯放食物的空間要經常清洗及保持通風，避免交互污染。

(6)處理食物要清潔、迅速、充分加熱或冷藏。

食物中毒如同意外事件般來得突然，通常在夏天最為容易發生，但是如果能小心謹慎並事先預防人為疏失，加上謹慎處理食物的每一步驟，便能讓兒童吃得健康及吃得安心。

(三)兒童藥品安全

台灣地區五至十四歲兒童死亡原因以意外為第一位、腫瘤病症第二位，再其次為先天性畸型、心臟疾病及他殺（衛生署，1998）；而兒童用藥意外亦是兒童意外傷害的原因之一。就此來看，兒童藥品安全與兒童意外傷害是息息相關的。在美國，兒童用藥致死在一至四歲的意外傷害中排第四位，尤其以二至三歲群組最高；到目前為止，我國仍未有兒童因用藥而導致傷害或死亡的統計數據。其實，兒童用藥安全的問題與食品安全是相似的，例如，攝食過多會造成中毒，所以用量的斟酌便成為一門藝術。

王傳淵（1993）指出國內兒童用藥不當之原因有下列三

點：

1. 父母的疏忽：

　(1)成人使用的藥品或維他命隨意放置，導致兒童誤食。

　(2)家中必備的消毒水、殺蟲藥等未放置妥當，導致兒童誤食。

　(3)家中廚房必備的佐料未收拾妥當，導致兒童誤食。

　(4)兒童誤食家中垃圾。

　(5)兒童舀起馬桶內的污水來喝。

2. 父母的錯誤觀念：

　(1)家長迷信食用香灰或求取配方，至於其中到底含有哪些成分一概不知。萬一有問題就醫時也不知如何救治，延誤急救機會。

　(2)食用成藥或含有重金屬的藥品。

　(3)攝取過量食物，例如，水的飲用，一天兩千西西是正常的量，若過量時身軀就有浮腫現象，而超過一萬西西的水分，就發生中毒症狀了。

　(4)服用過量的營養品或草藥。

　(5)服用沒有經過醫師指示或過期的藥物。

3. 父母的認知來源缺乏：

　(1)在超級市場中買到未標示清楚有效日期及製造日期的食物。

　(2)食用了加入添加物（如防腐劑或色素）的食物。

　(3)生病未看醫生，直接按自己感覺的症狀服用成藥。

　(4)覺得可治病的物質皆是藥，而且服用越多療效越好。

　兒童服用藥物導致中毒，依程度可分為輕度、中度及重度。一般輕度中毒皆可完全康復。中度中毒如及早發現、施救

得宜，也可轉化為輕度中毒而痊癒。反之，中度中毒因發現得晚、施救緩慢，轉化為重度，可能導致兒童有生命危險或永久性殘障後遺症。因此，藥物中毒不能完全依賴治療，根本之道還是要以預防為積極的對策。兒童常見誤食的物質可分為：第一，不須治療的少量不具毒物的物質（如肥皂水、粉筆、黏土、調味料、墨水、牙膏、洗髮精等）。第二，需要去除的大量少毒性物質（如古龍水、防臭劑、染髮劑、口服避孕藥、香水、潤膚乳等）。

王傳淵（1993）指出兒童常見較難處理或複雜的藥物中毒有：

1. 灼劑（caustics）：酸性的如有廁所的清潔劑、洗衣漂白製劑；鹼性的如有強力去污劑、洗衣粉及廁所的清潔劑。灼傷的嚴重程度和灼劑濃度以及接觸時間有關。

2. 碳氫化合物（hydrocarbous）：常見的物品如汽油、煤油、打火機用油、油漆染料以及工業用的橡膠溶劑等，這些物品通常會造成中樞神經和肺的傷害；而家具亮光劑及蠟等主要會產生肺的傷害。

3. 鐵劑（ferrous）：由於鐵劑及含有鐵的維他命在家中相當常見。誤食鐵劑的症狀包括：嘔吐、腹瀉含血、嗜眠，以及休克和昏迷；晚期會出現發燒、代謝性血酸症、肝障礙、不安、抽搐、休克和昏迷等症狀。

4. 水楊酸（salieylates）：水楊酸是小孩最常見的藥物中毒。其症狀為呼吸急促、口渴、嘔吐及大量出汗，重度中毒會導致死亡。

5. 鎮靜解熱劑【又稱為乙醯氨基苯酚（acetaminophen）】：我們常用的感冒糖漿中就含有七百二十毫克的乙醯氨基

苯酚。成人一天超過四瓶或嬰兒一天餵食一瓶，就達到中毒劑量。這種藥劑過量會造成肝細胞壞死。

6.鉛中毒（lead poisoning）：鉛是一種不活潑金屬，一旦吸入體內就很難排出。鉛中毒可分為慢性與急性。慢性是少量地長久吸收，初無症狀，累積至中毒劑量時症狀就會出現，如長時間食入貯存於鉛容器的食物。急性鉛中毒發生的情況是誤食大量含鉛物質而中毒，如誤食跌打損傷之膏藥、含有染料之物質。

(四)兒童玩具安全

玩具可分為非動力、有輪、填充、電子電動四類。隨著現代工業發展日新月異，製作玩具的素材也因科技的進步而更為豐富。孩子一旦想到遊戲，就會聯想到玩具，因為任何一種遊戲，都與物體（objects）或遊戲素材（play materials）有關。例如，功能遊戲（functional play）：孩子利用感官去接觸環境，以打、擠、滾、跳、敲及利用操弄物體的方式來玩；建構遊戲（construct play）：使用各種玩具或遊戲素材去建構東西；戲劇遊戲：利用物體或道具有扮演或想像、假裝的故事，這些遊戲都與玩具有關。此外，競賽性的遊戲（games with rules）也會使用到一些玩的器具，例如骰子、球、撲克牌等。英國的一項研究發現，幼稚園兒童在97％的自由活動中，都是在玩這些玩物（Tizard, Philips & Plewis, 1976）。父母與教育者也承認，遊戲和玩具的關係很密切，並且每年也投入無數的金錢，使孩子生活在玩物的世界中。

近代國民工作所得生活品質與消費能力因經濟環境改善而有所提升後，國際間逐漸普遍重視工業產品的品質，並頒布檢

驗標準，規範其製造品質。尤其對於弱勢團體──兒童，所使用的玩具產品的安全問題更爲各國所重視。於是紛紛制定嚴格的安全標準，對兒童遊戲安全加以維護。我國基於讓玩具產銷業者有所依循，也於一九七八年公布兩項標準：CNS4797「玩具安全」及CNS4798「玩具安全檢驗法」。日後又參考美國、日本及歐洲共同市場及澳洲等玩具安全檢驗標準，在一九八六年修訂檢驗方法，直到一九九三年共制定四十四項國家安全標準。

　　孩子在玩玩具時，會有哪些危險呢？一般說來有兩種：第一，在外形及品質方面：太尖、邊緣太利或太小的玩具，會讓孩子誤呑入口或引起割傷、窒息等意外。此外熱力及電子類的玩具，可能會帶來灼傷；油漆及電池會造成鉛中毒。這些意外也可能因孩子或大人踩到，或被玩具打到、跌倒撞到。也就是說，引起意外的原因並非因玩具的使用，而是因玩具本身之特質所造成的。第二，孩子在玩會動的玩具（如三輪車、木馬、搖椅）時跌倒受傷，特別是三歲以下的幼兒。在美國，因玩這種玩具而產生意外之情形正逐年下降，原因在使用安全玩具的人增加以及政府嚴加監督製造商之產品須達政府之法令要求（如標明使用年齡層次限制）（郭靜晃譯，1992）。

　　而玩具可能對兒童造成何種傷害呢？徐櫻芳（1993）指出：

1. 易燃性：如塡充玩具或塑膠玩具不愼觸及火源時，導致被玩具燒傷或燙傷等。
2. 毒性：構成玩具之材料爲腐蝕性、刺激性、放射性、敏感性等物質，經兒童接觸或吸入引起疾病，或眼睛受到刺激，引起敏感，使皮膚紅腫潰爛等傷害。
3. 化學性傷害：玩具表面塗飾以油漆、油墨等材質，或其

表面上含有過量重金屬之物質。此物質經由兒童口腔、鼻孔進入體內，逐漸累積過量而導致器官病變，如鉛中毒、頭痛、頭昏、食慾不振等症狀。

4.物理性傷害：物理（機械）性質之傷害，如玩具結構設計不良或加工不善，而導致遊戲時對兒童產生刺傷、割傷、刮傷、撞傷或夾傷，或因小零（配）件脫落，而造成吞食，或因產生噪音過大而致使耳膜受傷。

在我國，由於缺乏確切的官方統計數字，以及加以分類的統計數字，所以兒童吞食玩具零件可能以異物硬塞處理；遭玩具物理性割、刺傷則以一般外傷處理，或忽視個人之消費權利；兒童遭玩具割、刺、夾傷則歸咎於小孩的淘氣；破壞玩具而採取自行搽藥了事。只有嚴重傷害，如電動嬰兒床導火燒死嬰兒事件、玩具槍打傷眼球事件、嬰兒車夾死男嬰事件，才可能披露於大眾媒體，引起社會關切注意。相對於歐洲地區，據歐洲共同環境安全協會一九八九年非官方統計資料顯示，歐洲地區每年平均約有一萬名嬰兒及兒童曾經因玩具意外傷害事件而受傷，甚至送命。因此，歐洲共同市場安全協會自一九九〇年即規定，凡銷往歐洲共同市場的玩具產品，均須貼有CE標誌，以保障兒童遊戲時的安全。

兒童是國家未來的主人翁，而且是一未成熟的個體，其成長需要社會機制來加以保護。對於這些與兒童安全權利關係重要的產品，應制定完善的安全檢驗標準，並指定檢驗單位嚴格執行，以確保兒童之身心安全。孩子因玩具而得到喜悅與成長，但也可能因玩玩具而受傷，該如何減低危險的發生呢？以下是一些玩玩具的指引（郭靜晃譯，1992）：

1.以孩子的能力來選擇玩具，而非依孩子的喜好選擇。

2.確實閱讀玩具的標示及指導說明，並與孩子共同分享。

3.將塑膠的包裝紙丟棄，以免引起窒息的危險。

4.不要買有繩索或長線的玩具給較小的小孩，因稍不注意繩索及線會勒住小孩。避免玩具的零件鬆脫而被孩子吞嚥下去。

5.定期檢查玩具是否有故障或危險，如不能維修，應立刻更換或丟棄。

6.確定孩子知道如何正確使用玩具。

7.爲貯存較大孩子的玩具櫃子裝鎖，或將玩具放置在較高處，以免較小的幼兒拿去玩耍。

8.爲預防玩具掉落下來，應教導孩子在從櫃子取用或放置玩具時，要將蓋子或門取下，或加上安全鎖。

9.避免幼兒接觸電器玩具。

10.依下列外表特質選擇玩具：(1)無毒之外漆。(2)安全玩具。(3)不可燃燒物品。(4)不會導電或沒有破損，以免電線外露。

(五)兒童設施安全

衛生署（1990）所發布的白皮書中指出：十四歲以下兒童死亡原因中約有一半是傷害致死（參考**表2-4**）。兒童意外死因以交通意外事故爲第一，第二爲溺水，第三是墜落。而在六至十二歲年齡層中受傷原因依序是跌落、利器和銳器傷害及撞擊、物體夾住。此外，國防醫學院公共衛生研究所教授白璐在對北市八家醫療院所所做的調查分析中指出，幼兒在家庭意外傷害中64.7％爲墜落，其場所大半發生在客廳。此發現也爲美國消費者產品委員會引用。U.S. Consumer Product Safety

表2-4 兒童主要死亡原因

年別	順序	1 %	1 死亡原因	2 %	2 死亡原因	3 %	3 死亡原因	4 %	4 死亡原因	5 %	5 死亡原因	合計%
新生兒（未滿四週）	1980a	49.77	週產期死因	16.09	先天性畸型	15.26	肺炎	4.98	肺炎腸炎及其他下痢性疾病	2.27	急性呼吸道感染	88.37
	b	1.60		0.52		0.49		0.16		0.07		2.84
	1989a	58.59	週產期死因	28.82	先天性畸型	3.11	意外事故	2.78	肺炎	0.98	腦膜炎	93.28
	b	1.14		0.54		0.06		0.05		0.02		0.81
	1998a	69.72	週產期死因	25.93	先天性畸型	0.03	事故傷害	4.03	其他			100
	c	235.77		87.68		1.11		13.63				338.19
嬰兒（未滿一歲）	1980a	23.03	肺炎	20.26	週產期死因	19.20	先天性畸型	8.48	腸道傳染病	7.05	意外事故	78.42
	b	2.26		2.03		1.89		0.83		0.69		7.70
	1989a	28.38	先天性畸型	23.71	週產期死因	14.47	意外事故	7.51	肺炎	3.62	敗血症	77.69
	b	1.62		1.35		0.83		0.43		0.21		4.44
	1998a	45.80	週產期死因	28.25	先天性畸型	7.23	意外事故	1.46	肺炎	0.67	惡性腫瘤	83.41
	c	300.98		185.67		47.52		9.58		4.42		548.17
一到四歲兒童	1980a	43.12	意外事故	14.61	肺炎	7.63	先天性畸型	6.03	惡性腫瘤	2.61	腸炎及其他下痢性疾病	74.03
	c	57.28		19.41		10.14		8.01		7.51		98.35
	1989a	49.72	意外事故	11.77	先天性畸型	7.25	惡性腫瘤	5.18	肺炎	3.26	心臟疾病	76.18
	c	40.12		9.56		5.85		4.18		1.82		61.47
	1998a	35.54	事故傷害	21.53	先天性畸型	7.79	惡性腫瘤	3.30	腦膜炎	2.51	肺炎	70.67
	c	20.83		12.62		4.57		1.94		1.47		41.43
五到十四歲兒童	1980a	48.83	意外事故	13.33	惡性腫瘤	4.93	肺炎	3.98	先天性畸型	3.66	心臟疾病	74.73
	c	20.67		5.64		2.09		1.68		1.55		31.63
	1989a	55.07	意外事故	13.33	惡性腫瘤	3.92	先天性畸型	2.77	肺炎	2.57	心臟疾病	77.66
	c	20.75		5.02		1.48		1.04		1.04		29.26
	1998a	50.68	意外事故	13.65	惡性腫瘤	6.89	先天性畸型	2.09	心臟疾病	1.85	他殺	75.16
	c	12.51		3.37		1.70		0.52		0.46		18.56

註：1.出生滿一個月稱為新生兒。

2.一歲以下稱為嬰兒。

3.a占同年齡底線死亡百分比。b每千活產死亡率。c十萬人口死亡率。

資料來源：行政院衛生署（1990），婦幼衛生之主要統計；行政院衛生署（1998），衛生統計。

Commission（CPSC）（1991）之統計資料分析發現，兒童因遊戲傷害而入院急診的二十萬個案例中，有70％是在公共的傳統性遊戲場（公園及學校）；24％是在特定區遊戲設施；6％是在家中。受傷年齡有三分之二是六歲以上，大都在十歲以下，其餘三分之一為六歲以下。受傷原因四分之三為墜落，其他原因為被動態設施擊中、撞到固定設施、被突出物或尖銳處刺、刮、割傷（謝園，1993）。

　　謝園曾在一九九二年接受消基會委託，抽樣台北市二十六所公私立小學幼稚園及二十七處公園做安全性調查，其發現如下（謝園，1993）：

1. 地面材料：幼兒園公園之設施地面常以硬鋪面為主（如地磚、石片、水泥、瀝青等），僅部分公園學校加鋪塑膠草氈，其規格不佳，破損，且無法承受該設施高度應有的墜落安全所需之係數。

2. 設施高度：大部分設施不僅超過安全標準高度，且無對應之地面材料，扶手、欄杆高度及間距尺寸不適，易造成墜落等情形。

3. 開口：平台的圍欄開口過大或形狀不適，滑梯上方無安全護欄。

4. 安全距離：滑梯、鞦韆、吊桿、吊環及翹翹板等，周邊的安全及緩衝距離大都不夠，有圍牆、花台、路肩、階梯太靠近者，亦有設施之間緊鄰者。

5. 基座：設施基座突出地面或鬆動、易使兒童絆倒時發生皮肉外傷或骨折等傷害。

6. 材料、組合、零件及設施突出物：少數公園因使用國外進口的玩具，較符合安全標準外，多數公園及學校使用

有銳角的金屬或水泥材料，零件突出暴露或鬆動，鏈條
套接等，均為不安全的裝置。

7.表面處理：防腐、防鏽、裂縫等因材料的選擇或處理方
式不持久，造成許多維修上的困難。

8.管理維護：大部分設施除了新設之外，一般普遍缺乏維
修，龜裂的混凝土、腐壞的木料、鏽爛的金屬、斷裂的
支撐、鬆脫的零件、地面排水不良等等。

　　國內南海實驗幼稚園曾訪問一百四十八所公私立幼稚園，
也發現幼兒的意外事故以遊戲器材為主，受傷原因以碰撞為最
多。發生事故的原因與其管理照顧有關。這種事件的發生也在
新聞報導時有所聞，例如，一九九〇年內湖新明公園的翹翹板
因扶手螺栓突出而釀成不幸死亡事件；一九八九年八月彰化某
國小男童在校園中攀爬騎長頸鹿雕塑，因基礎鬆動倒下而壓死
之案件；一九九〇年某一國小女童玩鞦韆，手指放入吊鏈環
節，因跳動而被節間夾斷手指。這些事件頻傳引起社會廣泛的
注意，我國經濟部標準局的國家安全標準（CNS）也制訂相關
法規，使玩具和遊樂設施製造廠商有了依循的標準。其中相關
法則的一般原則敘述如下（靖娟幼兒安全文教基金會，
1993）：

　1.遊戲器材的安置位置：
　　(1)選用合適的地面材料。
　　(2)輪胎不能隨意放置，否則會引起摔跤事件。
　　(3)爬架超過四十公分（CNS為五十公分）要加護欄。
　　(4)地基應使用水泥，但要埋在地面下。
　　(5)器材結合處之螺釘不應在幼兒身高之內，雖已有加螺
　　　蓋仍有危險，尖銳物不可外露。

(6)木頭突出部分太多太低。

(7)支架交叉處"╳"要超過幼兒身高，以免勾住衣物。

2.鞦韆：

(1)一組不應裝三個，因中間的一個出入有危險。

(2)座位不應使用木板而以較軟質料，如皮質、人造膠。

(3)扶手處若用金屬鍵，則鍵孔不能太大，鞦韆搖動時若幼兒將手伸入則容易受傷。用塑膠水管套住扶手部分。

(4)保持安全距離，用標示註明勿靠近。

3.滑梯與球池：

(1)球池的滑梯與池內球的接觸宜設計"  "，而不是"  "，因為池內球會滑動，幼兒滑下時若站不穩，突出部分會擦痛身體。

(2)滑梯斜度以四十度為最大限度。

(3)著地處與地面保持同一高度，以維持清潔。

4.搖椅：

(1)底部與地面距離要超過一個幼兒躺下的高度約四十公分以上。

(2)支架與座椅兩邊要有一定的距離，以免幼兒被擠壓。

5.攀爬架：

(1)攀爬木架表面不可太粗糙。

(2)木條不要只靠螺釘固定，不要使釘子突出，應將木條嵌入撐架一體成型。

6.翹翹板：

(1)避免外部有螺帽外露。

(2)表面平滑無突出物。

(3)減少與地面之衝擊力。

(4)座位部分凹下，保障穩固。

7.彈簧座椅：注意彈簧外露容易夾到幼兒手指。

　　孩童遊戲空間的設計，一直是國內設計界過去所忽略的盲點。任何不當的設計不但不能使兒童身受其利，反而深受其害。遊戲對幼兒扮演著重要的功能，討論幼兒遊戲空間與討論幼兒學習空間幾乎是同一回事。而幼兒遊戲學習空間的規劃設計是一種科技整合（interdisciplinary），與許多專業相關（multidisciplinary），至少包括了幼兒教育、建築、景觀設計、室內設計、心理學家、社會學家、城鄉所等專業。因此，詳細規劃幼兒學習空間是絕對重要的（徐立言，1993）。教育部在一九九四年特別針對幼兒的遊戲安全編印了《幼稚園公共安全管理手冊》，針對大肌肉活動所需的遊戲器材分為一般性要點及各類器材的安全檢視（參考**表2-5**）。之後在一九九五年也編印《國民中小學公共安全管理手冊》，另編製「遊戲器材管理檢核表」（參考**表2-6**），以提供國民小學學校作為安全遊戲設施及安全管理參考。

(六)人身安全

■人身安全之定義與辨識指標

　　人身安全係指對人身（指除了人的身體外，還包括生命、健康及行動之自由）所為的故意非法侵害，如傷害身體、破壞健康、鎖禁、綁架、撕票、殺害或強迫從事性行為或性交易等。綜合上述，兒童人身安全乃是任何足以阻礙兒童最適當發展之事件的發生，又可稱為兒童虐待。例如，不能提供孩子被關愛、被需要的感受，或讓孩子處於受苦、沮喪的環境等。兒

表2-5 遊戲器材每月安全檢核表

園名：＿＿＿＿＿＿＿＿＿＿＿＿＿＿＿＿＿＿ 查核日期：＿＿＿＿ 年＿＿＿月＿＿＿日

項目	項次	安 全 檢 視 應 注 意 要 點	檢查符合安全規定 是	否	知會單位簽章	備註
行政措施	1	遊戲器材之設置，能計算上下左右之安全空間。				
	2	利用廢物組合之遊戲器材須具教育意義及安全原則。				
	3	以幼兒的活動量多寡及幼兒的人數、年齡需要作為設計規劃時之重要考量。				
	4	地基使用水泥；器材地樁能注意埋設之深度，不可突出地面。				
	5	器材結合處之外露螺絲釘及支架交叉處，高過幼兒身高；金屬尖銳物不外露。				
	6	焊接點及環扣做好安全處理；鍵孔不能太大，避免突出及鏽損。				
	7	幼稚園教師能指導正確的使用方法，並訂定管理及使用規則。				
	8	使用遊戲器材時，能保持安全距離；在擺盪器材的擺盪空間能做好警告標誌。				
	9	地面平坦，無坑洞。				
	10	開學之前，全面安全檢查各遊戲器材，並備有紀錄。				
	11	器材或場地不適用時，立即停止使用，並儘速修繕。				
	12	待修期間，將遊戲器材封閉或卸下，並加明顯標示，待修復後使用。				
	13	發現器材不符安全要求，能及早拆除報廢。				
	14	器材表面，幼兒所使用之手握或足踏部分，採用不滑油漆或塑膠漆，以防滑倒。				
	15	逾齡使用之器材，能加強檢視頻率與維修工作。				
隧道	1	焊接點牢固未鬆脱。				
	2	鋼架平穩，未腐蝕。				
翹翹板	1	兩端著地點鬆軟或設有緩衝物。				
	2	木板勿斷裂、變形。				
	3	支架及栓扣牢固。				
	4	扶手不可鬆脱。				
	5	螺栓帽不可突出。				

（續）表2-5　遊戲器材每月安全檢核表

項目	項次	安　全　檢　視　應　注　意　要　點	檢查符合安全規定 是	檢查符合安全規定 否	知會單位簽章	備註
攀登架	1	鋼管焊接牢固未腐蝕。				
	2	地面平坦鬆軟。				
平衡木	1	放置穩固。				
	2	支柱安全，無斷裂危險。				
	3	平衡木正面平整。				
輪胎	1	輪胎裝置固定妥當。				
	2	輪胎表面表皮平整無破損。				
迴轉地球	1	輪軸穩固。				
	2	鐵鍊、鋼管不可鏽損。				
	3	底台不可破裂、鬆落。				
	4	有足夠的潤滑劑。				
鞦韆	1	座位質料鬆軟。				
	2	扶手處鍵孔不可太大。				
	3	鞦韆一組以兩個為原則，保持安全距離。				
	4	座椅不可掉落、破損、鬆脫、有尖銳之角。				
	5	地面有保護墊或物。				
滑梯	1	著地處地面能做安全維護設施。				
	2	著地處地面保持適當高度，以維清潔。				
	3	斜度以四十度內為限。				
	4	滑板平順。				
	5	扶手高度適中。				
	6	爬椅椅階不得破裂或鬆脫。				
搖椅	1	底部與地面距離，超過一個幼兒躺下的高度，約四十度以上。				
	2	支架與座椅兩邊有適當距離。				
	3	座椅附設安全帶。				
	4	座椅下之踏板有適當距離。				
	5	結構不可彎曲、歪斜、破裂、鬆脫、斷裂。				
	6	吊鉤環扣不得鬆開。				

校（園）長：＿＿＿＿＿＿＿　主任：＿＿＿＿＿＿＿　組長：＿＿＿＿＿＿＿　承辦人：＿＿＿＿＿＿＿

資料來源：教育部（1994），《幼稚園公共管理手冊》。

表2-6 遊戲器材管理檢核表

園名： 　　　　　　　　查核日期： 　　年　　月　　日

項目	項次	安 全 檢 視 應 注 意 要 點	執行單位	檢核結果		備註
				符合	待改進事項	
一般性要點	1	遊戲器材之使用方法應指導。				
	2	於適當地點公告遊戲方法。				
	3	遊戲器材有地樁支撐者，應注意其埋設深度及不突出地表。				
	4	遊戲器材設置之地面及附近，應平坦鬆軟。				
	5	遊戲器材使用時，有擺盪動作，應注意在擺盪所需空間做警告標誌。				
	6	學校應備有急救物品，並訂有送醫管道。				
	7	器材或場地不適用時，即停止使用加上明顯標示，並填單請速修繕。				
隧道	1	焊接點牢固未鬆脫。				
	2	地樁穩固，且不突出地面。				
	3	鋼架平穩未腐蝕。				
翹翹板	1	兩端著地點鬆軟，或設有緩衝物。				
	2	木皮未斷裂變形。				
	3	支架及栓扣牢固。				
	4	地樁穩固，且不突出地面。				
	5	扶手不可鬆脫。				
攀登架	1	地樁是否牢固，且不突出地面。				
	2	鋼管焊接牢固未腐蝕。				
平衡木	1	放置穩固。				
	2	支柱安全，無斷裂危險。				
	3	平衡木之正面平整。				
障礙輪胎	1	輪胎裝置固定妥當。				
	2	輪胎表面平整無破損。				
	3	輪胎內槽不積水也無髒亂之物。				

（續）表2-6 遊戲器材管理檢核表

項目	項次	安　全　檢　視　應　注　意　要　點	執行單位	檢核結果 符合	檢核結果 待改進事項	備註
迴轉地球	1	輪軸穩定。				
	2	鐵鏈、鋼管未鏽損。				
	3	底台不可破裂、鬆落。				
	4	有足夠潤滑劑，轉動無異聲。				
鞦韆	1	扶手處鍵孔不可太大，並做好防護措施。				
	2	鞦韆一組以兩個為原則，保持安全距離。				
	3	座椅不可掉落、破損、鬆脫、有尖銳之角。				
	4	地面有保護墊或物。				
滑梯	1	著地處地面能做安全維護設施。				
	2	著地處與地面保持適當高度，以維清潔。				
	3	斜度以四十度內為限。				
	4	爬椅椅階不得破裂或鬆脫。				
搖椅	1	底部與地面距離，超過一個幼兒躺下的高度，約四十公分以上。				
	2	支架與座椅兩邊有適當距離。				
	3	座椅附設安全帶。				
	4	座椅下之踏板有適當距離。				
	5	結構不可彎曲、歪斜、破裂、鬆脫、斷裂。				
	6	吊鉤環扣不得鬆開。				

資料參考：台灣省各級學校公共安全查核手冊。遊戲場、循環活動場設備安全注意事項及查核表。

註：1.各校如有不同遊戲器材，請自行添加檢查項目。

　　2.檢核時機：每學期開學前全面檢查，承辦人每週檢查並送組長主任查核，每月送校長查核。

校（園）長：＿＿＿＿＿＿＿主任：＿＿＿＿＿＿＿組長：＿＿＿＿＿＿＿承辦人：＿＿＿＿＿＿＿

資料來源：教育部（1995），《國民中小學公共安全管理手冊》。

童虐待可分為兩類，一為疏忽，二為虐待。前者指對身體、營養、醫療、安全等方面的缺乏注意與照顧；後者又可分為身體虐待、性虐待及情緒虐待。身體虐待係指對兒童有身體之傷害、凌虐；性虐待是由於家人或父母之監督不周，導致性侵犯，施虐者可能是年齡比孩子長很多的成人，有時是其父母或親屬；情緒虐待係指父母不能滿足孩子正常發展所需的情緒需要，甚至於拒絕、排斥、屈辱、威脅的程度。**表2-7**是以兒童虐待類型及其辨識指標來分析，在遭受虐待或疏忽時，兒童之外表與行為和父母或照顧者的行為。

目前國內在兒童虐待實務及法律的界定上，大部分是採取此種分類，以作為判斷的標準，此外還可依兒童身心指標，評估兒童受虐待或疏忽的程度，依其危險性，以決定採取何種處遇（treatment），而處遇係指社會工作專業人員對人與環境間互動的不平衡，提供一些改變的策略，使人在其環境中能有更好的適應。這些策略主要是在改變人與情境間相互作用的本質（謝秀芬，1992）。劉可屏、宋維村、江季璇、尤清梅（1996）則將兒童保護個案輔導計畫分為兩種：第一，在個案確定保護案件之後，經過評估診斷，擬訂處遇計畫並提供服務的過程；第二，擬訂諮商或心理治療的處遇計畫，並依受虐兒童的需要與狀況來調整處遇的方式與目標。廖秋芬（1997）認為處遇計畫包含了兩個意涵：一為動態性的過程，是指從診斷到制訂處遇計畫的一個過程，社會工作員必須依其專業知識與技術歸納及分析，透過對問題的瞭解，規劃出個案的處遇計畫；另一為靜態性的層面，是指所採取的處遇方式或服務方案。因此，就處遇計畫應用到兒童保護案件，係指社會工作員在處理保護個案時，先蒐集個案的資料，經過評估與診斷，考慮兒童受虐類型、受虐的嚴重度及危險性，根據個案之狀況，所採取的處置

策略及服務措施。

　　目前，台灣地區在提供兒童保護方面，基本上有通報調查、機構收容安置、寄養家庭及領養服務。而其中又以民間機構，例如，中華兒童福利基金會或台灣世界展望會等，扮演極重大的角色（郭靜晃，1996）。然而，兒童保護之目標宜建立在對兒童及其家庭的照顧。涉案的家庭所需要的服務範圍很廣而且具有多元性，例如，包括臨床治療到實質具體的日托、醫療、就業輔導，甚至到反貧窮、反色情等社區方案，也就是社會福利社區化之具體精神；換言之，這也是預防性及主導性的兒童福利服務，此種服務包括強化親子關係的家庭取向的育兒服務、提供親職教育、消除貧窮及其他環境壓力、降低暴力及體罰之文化增強等（余漢儀，1995）。總體說來，兒童保護服務是兒童福利主要工作內容之一，所以兒童保護之福利政策，可以說是要運用一切有效之社會資源（如專業服務及相關體系的資源），滿足兒童時期生理、心理及社會環境的需求，促使兒童得以充分發揮其潛能，達成均衡且健全發展目的之計畫與方案。

■人身安全對兒童身心之影響與影響因素

　　因為大多數的兒童都缺乏自我保護的能力，長期的虐待可能造成兒童的死亡、殘障、人格發展扭曲、長遠精神打擊，並產生侵略性行為、退化行為、人際關係不良、自我形象低等情形（廖秋芬，1997），此外，研究發現受虐兒童中有90%，終其一生都活在受虐的陰影下，其身體的創傷可以癒合，心理的創傷卻可以烙下永遠的傷痕，這對兒童人格的成長與身心發展，是一種莫大的損傷（翁慧圓，1994）。

　　虐待對兒童的身心發展影響很大，郭靜晃、彭淑華、張惠

表2-7 兒童虐待的類型及其辨識指標

表徵 \ 虐待類型	生理虐待	性虐待	情緒虐待	忽視
兒童的外表	・異常的瘀傷、鞭痕、燒傷、或骨折挫傷。 ・咬痕。 ・經常性的受傷，而被解釋為意外發生。 ・割傷、擦傷。 ・牙齒缺少或鬆動。 ・骨骼受傷。 ・頭部受傷。 ・內傷。	・內衣被扯破、拉破或是沾有血跡。 ・生殖器官會疼痛或搔癢。 ・感染性病。 ・頸部、會陰或陰部紅腫。 ・處女膜在很小的時候就破裂。 ・體內有精液。 ・懷孕、淋菌測試為陽性反應或有經由性交所傳染的疾病。	・比其他類型的虐待表徵更不明顯。 ・行為表現為過動、退縮、過度飲食、受心理影響的疾病、自殺傾向、說話結巴或會尿床。	・經常髒髒的、顯得疲倦、沒精神。 ・經常沒吃早點就到學校、也沒帶午餐或沒錢吃午餐。 ・衣服很髒或是不合季節性的。 ・看起來經常是孤獨的。 ・需要配帶眼鏡、看牙醫或其他的醫療照顧。 ・自暴自棄。 ・缺乏好的衛生保健。 ・表現得很遲鈍、冷漠。 ・缺乏適當的督促。
兒童的行為	・不快樂、很難接近、過分要求、經常不遵守規定、常惹麻煩及與他人起衝突、經常打破毀損物品。 ・很害羞、逃避他人（包括兒童）、沒有防衛自己的能力、看起好像隨時準備任他人擺布而不反抗。 ・逃避與成人的身體接觸。 ・穿長袖衣服遮蓋傷處。	・退縮、喜歡幻想或表現很幼稚的行為。 ・與其他兒童關係薄弱。 ・不願參與體育課。 ・行為不正或逃家。 ・說他曾被父母或照顧他的人強暴過。 ・退化（顯現低能的狀態）。 ・賣淫。 ・逃家曠課。 ・引人注意的行為表現。	・不快樂、很難接近、過分要求、常惹麻煩、不會留自己一個。 ・很害羞、逃避他人、太焦慮以致無法感受快樂、太過順從、對他人所加諸的語言及行為沒有防衛力。 ・行為過度像成人或太幼稚像嬰兒（如吸手指及經常搖晃）。 ・在生理、智力、情緒上的發展比實際年齡應有的發育落後。	・學習能力差。 ・缺乏注意力。 ・乞食或偷取食物。 ・在學校惹麻煩。 ・經常不做家庭作業、吸食藥品或酗酒、蠻橫行為、不正常的性關係。 ・很早就到學校很晚才離校。 ・斜視。

（續）表2-7　兒童虐待的類型及其辨識指標

虐待類型 表激	生理虐待	性　虐　待	情緒虐待	忽　　視
兒童的行為	・對於受傷的理由不可信也與所見的傷痕的嚴重性不符。 ・似乎很害怕父母。 ・與父母分開時並無或只有一點苦惱。 ・善於討好其他成人。		・神經過敏的皮膚病。 ・自閉症或失去生存的動力。 ・曠課或其他問題。 ・犯罪、攻擊性強。	
父母或照顧者的行為	・與孩子一樣的成長背景。 ・用嚴格的管教方式，不管年齡、情境，或做錯什麼事。 ・對孩子受傷的說詞很不合理，或根本不解釋孩子受傷的原因。 ・不關心兒童。 ・視孩子為壞蛋、魔鬼。 ・濫用藥物或酗酒。 ・企圖隱瞞孩子的受傷以及逃避責任。 ・對兒童特定年齡的行為缺乏適當的瞭解。 ・家庭有危機或失業、死亡、疾病、遺棄。 ・孩子的出生是不被期望的。	・對兒童非常保護或嫉妒、經常允許或不允許兒童有任何社交接觸，不信任兒童、歸咎於兒童的性混亂。 ・鼓勵兒童賣淫或與照顧者有性行為。 ・濫用藥物或酒精。 ・經常不在家。 ・與其他家庭缺乏社交以及地緣孤立。 ・近親通姦。	・責怪或貶低兒童。 ・冷漠、拒絕。 ・壓抑愛。 ・在家中對待兒童很不平等。 ・對孩子的問題很不關心。 ・精神疾病或不成熟的父母心態。 ・持續的假想。 ・犯罪影響。 ・經常結婚及離婚。 ・亂婚或賣淫。 ・不提供休閒活動。	・濫用藥物或酒精。 ・無法建立或組織家庭生活。 ・似乎對於發生的事都不在乎、給人有種什麼事都一樣的感覺。 ・與朋友、親戚、鄰居非常疏離，不知如何與人相處。 ・長期的酒精中毒。 ・有被忽視的童年經驗。 ・生活在婚姻解組的大家庭中。 ・貧窮。 ・有冷淡、忽視的特質或人格。

芬等（1995）歸納如下：

1.在性格上：受虐兒童不快樂、孤僻、對他人缺乏信任感、否定自我、低自尊，且有神經質的人格特徵。

2.在行為上：受虐兒童在行為上較有自我防衛。如受過身體虐待的兒童較易有攻擊行為，且對大人身體的接觸感到害怕、焦慮不安或逃避；受性虐待的兒童則會有不適當的性行為或出現性障礙。

3.在社會生活上：受虐兒童難與人建立關係，在人際關係交往上有退縮的表現，不能與他人發展持續的關係。

4.世代轉移：受虐兒童可能變成日後虐待其子女的父母。

導致孩子被忽視及被虐待的原因，可能有：

1.兒童的因素：不是計畫中出生、智能不足、殘障、早產、照顧困難之兒童。

2.父母的因素：父母認為自己沒有價值，過分依賴或情感疏離，對孩子期望過高，社會關係疏離，本身曾有被忽視或被虐待的經驗，精神病患或有不良嗜好。

3.家庭因素：父母婚姻失調、家庭解組、單親家庭、大家庭關係不和、父母太年輕無法適當管教。

4.環境因素：貧窮、疾病、失業、離家出走，或社會灌輸不當之教養觀念。

通常對兒童人身的一種故意不法侵害行為，可能也伴隨兒童虐待或侵犯兒童權利，嚴重的才會導致犯罪，一般對兒童人身傷害之犯罪類型分為：殺害；傷害、傷害致死；鎖禁、鎖禁致死；猥褻、強姦、強姦殺人；綁架勒贖；強迫賣淫。

兒童人身安全在國內常因父母對兒童權利的不尊重，父母

認為子女係我生我養，有權任意處置、他人無權干涉之觀念；幼兒又因缺乏保護自己的能力，最容易成為受害者；此外法律本身又有若干漏洞，致侵害兒童人身安全之人未受到制裁。為矯正此種偏差觀念與行為，吾人應注意：

1.加強尊重兒童權利教育：建立尊重兒童的觀念，認識其為獨立個體，非任何人之財產，有與成人相同之價值及權利。

2.加強親職教育：利用親職教育來提高父母效能，培養有效管教方式，並改變兒童是父母財產之錯誤觀念。

3.加強兒童自我保護：保護孩子是提供孩子安全技能，而不是一味地威脅、恐嚇孩子不安全。教導兒童自我保護有五個步驟：

(1)保護：利用示範作用，告訴孩子及早預防，即使是陌生人對你善意的接觸，也要小心，換言之，這是從小即開始的機會教育。

(2)準備：要為孩子準備他能瞭解的訊息與技巧，並要符合孩子的年齡及發展階段，以便孩子能具體瞭解及學習。

(3)練習：安全技巧不能光說不練，因此要提供機會讓孩子練習。

(4)提醒：提醒的原則不是一味地要孩子不准做這、不准做那，而是要不斷提醒孩子應該要做的事。這種提醒是要孩子為自己負責，做正確的判斷以及獨立自主，但是這種提醒是要在大人監督之下。

(5)預習：預習是預先做準備。預先練習及做準備是要孩子多思考、多準備應付新的狀況。有計畫、持續地、適當地培養孩子懂得如何自我保護，以避免人身侵

害。

4.加強法令宣導與修訂：宣導社會大眾與相關單位，使知有關保護兒童之法規，進而利用法令來保護兒童，使立法得以發揮保護功能。如兒童福利法的責任報告制，及相關兒童保護措施得以有效落實。此外，修訂各種相關法令，形成兒童保護網絡，結合相關專業組成兒童保護團隊工作。

5.加重對傷害兒童的人處罰及教育輔導：對兒童造成傷害之人，除加重制裁外，並應同時施以教育輔導，以改善其觀念態度，使之不再有傷害行為之發生。

四、學齡兒童的認知發展

具體運思思考

相對於嬰兒時期，嬰兒利用其感覺動作模式來探索環境及獲得特定行為結果；在幼兒時期，他們透過與外在環境之互動發展表徵能力技巧，並應用其知覺思考、幻想及語言解決問題。之後，在學齡兒童期，瑞士認知學派心理學家Piaget及Inhelder（1969）提出兒童在六至七歲後〔約在前操作期（pre-operational stage）〕，發展了一種新的思維方式，此思維方式為具體思維（concrete operational thought）。Piaget認為具體運算思維最大的突破，是思維可以建立在心理操作上而不是行動上。而心理操作更是在物體關係中進行轉換的內部心理表徵（inner mental representative）。例如，學步期（toddlers）兒童能玩套環

組合（由一根棍從下套上、由大至小一組圓圈），但他們卻說不出來這種順序動作，但具體運思期的兒童不但可以做出此種行為，而且內心還能說出此種物理關係。Piaget的運思理論的操作思考具有下列幾種性質（張欣戊等，1994）：第一，心理運思是來自早期的知覺動作能力，而動作的基模是心理運思的基礎。知覺動作內化（internalize）之後，便可突破原有的局限，例如，可逆性（reversibility）。第二，心理運思有完全的可逆性。動作的可逆性（如把物件O由A移到A'，再由A'移回A）受外界環境或物性的限制，不可能完美。但心理或思考上，可以透過想像達到100%的可逆。第三，運思是內化的動作（action），因此所有的運思都是在內心中進行，因此運思等於思考。

在具體運思期，兒童逐漸獲得了許多抽象的技能。最顯著的技能有：保留概念的技能、分類技能、組合技能、後設認知。每一技能都包含一組相互聯繫的操作；這些技能使兒童與客觀世界的邏輯與順序保持一致，而且這些技能也允許兒童體驗外部事件的可預言性。接下來，兒童會運用自己所增加的推理能力來解決其人際間的問題，並安排至他們的日常生活，以滿足他們的需要與興趣。

■保留概念

保留概念（conservation）是指物體在某一些向度下不會增加也不會減少（張欣戊等，1994）。保留概念可適用於各種向度，包括：質量（conservation of substance）、重量（conservation of weight）、數量（conservation of number）、長度（conservation of length）、面積（conservation of area）、體積（conservation of displacement volume）等。具保留概念的兒童能夠抵制變

換物外形的知識線索，而不受其外形影響其認知概念。Piaget用了三個概念使兒童得以確定在任何一個物理向度上的均等都沒有改變（如圖2-2）。首先兒童會解釋說，橢圓餅與球的黏土一樣多，黏土沒有增加也沒有減少，這是同一性（identity）。第二，兒童會指出球可以做成橢圓餅，也可再變成球，這是可逆性（reversibility）；第三，兒童會注意到，雖然橢圓餅的周長大但球比較厚，這是互補性（reciprocity）的概念。保留概念能力似乎有一個發展序列，通常先有數量，然後是長度、質量、面積、重量，最後是體積數量（郭靜晃、吳幸玲譯，1993）。各種保留概念與年齡發展之關係可參考圖2-3。

Piaget認為孩子達成保留概念必須經過下列三個步驟：第一，建立相等；第二，將兩物中之一物變形，中間過程不增減物質；第三，詢問兒童是否這兩物體仍相等或哪一個多（或重）。圖2-4即是Piaget詢問兒童保留概念的過程。

有一些研究指出：訓練學齡前幼兒學會保留概念是可能的（Brainerd, 1977），這些訓練研究有理論及實務之意義。例如，訓練研究指出對四歲幼兒教導同一性和可逆性使獲得保留概念是可能的。而且，保留概念還能從訓練中涉及到轉移（transition）或再處理（rearrange）到其他物質的向度上（May & Norton, 1981）。如此說來，學齡前兒童能夠整合與應用比教育學家曾設想的還要抽象的概念。研究幼兒發展的學者也發現：經過探索、實驗以及描述物質轉換的系統程序，人們可以指導幼兒以一種系統的、抽象的方式形成自然界的概念。

Piaget警告了這種訓練的危險性：「每當一個人過早地教兒童某些東西時，他就會發現，這種作法阻礙了兒童親自去發現它的機會，也阻礙了兒童對這些東西的完全理解。」（Piaget, 1983）。因此，應使幼兒能開放探索及主動理解問題。

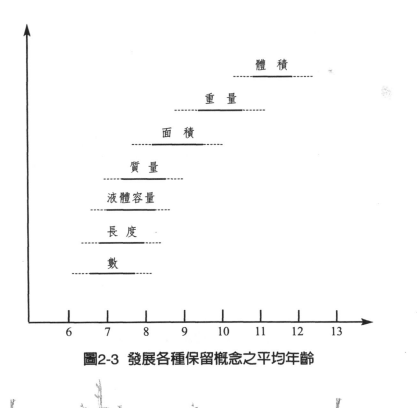

圖2-2　保留概念的三個概念

資料來源：郭靜晃、吳幸玲譯（1993）。

圖2-3　發展各種保留概念之平均年齡

保留前	轉移中	具保留概念
兒童只集中一項厚度，如杯子高比杯子低具有更多水。	兒童呈現有時有但有時卻沒有保留概念。	兒童可以任由容器之轉換而認為這兩杯子容量仍是相等的。

保留概念種類	建立相等	轉移或再處理	保留概念與否之問題為修訂
數量保留概念 球不會因分派之不同而有所影響？			白色與黑色彈珠一樣多嗎？
長度保留概念 線的長度是否會受其形狀設置所影響？			螞蟻走的路是否一樣長？
容量保留概念 容量是否會因容器形狀不同所影響？			杯子的水是否一樣？
質量保留概念 質量是否會受其形狀所影響？			是餅的形狀還是香腸的形狀比較多或一樣？
面積保留概念 同等向度物體的空間是否受其形狀擺設不同而有所影響？			牛所吃的草是否一樣多？
重量保留概念 黏土的重量是否依形狀不同有所影響？			黏土的形狀不同，哪一個比較重或一樣重？
體積保留概念 小的體積是否因其形狀不同有所影響？			哪一杯的水的高度較高？

圖2-4 Piaget的保留概念測試

■分類技能

　　分類（classification）技能的一個成分是依物體具有的向度對其進行分組的能力。另一個成分是建立子群（subgroup）的等級順序，以便有一新的分類能包括先前的所有子群的能力，這是所謂層級分類（class inclustion）能力。尚未進入具體運思的幼兒，傾向於只注意一個向度，例如，速度、顏色、形式，而較少注意雙重向度，如小的白花，跑的快且輕聲等。具體運思的兒童可以利用嘗試錯誤的方法，直到他們發現自己錯誤並重新調整解決問題策略。

　　一般說來，學齡前幼兒缺乏層級分類的認識，如果你拿了七個紅色三角形及五個白色三角形，問他紅色三角形多還是白色三角形多，他常會回答紅色三角形多。他似乎注意（看到）而且比較紅色三角形與白色三角形，而非比較紅色三角形及白色三角形（抽象層次）的多少。

　　在層級分類的研究中，McCabe等人（1982）發現：三至四歲的幼兒不能重複問題，而且顯然沒有分類的任何規則，但他們卻比五至六歲的幼兒更有可能做出正確的回答。七至八歲的兒童則比四至六或五至六歲的兒童回答好。五至六歲的幼兒回答很快且自信滿滿，但常常出錯，他們似乎不能抑制更明顯的比較形式，以便幫助他們考慮實際的問題。

■組合技能

　　具體運思的第三特徵是組合技能（combinational skill）的發展。在兒童有了數量保留概念之後，他們便瞭解物質不滅定律，而且知道物體數量不會因集中或分散而改變。在具體運思階段，兒童皆已學會加法、減法、乘法及除法。無論是什麼特

表2-8　具體運算思維的成分

成　分	新　的　能　力
保留概念	覺察同一性的能力。
	覺察可逆性的能力。
	在互補中同時操縱兩個向度的能力。
分類	根據一些共同的向度對物體進行分組的能力。
	建立子群的等級順序的能力。
組合技能	運用加法、減法、乘法和除法處理數字的能力。

資料來源：郭靜晃、吳幸玲譯（1993），《發展心理學：心理社會理論與實務》。

殊的物體或數量，兒童都應用同樣的運算。因此，Piaget曾斷言，學校教育始於六歲並在此時教兒童算術的基本技能並非巧合，兒童在這個時期已有了智力準備。

　　總體而言，無論是保留概念、層級分類，或組合技能，都是具體運思能力的表現。隨著兒童具體運思智力的發展，兒童頓悟了自然界的規則和控制物體間關係的原則。**表2-8**總結了具體運思的成分。

■後設認知

　　Piaget在做有關具體運思的研究時，曾提出：兒童是如何知道他們所知道的事情？兒童是如何解釋其解答？這些問題其實已提出了後設認知的研究方向。後設認知（metacognition）指的是我們用以評價和監控知識的一套過程和策略，它包括解決問題，分辨可能解決問題的方法。這也是訊息處理（information processing）的研究者一直很關心的，到底兒童如何知道他們所瞭解的事，也就是說一個人思考過程的知識。例如，我們給一大堆事物要兒童記憶，然後要求他之後要告訴我們他是如何記得的。這些技巧又可稱為執行過程（executive processes），

而且其中包含計畫與組織（Bee, 1992）。

　　後設認知伴隨著問題解決的「認知的感覺」（feeling of knowing），還包含分別哪些是我們確信的答案與哪些是我們疑問的答案的能力（Butterfield, Nelson & Peck, 1988）。Carr 等人（1989）指出後設認知包含審查探討問題的各種策略，以便選出一個最有可能導出解決方法的策略能力。它也包括監控一個人理解剛讀過材料的能力，以及選擇增加理解策略的能力（Cross & Paris, 1988）。

　　這些技巧可隨年齡增長而增長，並且與其他認知能力並行發展。隨著兒童在探討問題中注意更多變項能力的發展，他們同時也增強對認知的「執行」準備的能力。如果兒童發覺有不確定性，並採用策略去減少這些不確定性，他們便可學會增強其組織與回憶訊息能力的學習方法，而成為更老練的學習者。後設認知可透過學習或教導來達成此種能力，特別是在學校或家中，兒童與成人或同儕互動中可幫助兒童辨別訊息來源，瞭解知識的確定性與不確定性的差別，進而孕育及刺激個體有效解決問題策略的達成，以發展其後設認知。

五、學齡兒童的情緒發展

　　學齡兒童期的情緒發展正如心理分析大師Freud所說，是界於紛擾的伊底帕斯戀父（母）情結（Oedipus Complex）與狂飆的青少年期之間的潛伏期。兒童在此時期的情緒是平穩而且具有一致性。也就是說學齡期兒童的情緒發展是穩定且無重大衝突的。然而，兒童在此時期的心理發展有了重大的變化，如認知發展以及道德推理能力的增加，加上社會化的影響，使得兒

專欄2-1　發展心智模式

　　學齡兒童從六至十二歲，其技能發展橫跨許多領域，可以看到學齡兒童在運動、閱讀、寫字、說故事、數學問題解決、藝術與科學等層面高度發展，而這些能力的發展必須仰賴複雜思考過程的擴充。

　　Dometriona及其同僚（1993）建立一心智建立的複雜模式（見圖2-5）。在這個模式中，智力是藉由三個結構系統相互作用之乘積而成的，此三個系統為處理系統（Processing System, PS）、超認知系統（Hypercognitive System, HS）及特殊結構系統（Specialized Structural System, SSS）。

　　處理系統（如圖2-5最裏層的位置）是個人思考最根本的要素，有助於日後智力的形成，這些要素包括處理訊息的速度，控制訊息處理的能力及訊息的儲存因取出。根據此模式，這些處理系統之操作要視其刺激為何種象徵符號，例如，音樂、語文或數學符號各有不同操作及處理。

　　超認知系統（在圖2-5中位於處理系統的外圍）是由使事件變得有意義的所有功能所組成。在此模式，超認知系統嘗試詮釋特定的工作或問題，評估解決此問題所需的要素，然後再分配此問題到更特定系統以解決此問題。當新的技巧習得之後，個人將發展更有彈性的替代策略來解決特定的工作或問題。

　　特殊結構系統（在圖2-5最外層的位置）是具備明顯問題解決技巧的特殊智力領域。Demetriou及其同僚已區分五種特

殊結構系統，每一系統皆配置解決特定心智問題的能力，包
括有質化分析（有系統分類及組織訊息的能力，例如，地質
學、生物學的知識）；量化關係（計算、測量及比較的能
力，例如，數學、統計及會計的知識）；因果實驗（演繹假
設及假設考驗的能力，在任何需要實驗的科學，例如，心理
學、物理學或化學科目中）；語言敘述（組織、語言意義及

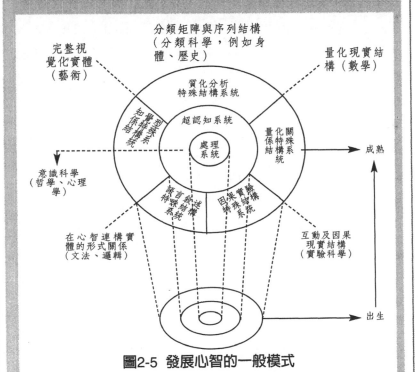

圖2-5　發展心智的一般模式

資料來源：Dometriou, A., Efklides, A. & Platsidou, M. (1993).摘自
Newman, P. & Newman. B. (1997): 563.

其他符號的技巧，例如，文法、邏輯及法律）；及知覺形象（心智想像及視覺和空間推理的能力，例如，視覺藝術、編織、陶藝或建築等能力）。

在發展心智模式中，每一種系統皆可以將各自獨特現在發展心智模式中，每一種系統皆可以將各自獨特現有的概念基模，操作及解決問題的策略加以應用。越對特定工作或任務越熟悉，其特殊結構系統就越充分發展，那其他特殊結構系統就少有機會加以運作來此特定問題或任務。例如，在發展幫助解決數理問題技巧的量化關係的早期，老師通常會仰賴知覺、視覺以及語言例子來幫助兒童澄清數學符號與關係。一旦數理符號和過程，例如，加減乘除被理解之後，兒童就不再需要其他特殊結構系統來幫助解決有關數理領域的問題。然而，一旦學生面對更困難的幾何代數或微積分時，那麼邏輯和視覺空間推理之系統才需要再扮演其功用角色，幫助他們理解此高層次的數理能力。

依據一般發展心智模式，發展依循處理系統、超認知系統和質化分析特殊結構系統等三要素來進行。處理系統可以更有效率，注意力可以更加改善控制訊息的輸入，和儲存及取得能力會更有效果。超認知系統可以幫助後設認知能力的成熟，允許個體產生對事物本質及技能更精緻及正確的評價。在每個特殊結構系統中，新的次能力（subcapacities）發展，例如，在因果實驗領域中，保留概念基模是透過在實驗研究中形式演繹假設及假設考驗策略中來達成的。發展改變可能導致中樞神經系統的成熟及知覺／動作能力的養成。

這些能力也可能透過個人導引的動機，來增加各特殊結構系統的技巧水準或來自外來誘因的資源。與同儕互動更造成學齡兒童達成更高層次問題解決的能力。直接教導及介入處理也可增加學齡兒童超認知（例如，教導分析及理解問題的方法）和特殊結構系統（例如，教導呈現及解決特定問題的技巧）的水準。

　　之後，尤其在十歲之後，我們可以看到成熟，個人內在動機及外在誘因刺激完善的整合，此種成長過程也加速高年級學童在解決日常生活問題表現更精緻的技巧

資料來源：Newman, P. & Newman, B. (1997). pp.562-566.

童透過人際交往而建立社會行為的歷程。在兒童時期，兒童變得更能理解他人的觀點，從脫離父母中學習獨立自主，與同儕交往密切，也因而發展本身的性格，如此一來，個體也掌握自己的情緒、技能及認同。雖然大多數兒童均為身心健康、快樂及充滿活力，但有些卻有情緒方面的困擾或失調，有時是由壓力引起，有時則是由生理不良作用所引起的。本節介紹有關學齡兒童之自我發展、自我評價，及兒童常見的情緒困擾。

(一)學齡兒童的自我概念

　　美國心理學家Selman認為，兒童必須能先分辨自己與別人在知覺事物的角度上的不同，才能有獨立且整合的自我概念。而這種分辨能力的有無，又取決於兒童是否可以採納對方的立

場，並知覺到此立場下會感受的情緒，會思考到的問題，會發展出的動機，以及會衍生出的行為。

Selman發展了一系列描寫人際互動中讓人左右為難的故事，並將這些故事說給不同年齡的兒童聽，以兒童對這些兩難故事的看法來判定受試者角色採納的能力。

Selman發現不同年齡的兒童對這些兩難故事的反應也不相同，他並將兒童的反映歸納成五個發展階段，此乃兒童在角色採納能力以及自我概念發展的五個階段進程，其主要特徵分述如下：

■第零階段：自我中心期（約三至六歲）

此時，兒童已知道自己與別人是不同的個體，但在角色採納能力上，卻只能由別人已發現出的外顯行為來瞭解對方，不然便是完全由自己的立場來預設別人的想法和他是一樣的。

■第一階段：主觀期（約五至九歲）

此時，兒童已知覺到當自己與別人處於不同的情境下或是雙方可獲得資訊不同時，自己與別人可能會做出不同的行為或有不同的想法。但如果在同一情境，孩童就可以用自己的想法據以瞭解對方的想法。主觀期階段的自我概念有兩大特徵：(1)兒童瞭解外在的行為或表現與內在的感覺或想法有所區別；(2)兒童不知道一個人可以外顯行為隱瞞他心中真正的想法或情感。

■第二階段：自省期（約七至十二歲）

此時，兒童已知覺到即使自己與別人是處於相同的情境下，自己與別人還是會做出不同的行為或是有不同的想法。這

個階段的兒童終於可以採納別人的立場了，而且還可以用另一個人的立場來看自己的想法與行為。此外，他也知道其他人與他有同樣的能力，因為有這種能力，兒童的人際知覺也較敏感與正確，並可以預測別人對自己的行為有何種內在的看法。自省期階段也有兩個特徵：(1)因為兒童能以另一個人的立場來檢視自己的想法與行為，所以對自我的瞭解增加了，也因此兒童發展了自尊與自信；(2)兒童瞭解外在的行為與內在的心理想法可以有不一致，並知覺到自己可以積極地監控自己的想法與行為，而且必要時可以偽裝自己的行為。

■第三階段：自省期（約十歲至十五歲）

此時，兒童可同時考量與區辨自己與對方的內在想法與外顯活動，而且也知道對方與他同樣有這樣的能力；另外，他可以將思考跳離互動的兩者之間，而以第三者的立場來審視互動中雙方的內在想法與外顯活動。

孩子從幼兒時期開始，只從外在的特徵來考量自己，到了六、七歲才開始用心裏世界來界定自己。在此時，兒童發展出自己是什麼樣的孩子的概念（真實自我），以及希望自己是什麼孩子的概念（理想自我）。理想自我是包含學會他們「應該」的行為，並藉此控制自己的衝動。Maccoby（1980）指出其實自我與理想自我之間的大差距，通常是成熟與社會適應的一個訊號。

■第四階段：自省期（約十二歲至成人）

此時，兒童已進入青春期，個體將社會上的各種角色與想法加以統整，以作為社會互動的參考準則，所以這種能力也可以幫助青少年在社會互動中採納對方的角色與想法。

(二)學齡兒童的自我評價

兒童期的孩子已會對自己做評價。當他們做內省時,可能會喜歡自己所見到的,也有可能覺得自己不好。但是良好的自我印象對其日後一生的成功幸福是有所影響。在此時期,兒童努力將他們的成就與內化後的目標和外在標準做比較,也就是自己的真實自我與理想自我相比較。同時,他們也希望從其他人(尤其是重要他人)那兒得到關於他們行為品質的回饋。而這種對自己的評價常影響一個人的自信與自尊。Coopersmith(1967)提出有關兒童自尊(self-esteem)的研究報告。Coopersmith對數百名五、六年級的男女學童施以自尊的問卷調查,雖然在樣本中的男女於平均得分上並無差異,但對八十五名男孩做深入測驗與觀察後發現:人們根據四個基礎來發展自我概念,這四個基礎為:重要性(覺得自己是否被所重視的人愛或贊許),能力(自評的重要工作表現),德性(達到道德和倫理的標準),以及力量(對自己及別人生活的影響程度)。一般而言,四個基礎上的得分越高,對自己的評分也越高。

高自尊的孩子較受歡迎,在學校的表現也較好,而低自尊的孩子較為習慣寂寞,並有不佳的學習成績和偏差行為。

為自我評價另一個關鍵要素是自我功效(self-efficacy)。自我功效被定義為個人對特定環境所要求的行為之自信感(sense of self confidence)。Bandura(1982)提出自我功效理論,認為自我功效的判斷對理解一個人的行為是相當具有影響力。而自我功效的判斷有四種來源(見圖2-6)。第一種來源是已有的成就(enactive attainment),或掌握先前經驗以應付各種情境。這種自我功效受到個人成功或失敗經驗所影響。第二種來源是替

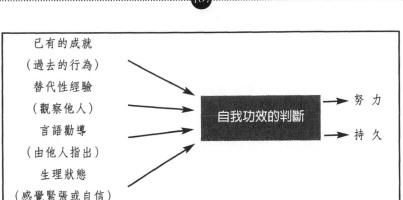

圖 2-6　自我功效的四個成分

資料來源：郭靜晃、吳幸玲譯（1993）。

代性經驗（vicarious experience）。看到與自己相識的人成功了，自己也倍感榮焉，並提增了個人的自我功效感；反之若看到別人失敗了，則會降低個人之自我功效感。第三個來源是言語勸導（verbal persuasion）。鼓勵使兒童相信自己並嘗試新的課題。鼓勵對於曾經相信自己能力的兒童可能最有效，因為兒童可以因擁有能力而增加他們的行為層次。第四個來源是生理狀態。人們監視他們的身體以判斷他們是否能將行為做好。當兒童感到過於焦慮或恐懼時，他們可能預期要失敗；感到興奮而好奇但又過於緊張的兒童，更有可能覺得自己能夠成功。

　　自我功效判斷與兒童對成功可能性的知覺以及他們對事情的歸因有關。面對困難時，一個有自信的孩子會更加努力以面臨挑戰，並將自己的困難歸因於沒有付出足夠的努力，所以他們會加倍努力；但具有低自我功效感的兒童傾向在困難前放棄努力，因為他們將自己歸因於缺乏能力。

　　為了評價自己的能力，學齡兒童傾向於依靠許多外部的評價來源，包括分數、教師的評語、父母的稱讚以及同件的贊許（Crooks, 1988）。如果成人的回饋是正向，如肯合作、聰明、具

創造力，那麼，兒童會將上述品質納入自我評價中；反之，如果成人的回饋是負向的，如缺乏競爭性、智慧和創造性，那麼兒童對發展自己的技能保持悲觀且敵視的看法。

教師對學生行為的期望受他們對學生能力與努力之評價的影響。當他們確信孩子的失敗是由於不努力的緣故時，他們可能對學生感到憤怒；當能力差的兒童卻能付出很大的努力時，教師會為他們自己取得的成就而感到自豪；如果能力差的學生非常努力但卻失敗了，教師則會感到內疚。

社會期望強調了兒童對社會環境的敏感性，他們開始注意到目前的角色、規範，以及違反規範後的處罰。成功與失敗的直接經驗是非常重要的，不過，它們都被包含於社會期望的範圍中。來自父母或教師安慰與鼓勵的訊息，在建立勝任感（sense of competence）和鼓勵兒童勇於面對挑戰有積極的關鍵作用。

心理社會理論的學者Erikson（1963）認為：個人未來對工作的基本態度是在學齡期建立的，隨著兒童發展技能並獲得個人之評價標準，他們在內心期許成功的諾言，渴望達到優秀標準並獲成功以達到自我功效，這是Maslow所言的高峰經驗（peak experience）。因此，勤奮（industry）是對獲得技能並從事有意義工作的渴望。在學齡兒童期，工作與技能都具有內在的驅使作用，每一新的技能都允許兒童擁有一些獨立性並增強他的價值感。此外成功的獎賞也促進了技能的發展。兒童從父母、教師、同儕獲得技能的鼓勵來源。

然而，如果學齡兒童不能獲得上述的成功及勝任感，他們會體驗到自卑感。這種無用或無能感來自自我與社會環境。Adler提出機體自卑（organ inferiority）──指任何阻礙獲得某些技能的生理與心理限制。不能掌握某些技能的兒童，將體驗

到自卑感。此外，社會環境也透過社會比較過程產生自卑感。兒童如果感覺到社會環境暗示他們不如其他同伴，無論在家裏、學校情境或其他社會團體，皆會產生失敗的消極評價而刺激了自卑感。這種失敗的訊息來自兒童動機或缺乏能力。缺乏能力意味著兒童不具備成功的必要能力，而導致兒童產生悲觀的自我定義或被描述為學來的無助感（learned helplessness）（Holloway, 1988）。

　　學齡期的兒童通常都會為失敗而感到羞愧，正如幼兒時期尿濕褲子般感到羞愧，也就是說早期的懷疑和內疚與自卑相聯繫，而這種失敗感也指向兒童沒有達到完美的標準與理想。有些失敗的經驗產生非常強烈的消極情感，以至於兒童為了防止失敗而逃避，或產生偏差行為來吸引重要他人的注意，這也是在此階段的危機。

　　為了解決學齡階段的危機，兒童教育學者及私立復興中小學校長李珀於一九九七年以其教學實務及參考相關學理，提出學齡兒童身心發展模式（參考圖2-7）。李珀提出動機、態度、企圖心加上具有技能學習能力，才能擁有自尊與自信。除了重視德、智、體、群、美五育均衡發展外，學校更應注重社會、身體及情緒等發展，以培養獨立自主的個體。在學齡階段，教育的目標是幫助兒童擴大學習的基本工具。透過教育，兒童能掌握組織經驗的概念、理論和關係的語言（Cole & D'Andrade, 1982）。學校的目標在於幫助兒童發展語言及分析的問題解決的能力。教學集中於規則、陳述以及抽象的概念（Tharp,1989）。在整個教育過程中，兒童面對的問題越來越難，他們得到許多機會去練習新獲得的技能，而練習為兒童提供了關於他們能力連續的回饋。教育是兒童解決勤奮與自卑危機的過程，而學校是對兒童在各種學習任務上的成功或失敗給予不斷注意的環

境。

(三)學齡兒童的情緒困擾

情緒（emotion）是心理行為的重要層面之一，與認知、行動傾向（action tendency）是行為的三個層面。認知、情緒或行動傾向皆是個體對客觀事物的一種反映，所不同的是，情緒是對客觀事物與個人需要之間關係的反映。兒童應是快快樂樂、活活潑潑的，但此時兒童也會悶悶不樂，顯得有些焦慮、憤怒、暴躁。到底兒童的不良情緒是如何發展的，而學齡兒童又

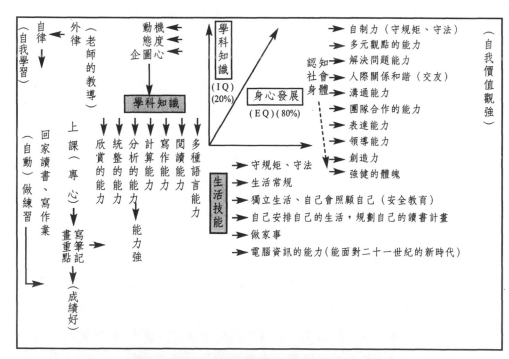

圖2-7 學齡兒童之身心發展各層面發展任務

資料來源：李柏（1997）。

有哪些情緒困擾呢？這些都是本節即將討論的問題。

　　估計美國兒童中約有5％到30％有心理健康的問題，而青少年有約10％到20％的人有心理上的困擾（Rutter & Garmetz, 1983; Bootzin & Acocella, 1988）。但不幸地，這些人只有一半可以得到專業的幫助。相形之下，在其他未開發的國家只有更少數的比例能得到專業的幫助或治療，這意味著有數以百萬計的兒童及青少年需要幫助卻沒有獲得專業的治療（Offer et al., 1988）。

　　心理困擾的程度常是以其行為表徵的形式來做判斷。然而Achenbach 和 Edelbrock（1981）將心理困擾症區分為兩類：第一類為外在精神衝突者（externalizes）：係指對外在世界展現衝突，例如，攻擊行為、犯罪行為或性問題者。第二類為內在精神衝突者（internalizes）：係指展現於內在精神（心理）之衝突，例如，有憂鬱、焦慮、恐懼症、過胖症及心身症。

　　外在與內在精神衝突者是由於兒童、青少年社會化所造成的。例如，外在精神衝突者常因有外顯行為問題的父母，而且其父母對子女不關心，造成青少年、兒童學習用外顯行為表達其攻擊衝動，造成對學校或社會（如警察）有反社會之問題。而內在精神衝突者可能來自穩定的家庭，父母很少有外顯行為問題，並且對子女關心，結果這些青少年、兒童常將壓力反應至其內心世界而形成內在之心理衝突。

　　通常男生比女生出現較多外在型精神衝突，此外，低社經地區也有較多外在型精神衝突者。兒童之發展為困擾之聯結反映了兩種危險信號：第一，過度詮釋兒童困擾之象徵，因此不知覺傷害了兒童自信及創造自我實現的預期（self-actualized prophency）。第二，忘掉兒童嚴重的心理困擾，因此免除必需的處置及讓其困難或問題失去控制。為了減少上述的危險，父

表2-9 台灣地區1979至1988年竊盜少年犯統計表

年度	1979	1980	1981	1982	1983	1984	1985	1986	1987	1988
少年犯總數	8,693	11,288	11,951	10,394	10,924	12,018	12,401	17,309	18,506	18,641
偷竊犯	5,266	7,413	8,059	7,164	7,115	7,672	8,089	12,290	12,554	12,701
百分比（%）	60.58	65.67	67.43	68.92	58.12	63.84	65.23	64.06	67.84	68.13

資料來源：刑事警察局（1988）。

母或教師應注意：這些問題是否出現在不適當的年齡、出現頻率是否太高、是否需要精力（努力）去改變、是否對成人或同儕關係有所干擾、是否會干擾學業，以及如果此種行為延續，是否會影響日後成人之適應。

■常見的兒童心理困擾

孩子的情緒困擾不論是外在型或內在型，最常見的方式是呈現在行為層次；例如，過度吸引別人注意、打架、說謊、偷竊、損壞財物、破壞規則等，嚴重者可能誤蹈法網。接下來我們來看看兒童有哪些心理困擾：

·出軌行為

說謊與偷竊是兒童期最常見的出軌行為（acting-out behavior）。偷竊在我國法律稱為竊盜，是屬於違規犯法的行為。今日台灣地區少年犯罪的類型中，竊盜案始終名列榜首，約占三分之二，比率相當高（刑事警察局，1988，見表2-9），年齡層亦有下降趨勢。這些兒童不是接受觀護處分，就是在輔育院接受矯治處分。Schaefer及Millman（1988）認為偷竊行為在孩童時已經存在，隨年齡增加，到學齡時期會達到最高峰，而後逐漸消退。如果在青少年期仍有出現規則性之偷竊行為，則表示孩子可能有一些嚴重的情緒困擾。

　　所有孩子都會有一些空想的故事，或偶爾說謊以逃避處罰。幼兒可能因缺乏安全感或故意對父母顯示；但到了學齡兒童，可能已具備了說謊動機，或出現一些反社會形態的謊話，以逃避處罰、占人便宜或貶低別人；林正文（1993）亦指出：說謊是隨年齡而增加。

・**過度活動**（hyporactivity）

　　過動兒的原因有很多種說法，如腦傷、不正常的腦生理反應、食物過敏、發展緩慢，或遺傳的人格特質等，但至目前為止仍不明白其真正原因（Achenbach, 1982）。過動兒其正式學名為過度活動的注意力缺陷失調症（attention deficit disorder with hyperactivity, ADD）。其主要有三個症狀：不專心、衝動，以及不適時不適地的大量活動。孩子多多少少具有此種特質，但3%的學齡兒童（男生是女生的十倍）具有此種特質，甚至於干擾其在校或日常生活。每個兒童之個別活動的調節裝置將其活動維持一穩定的狀態（稱之為MODAL, Mean Optimum Daily Activity Level），若有一兒童其MODAL比其同年齡兒童之平均還多，超過成人可接受的範圍，我們稱之為過動兒。

・**生理症狀失調**

　　有些困擾行為如尿床、遺便、抽搐、口吃等可能來自生理成熟方面的延宕或失調。雖然兒童可逐漸克服這些問題，但在當時，可能受到不良副作用之困擾。以下針對尿床、遺便、抽搐及口吃行為分別敘述：

　　1.尿床：雖然大多數孩子在三至五歲後可以保持乾爽，不再尿濕褲子，但尿床（enuresis）卻是小兒科最常見的症狀之一。依美國小兒科協會（American Academy of Pediatrics）於一九八〇年指出，約有7％男孩及3％女孩

在五歲時仍會尿床；十歲時仍有3％的男孩及2％的女孩會尿床。到了青春期，大約不到1％。有關尿床的生理異常不到1％，大多數是情緒困擾、遺傳因素、缺乏適當的訓練，或神經系統延宕。

2. 遺便：內褲為糞便弄污稱遺便（encopresis）。在幼兒可能因遊戲過度而忘了上洗手間；也可能因便秘而使解便時感到痛苦；或來自嫉忌弟妹出生或父母生病死亡的情緒壓力所引起的。約有1％的五歲兒童（大都為男孩）有遺便現象，但隨年齡增長此種現象會自動消失。

3. 抽搐：抽搐（tics）或重複的非自主性肌肉活動稱為刻板化動作失調（stereotyped movement disorders），例如，兒童眨眼、聳肩、扭動頸子、晃頭、咂嘴、做鬼臉、發出喉音或鼻音等。在學齡兒童當中，約有12％至24％（男多於女）有過抽搐的現象，通常在四至十歲出現，並在青春期消失，有時在遭受壓力時會再次出現（美國小兒科協會，1980）。

情緒引起的抽搐可能來自兒童過去和目前生活中所存在的壓力，這也是有些精神科醫師認為兒童用抽搐來釋放情緒上的混亂；除此之外，抽搐也可能是神經上的問題，或生理上的因素，或因腦部化學成分不平衡之結果。

4. 口吃：口吃（stuttering）約在十二歲之前出現，男孩為女孩之四倍，高峰時期為二至三歲，以及五至七歲，約有1％會持續至青春期（Pines, 1977，引自林正文，1993）。徐道昌等人（1978）調查台北國民小學一年級學童3,247名，結果發現有1％的學童有口吃現象。

有關口吃起因的說法包括生理上的解釋，如發音和呼吸

的錯誤訓練、有關腦部功能的因素，以及對自己聲音回饋系統的某種缺陷；情緒上的解釋則指向父母對正確語言所施的壓力或深植的情緒困擾（Barker, 1979）。有關口吃的治療方式也因不同解釋而異，包括心理治療和輔導、語言治療、藥物治療或其他特殊治療方式。

・懼學症

所謂懼學症（school phobia）乃指學齡兒童對上學具有明顯的焦慮不安，而呈現一種恐懼到校上學的傾向，此種傾向是由於一種不明確的強迫行為所造成。

懼學症的兒童與逃學是不同的，Gorden與Young（1976）曾進一步對拒學症與逃學做如下的區分（林正文，1993）：

1.懼學症兒童是一位好學生，逃學則是不良學童。
2.懼學症兒童停留在家裏，逃學則是逃離家庭。
3.懼學症兒童離校連續幾週，甚至幾個月，逃學則時續時斷。
4.懼學症兒童的家長知情他未到校，而逃學者則不知。

懼學症常發生在五至十歲之間，男女相差不多，他們的智力通常在平均智力之上，學校功課中等。典型的症狀為：起床時抱怨身體上的不適，如反胃、胃痛、嘔吐或頭痛，當獲准不用上學時，毛病中止。這種情況日復一日，離開學校越久，越難要他回去，對父母任性、頑固、要求多，但在家庭之外卻是畏縮、抑制的。

對待懼校症的孩子最重要的是及早讓他返回學校，如儘早送孩子回學校，可打破親子之間極端相互依賴、強調孩子的基本健康、避免孩子功課落後並使孩子跳出恐懼的循環。

· 兒童期抑鬱症

小明是一國中生，在學校功課很差，每次讀書時，他常憂心及做白日夢。他也常覺得自我無價值及拒絕與朋友互動。他晚上常抱怨睡不著，而白天即使睡到中午也常抱怨他很疲倦。

美國有一名八歲男孩因遭到同學指控他偷錢而變得憤怒不安，事後校長試圖讓他安靜下來。後來校長表示：「他太憤怒不安了，因此變得毫無條理，他不斷地說別人找他麻煩，也沒有人喜歡他。」他發誓不再回學校，結果兩天之後，他用皮帶自殺了（New York Times, 1984，引自黃慧眞譯，1989）。

上列兩種例子都是抑鬱症的典型，這種情緒上的失調會造成他們行爲退縮或成爲寂寞者，甚至會有自殺的衝動。對抑鬱症的診斷常以四或五種持續出現的症狀作爲基準：孩子無法找到生活樂趣、沒有朋友、大多數時間覺得疲倦、活動程度極高或極低、少開口、學校成績明顯退步、精神不能集中、常哭、睡太多或太少、沒有胃口、抱怨身體有疾病、看起來落寞寡歡、有懼校症、有自殺傾向等（Malmquist, 1983; Poznanski, 1982）。

上述症狀如果中等至嚴重時可以明顯判斷爲抑鬱症，但輕微時則難診斷，因此，當上述症狀出現時都應加以注意，並給予適當的心理幫助。

· 兒童自閉症

大家對Dustin Hoffman主演的「雨人」情節應很熟悉，主角對人際行爲不太理睬也毫無反應，使人覺得他好像生活在一個完全與外界隔離的世界裏，不僅沒有良好的社會互動，也缺乏正常的親情表現，別人要親近他，他也不理，這就是典型的兒童自閉症（autistic children）。

此種症狀爲一發展上失調，常發生在出生與兩歲半之間，

男孩比女孩多，約三倍。他們沒有發展正常的依附行為，不會
與人有互動的行為。父母常以為他們是耳聾、腦傷或智能不
足，然而他們對需要操作或視覺空間技巧的工作，常表現得很
好，並有不尋常的記憶力。他們也常呈現古怪的行為，例如，
改變座位會尖叫，常有一些重複行為，並被移動物體吸引等。
美國小兒科協會於一九八〇年也指出：兒童自閉之症狀有可能
因母親懷孕時感染德國麻疹或其他疾病，也可能來自遺傳、冷
漠親子關係，或內在的生理失調所致。

■兒童情緒困擾的治療

　　上述常見的兒童情緒困擾之因素取決於諸多因素：問題的
本質、兒童的人格、家庭參與的意願、社區中治療的可得性、
家庭的經濟狀況，以及最常見的因素：第一次諮詢專家的取向
（黃慧真，1989）。其治療可能應用下列模式：

・個別的心理治療

　　雖然心理治療（psychotherapy）有許多不同的模式，如心
理分析、Carl Rogers的來談者中心、理情治療等；但針對兒童
的焦慮或壓力治療者可能應用遊戲的方式來瞭解困擾兒童的訊
息，此方法又可稱為遊戲治療。大多數個別的心理治療是試圖
讓孩子對本身的人格特質，過去和目前與他人之間的關係有所
頓悟（insight）（Barker, 1979），因此，治療者為達此目標會接
受、處理兒童的種種情緒，幫助、瞭解他們，進而促成兒童的
良好適應。

・家族治療

　　家族治療（family therapy）是以整個家庭成員為對象，視
家庭為一整體，從治療中觀察成員互動的形態，並指出哪些是
健康、哪些是破壞或抑制的互動形態。其治療方式也可應用個

別治療的模式來進行。

・行為治療

行為治療（behavior therapy）又可稱為行為改變（behavior modification），是採用增強或處罰之學習理論原則來進行特定的行為改變，以消除不好的行為，如遺便、緊張；或模塑（shaping）好的行為，如守時；行為治療常用的方式如代幣法、嫌惡法、洪水法、系統減敏感方法等。行為治療所進行的行為治療並不探究兒童行為的內在原因，也不想提供兒童對所處情境的頓悟，其目的只是改變行為。

・藥物治療

藥物治療（drug therapy），如使用鎮靜劑、反抑制劑、興奮劑等方式來處理兒童的情緒失調。以藥物改變兒童的行為是一種急進方式，因為這些藥物可能皆有一些未知的副作用（side effect）；而且這些藥物只是解除行為的症狀，並不能消除其內在的原因，所以藥物治療最好配合其他的治療方式一併進行。

六、學齡兒童的社會發展

兒童的社會發展（如同儕關係）與其日後人格和社會適應息息相關，良好的社會發展，不但消極方面能使個人控制攻擊衝動、抑制自我的意圖；積極方面可與人共同分享、自我尊重，與自我價值肯定、選擇朋友和尊重他人等行為的呈現。因此，兒童社會發展對於其日後長大成為青少年或成人時期，待人處事態度及應對進退的社交技能，有相當的影響作用（郭靜晃，1995）。

　　兒童透過社會化歷程（例如，上一代藉由塑化的方式傳遞所期望的行爲及人格給予下一代。或透過同儕互動來累積別人對自己的看法，及從別人之意見反映中形成個人對自己的看法）來習得社會所期望的行爲。兒童與他人互動的系統包括了親子、手足及同儕三種系統，每一系統都有其單一形態的互動特色。隨著年齡的增長，互動系統也由垂直式（例如，親子、手足）到平行式的同儕系統。

　　Corsaro（1981）指出：在兒童結交朋友之前，社會情感的主要來源是父母或重要照顧者，其互動關係是透過社會學習去接受、適應，或被迫式的承認父母與手足間的關係。然而，在同儕互動中，幼兒透過平行的主動探索、參與選擇，在同儕互動中學習互動中同儕的特質，如技巧、語言，並從中學會如何與人交往。

　　一般人可能常認爲：孩子們在一起玩，正面影響應該比負面影響來得大，因爲孩子們在一起，幾乎都在遊戲，較少有思想、情緒或心靈上的溝通。其實，有情緒（如上節所述的幾種情緒困擾種類者）或人際關係困擾，可能由於心理承受壓力或缺乏遊戲技巧，而影響正確的人際交往概念或人際溝通技巧；或因個人氣質較害怕陌生情境而影響他與其他人建立依戀關係；或嬰幼兒缺乏認知上的限制，例如，缺乏瞭解別人觀點的能力（觀點取替能力），而使得他們不能與別人共同計畫或參與活動（郭靜晃，1995）。Piaget也提及：孩子的社會經驗主要來自於與其他地位平等的同伴相處。而這種相處的互動，在幼兒期是來自於遊戲。在遊戲中，同儕之間爭執或衝突會發生，而這些衝突有助於兒童脫離自我中心，體認別人的觀點，進而促進其與同儕相處的能力（Shaffer, 1979）。同伴團體幫助兒童形成態度和價值觀，它爲兒童由父母處得來的價值觀做一過濾，

決定何者保留、何者放棄，也由於和不同背景及不同價值觀的兒童相處，兒童更能澄清自己的意見，感受及瞭解自我。同時，同伴也可提供情緒上的安全感。

兒童會選擇年齡、種族、性別、社經地位，與個人特質類似的同伴（crowds or cliques）。小學時期的同伴團體會為同性別，這是由於團體教導性別適合行為的結果並合乎其社會性別角色，透過探索與澄清，學齡兒童對於社會性別角色是非常在乎同儕及老師的回饋。同時也是由於男女性別不同的孩子產生不同的興趣，如男孩喜愛運動、球類活動；女孩則偏向畫圖、扮家家酒等靜態活動，此外，也由於男女之成熟度不同（一般女孩比男孩成熟）。他們平常在一起的玩伴平均約四至六個（Reismen & Schorr, 1978），年齡相差不大（約一兩歲），因為年齡範圍太廣會導致體格、興趣、能力不同的問題，便會玩不起來或容易起衝突。

尤其今日的學校制度，是集合同年齡層的學生在學校裏以班級的編排方式接受教育，使得學齡兒童，尤其高年級的學童有更多時間與同年齡層的同學在一起學習，這種學校式的教育安排，對於兒童的社會化過程，產生很大的影響，求學階段的高年級學童大部分以學校同學作為主要的交往對象，也是相互學習行為認同及提供親密來源的對象，更是組成同儕團體成員的最大來源（李惠加，1997）。郭靜晃等人（2000）針對台閩地區之少年所做之生活狀況調查報告發現：少年（十二至十八歲）最常向同儕及朋友學習思想與行為，而不是以父母為認同之主要對象。而且朋友與同儕是除了自己以外，最瞭解少年心事的對象，少年也表示同儕和朋友最常在一起聊天、逛街、打電話及運動等事項。可見青少年在社會化過程需要學習有效參與社會所需的知識、技能和態度，以表現出社會所期許的個體，尤

其是青少年階段更是延續兒童時期所發展出的利社會行為、攻擊行為、性別角色及人際互動（郭靜晃，2000）。然而，同儕互動機會的增加，意味著少年人際互動層面擴展，但是也代表同儕之間的影響力提高（曾華源、郭靜晃，1999）。據此，學齡兒童在日後隨著思春期心理快速成長與改變，父母、師長與社會期待也都在改變，所以個體在尋求獨立自主的同時，更需要同儕的情緒支持。所以說來，對朋友的依賴及相互學習對日後少年身心發展越來越重要，這也促使少年社會化過程產生催化作用。

　　今日的兒童在生活、行動和想法上與過去的兒童大大不同。現在的家長常抱怨或為之生氣或沮喪他們的孩子不能和他們過去一樣有快樂的童年，如在田埂上烤地瓜、抓泥鰍、在四合院或巷道上玩。現在的孩子永遠有補不完的習、看不完的電視，加上社會治安敗壞，家居或鄰里安全沒有保障，造成父母親自接送孩子上下學，這是否也意味著孩子需要在陌生的社區長大並少有機會結交朋友，而且父母必須要工作加上時間有限，所以對兒童希望他們能快速成長，而造成美國心理學家Elkind（1981）所稱呼今日的兒童為「匆忙的孩子」（The Hurried Child），孩子生活在縮水的兒童期，但承受過多的壓力——如學校功課、運動競爭、滿足父母情緒、擔心人身侵犯等。雖然很多人將童年美化為人生中最快樂、最無憂無慮的時期，但實際上每個人在童年時也都體驗過壓力。正常童年的壓力如生病、不能遂自己所願、與兄弟姊妹的互動或嫉忌弟妹的出生或父母的暫時分離；有的人遭受比較嚴重的有失親或父母離異，受成人的人身侵犯、天災、人禍或貧窮壓力等（黃慧真譯，1989）。根據一些研究指出，這些事件都具有影響兒童情緒健全發展的可能。此外，兒童仍被定位為父母或家庭財產的角

色地位。但缺乏社會與父母對於兒童的保護與教養，更因兒童缺乏社會對於兒童權利的伸張，加上兒童因爲缺乏足夠的能力與社會地位，所以在整個社會資源分配的過程，常會受到忽略與壓抑，類此種種皆造成兒童身心受到影響。

　　根據Hill之壓力ABC－X理論，A指壓力事件，B爲個人之能力如人格特質、能力、社會資源，C指的是個人對壓力之認知結果，X爲個人之適應狀況。孩子對壓力事件之反應取決於不同的因素：(1)首先是事件本身：不同的壓力來源對孩子有不同的影響；(2)兒童的年齡：年齡不同對於事件之解釋也會有所不同；(3)性別：一般而言，男孩比女孩較容易受到傷害；(4)孩子的能力：如課業成就與他對壓力之反應有關；個人之人格特質，如高自尊及自信的孩子其壓力感受度較小；其他如遺傳或氣質等因素（Rutter, 1983）。

　　Rutter（1984）指出，具有彈性（resilience）的孩子是可以對壓力有所反擊及超越逆境。而這些孩子可以界定出一些保護因素，兒童可藉此減少壓力的影響。它們分別是：

1. 兒童的人格：有彈性的孩子具有適應能力，足以調適變動的環境，能自我肯定、友善、獨立、對他人敏感，擁有高度自尊。

2. 兒童的家庭：家庭中父母能提供支持給孩子，這類孩子較會與父母之間擁有良好的關係，也對人較有信任感，及較有自信。

3. 學習經驗：兒童除了擁有一些學習技能之外，也有一些解決社會問題的經驗。例如，父母及兄姊擁有一些朋友，並與朋友有良好的互動。孩子有機會觀察到父母、兄姊或其他人解決問題，並對不良情況做最好的處理模式。兒童利用上述的認知，面對自己的人際困擾，透過

挑戰並自行找出解決之道，從而學到處理的經驗。

4.有限的壓力源：「屋漏偏逢連夜雨」，有時壓力會連續不斷，研究指出只有一種壓力事件，孩子比較能克服壓力，但當兩個或兩個以上壓力事件同時存在時，孩子的困擾將多出三倍以上（Rutter, 1979）。

5.多方面的成功經驗：孩子在課業、球類、音樂，或與其他孩子相處的成功經驗，將有助於補償孩子不幸的家庭生活。

　　綜合上述的研究我們可總結正常的童年壓力，是以多種方式呈現並影響兒童的健全發展，培養一有彈性及毅力的孩子，不但可助其日後克服逆境，同時可對相似或相同的壓力事件產生免疫能力，並且也可幫助他成為堅強的孩子。

七、兒童社會化過程之理論

　　目前解釋兒童友伴關係之社會化歷程有五種常見的理論，它們分別是行為論、建構理論、Piaget的認知發展論，Vygotsky和蘇聯人類發展論，及Mead與Cicourel的社會化理論，茲分述如下：

(一)行為論

　　兒童社會化被行為學派定義為一種成人技能的學習及知識的內化（internalization）的過程。行為學派強調兒童行為是透過模塑（modeling）及仿效（imitation）而來，其中又以增強（reinforcement）為人類學習行為的主要機轉（mechanism）。

在兒童社會化過程中，重要他人及其主要照顧者扮演著重要的角色，其行為是透過學樣過程傳輸給兒童。兒童在整個社會化過程是扮演消極的被動角色。所以說來，整個社會化過程是單方向（unilateral）的，兒童透過模仿及模塑，去學得成人之行為特徵。因此，成人在與兒童互動中的角色會影響兒童的社會化行為結果。

(二)建構理論

建構理論，不同於行為論，認為兒童在社會化過程是扮演主動的積極角色。建構學派認為兒童會在所處環境中詮釋、組織，並使用訊息，且在和成人互動過程中去獲得，或建構成人的技能和知識。建構理論因為認為兒童從社會互動中獲得技能和知識，所以又稱為互動主義學派（interactionist approach）；又因為兒童主動建構其社會環境，所以又稱為建構主義學派（constructivist approach）。

本質上建構主義與行為主義不是各唱各的調。事實上，建構主義並不否認兒童模仿成人或其他兒童，以及增強作用在社會化的重要牲。只是，建構主義認為這些機轉並不能完全解釋整個兒童社會化的歷程。建構主義認為，雖然成人的模塑及增強對兒童行為的吸收極為重要，但是，除此之外，還有一些其他重要的訊息對兒童行為的獲得也具有重要的影響，而且這些訊息必須透過兒童主動的詮釋、組織，及從兒童的觀點與能力來加以呈現，由於兒童認知能力會因成熟而改變，環境也會變遷，因此，兒童的觀點及能力也是具有變化性的。

(三)Piaget的認知發展論

對於兒童社會化歷程，Piaget與認知發展論者已做了相當多的檢視。誠如Gardner（1983）在其著作中所提及：Piaget根據他的認知發展理論所做的一系列步驟或階段而建立的觀點最為人所知。

Piaget認為智力（intelligence）發展不是事實或技能量的累積，而是透過不同認知能力水準上的一系列質的變化。就兒童社會化來說，Piaget認為兒童不同於成人之處，並非兒童的能力比成人的能力來得不成熟或不完整，而是兒童對外在現實的觀點及組織方式不同於成人。因此，探討兒童社會化就必須考量兒童的認知水準，才能解釋兒童從成人世界中接受、瞭解及使用哪樣的訊息，以及兒童如何據此參與同伴團體。

Piaget認知發展理論最重要的要素是平衡（equalibrium）或平衡化（equalibration）。Piaget（1968）將生理及社會科學常用的平衡概念應用到心理學來解釋個體行為或態度的改變（例如，創造不平衡的狀態以使個體嘗試做平衡的行為）。但Piaget卻較關心平衡化的過程，其解釋平衡化是：「它不是一種靜態的平衡，而是一種外在干預（external intrusion）之下的反應活動」。

據此說來，Piaget的平衡概念不應被視為生物決定論（biological determinism），因為平衡被認為是對環境干預的補償活動，而補償的本質是以兒童社會之生態環境的活動而定。所以，兒童的活動是反映干預活動的特徵、兒童的認知水準，以及干預與兒童補償所融入的生態環境特色。

近年來，認知發展學家延伸Piaget的理論來解釋兒童社會認

知發展（例如，友誼、正義分配、社會習俗等）。而且他們的研究方法仍沿用Piaget的臨床訪問法，例如，Selman（1976; 1981）與Damon（1977）的研究仍認為兒童的生理、邏輯，以及社會概念是互有關係的，而且生理和邏輯概念是兒童社會概念的根本。據此說來，兒童的社會與人格概念是以生理發展及認知邏輯為基礎。

Turiel（1978a, b）卻提出與前面學者不同的看法，Turiel認為邏輯、生理及社會概念並不相互關聯，它們應屬於不同範疇。基於此，Turiel認為社會發展論學者的基本任務是辨別社會知識與認知發展的不同。Turiel利用臨床訪談方法及自然觀察方法，以特定的事件來詢問兒童的看法。Turiel研究發現與兒童社會化的理論相吻合，因為他認為特定經驗的效果是屬於智力範疇的（例如，干預、不平衡，以及補償），因此，可能對生理及社會的範疇效果極小。所以說來，Turiel的論點可說是Piaget理論的延伸，因為他接受認知發展的階段論及平衡；只是他主張對環境干預的特質種類以及這些特質對社會概念發展的影響，要加以仔細探究。

另一對Piaget理論加以延伸的學者是Youniss。Youniss（1980）綜合Piaget與Sullivan的論點，認為兒童的社會發展導致兒童有了兩種人際互動，一是親子互動：父母與兒童在共同交換的系統中建立依賴，例如，兒童為了獲得父母的贊許而認同父母的行為。Youniss認為父母與孩子的互動中扮演勸告者的角色，來教導孩子社會所期許的行為，而兒童知道他們若接受父母的觀點，便能獲得父母所給予的特權。

另一種是友伴關係的互動，此種關係是兒童一嶄新方向的發展。Youniss認為兒童友伴關係最能代表直接互惠關係的合作。當兒童與同伴在一起遊戲與互動時，其行為不受對與錯或

好與壞來判定，取而代之的是共同來參與及決定，並透過民主
方式來重新定義其互惠關係。因此，據Youniss的說法，社會化
的概念及社會事件開放且融入行為的交換中。

　　就Piaget及認知論者的觀點，兒童的社會化是根據他認知發
展的程度和環境的刺激，以及與其他兒童互動所建構的概念及
行為。

　　Piaget認為幼兒在四、五歲的時期雖然有協同及合作的遊戲
行為，但他們往往只考慮自我的觀點，不顧及他人，此乃為自
我中心階段。

　　Piaget認為自我中心期兒童的特徵為：以自我觀點來思考問
題，而由於別人也有不同的看法，因此常和他人產生溝通上的
困難。Piaget認為兒童到了學齡期（約在七至十歲），才會逐漸
捨棄自我中心，並在獲得角色取替能力和溝通技巧後，同伴關
係才變得重要。Youniss也有一致的看法，他認為學齡前時期，
同伴團體的活動內容主要是溝通多於彼此互惠的活動，此乃介
於親子關係互動及較年長兒童的同伴關係之轉介階段，亦是兒
童社會化的基礎。

(四)Vygotsky和蘇聯人類發展論

　　Vygotsky是蘇聯的人類發展學家，其研究對兒童社會化的
瞭解貢獻很大。雖然他沒有如Piaget般提出一完善及整合性的發
展理論，但是他卻提出一些相當重要的概念。Vygotsky的著作
《思想與語言》（*Thought and Language*）以及《社會心靈》
（*Mind in Society*）更是膾炙人口。

　　雖然Cole 與 Scribner（1978）認為Vygotsky不像大部分蘇
聯學者般，將他們的著作迎合馬克思主義思想，然而Vygotsky

也深受馬克思主義早期的影響，他的學說有三個原則：

■辯證法則的改變

　　Vygotsky的社會心理現象論及其研究方法，主要在強調過程及改變。他深信行為學家主要的工作在於重新建構行為及意識發展的起源與過程（Cole & Scribner, 1978）。Vygotsky深信刺激發展與改變的主要因素是衝突與問題解決。

■歷史的唯物論

　　Vygotsky認為歷史唯物論存在於實際的日常活動與人類發展中。他認為個體需要利用一些策略來加以因應社會變遷；而這些實際行動的因應策略，則會影響日後之社會與心理的發展。因此，Vygotsky學說主要強調社會要求的改變與實際行動的結果，可能導致個體獲得社會技巧及知識，並融合過去的經驗使其技巧與知識更具精緻化。

■行為的內化及對人類社會及文化的吸收

　　Vygotsky認為符號與語言系統就如同工具，可以透過社會文化發展的歷史傳遞及改變過程加以創造。兒童對語言的瞭解及利用，可以使幼兒與別人互動，將社會文化要素占為己有，結果帶來兒童行為的轉移，且是日後發展的橋梁。Vygotsky這個觀點與Marx及Engels所主張的「個體的機轉根源於社會及文化」不謀而合。

　　Cole與Scribner（1978）指出Vygotsky將內化行為定義為外在操作的內在再建構（internal reconstruction of external operation），已為現在人類發展與教育學家所注意。Vygotsky認為兒童發展的每一項功能皆以兩個層次來呈現，首先在社會層次，

其次為個人層次；首先在人際之間（心理之間），然後在個人之內（心理之內）。因此，兒童社會化被解釋為從人際過程到個人之內化過程的轉移，並與時俱增。最能代表此種過程的轉移是兒童遊戲，例如，遊戲行為最先是因應日常生活真實情境，透過與環境的互動，兒童瞭解活動的意義，並進而解決問題。

　　此外，Vygotsky認為幼兒的需求必須立即獲得，不能有延宕。但是因為學齡前幼兒有些慾望無法獲得滿足，所以幼兒會產生緊張。為了消除這些緊張，幼兒利用幻想、虛構的想像來滿足這些不真實的慾想，Vygotsky稱此為遊戲。因此，所有幼兒的遊戲是想像的，而所有想像遊戲皆有規則。這些想像遊戲的規則並不能預先陳述，而是從想像情境中產生的。換言之，想像遊戲事件的組織與協調，使兒童學會這些規則，而這些規則與真實生活的規則很接近。

　　雖然Vygotsky強調遊戲在發展上的重要性，但遊戲並非即是兒童日常生活的樣板。事實上，Vygotsky認為遊戲並不是兒童期的主要特徵，但是它卻可以促進兒童的發展，此外，遊戲有助於培養兒童因應問題及掌握真實生活情境的能力。所以說來，成人應細心觀察兒童的遊戲。

　　Corsaro（1985）與Vygotsky的看法也一致，認為兒童的社會發展源自於其日常生活的實際活動。事實上，兒童的生活需要與成人不斷互動，且他們也暴露於成人的大眾媒體世界（如電視）。

　　相對於Vygotsky的觀點，Corsaro（1985）認為同儕遊戲是兒童獲得社會知識及互動技巧的根本。因此，要瞭解兒童的友伴遊戲及社會化，我們必須要瞭解兒童的同儕文化。遊戲在此扮演著積極的角色，其不僅複製了成人世界，更也複製了同伴文化。在遊戲的複製過程，兒童更能瞭解成人的世界，並創造

其特屬的同儕世界。

(五)Mead與Cicourel的社會心理理論

■Mead的自我創生觀

Mead認為自我即是本我的客體，此特徵從其他客體與其自己身體來加以區辨。個體間接地從相同社會團體中其他人的觀點及反應來體檢自我。藉此，個體獲得自我感。此自我感並不直接或立即，也不是變成個體的主體來獲得，而是先變成自我的客體，正如其他人是其個體的客體般，這也是個體在他與他人所處的環境或行為與經驗的前後關係中，接受他人對個體的態度來形成其自我的客體。

因此，Mead的自我創生觀是認為兒童藉由模仿他人，參與有規則的競賽。發展其所屬組織團體的社會態度中，創造出自我的觀念，這也是兒童最早的社會化基礎。此種說法與Vygotsky占為己有的概念，以及Corsaro所認為兒童獲得集體或團體的認同如出一轍。例如，在遊戲時，Mead認為兒童被分派不同角色，透過遊戲活動，兒童的行為不僅在模仿，而是透過對環境刺激來做反應，此反應又重新組織了兒童的遊戲活動。

像兒童在遊戲中扮演媽媽，告訴同伴所扮演的娃娃去睡覺，但他的同伴（扮演娃娃）不服從媽媽的指令，從嬰兒床爬起，這個行為又引起扮演媽媽的兒童新的反應，起身走到同伴前，擋著他的路並要他回嬰兒床，還拿起毛被巾蓋著他。娃娃一腳踢開毛被巾，媽媽又重新蓋好，並哼著〈搖籃曲〉，輕拍娃娃，助其入睡。

就上例中，我們很清楚瞭解兒童不僅是單純模仿母親與嬰

兒的行為，也與刺激的反應及組織活動成為互動的事件。在此
情況中，兒童不只是採用他人的角色，並且會回應他人對其行
為的反應。

　　學齡前幼兒藉由扮演行為及角色發展他們獨特的人格。此
種人格大約持續到幼稚園階段，幼兒經過扮演不同模糊的角
色，使他們發展與他人的社會關係。

　　Mead認為雖然學齡前幼兒透過同儕遊戲發展了一些社會知
識，並獲得團體及集體認同，但是他們仍未發展完整的自我意
識。自我意識是在規則遊戲期達成，約在七歲以後。規則的遊
戲與扮演遊戲或儀式行為不同，在於規則遊戲有明確的結果，
幼兒有能力參與規則遊戲，才能從參與規則遊戲中瞭解他人態
度，以獲得自我意識。

　　兒童參與規則遊戲時，不僅發展類化的他人，而且也發展
個人之行為、態度及期望，產生與團體的一般態度相同或不同
的意識。透過社會扮演遊戲，產生共同分享及一起做事情的壓
力；也透過規則遊戲，產生相互依賴及競爭的壓力。在遊戲階
段，團體即自我，然而在規則遊戲階段，自我是團體的一部
分。

■Cicourel兒童社會結構的獲得

　　Cicourel整合認知心理學、人類學、語言學發展出社會行為
學派。這種科際整合的強調，使Cicourel的社會化更明顯。

　　Cicourel批判傳統社會學所主張：兒童對規範、角色及價值
的內化。Cicourel辯稱內化的概念不是發展得很好，而是常被語
言及社會互動的因果關係所掩飾。

　　Cicourel進一步將詮釋過程解釋為日常實際推理的不變特
質，而這個特質是社會學家所謂的規範，此規範將實質的角色

表2-10 兒童社會化歷程常見之五種理論定義

理論	定義
行為論	成人技能與知識的內化。強調行為是透過模塑及仿效而來；增強是學習行為的主要機轉。
建構理論	兒童在所處環境中詮釋、組織，並使用訊息，而在與成人互動過程中獲得或建構成人的技能和知識。
Piaget的認知發展論	兒童根據其認知發展的程度和環境中的刺激，以及和其他兒童的互動中建構概念與行為。
Vygosky和蘇聯人類發展論	兒童社會化是從人際過程到個人內化過程的轉移。
Mead與Cicourel的社會心理理論	Mead的自我創生觀：認為兒童藉由模仿他人，參與有規則的競賽，發展其所屬組織團體的社會態度，創造出自我的觀念。 Cicourel採取整合認知心理學、人類學、語言學發展出社會行為學派。認為兒童社會化是透過規範的詮釋過程，將特定的事例加以聯結而使社會結構賦予意義。

賦予意義。他更認為規範是透過詮釋過程將特定的事例加以聯結，而使社會結構賦予意義。

　　此外，Cicourel也提出坦露（disclosure）的互動模式。他辯稱由上到下（top-down）及由下到上（bottom-up）的坦露模式，主要是依賴獨立的語形、輪流及鉅視觀的規則，而這些規則則透過溝通內涵的互動，使訊息為人所瞭解。

　　Cicourel詮釋過程的觀念以及坦露模式對於兒童社會化的解釋有所助益。相對於Piaget、Vygotsky及Mead，他認為成人知識及互動的模式不應強制加諸給兒童。而成人常用其能力、或期望、或透過與其同年齡的同儕的比較，來加諸給孩子，造成

親子互動的壓力，其實兒童與成人互動中，主動由個人的文法、詮釋過程及對社會環境的假定中，漸漸獲得成人的知識及互動能力。因此，最能瞭解兒童的社會化，是由兒童日常與成人或同儕的社會互動，尤其在自然情境中的互動看出，例如，在自然情境的角色扮演中可以看出兒童如何獲得及使用社會知識。這五種兒童友伴關係及社會化歷程之理論定義摘要地列在**表2-10**中。

八、性發展

　　回想一下，你是否曾經探望過新生兒？或是否曾經有懷孕的親友告訴你，她在接受超音波檢查時順便發現胎兒的性別？他們都是如何形容的？你又會如何依據這些話語來形成對嬰兒、胎兒性別的印象？特別是胎兒，你難以對它有任何具體的性別**概**念（因為你沒看見，也許你可以用猜的，不過那不是科學的方法）。當孕婦告訴你在接受超音波檢查時，發現胎兒「十根手指頭之外多了一根」，你可能會立即想到：「哇，可能是男孩耶！」（當然，也有可能不是陰莖，而是真的多一根手指頭！）看到穿粉紅色衣服的新生兒時，你可能會說：「妹妹好可愛哦！」但當你在小娃娃換尿片時發現他是男孩時，你可能會立刻想到：「哎呀，你們怎麼讓他穿粉紅色的衣服？」或「哦，他一定是穿姊姊以前的舊衣服！」如果這些想法和你的經驗或看法很類似，那麼，是什麼因素作為你對性及性別的判斷標準呢？

　　基本上，對大多數的人來說，性的判定是單純且明顯地決定於外生殖器（例如，男生的陰莖），其他的判定標準則包括了

內生殖器、激素及染色體。通常這些判斷的指標都是一致的，但也有部分的人並非如此，這些不尋常的情況（即性的異常），會凸顯性別分化的歷程。在先前的章節中，我們試圖對性與性別的差異做一些瞭解，隨後，我們將在本節開始探討個體在性別發展的過程，如生理上性發展的情況，這些瞭解將有助於我們對學齡兒童兩性關係與發展的認識及探索。

個體在性生理發展上，有一些歷程是我們必須加以理解的，因此，在這個部分我們將先就染色體的角色以及激素的角色，來討論個體在性生理的發展。之後，我們將分別就學齡期女孩及男孩的生殖器官生理和發育來比較其在生理上的差別。

(一)性生理發展的潛在力量

■染色體的角色

在性生理的發展上，染色體是相當重要的，通常是由兩個X染色體塑造一位女性，由一個X和一個Y染色體塑造一位男性，這個最初的性別決定因子在受孕的一瞬間便已經決定，對受精後七個星期之內的男女胎兒來說，這是唯一僅有的差異。然後，Y染色體上的一個單獨基因（睪丸決定因子）開始形成了內生殖器的差異（Angier, 1990）。一般來說，如果這個基因確實存在，胎兒的生殖腺（性腺）將會發育為睪丸；假如缺乏這個基因，生殖腺便會發育成卵巢。因此，胎兒基本上具有兩種潛在特質，視基因的條件而發展出男性或女性器官。嚴格來說，除非擁有Y染色體，否則胎兒會發展成擁有女性器官的女性個體，所以，最基本的個體性別形式應是女性，因為要形成男性時必須增加某些變化：例如，在胎兒期的第一階段，是發

展Y染色體的特定基因；到了胎兒的下一個發展階段則是雄性激素。

■激素的角色

在產前，激素對胎兒的性別分化（sexual differentiation）是非常重要的。胚胎發育七週後，內生殖器官（睪丸或卵巢）的發育會因為Y染色體上睪丸決定因子的存在與否而定，一旦這些器官開始發育，激素便會產生影響，使胎兒發生進一步的性別分化。

懷孕三個月內，如果產生二羥基睪丸素酮（一種男性激素），男性外生殖器（輸尿管、陰囊和陰莖）和男性導管（精囊、輸精管和射精管）將會發育，而女性腺管則逐漸退化。假如沒有二羥基睪丸素酮的分泌，則會發育出女性性器官（小陰唇、大陰唇及陰蒂）和女性導管（子宮、輸卵管和陰道），而男性腺管會逐漸退化。除非有某種東西的介入，如上述的睪丸素酮激素，否則個體將會發展成女性的構造。這個發展的關鍵階段是發生在懷孕後第二個月及第三個月之間。如果激素的產量或敏銳性減弱，或者在這個關鍵性階段期間將激素注入母體，可能會發展出性異常的嬰兒（郭靜晃等，1994；劉秀娟，1997）。因此，假如一個遺傳因子為女性的嬰兒暴露在男性激素中，生理結構將會朝向男性的方向發展，亦即發展出男性外生殖器，此情況會在「腎上腺性生殖器症候群」中發生，這是由於腎上腺功能異常造成胎兒雄性激素額外增加所致，另外也會發生在「黃體素誘發的兩性人」（progrestin-induced herma-phroditism）的案例中。因此，基因對於生殖器官構造一致的發展來說，只是一種傾向而不是絕對的保護。

依照前述的資料來看，男性及女性胎兒在八週後便能根據

其分泌的激素來加以區別；但是出生後到八歲左右的孩童，激素的分泌是極少且沒有功能的，換句話說，我們可以認為兩性在此期間是沒有什麼差別的。到了學齡晚期與青春期，男女兩性的性激素分泌量突然大增，男性通常比女生分泌較多的雄性激素，而且這些雄性激素的分泌會變得相當規律且持續；至於女性則通常會比男性分泌更多的動情激素與黃體素，而且會有持續循環（月經週期）的現象。這個時期的激素會使個體產生第二性徵，例如，男性會長出鬍鬚，性器官增大，聲音變低沉，而女性則是胸部增大及開始有月經。這種情形在學齡晚期即有部分孩童已經呈現，特別是女孩的發育比男孩早，約在十歲左右即有此發育。這種生理的發育是須由體內荷爾蒙改變所帶來的一連串變化，特別是來自腦下垂體的刺激。荷爾蒙大量分泌的結果造成男孩及女孩身上有三種變化：(1)一般器官和生理的變化；(2)性器官和生理的變化；(3)第二性徵的變化（陳皎眉等著，1996）。這些變化的不明顯或不完全將會影響其日後個人之身體形象概念及自我發展，甚至性觀念的偏差。

(二)學齡女童的性發展

當嬰兒經過分娩的歷程，多半的人才能確知嬰兒的性別是男孩或是女孩，因為外生殖器是我們判斷的顯明標準，而女性的外生殖器在胎兒時即已發育（若欲獲得更進一步的資料，請參考一般的發展心理學、生理學之專書，Basow, 1992; Crooks & Baur, 1993；丁大田，1995；江漢聲，1995；黃德祥，1995）。

■女性的第一性徵

1.外生殖器官：外生殖器官是指個體的生殖器官是可以由

外觀辨別的部分，對女性而言，包括：大陰唇、小陰
唇、陰道前庭、陰蒂、陰道口、陰道、巴氏腺體等。

2.內生殖器官：女性的內生殖器官則是指相對於外生殖器
官，從個體身軀外觀看不到而位於腹腔內的生殖器官，
包括：子宮頸、子宮、輸卵管、卵巢等。

女性的第一性徵是與男性在生理結構上最早、最顯著的
差別。隨著個體的發展，大約在八至十歲左右，個體就
會發展第二性徵。

■女性的第二性徵

女性的第二性徵與生殖沒有直接關係，卻是女性特有的表
徵，而且也和女性激素有關。乳房是發育最早的第二性徵。隨
著乳房的脂肪量增加、乳頭突起、乳腺增生、乳暈顏色變深且
面積變大，而完成乳房發育。乳房的發育亦有個別差異存在。
乳房的發育，也明顯具有社會期許的壓力，尤其在性別的判定
上，社會價值的介入早已超越生理成熟的必然性，例如，將乳
房視為性吸引力及哺乳養育的表徵。皮脂肪的增加（尤其是臀
部），使身體輪廓體型與男性不同，皮膚也變得光滑，陰毛、腋
毛也長出來，呈現女性在生理上的獨特特質。此外，骨盆腔擴
大，也讓身體變成寬大的橢圓形，高度的成長，直至動情激素
的刺激而停下來，一般說來女性比男性來得矮。

除了第二性徵的發展之外，我們也必須注意，女性也會製
造雄性激素，並且男性也會製造雌性激素，因此在判斷性別時
（尤其是基於「性」來做判定時），不能因個體所分泌的激素就
當然判別是男性或是女性。

■月經週期和雌性激素

月經週期是許多兩性課題研究的焦點，而且受到許多爭議，因此，須加以詳細地描述。一般來說這個週期平均約二十八天，其範圍可能會從十五天到四十五天。通常會將月經來臨的第一天當作週期的開始，從這一天起，雌性激素的分泌會不斷增加，大約在第十二天達到最高點，在此週期的第一部分中，子宮內壁會增厚以接受受精卵。二十八天的週期中，基本上會在第十四天左右從卵巢排出一個卵，經過輸卵管而到達子宮。在這個過程中，假如卵子遇到精子則極有可能成為受精卵，然後在變厚的子宮內壁著床；假如卵子沒機會受精，那麼雌性激素的分泌會減少，而黃體素的分泌會增加，在月經（子宮內壁的剝離）開始前幾天，兩種激素的分泌量都會突然減少，然後又開始另一個新的週期。

(三)學齡男童的性發展

■男性的第一性徵

1. 外生殖器官：男性的外生殖器官可以分為兩大類，一為陰囊和其內器官：陰囊、睪丸、副睪丸、輸精管、精索。二為陰莖，陰莖的構造分為兩大部分，在其背部有兩個海綿體，充血之後能造成勃起，是男性性功能的基本反應；這種生理反應的歷程一直要到近年來醫學界才完全瞭解清楚。這樣的勃起歷程從嬰兒期就可以看到，到青少年時期則最為強烈。此外，睡眠中也會自然勃起是男性相當特別的生理現象。腹面則是尿道，尿道是尿

液和精液的出口，陰莖的最前端爲龜頭，是性敏感區，覆在陰莖表面的皮膚稱爲包皮。

2.內生殖器官：內生殖器官包括輸精管繞至膀胱後面所形成的貯精囊，貯精囊是生殖道最大的腺體，分泌70%的精液，大部分的成分是果醣。接下去是攝護腺，分泌20％的精液，功能是調節精液的酸鹼度，射精管道的開口在後尿道之處。精液中還混雜一些如考柏氏腺體分泌的少許潤滑液。

■男性的第二性徵

男性的第二性徵多半在十歲左右，在第一性徵睪丸發育之後開始發育，例如，喉結、陰毛的生長、聲音變粗、長鬍鬚、臉上長痤瘡等。一般來說，女孩的發育比男孩早兩年，這差異在學齡晚期的孩童身上就已經十分明顯了。

學齡男童和女童在生理方面表現出相對和差異兩種模式。在生理範疇方面，性別差異在與兩性生殖角色有關的層面中是相當明確的，如構造與激素的分泌；在非生理範疇中，生活期待和運動行爲方面的性別差異最爲明顯，乃受到生物及社會因素的影響。

從生理學和胚胎演化過程來看，男性比女性脆弱，男嬰比女嬰死亡率高，男人壽命也較短，而男孩外陰的畸形和疾病也較多，最常見的疾病有：

1.包皮問題：可分完全包皮，不完全包皮，外皮過剩。
2.隱睪症，移動性睪丸：睪丸不在陰囊內，需要在三歲之前治療好，不然會影響日後生育能力。
3.陰囊水腫、疝氣及陰囊內腫塊：必須及早治療。
4.尿道下裂：尿道口位置不正常。

5.陰莖彎曲症：陰莖勃起後不是正中向前。

6.其他罕見的畸形（陳皎眉等，1996）。

一般說來，男性的生殖功能由於性器官是外顯，容易受到外在傷害，而且製精功能往往在發炎、高溫、藥物、放射線等刺激下造成傷害，而導致日後不孕，所以必須小心保護。

九、性教育

在前面的章節中，我們大概的介紹了學齡兒童在性別角色發展及性發展的情況，接著我們將討論教育對學齡兒童性別發展的影響，以及如何透過教育及社會福利來協助孩童發展良好的兩性觀點及避免性侵害。

性教育的規劃與施行之必要和迫切性已是不容置疑。王瑞淇（1995）指出：現代父母所面臨的是性教育的尺寸問題，而非早期所爭議的「性教育之必要性」。性教育尤其是學齡兒童期的重要議題，雖然沒有哪個發展理論認為學齡期是一種性慾增強的時期，相反地，他們認為此時期是男女互相對立的時期。但是，教育是為了能提早做準備。學齡兒童發展的下一個階段——青少年期，是一個喚起性慾衝突的焦慮興奮的時期，所以在學齡兒童時期，性教育的實施更有其急迫性。要做好兒童時期及青春期的性教育，必須從發育中之兒童／青少年最想知道的問題取向來做解惑式的教導，而在實際生活中，透過輔導和轉介的管道，實際為他們解決疑難，才能幫助他們有健康和愉快的成長（陳皎眉等，1996）。

勵馨基金會（1997）指出，在目前設計的學齡前及學齡兒童自我保護課程中，有關性知識及性侵害的觀念在執行上有些

困難，即兒童並不是十分清楚與掌握性教育及性自主權的概念（例如，嘴是個人隱私的一部分），這個問題反映我們社會及成人對性教育的養成教育及正確性觀念相當不足，致使兒童在社會化歷程中難以受到正確性教育的洗禮。而王瑞淇（1995）同樣也指出，父母對性的態度會深深影響孩子對性的態度，此外成人的兩性互動模式，也會影響孩童的性心理及性行為的發展。在具有如此的深遠影響下，性教育的內容必須掌握正確性與適當性，再配合情境採取不同的教學模式，使性教育的推廣更理想。

(一)性教育之內涵

■家庭性教育

　　親密關係在中國家庭中向來被視為是隱私的一部分，也因此對於性及兩性關係互動的態度趨向保守。父母也擔心孩子「懂得越多，做得越多」，然而林燕卿（1985）指出，當孩子的性知識越多，也就越能擁有開朗的性態度（指對自慰等和「性」有關事物的態度），同時在婚前性行為的態度上也較為謹慎與自重（王瑞淇，1995）。所以家庭性教育的推廣，首重培養父母及其他家庭中成人正確的性觀念與態度。

　　一般的研究教育學者都主張家庭性教育宜著重機會教育（teaching for moment），例如，與學齡子女共同觀賞電視節目時，節目中出現會讓學齡兒童感到好奇的擁抱或熱吻等畫面，且引起子女詢問時，父母宜用平常心與慎重的態度表達看法，例如，向子女表示這種行為是親密關係的表達形式，且只有在自己願意及允許的情況下，才和自己喜愛的人發生的行為。如

此可適切地為子女解惑,並傳達性自主權(sex automonous right)的觀念(Crooks & Baur, 1993)。而父母在強調親密關係時,也必須適當的勇於表達夫妻、家人、親子間的關愛(care)與撫觸(body contact)。但較具隱私(private)的性行為,則必須在私人空間及無春光外洩之虞的情境下進行,以身教來示範合宜的家庭性教育。

■學校性教育

林燕卿(1995)指出,在學校推廣性教育之前,必須先瞭解性教育的目標與價值。其主張之性教育應包括:

1. 發展與性和家庭有關的全人態度。
2. 發展對性態度與行為一致的習慣。
3. 瞭解自己的身體,並獲得有關生殖的知識。
4. 學習使用合適的用語。
5. 瞭解一些可能的情境和結果。
6. 糾正性的迷思。
7. 提供個人情緒和社會的成長,使能適應社會生活。

劉秀娟(1997)指出,性教育和兩性教育在本質上仍有其差異,兩者之基本概念是互補的,尤其對學齡兒童的性教育,更應教育平等與尊重的觀念;換言之,此一階段的教育因反映孩童投入更多群體互動,及人際關係和同儕互動,所以他們更迫切需要建立孩童性自主權及尊重自己與尊重他人觀念的平等教育(例如,避免性侵犯別人及被別人性侵犯)。這觀念也回應了勵馨基金會長期投入性侵害及性虐待實務工作的發現:我們的性教育不只要著重在性生理、性發展及性態度與性行為的教育,也應協助孩子發展正確、適切的兩性性別角色,並施予心

理與文化方面的性別期許等兩性教育，以尊重平等角度來推廣
學齡階段的性及兩性教育。

■社會性教育

在推廣家庭和學校性教育的同時，有關學齡兒童性教育的
部分也必須強調性侵害的防治教育與福利服務。在現有的法規
中如兒童福利法、少年福利法、修訂中兒童少年福利法、少年
與兒童性交易防制條例和性侵害犯罪防治法等，均清楚的對兒
童及少年性侵害、性剝削的行爲，做了規範及處罰。而教育常
在家庭、學校與社會三個層面分別施行，且具有差距性。劉秀
娟（1997）則主張性教育是終生教育，要與社會各種機構相配
合。因此，她認爲相關法規之外應配合兩性教育，且不只在家
庭和學校中推廣，更應視爲社會教育的一部分。也就是說，相
關法規不應只作爲警示或處罰標準，而應納入社會教育體系，
配合各種性教育的推展，建立網絡化之團際工作的合作規劃與
執行，尤其平行機關的協調聯繫，例如，教育與福利、心理、
警政等相關單位協調與配合，而非各自推廣，造成資源重疊且
成效不彰。

綜合上述，性教育無論是在任何情境下實施，仍須針對學
齡兒童的發展情況（如階段與年齡差異）及生活情況下，來設
計課程，並且與由成人（如父母、家人、師長或其他重要他人）
引導的養成教育同時並行。因爲性教育、兩性教育、性侵害防
治教育，要能整體的配合與運作，才具有眞切的價值及實質意
義。

(二)性教育之實施

施予學齡期兒童性教育的好處是降低不應有的青少年未婚懷孕，並且提供有助於維持青少年持續的認知成長的情緒支持（emotional support）。晏涵文、李蘭、林燕卿、張利中、白瑞聰（1991）針對幼稚園至高三學生，家長及教師以分層抽樣法取樣九千五百六十五人，對實施性教育內容之需求進行研究，並將其研究結果歸納成一概念性架構。此架構將性教育之內容，分為生殖生長和婚姻與家庭兩大範疇。生殖與生長包括有生命與生殖和生長與發展。而生長與發展又分為生理生長（如器官、遺傳、青春期），和社會及情緒發展（如情緒、做決定、性別角色、問題行為）。婚姻與家庭包括有婚前交往（如交友、約會、戀愛、擇偶）和婚姻調適（如家庭角色、夫妻關係、親職準備、家庭計畫）。其各分類之內容可參考**表2-11**。所以性教育之內涵應包括生理、心理及社會層面中有關性慾和生殖過程的知識，並且透過這種知識的吸收來減少思春期的實際事件的不確定性、窘迫和孤立感。而如何組織性教育課程並整合到兒童的理解世界呢？Newman和Newman（1986）提出三種實施性教育策略：

■性教育必須在進化及文化生存的背景中來討論

在此種背景之下，兒童可以用合乎自然系統的邏輯來接受性。兒童可以先瞭解生殖機轉，進而去思考物種生存，之後，再瞭解性成熟是基於自然需要而發生。如此一來，兒童才能瞭解身體的成熟可允許他們多參加一種既是個人層次又是生物、人類學和歷史層次的有意義活動。性教育是一種工具：在一系

表2-11　幼稚園及國小學童性教育內容大綱

年　　級	內　　　　容　　　　大　　　　綱
幼稚園	1.學習如何保護自己，以避免遭受壞人的傷害。 2.瞭解家庭的功能，包括物質及情感的提供。 3.不暴露身體（生殖器官）並不表示身體的某些部位是可恥的，而是對個人隱私權的尊重。 4.認識不同植物及動物的家族，以瞭解生物繁衍其後代。 5.認識人的外形、構造，指出男生、女生的外生殖器官的不同，教導其正確的名稱及使用廁所的禮節。 6.男孩與女孩的性別認同與差異。
一年級	1.知道有些人的身體是殘障的，對這些人應加以協助及尊重。 2.認識每一個人都會有喜、怒、哀、樂等不同的感受。 3.認識人與人相似的地方，及每個人的獨特性。 4.發展對愛的瞭解。 5.成長意味著更多的責任。 6.學習如何與家人相處與親愛。
二年級	1.認識生物需要兩性的結合（雄性、雌性），才能產生新生命。 2.學習助人及合群的習性。 3.學習辨別不當節目與明白其不良的影響。 4.瞭解隱私是一種個人的需求，並學習尊重。
三年級	1.認識魚、蛙、動物及人類的新生命皆開始於精子與卵子的結合。 2.瞭解各項身體的特徵是遺傳的結果。 3.瞭解友誼的意義，並學習如何交友。 4.保持身體清潔，尤其是生殖器官的清潔。 5.以別人可以接受的方式表達意見及感受。 6.學習在做決定前先瞭解事實，並徵詢父母、師長的意見。

（續）表2-11 幼稚園及國小學童性教育內容大綱

年　　級	內　　容　　大　　綱
四年級	1.身體的成長情形及速度會受遺傳的影響，如男孩與女孩在不同年齡的生長速率不同。 2.學習人際關係中的相互尊重、責任、體諒及服務。 3.學習對自己性別角色的認同與調適。 4.觀察雞卵孵化的過程。 5.瞭解家庭中每一分子的責任。
五年級	1.認識女性的月經及經期的衛生與保健。 2.討論兩性的差異，學習兩性之間的合作與互助。 3.學習避免受到色情漫畫、書刊及錄影帶的影響。 4.認識青春期的到來及兩性的第二性徵，並注意個別差異。 5.認識胎兒在母親子宮內的生長情形。 6.學習如何在與異性的相處中表現出合宜、有禮的行為。 7.建立正確的性觀念，避免性騷擾及傷害。
六年級	1.介紹兩性生殖器官的構造與功用。 2.知道做決定是一種選擇歷程，做決定前應先評估不同選擇的風險及後果，並學習為自己的決定負責。 3.染色體是決定遺傳特徵的因子，性染色體X與Y決定了性別。 4.以建設性的方式表達性。 5.知道情緒對身體健康的影響，並以建設性的態度處理問題。 6.學習與家人的溝通及愛意的表達。 7.知道性交是婚姻中夫妻互相表達「愛」的一種親密行為。

資料來源：晏涵文等（1993），引自林燕卿（1995），頁447－448。

列問題中更廣泛的理性探討性與生殖的生物因素。

■性親密必須在有關人類生存的親密個人關係的背景中來學習

　　生物性的性和心理性的愛之間是有區別的。兒童瞭解並接受性生殖的事實，但卻不能接受他們父母有過性交的事實，這也不能幫助兒童支配衝動表現或評價性慾的情緒代價。對兒童而言，處理性慾事件訊息的能力及將訊息應用到現實事件之間，似乎存有代溝。

　　成人必須幫助兒童擴展他們對性親密的理解。性親密既是生育孩子又是愛的交流的工具。這種類型的性教育課程可檢驗人類努力交流愛的情感和表現性慾衝動的範圍。繪畫、雕塑、戲劇、詩歌和歌曲都是人們企圖分享他們對愛的困惑、歡喜和悲哀的媒介。兒童可以藉由藝術表現開始分享他們自己愛的情感及增強個人表達情緒的勝任感，以達成他們評價其性格之一部分的情緒生活。

　　愛的能力要到成年期才能完全成熟。不過學齡期兒童能夠體驗到針對他人的情感是個人快樂的來源。兒童能夠瞭解他們現在與朋友、父母分享的愛和情感，以及他們以後可以與丈夫或妻子及他們的孩子分享愛的情感，這皆會加深其個人的滿足與幸福感。

■性慾必須在兒童可能體驗到人際背景來進行

　　人們必須幫助兒童確定性慾在他們剛毅或溫柔的性別角色的定義。人們也需要調查形成這些定義的家庭和文化因素。兒童需要瞭解男人和女人在生育及撫養子女的責任，包括他們各自對避免不需要的生殖的責任和文化常模。性教育課程應包括

調查家庭和團體對避孕的態度和價值，以及哪些因素會阻礙個人不使用避孕用品。透過角色扮演、小組情境討論和問題解決，兒童可以更加明白早期懷孕的後果。在人際層次上，兒童需要練習滿足其親密與性慾需要的自我肯定策略和允許選擇的策略。

上述性教育的課程及實施方式可明白地擴大探討了兩性的概念。性教育可以視為一種激勵人心的課程，它可幫助兒童瞭解他們的身體、文化進化史中的作用，以及他們的創造性表現的潛力。這種開放式的性教育課程可以看作是智力刺激的過程，而不是與傳統的「保健課」並存的令人窘迫的學習。

(三)實施性教育成人應有的角色

為了有效地輔導兒童及青少年的性教育，幫助兒童及青少年發展出性道德態度，成人（如父母師長等）應建立如下之想法與觀念（郭靜晃，1993）：

1. 主動對兒童及青少年談性，不要以為孩子日後自然會知道。

2. 要主動掌握孩子在發展上的個別差異，及早對即將發育的兒童談論生理變化，並以平常心來探討或請教專業人士（如醫師、護士、兒童福利專家或性教育專家等）或參考相關書籍。

3. 利用良好的溝通時機，如利用電視的新聞事件或聊天時的突發問題，以自然的態度來與孩子談性，並且勿抱持著「現在再說為時已晚」乾脆不說了，要瞭解，與孩子談論性，永不嫌晚。

4. 勿灌輸混淆或不明確的訊息，如父母不允許女兒有性行

為卻又叮嚀其必備避孕藥以防萬一。又若成人對性知識
不甚清楚，亦應坦誠相告並共同尋求正確答案，勿以敷
衍方式對待孩子的問題。

5.勿以孩子的生理現象來衡量孩子是否應有性行為，重要
的是應有成熟的性觀念及性態度。

6.性道德是不可以妥協的，不要因禁止孩子有性行為而產
生一種罪惡感而允許有性行為。

7.勿因您曾有未婚性行為或您認為可以有未婚性行為，就
允許孩子有性行為，或以為我禁止孩子的性行為就是偽
君子，這些都是不合理的想法，為孩子好，就應該堅
持。

8.以疏導方式替代一味的高壓抑制手段，避免孩子反彈而
適得其反。

當成人建立了正確合理的性的觀念，則應協助身心發展未
臻成熟的兒童及青少年建立正確的性觀念：

1.尊重孩子是獨立的個體，其有自己的思想及人格，尊重
他們自己的性價值及性行為。親職教育可協助父母與孩
子拉近彼此的想法，並協助孩子體諒別人，對自己及他
人誠實，情緒穩定，建立自信，並樂於與成人分享自己
的看法。

2.成人除了與孩子討論「性」外，更要真誠地討論「愛」、
「婚姻」及「道德」，並傳達正向的訊息：

(1)性是美好的。如可藉宗教信仰來強化性的美好層面。

(2)性是維持兩性關係的觸媒，性與愛須能合而為一。

(3)性關係是一嚴肅的道德行為。

(4)個人有說「不」的權利，懂得如何自我肯定並尊重他

人。

(5)沒有完整的處女膜並不象徵失去成熟的完整性，有性
行為也不代表成熟或獨立。

(6)可以傳達：即使沒有性，也是一種快樂、滿意的生
活；個人要保有「忠貞」的情感與情操。

(7)性是增加愛之親密感的催化劑。

(8)性不代表愛。健康的兩性互動，應是關心分享彼此的
共同成長，而不是一味地滿足性的渴求。

參考書目

中文部分

丁大田（1995），〈生物學上的女性〉，輯於江漢聲、晏涵文等主編，《性教育》，台北：性林文化，頁101-122。

內政部統計處（1992），《中華民國八十年台灣地區兒童生活狀況調查報告》，台北：內政部。

內政部統計處（1996），《中華民國八十五年台灣地區兒童生活狀況調查報告》，台北：內政部。

王傳淵（1993），〈兒童用藥安全〉，靖娟幼兒安全文教基金會，《兒童安全研討會會議實錄》。

王瑞淇（1995），〈家庭性教育〉，輯於江漢聲、晏涵文等主編，《性教育》，台北：性林文化，頁81-100。

交通部（1992），《平安是福──認識交通安全》，台北：交通部。

江漢聲（1995），〈生物學上的男性〉，輯於江漢聲、晏涵文等主編，《性教育》，台北：性林文化，頁271-292。

行政院衛生署（1990），《中華民國台灣地區婦幼衛生之主要統計》，台北：行政院。

行政院衛生署（1998），《民國八十七年台灣地區食品中毒發生狀況》，台北：行政院。

行政院衛生署（1998），《中華民國台灣地區民國八十七年衛生統計》，台北：行政院。

余漢儀（1995），《兒童虐待──現象檢視與問題反思》，台北：巨流圖書公司。

李宏才（1993），〈兒童食品安全〉，靖娟幼兒安全文教基金會，《兒童安全研討會會議實錄》，頁18-28。

李惠加（1997），《青少年發展》，台北：心理。

周錦鍾（1993），〈校園（外）活動的安全〉，輯於台北市政府教育局、社會局編印，《幼年安全教育──教師手冊》，頁237-260。

林正文（1993），《兒童行為觀察與輔導》，台北：五南圖書公司。

林燕卿（1995），〈學校性教育〉，輯於江漢聲、晏涵文等主編，《性

教育》，台北：性林文化，頁439-458。

徐立言（1993），〈幼兒遊戲學習功能與空間探討〉，兒童遊戲空間規則與安全研討會。

徐道昌等（1978），《語言治療學》，台北：大學圖書。

徐櫻芳（1993），〈兒童玩具安全〉，靖娟幼兒安全文教基金會，《兒童安全研討會會議實錄》。

財團法人靖娟幼兒安全文教基金會編（1993），《兒童安全研討會會議實錄》，台北：靖娟幼兒安全文教基金會。

翁慧圓（1994），〈兒童虐待個案的診斷、處置與評估〉，《社會福利》，114期，頁37-40。

晏涵文、李蘭、林燕卿、張利中、白瑞聰（1991），《幼稚園至高三學生、家長及教師對實施性教育內容之需求研究（I）》，國立臺灣師範大學衛生教育研究所。

張欣戊等（1994），《發展心理學》，台北：國立空中大學。

張新立（1996），《台灣地區青少年學生運輸需求特性及交通安全風險感認知調查研究》，財團法人東陽吳嵩文教基金會委託。

教育部（1994），《幼稚園公共安全管理手冊》，台北：教育部。

教育部（1995），《國民中小學公共安全管理手冊》，台北：教育部。

郭靜晃（1993），《青少年？青少年！》，台北市家庭教育服務中心。

郭靜晃（1995），〈兒童的友伴關係發展〉，輯於張欣戊等著，《發展心理學》，台北：國立空中大學。

郭靜晃（1996），〈兒童保護輸送體系之檢討與省思〉，《社區發展》，75期，頁144-155。

郭靜晃（2000），〈友伴關係發展〉，輯於張欣戊等著，《發展心理學》，台北：國立空中大學。

郭靜晃、吳幸玲（1994），《兒童發展》，台北：揚智文化。

郭靜晃、吳幸玲譯（1993），《發展心理學：心理社會理論與實務》，台北：揚智文化。

郭靜晃、彭淑華、張惠芬（1995），《兒童福利政策之研究》，內政部社會司委託研究。

郭靜晃、曾華源、湯允一、吳幸玲（2000），〈台灣青少年對家庭生活認知與感受之分析〉，《香港青年學報》。

郭靜晃譯（1992），《兒童遊戲》，台北：揚智文化。

郭鴻均（1986），《餐飲衛生手冊——食品衛生管理叢書》，台北：行政院衛生署。

陳皎眉、江惠聲、陳惠馨合著（1996），《兩性關係》，台北：國立空中大學。

陳淑惠（1999），〈我國學生電腦網路沉迷現象之整合研究——子計畫一：網路沉迷現象的心理病因之初探（2/2）〉，行政院國家科學委員會專題研究計畫成果報告。

曾華源、郭靜晃（1999），〈邁向二十一世紀少年福利的願景——平衡保護性和發展性少年福利政策〉，《社區發展季刊》，88期，頁132-148。

黃德祥（1995），《青少年發展與輔導》，台北：五南圖書公司。

黃慧眞譯（1989），《發展心理學》，台北：桂冠圖書公司。

廖秋芬（1997），《社會工作員對於兒童保護案件處理計畫的價值抉擇之研究》，東海大學社會工作研究所論文。

劉可屛、宋維村、江季璇、尤清梅（1996），《兒童保護個案輔導計畫研究》，內政部委託研究。

劉秀娟（1997），《兩性關係與教育》，台北：揚智文化。

勵馨基金會（1997），「防治兒童性侵害實務研討會」會議資料，台北市政府社會局暨勵馨社會福利基金會。

刑事警察局（1988），《台灣刑案統計》。

謝秀芬（1992），〈處理〉，《社會工作辭典》，中華民國社區發展研究訓練中心。

謝園（1993），〈兒童設施安全〉，靖娟幼兒安全文教基金會，《兒童安全研討會議實錄》，頁58-65。

衛生署（1998），「事故傷害防制」，取自 http://www.tnshb.gov.tw/teach/teach-02.htm.

藍武王（1991），「兒童步行事故之比較分析研究」。

英文部分

Achenbach, T. M. & Edelbrock, C. S. (1981). Behavioral problems and competencies reported by parents of normal and disturbed children aged four through sixteen. *Monographs of the Society for Research in Child Development,* 46, 1.

Achenbach, T. M. (1982). *Developmental Psychopathology*(2nd. ed.). N. Y. Wiley.

Angier, N. (1990). *Scientists say gone on Y Chromosome makes a man a man.* New York: Times, A1-A19.

Bandura, A. (1982). Self-efficacy mechanism in human agency. *American Psychologist*, 37, 122-147.

Barker, P. (1979). *Basic Child Psychiatry* (3rd ed.). Baltimore: University Park Press.

Basow, S. A. (1992). *Gender Stereotypes and Roles*. CA: Brooks/Cole Publishing Company.

Bee, H. (1992). *The Developing Child* (6th ed.). New York: Happer Collins College Publishers.

Behrman, R. E. & Vaughan, V. C. (1983). Nelson textbook of pediatrics (12th ed.). Philadelphia: W. B. Saunders.

Bootzin, R. R. & Acocella, J. R. (1988). *Abnormal Psychology* (5th ed.). New York: Random House.

Brainerd, C. J. (1977). Cognitive development and concept learning: An interpretive review. *Psychological Bulletin,* 84, 919-939.

Butterfield, E. G., Nelson, T. O. & Peck, V. (1988). Developmental aspects of the feeling of knowledge. *Developmental Psychology,* 24, 654-663.

Carr, M., Kartyz, B. E., Schueider, W., Turner, L. H., & Borkowski, J. G. (1989). Strategy acquisition and tranfer among American and German children: Environmental influnees on metacognitive development. *Developmental Psychology,* 25, 765-771.

Cole, M. & D'Andrade, R.(1982). The influence of schooling on concept formation: Some preliminang conclusions. *Quarterly Newsletter of the Laboratory of Comparative Cognition*, 4, 19-28。

Cole, M. & Scribner, S. (1978). Introduction. In L. Vygotsky, *Mind in Society*. New York: Cambridge University Press.

Connolly, K. Dalgleish, M. (1989). The emergence of a tool-using skill infancy. *Developmental Psychology,* 25, 849-1012.

Corasro, W. A. (1981). Friendship in the nursery school: Social organization in a peer environment. In S. Asher and J. Gottman (eds.), *The Development of Children's Friendships*. New York: Cambridge University Press.

Corsaro, W. A. (1985). *Friendship and Peer Culture in the Early Years.* Norwood NJ: Ablex Publishing Corporation.

Coopersmith, S. (1967). *The Antecedents of Self-esteem*. San Francisco: Freeman.

Crooks, R. & Baur, K. (1993). *Our Sexuality* (5th ed.). New York: The Benjamin/Cummings Publishing Company ZNC.

Crooks, T. J. (1988). The impact of classroom evaluation practices on students. *Review of Educational Research*, 58, 438-481.

Cross, D. R. & Paris, S. G. (1988). Developmental and instructional analyses of children metacognition and reading comprehension. *Journal of Educational Psychology,* 80, l31-142.

Damon, W. (1977). *The Social World of the Child*. San Francisco: Jossey-Bass.

Dometriou, A., Efklides, A. & Platsidou, M. (1993). The architecture and dynamics of developing mind. *Monographs of the Society for Research in Child Development,* 58, 124.

Elkind, D. (1981). *The Hurried Child.* Reading, MA: Addison-Wesley.

Erikson, E. H. (1963). *Childhood and Society* (2nd ed.). New York: Norton.

Gallahus, D. L. (1981). *Understanding Motor Development in Children*. N. Y. : John Wiley & Sons Inc.

Gardner, H. (1983). *Frames of Mind: The Theory of Multiple Intelliqence.* New York: Basic Books.

Gorden, D. & Young, R. (1976). School phobia: A discussion of etiology, treatment, and evaluation. *Psychological Bulletin,* 39, 783-804.

Gutter, M. (1983). Stress, coping and development: Some issues and some questions. In N. Garmezy et al. (eds.), *Stress, Coping and Development in Children*. New York: McGraw-Hill.

Holloway, S. D. (1988). Concepts of ability and effort in Japan and the United States. *Review of Education Research,* 58, 327-345.

Maccoby, E. (1980). *Social development*. New York: Harcourt Brace Jovanovich.

Malmquist, C. P. (1983). Major depression in childhood: Why don't we know more? *American Journal of Orthopsychiatry*, 53(2), 262-268.

Marieskind, H. I. (1980). *Women in the Health System*. St. Louis: C. V. Mosby.

May, R. B. & Norton, J. M. (1981). Training-task orders and transfer inconservation. *Child Development*, 52, 904-913.

McCabe, A. E., Siegel, L. S., Spence, I., & Wilkinson, A. (1982). Class-inclusion, reasoning: Patterns of performance from three to eight years. *Child Development*, 53, 780-785.

Meredith, H. V. (1969). Body size of contemporary groups of eight-year-old children studied in different parts of the world. *Monographs of the Society for Research in Child Development*, 34(Serial no. 1).

Muuss, R. E. (1970). Adolescent development and the secular trend. *Adolescent*, 5, 267-284.

New York Times (1984, Sep. 23). Many see mercy in ending empty life.

Newman, B. & Newman, P. (1986). *Development through Life: A Psychosocial Approach* (5th ed.). New York: Brooks/Cole Publishing Company.

Newman, P. R. & Newman, B. M. (1997). *Childhood and Adolescent*. New York: Brooks/Cole Publishing Company.

Offer, D., Ostrov, E., Howard, K. I. & Atkinson, R. (1988). *The Teenage World: Adolescents' Self-image in Ten Countries*. New York: Plenum Medical Book Company.

Piaget, J. & Inhelder, B. (1969). *The Psychology of the Child*. New York: Basic Books.

Piaget, J. (1968). *Six Psychological Studies*. New York: Vintage.

Piaget, J. (1983). Piaget's theory. In W. Kessen (ed.), Handbook of child psychology, (vol.1), *History, Theory and Methods* (4th ed.). New York: Wiley.

Pines, M. (1977). St-St-St-St-St-St-Stuttering. *The New York Times Magazine*, 261-262.

Poznanski, E. O. (1982). The clinical phenomenology of childhood depression. *American Journal of Orthopsychiatry*, 52 (2), 308-313.

Reismen, J. M. & Schorr, S. I. (1978). Models of development and theories of development. In L. R. Gonlet & P. B. Baltes (eds.), *Life-span Development Psychology* (116-149). New York: Academic Press.

Rutter, M. & Garmetz, N. (1983). Developmental psychopathology. In P. H. Mussen & E. M. Hetherington (eds.), *Handbook in Child Psychology* (4th ed.) (vol.4). New York: John Wiley and Sons.

Rutter, M. (1979). Separation experiences: A new look an old topic. *Pediatrics*, 95 (1), 147-154.

Rutter, M. (1984). Resilient children. *Psychology Today*, 18 (3), 57-65.

Schaefer, C. E. & Millman, H. L. (1988). *How to Help Children with*

Common Problems (vol.5). New York: Litton Education Publishing.

Selman, R. (1976). The development of interpersonal reasoning. In A. Pick (ed.), *Minnesota Symposia on Child Development* (vol.10). Minneapolis, M. N. : University of Minnesota Press.

Selman, R. (1981). *The Growth of Interpersonal Understanding*. New York: Academic Press.

Shaffer, D. R. (ed.)(1979). *Social and Personality Development*. C. A.: Brooks & Cole Publishing Co.

Tanner, J. M. (1968). Earlier maturation in man. *Scientific American*, 218, 21-27.

Tharp, R. G.(1989). Psychocultaral variables and constants. Effects on teaching and learning in schools. *American Psychologist*; 44, 349-359.

Thomas, R. E. (ed.)(1970). *The Encyclopedia of Human Development Education*: *Theory, Research, and Studies*. Oxford: Pergamon Press.

Tizard. B., Philips, J. & Plewis, I. (1976). Play in preschool centers-I. play measures and their relation to age, sex, and IQ. *Journal of Child Psychology and Psychiatry*, 17, 251-264.

Turiel, E. (1978a). The development of concepts of social structure: Social conventions. In J. Glick and A. Clarke-Steward (eds.), *Studies in Social and Cognitive Development*. New York: Gardner Press.

Turiel, E. (1978b). Social regulations and domains of social concepts. In W. Damon (ed.). *Social Cognition*. San Francisco: Jossey-Bass.

U.S. Consumer Product Safety Commission (1991). *Public Playground Handbook for Safety*. Washington, DC : U.S. Printing Office.

Youniss, J. (1980). *Parents and Peers in Social Development*: *A Sullivan-Piaget Perspective*. Chicago: University of Chicago Press.

Zastrow, C. & Kirst-Ashman (1987). *Understanding Human Behavior and the Social Environment*. Nelson-Hall Publishers/Chicago.

Zigler, E. & Trickett, P. K. (1978). IQ, social competence, and evaluation of early child-hood intervention programs. *American Psychologist*, 33, 789-798.

Chapter

03

第三章 兒童福利導論

郭 靜 晃

- 美國俄亥俄州立大學家庭關係與人類發展學系博士
- 中國文化大學社會福利學系教授兼系主任

前言

　　兒童是人生的第一個階段，其周遭的環境影響很深，此階段其必須要接受環境及成人的保護，以塑造其人格及孕育日後成長的潛能發展，所以世界各國為了兒童健康、生長與發展，挹注各種資源以制定兒童福利政策，開展兒童福利服務工作，以重視兒童基本成長的權利，冀望營造一個兒童健全成長、無傷害的環境。

　　我國對於兒童福利服務的推廣（例如所有相關法令的頒訂），政府與民間皆不遺餘力地推行，因兒童是國家社會未來的棟梁，兒童的權利一定要受到良好的維護及倡導，兒童的需求獲得滿足，才能夠快樂地成長，這也是社會及國家的責任，保護兒童，期許兒童有健全美好的未來，這是社會及國家的共同責任，也是兒童福利最基本的課題。

一、兒童福利意涵

(一)兒童福利之意義

　　兒童福利（child welfare）是社會福利的一環，更是一門社會工作專業，兒童福利並無一放諸四海而皆準的定義，其定義常依國家的社會、經濟、文化、政治等發展層次不同而有差異。未開發國家視兒童福利為兒童救濟；開發中國家視兒童福

利不僅是消極的救濟，更要解決各種社會中的不良因素所導致的兒童問題，特別要救助不幸的兒童及家庭（尤其是因貧窮而導致兒童處於不利生存的家庭）；對已開發國家而言，兒童福利係指促進兒童身心健全發展的一切活動（李鐘元，1983；引自郭靜晃、彭淑華、張惠芬，1995）。所以說，兒童福利有兩個層次之定義，一是兒童，二是福利。第一層之定義是有關於兒童年齡層之界定，過去吾人通常將兒童定義為十二歲以下之個體，但隨著時代的變遷以及法令之修訂，我國兒童福利法在二○○三年五月二十八日經四次修訂，最後合併修法為兒童及少年福利法之後，在第二條就規定：「本法所稱兒童及少年，指未滿十八歲之人；所稱兒童，指未滿十二歲之人；所稱少年，指十二歲以上未滿十八歲之人。」據此法令之規定，兒童實指十二歲以下之人，但在實務上，兒童的福利工作已擴充至十八歲以下之人。我國兒童福利法之修訂就有參考美日國家的立法精神，例如，美國兒童福利服務的對象包括十八歲以下的少年，日本兒童福利法第四條就規定：「本法所稱兒童者，係指未滿十八歲之人。細分如下：(1)嬰兒（乳兒）：未滿一歲者；(2)幼兒：滿一歲至學齡者；(3)少年：滿學齡，至滿十八歲者。」

　　發展心理學的觀點，人的一生可從年齡及發展細分為不同階段，例如，嬰兒期（零至二歲）、學步兒童期（二至四歲）、幼兒期（四至六歲）、學齡兒童期（六至十二歲）、青少年前期（十二至十八歲）、青少年後期（十八至二十四歲）、成年期（二十五至四十五歲）、中年期（四十五至六十五歲）、成年晚期（六十五至七十五歲）及老年期（七十五歲之後）。每個階段，由於生理、心理、社會期待有其發展特徵，因而有各個不同階段之發展任務及特殊需要，為了配合各個階段任務之需求性及

特徵，社會服務工作須設計滿足不同階段個人需求的各種活動
與計畫，是謂不同階段之福利服務工作，例如兒童福利、少年
福利、老年福利或身心障礙者福利。因此，各類福利之服務工
作及專業的學術與實務便會應運而生（周震歐，1997）。所以
說，兒童福利係爲社會福利之一環，早先是一社會工作方法
（日後形成爲一種專業），之後透過組織制度化的方法以及立法
規範來處理社會問題（例如，貧窮、受虐兒童、早期療育及托
兒之問題），而兒童又不能獨自生活，所以兒童問題又與家庭問
題相連結，因此，兒童福利從廣義來說，是針對全體兒童的普
遍需求，透過各種方式：政策規劃及福利服務設計，以促進兒
童生理、心理最佳發展，保障其基本權利，以符合社會發展的
需要。所以說，兒童福利更是一門社會工作的專業，透過社會
工作方法以解決舉凡貧窮及兒童身心遭受傷害的社會問題。

　　在十九世紀中期，美國因爲貧窮家庭所衍生之個人問題以
及安置所之問題，慈善組織社會（Charity Organization Societies）
結合社會工作的個案工作，給予家庭一些庇護及重建（rehabili-
tation），以解決社會問題（Popple & Leighninger, 1996）。此種
方案之處理主要是源自社會個案工作之治療模式做個案處遇。
Mary Richmond便是慈善組織社會應用此方法的代表人物。值
得一提的是，這也是美國所發展的個案工作哲學的基本理念：
個體被視爲其成就的資源，因此，個人的困難也要透過自己來
解決。

　　而安置所（Settlement House）的哲學相對的是給予因環境
及社會變遷所造成的家庭困境一個機構處遇方式。當時最著名
的安置所爲Jane Addam及Hull的安置收容所。之後在二十世紀
初期，社會工作已形成一門專業來處理兒童及其家庭問題，所
用的方法除了醫療模式之外，也漸漸採用科學系統的模式，各

式各樣的理論、學派及大學也提供學院來培養社會工作專業人
才，在方法上也從個人的個案工作轉至社會的個案工作
（Popple & Leighninger, 1996）。在一九一九年，精神醫學的崛
起，促使社會工作者放棄社會改革方法，轉而擁抱個人干預
（intervention）。在第一次世界大戰之後，由於愛國主義思潮，
也使社會工作者拋棄較自由及激進的方式，改採取保守的個人
之個案工作處遇。儘管在美國早期因時代變遷，社會工作專業
之方法在個體、家庭及環境上流連，不變的是，其工作的重點
仍在於對家庭及兒童的處遇。

　　而上列之社會工作處遇又稱為「殘補取向」或「最低限度
取向」（residual or minimal-oriented）的社會福利服務，對在一
般正常社會系統中未能滿足需求的兒童提供社會服務。

　　一九三〇年代，由於經濟大蕭條（Great Depression），個人
及家庭因社會變遷無以倖免，而導致家庭因社會環境產生不利
生存的地位，因此社會工作及服務方案開始思考如何提供家庭
及兒童一切支持，以脫離不幸或不利生存的環境〔是謂對貧窮
作戰（War on Poverty）〕，此處遇模式也從殘補式轉向普遍及預
防模式（universal or preventive welfare service），此種模式除了
提供支援給家庭及兒童之外，也擴大至老人及身心障礙者
（Lindsey, 1994）。

　　雖然貧窮並不是兒童福利領域的唯一要素（Gil, 1981;
Lindsey, 1994），但是兒童福利之服務卻是因貧窮狀況而衍生
的，例如，許多兒童虐待與疏忽是與貧窮、家庭缺乏資源及教
育有關，尤其是單親之女性生活在貧窮線之下，容易成為瀕臨
危機之家庭（at high-risk families），並需要社會服務機構的支
援，而且生活在此家庭的兒童也容易發生虐待的事件。特別是
在資本主義、崇尚物質價值的社會中，身為貧窮的身分導致個

人產生低自我尊重及無價值感。此種感受更使貧窮家庭之母親
與子女深受更大的壓力，而導致母親在無法負荷之下，對其子
女產生拒絕或虐待行為。所以，在一九六〇年代之後，美國社
會工作者改採取社會改革，著名的一九八〇年代福利改革方案
（welfare reform project）更是以「發展取向」或「制度取向」
（developmental or institutional-oriented）的福利服務，針對所有
家庭及兒童，不管是對貧窮、失依、失教、行為偏差、情緒困
擾等兒童及其家庭提供支援，以滿足正常兒童在此社會中所需
要健全生活的服務。此種服務例如與經濟需求有關的母親年金
（Mother's Pension）、失依兒童之家庭扶助（AFDC）、兒童支持
服務（Child Support Service）、補充性安全收入（Supplemental
Security Income）、兒童虐待及疏忽危機處遇，如家庭維繫服務
（Family Preservation Service）、兒童保護服務（Child Protection
Service）、兒童保護團隊（Child Protection Team）；以及兒童教
育與保養，例如，啓蒙計畫（Head Start）、政府資助托育場地
（Governmentally Supported Day Care Space）及兒童支持方案
（Child Support Program）。

一九五九年，聯合國的「兒童權利宣言」（Declaration of
the Rights of the Child）更指出：「凡是以促進兒童身心健全發
展與正常生活為目的之各種努力、事業及制度等，均稱之為兒
童福利。」

一九六〇年，美國之《社會工作年鑑》（*Social Work Year
Book*）更將兒童福利定義為：「旨在謀求兒童愉快生活、健全
發展，並有效發掘其潛能，它包括了對兒童提供直接福利服
務，以及促進兒童健全發展有關的家庭和社區的福利服務。」
（周震歐，1997）。而美國兒童福利聯盟（Child Welfare League
of American）在一九九〇年亦指出：「兒童福利是提供兒童和

青少年，尤其是其父母無法實踐兒童養育之責，或其所住之處無法提供資源和保護措施給有需要之兒童及其家庭。」

綜合本節之論點，兒童福利之定義實可分爲廣義及狹義，廣義的兒童福利是以全體兒童爲服務對象，依我國兒童及少年福利法第九條所規定：「本法所定事項，主管機關及各目的事業主管機關應就其權責範圍，針對兒童及少年之需要，尊重多元文化差異，主動規劃所需福利，對涉及相關機構之兒童及少年福利業務，應全力配合之。」而其主管機關係指內政部兒童局，其他名目的事業主管機關包括有：衛生、教育、勞工、建設、工務、消防、警政、交通、新聞、戶政、財政及其他兒童少年福利措施之相關目的事業主管機關。其最主要的範疇，依兒童少年發展促進會議包括：兒童福利措施、衛生保健、兒童教育及司法保護四項（周震歐，1997）。此種兒童福利服務工作較爲積極，又可稱爲「發展取向」之兒童福利。

狹義的兒童福利服務對象，多爲遭遇各種不幸情境的兒童及其家庭，如失依兒童、身心障礙兒童、貧童及受虐兒童、行爲偏差或情緒困擾之兒童等，針對其個別問題需求予以救助、保護、矯正、安置輔導及養護等措施，利用個案管理之技術，有效改善其所面臨之問題，此種兒童福利服務工作又可稱爲消極性的兒童福利，實以問題爲取向之兒童福利，亦可稱爲是「殘補性取向」之兒童福利。

(二)兒童福利之功能與內涵

兒童福利是以兒童爲最佳利益（the best interest），採用社會工作專業的技術與方法，以維護兒童權益，滿足兒童成長與發展的需求，以及保障兒童健康成長之機會（馮燕等，2000）。

而兒童福利亦是社會福利之一環，是故社會福利之功能發揮亦是兒童福利所應施展的方針。基本上，社會福利有治療預防和發展等功能（林勝義，2002）。就此觀點，兒童福利之功能，應包括以下各項：

■維護及倡導兒童相關權益

「兒童是國家的主人翁，未來的棟梁」。如果國家不能保護他們，使兒童或少年遭遇不幸或虐待（child maltreatment），抑或是未提供機會使其發揮應有的潛能，而導致其犯罪，家庭流離失散，更造成沉痛又複雜的社會問題。而兒童不像成人，在生理、思想及行為上業臻成熟，可以獨立自主的生活，因此，他們被合法賦予負擔成人責任的一個「依賴」階段（余漢儀，1995），也唯有兒童受到良好的保護，兒童權益受到尊重，兒童福利服務發揮效能，才能落實兒童照顧，避免他們身心受到傷害。

隨著社會的開放與進步，基於人性尊嚴、人道主義，及自由平等的精神，人權的問題廣泛受到世界各國，甚至是聯合國的重視；而國人對於人權的重視，相較於從前，也有更普遍的認知和覺醒。然而，大人為自己權利在爭奪的同時，卻忘了在水深火熱及缺乏能力為自己權利打拚的兒童，甚至更遭受到不公平、不尊重的對待（謝友文，1991）。

過去幾年來，報章雜誌聳動的標題，電視公益廣告中所刊登有關兒童綁架撕票、虐待、強暴、猥褻、兒童青少年自殺、兒童適應不良、乞丐兒、深夜賣花兒、色情傳播、校園傷害、兒童買賣、強迫兒童為妓等情形層出不窮，可見兒童生長的權益受到剝削和忽視，甚至導致身心傷害及凌虐致死，這些事件實令人怵目驚心。雖然我國經濟成長，兒童在物質上的生活條

件並不匱乏，但隨之而來的是，社會忽視了兒童的權益，傷害
兒童身心安全的危機以及不利兒童健全成長的誘因，潛伏在生
活環境中，對號稱「兒童是家庭珍寶」的現代社會，實是一大
諷刺（郭靜晃，1999）。

　　兒童福利聯盟文教基金會從一九九七至一九九九連續三年
針對台灣地區約一百位的兒童福利學者、機構主管、社政主
管、社工實務者、醫療、教育、法律、媒體及立委等瞭解兒童
之專業人士，調查相關兒童人權，包括：基本人權、社會權、
教育權、健康權等四個兒童人權指標，其結果皆是令人不甚滿
意（馮燕，1999）。顯然地，台灣地區兒童在兒童福利專業人士
眼中，是沒有享受到平等主義取向下所強調的被尊重及社會參
與權，也沒有得到保護主義取向下應提供充分的安全與福利等
保護措施。

　　此外，從孩子的角度，兒童福利聯盟文教基金會也於一九
九九年四月針對北、中、高三市抽取三千五百九十位五、六年
級學童所做的「跨世紀兒童生活狀況調查」問卷，以孩童基本
權利、受保護的權利、正常成長的權利以及孩童對權利的認知
為指標，結果發現：近九成學童表達經常或偶然有「功課壓力
沉重」、「遊戲空間、時間不足」、「未具足夠的人格尊重」、
「缺乏足夠的安全保障」等煩惱及困擾存在。

　　兒童少年福利法開宗明義地在第一條闡釋：為維護兒童身
心健康、促進兒童正常發育、保障兒童福利，特制定兒童福利
法。第五條：兒童之權益受到不法侵害時，政府應予適當的協
助與保護。從立法之精神看來，兒童有免於恐懼與接受教育的
權利。可是近年來，相關兒童權益之調查報告及兒童覺知其生
活狀況調查報告皆指陳兒童人身安全指標不及格，顯示兒童生
活危機重重，不但在社會上不安定、在學校不安全，甚至在家

也不安全。而兒童被遺棄、虐待、遭性侵害、被強迫從事不法行為等案件在社會新聞中也時有所聞，資料顯示更有逐年增加之趨勢，這也顯現我國社會對於兒童人權保障仍不及格。

我國對於兒童福利服務的推廣，政府與民間雖不遺餘力來進行，除了兒童福利法之訂頒，也賡續建立通報制度，補助設置兒童福利服務中心，落實社區化兒童保護工作，加強對遭受性侵害兒童及施虐者心理治療與後續追蹤輔導工作，並落實兒童之「福利與保護」的立法精神，訂定相關法規，例如，「菸害防治法」、「特殊教育法」、「少年事件處理法」之對菸、酒、麻醉藥品之管制、有關之特殊兒童之教育資源、對觸法兒童給予尊重、隱私權之保護與公平審議等法，也加以制定配合，但是缺乏平行協調而導致無法保障兒童權益及落實立法精神。類此種種皆表示我國要達到聯合國兒童權利公約之標準，及讓兒童能在免於歧視的無障礙空間中，平等享有社會參與、健康安全的成長，是有待兒童福利工作者努力的方向（劉邦富，1999）。

聯合國兒童權利公約（U. N. Convention on the Rights of the Child）的訂定起源於一九五九年的聯合國兒童權利宣言（U. N. Declaration of the Rights of the Child）和一九二四年國際聯盟所通過的兒童權利宣言（日內瓦宣言），並於一九八九年十一月二十日通過實施（李園會，2000），此公約於一九九〇年九月二日正式生效，成為一項國際法，並訂每年十一月二十日為「國際兒童人權日」。

兒童權利憲章從一九四六年起草，至一九五九年完成實施，共歷經十三年的時間。「兒童權利宣言」將「日內瓦宣言」時期視兒童為保護對象的兒童觀，進一步提升到把兒童定位為人權的主體，意即期望將獲得國際認同的世界人權宣言條款，

積極地反映在「兒童權利宣言」上。聯合國的各國國民再次肯定基於聯合國憲章的基本人權和人性尊嚴的重要性，決心促使人類在自由的環境中，獲得提升生活水準，並使社會更加進步。

　　聯合國在世界人權宣言中強調，所有的人類不應該由於種族、膚色、性別、語言、宗教、政治或其他理念、國籍、出身、財富、家世及其他與地位等相類似的事由受到差別的待遇，使每個人均能共同享受本宣言所列舉的各項權利和自由。

　　由於兒童的身心未臻成熟階段，因此無論在出生之前或出生之後，均應受到包括法律的各種適當的特別保護。

　　此種特殊保護的需要，早在一九二四年的日內瓦兒童權利宣言就有規定，而世界人權宣言以及與兒童福利有關的專門機構和國際機構的規約中，也承認此種保護的必要。同時更應瞭解人類有給兒童最佳利益之義務。

　　因此，聯合國大會為使兒童能夠有幸福的生活，並顧及個人與社會的福利，以及兒童能夠享受本宣言所列舉的權利與自由，公布兒童福利宣言，務期各國的父母親、每個男女、各慈善團體、地方行政機關和政府均應承認這些權利，遵行下列原則，並以漸進的立法程序以及其他措施，努力使兒童的權利獲得保障。所以說，兒童權利宣言更規定兒童應為權利之本體，不但與世界人權宣言相呼應，而且具體以十條條款來保障兒童在法律上的權益，茲分述如下：

　　第一條　兒童擁有本宣言所列舉的一切權利。所有兒童，
　　　　　　沒有任何例外，不能因自己或家族的種族、膚
　　　　　　色、性別、語言、宗教、政治或其他理念、國
　　　　　　籍、出身、財富或其他身分的不同而有所差別。

一律享有本宣言所揭示的一切權利。

第二條　兒童必須受到特別的保護，並應用健康的正常的方式以及自由、尊嚴的狀況下，獲得身體上、知能上、道德上、精神上以及社會上的成長機會。爲保障此機會應以法律以及其他手段來訂定。爲達成此目的所制定的法律，必須以兒童的最佳利益爲前提做適當的考量。

第三條　兒童從出生後，即有取得姓名及國籍的權利。

第四條　兒童有獲得社會保障之恩惠的權利。兒童有獲得健康地發育成長的權利。爲了達成此目的，兒童以及其母親在生產前後，應得到適當的特別的保護和照顧。此外，兒童有獲得適當的營養、居住、娛樂活動與醫療的權利。

第五條　對在身體上、精神上或社會方面有障礙的兒童，應依特殊狀況的需要獲得特別的治療、教育和保護。

第六條　爲使兒童在人格上得到完全的和諧的成長，需要給予愛情和理解，並儘可能在父母親負責任的保護下，使他無論遇到什麼樣的狀況，都能在具有愛情、道德及物質的環境保障下獲得養育。除了特殊的情況下，幼兒不得使其和母親分離。社會及公共機關對無家可歸的兒童與無法維持適當生活的兒童，有給予特別養護的義務。對子女眾多的家庭、國家以及其他有關機關，應該提供經費負擔，做適當的援助。

第七條　兒童有受教育的權利，至少在初等教育階段應該是免費的、義務的。提供兒童接受教育應該是基

於提高其教養與教育機會均等爲原則，使兒童的
能力、判斷力以及道德的與社會的責任感獲得發
展，成爲社會上有用的一員。負有輔導、教育兒
童的責任的人，必須以兒童的最佳利益爲其輔導
原則。其中兒童的父母是負有最重要的責任者。
兒童有權利獲得充分的遊戲和娛樂活動的機會。
而遊戲和娛樂活動必須以具有教育目的爲原則。
社會及政府機關必須努力促進兒童享有這些權
利。

第八條　不論在任何狀況下，兒童應獲得最優先的照顧與
救助。

第九條　保護兒童不受任何形式的遺棄、虐待或剝削，亦
不得以任何方式買賣兒童。兒童在未達到適當的
最低年齡前，不得被僱用。亦不得僱用兒童從事
危及其健康、教育或有礙其身心、精神、道德等
正常發展的工作。

第十條　保護兒童避免受到種族、宗教或其他形式的差別
待遇。讓兒童能夠在理解、寬容、國際間的友
愛、和平與世界大同的精神下，獲得正常的發
展，並培養他將來願將自己的力量和才能奉獻給
全體人類社會的崇高理念。

　　國內兒童福利學者謝友文根據聯合國大會所通過的「世界
人權宣言」、「兒童權利宣言」、「兒童權利公約」理念，以及
參考我國的「憲法」、「民法」、「刑法」、「兒童福利法」、
「國民教育法」及「勞動基準法」等多項法令中之相關規定，並
針對兒童身心發展及其所需要的特質，將兒童權利依性質分爲
兩類（謝友文，1991）：

1.基本權利：例如，生存權、姓名權、國籍權、人身自由權、平等權、人格權、健康權、受教育權、隱私權、消費權、財產權、環境權、繼承權等。

2.特殊權利：例如，受撫育權、父母保護權、家庭成長權、優先受助權、遊戲權、減免刑責權、童工工作權等。

再依內容來看，兒童權利可分為三類：

1.生存的權利：例如，充足的食物、居所、清潔的飲水及基本的健康照顧。

2.受保護的權利：例如，受到虐待、疏忽、剝削及在危難、戰爭中獲得保護。

3.發展的權利：例如，擁有安全的環境，藉由教育、遊戲、良好的健康照顧及社會、宗教、文化參與的機會，使兒童獲得健全均衡的發展。

人權宣言之主張認為：「對人權及人類尊嚴的尊重是未來世界自由、正義及和平的奠基。」（Joseph, 2003）就此觀點而言，兒童如同成人一般的平等的社會個體，應享有一樣的權利。但是兒童實際上又要依存社會及成人而生活，加上其又沒有選票，被稱為無聲音的團體（invoice group），所以其權利必須透過政府的法規、政策或社會運動來倡導及規範，這也是Wringe（1985）所主張：兒童福利的本質為規範式（normative）的道義權利（moral rights）（馮燕等，2000）。

馮燕更指出：「衡諸各項國際兒童權利典章，具有三大特色：一、為基本權利的強調；二、為保護弱勢的強調；三、為隨著兒童權利運動的漸趨成熟，兒童福利法的條文對權利的解

釋也越趨具體務實，而成爲制度式之法令。」基本上，依其主張兒童權利應包括有福利權、社會參與權和特別權（馮燕等，2000）：

1. 福利權（welfare rights）：福利權指爲天賦接受最基本個人生存及醫療照護的權利，這是個人最起碼的生存權，當個人及其家庭的努力無法滿足此需求時，有權接受他人或政府給予協助，這也是兒童最基本的人權，例如家庭因貧窮所衍生的生存威脅的基本生活的滿足。

   在聯合國兒童權利公約中，對福利權的著墨最多：生存權（第六、二十七條），擁有國籍姓名等認同權（第七、八條），兒童利益在危機時受公權力保護（第三、九條），健康醫療保健服務的享用（第二十四、二十五條），和免受各種歧視的平等權（第二條）。另外，還包括有對弱勢兒童的各種保護權利，如虐待與疏忽（第十九、三十四條），身心障礙兒童保障（第二十三條），收養時的兒童利益（第二十一條），禁止誘拐、販賣（第三十五條）、剝削（第三十二、三十四、三十九條）等有關兒童福利條款或稱爲兒童保護條款，明訂國家應有的責任。這些兒童權利也揭櫫於我國兒童及少年福利法之條文中（例如，第一條、第四條、第五條、第十三條、第十九條、第三十條、第三十六條等）。甚至於國家更制定國家的責任之明文規定，這也是國家親權主義的宣示。

2. 參與權（rights of participation）：在成人世界中，只要是成熟有理性之人，人人皆享有權利參與民主事務，這也是兒童在社會享有自由的權利。基於兒童是獨立的個體，因成熟度之影響，使得其對公共事務的決定仍不能完全積極的投入。但是在社會上應抱持鼓勵的態度，尤

其有關其個人之利益時,應該讓其能獲得完整的資訊,至少可以讓其充分表達個人之意見,這也是兒童基本的自由人權。

在聯合國兒童權利公約中,對兒童(指十八歲以下之人)在社會參與的權利有:自由意志表達之權利、思想及宗教自由、隱私權益及充分資訊享用權。此外,兒童應獲得機會平等教育的權利(第二十八、二十九條),和獲得完整社會化權利(第二十七條),強調少數民族文化的尊重之認同(第三十條),以及明訂兒童應被保障參與社會休閒、文化、藝術活動及得以工作並獲得合理之待遇的權利(第三十一、三十二條)。我國兒童少年福利法第九條即有此精神的倡導。

3. 特別權(special rights):兒童的權利因其身分有其特殊性,這也是某一種身分權(status rights),例如,兒童天生即應接受家庭、社會、國家的保護,而不是要透過與社會之交流而得到之權利,另外,兒童因其成熟度未臻健全,所以其犯法之行為也要接受國家立法特別保護(例如,少年事件處理法之規範)。因此,兒童天生即要父母、家庭、社會及國家給予保護及照顧的承諾,加上兒童的角色及身分,在其成長過程中,他們必須學習及適應各種社會文化,以便日後貢獻社會,這也是兒童最特別的身分及角色權利。

在聯合國兒童權利公約中,兒童即有:與其父母團聚、保持接觸,且於不自然的狀況下,獲得政府協助的權利(第十條);國家應遏止兒童非法被送至國外,令其不得回國之惡行(第十一條);兒童應享有人道對待,不受刑訊或殘忍、羞辱性不人道的處罰(第三十條);戰爭

時十五歲以下者不直接參戰，對戰國家仍須依公約尊重
兒童人權（第三十八、三十九條），以及在觸犯刑法時的
特別身分優遇（第四十條）。

　　兒童是社會成員之一，雖然兒童的身心發展尚未完成，也
多半缺乏完全的自主能力，而必須藉由周圍的成人，如父母、
師長、長輩等獲得必要的生活資源並授予社會化能力，但這些
都無損於兒童是一個獨立個體的事實，他們亦不是父母的私有
財產，而是「準公共財」（quasi-public goods）。

　　中國人權協會的「二〇〇二年兒童人權指標調查」，透過二
百七十七位專家學者進行調查發現，兒童人權的平均數為
2.79，雖然仍未達標準分數的三分，但所有指標（基本人權、
社會權、教育權、健康權）都有進步（**表3-1**），值得社會中每
一位成員更加努力（馮燕，2002）。

　　上述調查兒童權利的內容，是由專家學者及社會菁英來加
以規範，可包含下列三大項：

　　1.生存的權利：如充足的食物、適當的居所、基本的健康
　　　照顧。
　　2.受保護的權利：如免於受虐待、疏忽、剝奪及在危難緊
　　　急、戰爭中優先受到保護。
　　3.發展的權利：如擁有身心安全的環境，藉由教育遊戲、
　　　良好的健康照顧及社會、文化、宗教的參與，使兒童獲
　　　得健全均衡的發展。

　　總而言之，兒童是國家社會未來的棟樑，亦是未來國家社
會的中堅分子，更是國民的一分子，兒童要接受良好保護及伸
張其基本生存、保護及發展的權利，無論是基於人道主義或社

# 兒童課後照顧服務訓練教材

表3-1 一九九七至二○○二年兒童人權指標變化情形

指標＼年度	2002	2001	2000	1999	1998	1997
基本人權	2.84	2.72	2.63	2.66	2.82	2.74
社會權	2.52	2.47	2.60	2.60	2.52	2.38
教育權	2.88	2.76	2.79	2.70	2.70	2.49
健康權	2.91	2.87	2.91	2.85	2.83	2.89
總平均	2.79	2.71	2.73	2.71	2.72	2.63

資料來源：馮燕（2002），二○○二年兒童人權指標調查報告。取材自
http://www.cahr.org.tw/Hrindicator/child.htm

會主義，兒童的權利一定要受到良好的維護及倡導，這也是社會及國家的責任。保護兒童，期許兒童有一良好、健全的未來，這是社會及國家的共同責任，更是兒童福利最基本的課題。

■滿足兒童的需求

　　兒童的最佳利益最重要的是要滿足兒童成長的需求。兒童及其發展歷程中，骨在長、血在生、意識在形成，所以，世界上許多事情可以等待，只有兒童的成長不能等待，他的需求要立即被滿足，他的名字叫作「今天」（Gabriela Plistral, 引自王順民，2000）。

　　「如果我們的孩子都不快樂，一切的努力都是徒然無功的。」（Hayes et al., 1990）所以，兒童的需求獲得滿足，才能夠快樂自在地生活，同時才能獲得相當能力滿足其發展階段的任務，進而適應社會的期望，以彰顯個人功效及社會功能。

　　慣常在探討社會福利政策時，需求（need）的概念是基本且必要的，事實上，大部分的福利服務方案也正是為了因應需求的不同而被設計與提供的。然而，需求的界定不可避免地會

涵蓋某些的價值判斷與價值選擇，就此而言，社會福利政策釐定過程當中的首要工作，便是希冀能夠更清楚地找出確認需求的方法，以及掌握有關需求的各種假設（McKillip, 1987）。

在社會福利領域裏最常被援引的需求類型是Bradshaw的類型區分，據以區分出自覺性需求（felt need）、表達性需求（expressive need）、規範性需求（normative need）以及比較性需求（comparative need）（詹火生，1987）。只不過，需求指標本身作為一項社會和文化性的建構，並且與時俱變，就此而言，如何在人們真正的需求（real need）與一般性的規範性需求間取得一個平衡點，是一項基本的課題思考。連帶地，扣緊兒童福利關懷旨趣，即便僅僅是在規範性需求的單一思考面向底下（**表3-2**），這也點明出來：對於兒童相關人身權益的保障與看顧是深邃且複雜的，而亟待更為完整、周全的思考。

在多元主義下，公共政策對資源的分配過程中，兒童係為明顯的弱勢族群，如何使兒童獲得適切而合理的對待，便是兒童福利政策所要努力的標竿。總而言之，對於兒童福祉的看顧是作為文明社會與福利國家的一項發展性指標，就此而言，諸如：受虐保護、重病醫治、危機處遇、緊急安置，以及孤兒照顧等以問題取向為主的弱勢兒童福利工作，固然有其迫切執行的優先考量，但是，以正常兒童為主體所提供的發展取向的一般兒童福利工作，則也是同樣地不可偏廢，例如，兒童的人權、休閒、安全與托育服務等。終極來看，如何形塑出一個免於恐懼、免於人身安全危險以及免於經濟困頓的兒童照顧服務（child care services）的生活環境，既是當前兒童局努力的目標，更是整體社會共同追求的願景！

至於，這項攸關到戶政、社政、勞工、警政、醫療、衛生、司法、教育、傳播、交通、建設、工務、消防、財政等業

表3-2 兒童福利規範性需求一覽表

兒童類型	福利需求項目
一般兒童	專責單位、社工員、托育、兒童圖書館、諮商輔導、親職講座、兒童健保、義務教育、生活教育、安全教育
低收入戶兒童	家庭補助、托兒服務、免費醫療服務、學前輔助教育、免費義務教育
原住民兒童	兒童娛樂場所、親職教育、社工員服務、醫護健康檢查、加強師資素養、營養午餐、母語教學、謀生補習、圖書設備、課業輔導、學前教育、獎勵就學措施
意外事故兒童	親職教育、安全教育、急救照顧措施、醫療措施、醫療補助、心理輔導及諮詢
單親兒童	現金津貼、住宅服務、醫療保險、就學津貼、法律服務、就業服務、急難救助、課業輔導、托兒服務、心理輔導、親職教育、學校輔導
未婚媽媽子女	收養服務、寄養服務、機構收容服務
學齡前兒童	托兒設施、課後托育、假期托育、托育人員訓練、在宅服務
無依兒童	醫療服務、寄養服務、機構教養、收養、收養兒童輔導
寄養兒童	寄養家庭招募、寄養家庭選擇、寄養家庭輔導、寄養兒童心理需求、個案資料建立、追蹤輔導
機構收容兒童	專業人員、學業輔導、生活常規訓練
受虐兒童	預防性親職教育、社會宣導、家庭支持、學校社會工作、責任通報制、危機治療、身體照顧、寄養服務、機構照顧、心理治療、熱線電話、緊急托兒所、社會服務家務員
街頭兒童	遊童保護與取締、緊急庇護、中途之家、替代性福利服務、追蹤輔導
性剝削兒童	家庭社會工作、宣導教育、個案救援、法律保護、中途之家、教育需求、心理輔導、追蹤輔導、專業社會工作人員
失蹤兒童	親職教育、安全教育、智障兒童家庭預防措施、個案調查及管理、尋獲、追蹤、暫時安置、永久安置、傷害鑑定、補救教學

（續）表3-2 兒童福利規範性需求一覽表

兒童類型	福利需求項目
問題兒童	親職教育、常態編班、消弭升學主義、取締電玩、傳媒自清、補救教學、輔導服務、藥物治療、直接服務社工員、鑑別機構、家長諮詢機構、兒童心理衛生中心、行為矯治、觀護制度、法律制度、寄養服務、戒毒機構
殘障兒童	心理輔導諮詢、早期通報系統、優先保健門診、早期療育、醫療補助、雙親教室、互助團體、長期追蹤、轉介服務、特別護士、早產兒資料網絡、親職教育、床邊教育、臨時托育、居家照顧、臨終照顧、醫療團隊

資料來源：馮燕（1994），《兒童福利需求初步評估之研究》，內政部社
會司委託研究。

務項目的事業之兒童福利服務，隱含著從制度層次的組織變革擴及到社會與文化層次的全面性改造，就此而言，從兒童福利規劃藍圖的工作時程來說，有關整體兒童照顧政策（holistic child care policy）的規劃與建構，自然是有現實的迫切性與理想的正當性，其主要之目的乃在於滿足全體兒童之成長需求。

　　就兒童福利專業而言，僅知其然（不同年齡層所需之發展任務），尚須知其所以然，尤其身為兒童權利之倡導者及方案執行者，除了瞭解服務對象的需求之外，更要設法讓社會大眾明瞭，以及制定良好的政策及服務方案以滿足各階段兒童的需求，更是一重要的工作。基於兒童之定義（廣義定義為十八歲以下之人），在此發展歷程中，兒童仍接受社會化，其心智及社會生活能力均在成長，經濟上亦無法獨立，更須與社會化之機構有密切之互動，因此，在整個兒童成長過程中，兒童需要有健全身心發展的需求，此需求可再細分如下（曾華源、郭靜

晃，1999）：

1. 生活保障之需求：不僅在生理上獲得基本滿足與照顧，
   免於成長上的匱乏，得以維持生存，而且獲得尊嚴和健
   全的體魄。

2. 健康維護之需求：不僅要有健康的成長社會環境，也要
   獲得生理成長所需的健康、安全的知識與照顧，更要避
   免疾病及衛生上之危害和社會成本支出的增加；在心理
   上要能有被接納、發展其情感和社會的需求，建立正向
   之自我價值，以免於受到自我心理困擾和自我毀壞、挫
   敗的經驗。

3. 保護照顧之需求：為能免於因心智不成熟、知識經驗及
   解決能力不足而被利用、剝削、虐待和不良之處置，而
   造成個體身心之影響及受創，兒童更須受到特別保護，
   協助其免於恐懼以能健全的成長。

4. 教育輔導之需求：兒童需要環境給予刺激，賦予遊戲、
   休閒及與他人良好的互動，以發揮其應有的潛能。包括
   兒童應獲得社會提供各種機會，促進其智能成長，獲得
   社會能力，發展因應挫折及情緒處理能力，以便發揮個
   人之自我功效及正向身心、社會發展的滿足，並能正常
   的成長。

5. 休閒育樂的需求：兒童除了智能的增長，更需要有調劑
   生活、擴大生活領域、發展日後社會適應之生活能力，
   以增進心理健康和社會適應，提升社會生活之品質。

■考量兒童最佳利益，落實支持家庭及兒童之整合性兒童福利服務

兒童福利服務是直接對兒童提供清楚的政策，瞭解其問題

與需求，提供有效的服務方案。基於考量兒童之最佳利益，賦予服務方案時，更要優先考量兒童的需求，所以兒童福利服務應針對支援兒童之原生家庭的照顧功能而設計方案，並且援引社會之各種資源，挹注於其所生長之家庭，以彰顯家庭功能，免於家庭因社會變遷而產生困境與壓力。

兒童福利是社會福利的一個次領域，社會福利之運作通常涵蓋社會保險（social insurance）、社會救助（social assistance），及福利服務（welfare service）三方面。

兒童福利之工作落實更是應用社會工作方法達成兒童福利的執行。鄭淑燕在一九九二年的〈關愛就是情，保護更是愛——兒童福利政策與措施的發展取向〉一文中指出：關心一般兒童，更要保護不幸兒童，是國家對兒童福利不變之政策（鄭淑燕，1992），為了確使兒童福利體系明確化，兒童福利政策應包括：

1. 一個意念：以家庭為關愛中心。
2. 二種層次：預防為先，促進為要。前者是面對問題，後者是建立法制，消弭問題。
3. 三項重點：專業體制的堅持、科際整合的必要、民間參與的吸引。

肇基「兒童必須生活於家庭中」的根本理念，也是兒童最佳利益的考量，兒童福利服務工作更要擷取專業知能，透過資源的有效動員，建立完整的兒童福利服務網絡與體系，才能落實以支持家庭的兒童福利的功能。

Kadushin及Martin（1988）在其《兒童福利》之巨著中，是以家庭系統互動之目的，更以父母之角色功能理論為主，將兒童福利服務分為三類：支持性服務、補充性服務及替代性服

務（見圖3-1）。國內兒童福利服務之引用的分類也常以此分類為圭臬，馮燕等學者（2000）更將此分類解釋為協助家庭功能發展、保護兒童發展機會之三道防線，即第一道預防防線（預防家庭功能受損），第二道補充及支持防線（補充家庭功能以支持家庭免受壓力之影響），及第三道治療防線（提供家庭解組後之安全網絡）。林勝義（2002）為了考量兒童福利實務之運作，依家庭功能之運作，將兒童福利服務增加保護性服務，共分為四項：支持性、補充性、替代性及保護性服務。

‧支持性服務

因應兒童所處家庭因社會變遷所產生之緊張狀態，雖其結構完整，但不即時因應家庭危機，可能導致家庭產生變數，進而影響兒童，因此即時提供支持性服務，可充權增能（empower）家庭功能。通常此類的服務包括：兒童與家庭諮詢服務（含親職教育）、未婚父母及其子女的服務、發展遲緩兒童之早期療養、兒童及少年之休閒育樂設施，以及對於有關兒童虐待之資訊服務。

支持性服務係以家庭為本位的計畫（home-based programs），透過強化兒童家庭之機構來支持、增強及強化（strengthen）父母親的努力，以適當地幫助父母達成父母責任，提供支持性服務，免於對兒童產生不良之影響。

‧補充性服務

因應父母親職角色不適當的執行，嚴重的傷害親子關係，但其家庭結構可透過適當的協助，子女仍能繼續生活在家庭中，而不會再度受到傷害，或者也可以從家庭系統之外給予補充性的服務。補充性服務可以分為社會救助，透過現金及實物給予家庭直接的協助，例如經濟補助計畫（financial maintenance program），利用公共救助或社會保險來給予補助，協助父

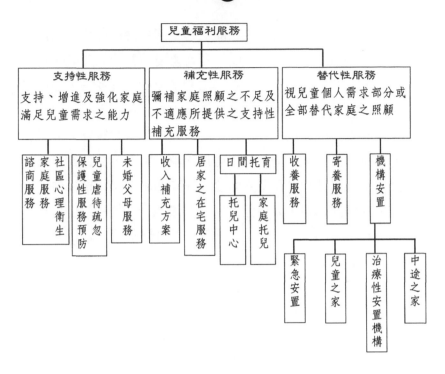

圖 3-1　兒童福利服務系統

資料來源：Kadushin & Martin(1988). *Child Welfure Services* (4th ed.). p.29.
New York: McMillan.

母實行對子女照顧的功能。

　　此外，托育服務（day care services），係指在家庭中，或在機構中運用一天當中的某些時段來補充家庭之需求，對兒童提供暫時及安全的兒童照顧，一方面有加強和支持正向親職角色的功能，另一方面也對兒童提供照顧、保護，並兼具教育的功能。此類之服務包括有：經濟補助方案、托育服務、在家服務、學校社會工作等。

・**替代性服務**

　　替代性服務是兒童福利服務工作的最後一道防線，當子女

陷於反常危機情境，或家庭功能或親子關係嚴重喪失，以致兒童不適宜繼續生活在原生家庭，兒童需要短暫或永久解除親子關係時，兒童福利服務工作者必須考量兒童生存及需求滿足之時，將兒童安排到替代性的居住場所作爲一種短期或永久性的安置及教養，例如短暫的寄養家庭、長期的收養家庭，或者安置到兒童教養機構，提供兒童居住之處，當然，此種安置處理仍要以兒童最佳利益爲優先考量，在國內就有吳憶樺事件，也造成社會議論紛紛，而何種安置方式最能符合他的最佳利益，也有見仁見智的看法。所有替代家庭照顧的安置，已使兒童之親生父母暫時或永久停止對所有日常父母對子女的責任，而將照顧之責任賦予其他人或國家，必要時，政府透過法令之宣告，剝奪父母之監護權，強使兒童安置到適合生活之家庭或機構，這也是政府行使代親權，限制父母親權，同時也解除父母之責任，轉而由國家親權來代理父母之責任。

・保護性服務

　　上述之系統分類係由於角色理論或家庭之功能理論，將兒童福利服務之系統分類，有時在實務上則較不符合。兒童保護服務就是兒童福利服務中較爲特殊的，是針對特殊兒童所設計的服務方案，也是社會變遷中的產物。此類服務是針對受虐待或被疏忽之兒童，提供適當的處遇，以維護兒童的權利。基於兒童受到虐待或被疏忽，不全然是由於家庭未能發揮養育和照顧的功能，有時也可能是家庭之外的傷害所造成，故而其處遇方式必須依問題根源、案情輕重及兒童利益，採取不同層級的保護服務，以達到復健或預防的目標（林勝義，2002）。

　　兒童保護服務可以分爲預防及處遇兩大功能。前者預防功能可以列入Kadushin及Martin（1988）之支持性保護，而後者處遇之安置服務則可列爲替代性之服務。通常兒童保護之服務

可分為：兒童身體虐待的保護、兒童情緒虐待的保護、兒童性
虐待的保護，以及兒童疏忽的保護等服務工作。

(三)兒童福利與社會工作專業

兒童福利服務工作是社會工作實務之一環，是以兒童福利
服務應採用社會工作方法，而社會工作專業的責任就是協助兒
童及其家庭解決面臨的困境（周震歐，1997）。相關兒童福利之
研究及文章基本上是以兒童及其家庭為對象，提供殘補式的政
策、服務及方案，所有的政策與當地社會之政治與經濟有關，
所有的方法也是以問題為導向之社工處遇模式。最近，這種服
務取向已從問題為中心轉向以解決問題模式及強化（strengthen）
模式來作為處遇的圭臬，例如密集性的處遇以造成家庭中的情
境改變（Mather & Lager, 2000）。

兒童福利服務之執行，包括許多種專業人員，除社政單位
的行政人員外，我國兒童少年福利法就將兒童福利專業人員定
義為：托育工作之保育人員、安置機構之保育人員、生活輔導
人員、心理輔導人員、社會工作人員、特殊療育人員等，每一
種工作的專業應用不同之技術與方法，來協助個人處遇，配合
社會組織要求來介入兒童及其家庭。然而，並不是所有兒童福
利機構皆用社工專業方法來做問題處遇，因不同機構之組織任
務而採取不同的處遇法，而有些機構也不是依社會工作專業應
用的價值與信念來做兒童行為之處遇。

社會工作過去的發展是從個人的慈善事業到由政府或私人
的社團所舉辦的活動，再到由政府或私人社團所舉辦的專業服
務，目的是幫助解決因經濟困難所導致的問題，以協助個體或
家庭發揮最高潛能，使其獲得最美滿與最有效的生活為目的

（李增祿，1986）。美國社會工作者證照標準法（The Model Statute Social Worker's License Act）記載社會工作定義為：「幫助個人、團體與社區，恢復或加強其符合社會功能及社會目標的能力之一種專業活動。」美國社會福利會議（National Conference on Social Welfare）一九七七年於會中更明白揭示：「社會服務乃是運用社會工作方法，協助延展、維持個人或家庭的活動能力，以切合其社會角色及社會生產性參與的需求。」例如犯罪青少年，需要安置到福利或矯治機構使用特別之輔導（例如重建服務或社區處遇方式），以幫助個案脫離過去招致產生偏差行為的環境，以更有效的態度遵行其角色，以適應新環境。Boehm（1959）亦強調：「社會工作乃透過個別或團體活動，重點在個人和環境互動所構成的社會關係，而以強化個體的社會功能運作為目標。」

社會工作者所面臨個體之行為問題，此行為之影響可能來自生物性之遺傳因子，或個體之心理適應不良所產生的違常行為，或來自與社會環境互動中產生的角色適應不良。因此，社會工作者必須面對案主之生理、心理及社會的影響因子，也就是說生理—心理—社會（bio-psycho-social）之社工處遇模式。社會工作者異於心理學家，前者關注個案行為在心理社會情境之社會部分，而後者則專注個人行為之生物與心理部分。

兒童福利專業人員又以社會工作人員及保育人員為主，所以兒童福利服務工作也是社工實務領域的一類，兒童福利社會工作者執行兒童福利服務中，發揮領導、處遇、指導、控制案主及其家庭需求之功能（周震歐，1997）。此工作之角色如同美國兒童福利聯盟所宣稱：「兒童福利是針對兒童及少年的父母，不能實行教養責任，或社區缺乏提供需要保護的兒童及家庭資源，而提供的社會服務。」兒童福利服務在於設計支持、

補充、替代及保護的社會功能，在其父母不能改善兒童發展及
家庭的條件時，來改變現存的社會機構或組織一個新的機構，
提供滿足兒童及其家庭的需要。所以說，兒童福利亦是運用社
會工作者專業的一門實務。

　　最近有關兒童福利服務之處遇模式漸漸脫離殘補式之模
式，而改行預防式之處遇模式，所以在運用社會專業中也從治
療之角色改用強化（strengthen）及充權增能（empower）之概
念。雖然兒童福利工作者在有必要時來做初步之處遇，初步處
遇之原則仍採取最少干預的方法及策略，一旦進入社工專業之
處遇後，干預則變多，社會工作者可能採取個案工作、個人治
療、家庭治療、團體工作、社區工作或學校社工處遇之方法來
介入個案生活，但最終之目的仍是以增強及充權增能的方法，
來促使個案（待在原生家庭或替代家庭）能有獨立家庭照顧之
功能。

二、兒童福利專業

　　誠如兒童福利與社會工作專業所言及的，現今的兒童福利
之研究與文章大都對兒童及家庭採用殘補式之政策、服務與方
案，也因為兒童福利工作領域受這些殘補式之政策與服務所影
響，所以鮮少有研究與文章採用較廣義之預防性取向的服務。
因此，兒童福利服務大都採取過去社會工作專業取向的問題解
決模式，例如個案管理、團體工作或社區工作之方法。近年
來，社會工作實務已改採取解決問題及增強模式以取代過去問
題處遇之殘補模式。

　　目前社會工作專業之實務在價值及信念已有別於過去，尤

其運用到兒童福利領域，目前在社會工作實務之規範（Social Work Protocols in Practice, SWPIP）也逐漸成爲一種處遇模式之典範，更發展其理論基礎，以下本章將著重社會工作實務之規範爲主的兒童福利服務工作，這個模式有其理論基礎，例如，人在情境（person in environment, PIE）、個人與環境交流（transaction in environment, TIE）、系統增強取向（systemic strength perspective）、多元文化（diversity），及平等及公平承諾的專業倫理，主要的目的在提供社會成員最佳的發展，而這個SWPIP模式不像過去社工實務只專注於系統、危機、心理動力論、充權增能、政治或認知理論模式。

(一)社會工作實務規範

社會工作實務之規範提供社會工作者進行實務工作時，能採取適當行爲與技巧的指引方針。規範是對社會工作者採取工作步驟之描述，並確信此工作可以解決問題，並不會對案主造成傷害。最早利用此模式是在醫療社工領域，現在已普遍運用到兒童福利領域，以企圖提供案主一較穩定及可靠的社工處遇。社會工作實務之規範包含一些步驟，每一步驟又有其規範準則。這些規範步驟及準則並不一定要迎合各個兒童福利機構之設立政策與原則，但至少確信是一個好的實務工作。有關步驟及準則茲分述如下：

■社會工作實務規範之步驟

社會工作實務規範指出處遇之步驟，可分爲準備層面（preparation phase）、關係建立層面（relationship building phase）、檢證層面（assessment phase）、規劃層面（planning

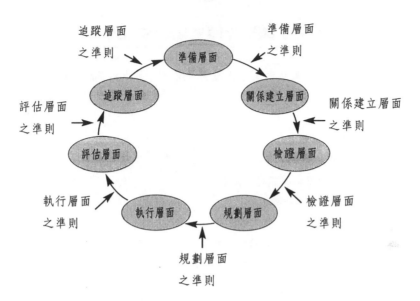

追蹤層面
之準則

準備層面
之準則

準備層面

追蹤層面

關係建立層面

評估層面
之準則

關係建立層面
之準則

評估層面

檢證層面

執行層面
之準則

執行層面

規劃層面

檢證層面
之準則

規劃層面
之準則

圖3-2　增強數線─社工實務規範層面與準則

資料來源：Mather & Lager(2000). *Child Welfare: A Unifying Model of Practice*(p.29). CA: Brooks/Cole/Thomson Learning.

phase）、執行層面（implementation phase）、評估及結案層面（evaluation and ending phase），以及追蹤層面（follow-up phase），此步驟之執行旨在確保增強兒童及家庭走向獨立自主及不再受社工專業依賴的家庭照顧為目標（參考**圖3-2**）。而每一層面又有其參考準則（參考**表3-3**）。

・準備層面

　　此層面在其他社工處遇模式經常被忽略，一個社工員面臨案主之問題可能是多元的，他必須在身處的社區中確認其資源及問題癥結，才能確信如何與案主建立關係以及採用有效的服務。此階段對問題之處遇必須要應用人類行為及社會環境中之人在情境（PIE）或個人與環境交流（TIE）的診斷模式，以瞭

表3-3 社工實務規範模式各層面之工作重點

1. 準備層面

　工作者將個人對個案能有效因應其所處之系統與環境做準備，採用之方法是運用社會資源網絡建立及充權增能個案與其家庭。

2. 關係建立層面

　運用溫暖、真誠、同理心、積極關注及充權增能等社工技巧，立即與兒童及其家庭建立關係。

　（評估此過程與結果）

3. 檢證層面

　依據下列系統（兒童、核心家庭、延伸家庭、社會資源及方案與服務）完整診斷與檢證個案之情境。

　（評估此過程與結果）

4. 規劃層面

　與所有系統做規劃及訂定契約的處遇：

　(1)個案問題檢閱與協調。

　(2)邀請家人協同規劃處遇過程。

　(3)與家人及支持服務系統訂定計畫執行的契約。

5. 執行層面

　執行計畫：

　(1)繼續執行會談。

　(2)繼續與服務資源協調。

　(3)支持及充權增能兒童與家庭。

　(4)辨別問題的障礙與解決之道。

　(5)檢證服務及計畫。

　（評估此過程與結果）

6. 評估與結案

　評估結果與結案：

　(1)評估結果。

　(2)結案。

　（評估此過程與結果）

（續）表3-3 社工實務規範模式各層面之工作重點

> 7.追蹤層面
>
> 　從多重系統觀點做個案追蹤：
>
> 　(1)家庭。
>
> 　(2)社區。
>
> 　(3)方案與服務。
>
> 　(4)政策。
>
> （評估此過程與結果）

資料來源：Mather & Lager (2000). *Child Welfare: A Unifying Model of Practice* (pp.26-27). CA: Brooks/Cole/Thomson Learning.

解個人、家庭在社區中之互動關係。

· 關係建立層面

　　此層面在確保社會工作者與案主之家庭的接觸，必須要小心處理。例如，在兒童保護服務工作者，如果案主是採用強制隔離兒童待在原生家庭，雖然社會工作者有法令之強制執行命令，此時家庭中的父母與社會工作者之立場是對立的，那關係一定破裂。那麼社會工作者如何提供資源幫助案主之家庭自立呢？因此，社會工作者進入案主之家庭，必須與家庭中之父母建立信任、誠實及互助之關係。

· 檢證層面

　　正確診斷問題之原因才能確保對的處遇過程及好的處遇結果，以增進兒童及其家庭的福利。檢證不僅對兒童所處之家庭的功能，也要對家庭外之功能加以評估，以及家庭與社會環境如何互動。除此之外，家庭外有哪些資源可以運用以及家庭可能如何透過資源提供來產生正向的改變。

・規劃層面

社工實務規範之規劃層面類似其他問題解決模式之訂定契約（contracting）及目標設定（goal-setting）之層面，但此模式之規劃是以家庭及其家庭成員成為一系統並整合其他系統，來達成家庭問題解決為目標。

・執行層面

執行層面是整個社工實務規範模式的核心，也是整個規劃及計畫實際運作的過程，而且須確保所有有關的成員都要參與決策過程，再透過密集式及持續且一致性的目標與任務檢測，以確定有效的處遇。

・評估層面

評估層面是整個模式的最後階段——結案，以評量整個處遇之效果。換言之，也是決定是否需要採取不同模式，也衡量整個處遇之有效性。藉著評估過程，瞭解是否造成改變，而不是對處遇的終結；也就是說透過評估過程，瞭解家庭與兒童有否學會自己處理因應問題（壓力）的能力與技巧。

・追蹤層面

追蹤層面是在處遇結案之後所進行的成效檢測，此層面必須在下列兩原則下進行：第一，兒童福利之社工員必須在系統中對所有成員做追蹤；第二，所有追蹤工作不僅限於對個案及其家庭，同時也須對社區及社會政策加以追蹤。整個社工實務規範模式在各個層面之工作重點列於**表3-3**。

■社會工作實務之規範

當規範只源於政策而產生的價值（ideologies）、經濟（economics）或政治（politics），而非源自科學研究與實務，那難題自然產生。社會工作實務規範是依循兒童福利之社工處遇後的

步驟及過程所建立之有效執行步驟與過程之指引。這些指引因
兒童福利機構創立的宗旨或政策而不同，但這些指引都有助於
兒童福利之社工專業的執行，共計有三十三條指引列於**表3-4**。

(二)兒童福利之社會工作專業內涵

　　社會工作專業制度之建立已是世界潮流所趨，盱衡歐美先
進國家及亞洲日本、香港等均已建立社會工作專業制度。回顧
我國邁向專業領域的歷程，早在一九六五年訂頒之「民主主義
現階段社會政策」即揭示：運用專業社會工作人員，負責推動
社會保險、國民就業、社會救助、福利服務、國民住宅、社會
教育及社區發展等七大項福利措施，一九七一年內政部函請省
市政府於施政計畫中編列社會工作員名額，一九七一年、一九
七五年及一九七七年台灣省政府、台北市政府、高雄市政府分
別實施設置社工員計畫。一九九一年、一九九三年北、高兩市
分別將社工員納入編制。一九九七年四月二日通過社會工作師
法，對社會工作師的專業地位、保障服務品質有所提升。一九
九九年以後隨著地方制度法施行，內政部陳請考試院將社會工
作員納入編制，目前社會工作師職稱已經考試院二〇〇〇年一
月七日核定為薦任第六職等至第七職等，縣（市）政府於訂定
各該政府組織條例及編制表時，得據以適用，並將社會工作師
納入組織編制。雖然社會工作員（師）工作性質隸屬社會福利
領域，但在其他諸如勞工、衛生、退除役官兵輔導、原住民事
務、教育、司法、國防等領域，亦有因業務需要而設置社會工
作員（師）提供服務，以增進民眾福祉。目前各直轄市、縣
（市）政府設置有社會工作（督導）員八百人，另經社會工作員
（師）考試及格者有一千七百五十一人（內政部，2004）。

表3-4 兒童福利之社會工作專業規範

準備層面

1. 儘早將個人融入社區，為兒童與家庭倡言。
2. 與社區之各種不同專業機構發展好的關係。
3. 積極與政府、社會服務機構及其他助人專業網絡建立關係。
4. 與媒體建立良好關係以倡導社區中之兒童與家庭理念。
5. 檢閱社區所有可能的資源。
6. 成為社工專協的會員，並參與社區與國家之政治議題。

關係建立層面

7. 倡導（非由專責性社工來與案主建立關係）的社工專業方案，尤其對那些非志願性的案主。
8. 與案主發展正向關係，才能確保處遇的成功與順利。
9. 與案主及其家庭建立關係時，利用同理心、真誠、人性尊嚴及溫暖之技巧。
10. 與社區中之正式及非正式之服務組織建立正向關係。
11. 幫助或加強兒童及其家庭建立自然的支援網絡以維持其家庭功能。

檢證層面

12. 對兒童執行危機評量，尤其是受虐兒童。
13. 對案主服務時，利用增強觀點來評量個案。
14. 危機評量表要具信、效度，還有社會工作者之評量能力及經驗也要加以考量。
15. 採用無缺失之評量工具與方法。

規劃層面

16. 與案主（兒童）及其家庭一起參與規劃方案，會讓案主及其家庭在自然互動中獲取合作，而使方案執行更順利。
17. 規劃方案最重要是使用個案管理技巧，而且要整合社區中之正式與非正式之資源，最好能建立資源網絡。
18. 規劃方案及訂定服務契約需要考量個案及家庭的文化背景與需求。
19. 兒童福利社會工作者視為個案及其家庭的個案管理者，利用個案管理技巧輔助個案及其家庭與其身在的社區互動。

（續）表3-4　兒童福利之社會工作專業規範

執行層面

20.執行你所能同意的方案，對你不能同意的部分，切勿有任何行動。

21.尊重家庭的需求，對行動方案可能損失兒童最佳利益，要修正方案。

22.在兒童福利情境中，使用微視及鉅視觀執行方案。如果方案執行不能改變家庭的經濟不平等情況，那兒童的福利會持續惡化。

23.教育家庭為他們的權利與社區中其他人互動及採行任何可能的行動。

24.要能有創新的技術及服務來幫助個案、家庭及社區。

評估及結案層面

25.利用過程及結果的觀點來做個案評估。

26.家庭是一重要的評估過程，目標是導引他們能獨立照顧自己。

27.評估應不僅考量現有，也要加以考量未來之個案、服務方案、政策及可使用的資源。

28.集中各種個案的評估以促使制定能改變家庭的政策。

29.終止處遇是個案管理的最終目標，但卻是家庭正向生活的始點。

30.儘早因應家庭成員對結案的各種反應，才能幫助家庭成員日後的獨立生活照顧。

31.結案最重要的是讓兒童及其家人能關注他們的行動成就，並鼓勵他們持續應用社會支持資源。

追蹤層面

32.追蹤可使兒童及家庭檢視他們的成功，及讓他們瞭解兒童福利社會工作者仍然關心他們的福利。

33.追蹤可使兒童福利社會工作者制定更好的政策及機構服務方案。

資料來源：Mather & Lager(2000). *Child Welfare: A Unifying Model of Practice*(pp.24-26). CA: Brooks/Cole/Thomson Learning.

　　台灣社會工作教育至少有五十年歷史，目前計有二十個相關科系、十一個研究所及三個博士班，每年畢業學生將近千人，加上一些專業人員訓練（例如，兒童福利專業人員之丁類、己類及社會工作學分班），人數更超過千人，預估有一千五百人左右。此外，我國也於一九九七年通過社會工作師法，每年透過高等考試取得社工師之執業證照與資格者也不計其數，但透過考試獲得社工師或每年由學校訓練畢業的學生，是否意味有其社會工作專業及其專業地位是否有責信（accountability），對我國社會工作專業發展或應用於兒童福利，是否有其服務品質？

　　在過去兒童福利社會工作之實務歷史，社會工作者必須發展服務方案來處理兒童及其家庭所面臨的社會難題，例如在美國的安置所、未婚媽媽之家、慈善組織社會，加上托育服務、健康照顧、社會化、充權增能家庭或社區網絡的建立等服務方案。這些方案採用多元系統之處遇（multisystemic perspective of intervention）。這些技術被視為兒童福利的社工專業。這些專業被要求要具有一對一之個案服務、團體工作、社區工作，或政策規劃及服務方案設計與管理的能力。

　　社會工作者如其他人一樣，來自於不同文化背景，有著自己的一套想法、看法及作法。但身為一個助人專業，參與協助不同的家庭與個人、瞭解案主的背景，社會工作專業者本身的訓練及專業能力得不斷充實及加強，除此之外，還要有自覺、自省、自我審問、慎思、明辨等能力，這些能力包括自我透視（對自己的需求、態度、價值、感性、經驗、力量、優缺點、期望等）及專業反省（Pillari, 1998）。

　　除了自我覺醒及專業反省能力之外，社會工作人員還須對人類行為及發展（檢證層面）有所瞭解，譬如：生命階段的發

展、正常與異常行為以及正確的評估，如此一來，兒童福利之社會工作者才能規劃方案，以及正確援引社區之資源，以達成有效地協助個案及其家庭改變其生活，達到自助之獨立生活照顧。

　　現今的兒童福利之專業人員乃採取社會工作方法，應用多元系統之價值來協助個案及其家庭解決問題、克服生活之障礙，本節將敘述兒童福利之社工專業過程所需要之一些價值及能力，包括有社會工作專業背景知識、社會工作、價值與倫理、社會工作角色、社會工作技巧等，分述如下：

■社會工作專業能力

　　早期社會工作服務本著慈善心懷、服務弱勢族群，一直深受社會肯定，而且社會工作者只要具有愛心、耐心，常做一些非具有專業性形象的工作，甚至更少提到服務工作績效。近年來，社會工作專業重視責信及服務績效（曾華源、胡慧嫈，2002）。如何讓社會工作服務具有品質呢？簡單來說，就是要求專業從業人員有職業道德、對專業服務品質要有責任感、不得濫用專業知識權威，並且具有專業能力及不斷追求自我專業能力提升，才能對整個社會工作服務具有專業。

　　社會工作服務需要靠方案之規劃及執行的處遇，而這些處置更需要有專業知識及能力做評斷，一般在兒童福利之社會工作專業更需要瞭解社會環境如何影響兒童及家庭，以及如何援引資源及設計方案來改變兒童與其家庭在環境之適應能力，基本上，兒童福利之社會工作者需要有下列之知識背景：

・人類行為與社會環境

　　人在情境（person in environment, PIE）或個人與環境交流（transaction in environment, TIE）一直是社會工作專業著重的觀

點，瞭解個案及家庭必須深入瞭解其所身處的環境，社工處遇不僅對個案及其家庭做服務，也要針對個案在社區之正式（機構、政府）或非正式（親戚）的資源加以整合，此種模式很類似生態理論。所以整個處遇不僅要檢示個案之生理狀況、心理違常行爲，還要瞭解其在社會（環境）所扮演的角色及其在身處的環境適應的情形。此類專業教育除了瞭解人類行爲與社會環境之外，還要瞭解兒童發展、家庭發展、適齡實務及環境（如家庭、機構、組織、社區及社會等）對個體之影響等知識。

· 增強觀點

兒童福利之社會工作人員不同於醫療人員，對個案之處遇是用增強模式（strengths perspective）而不是醫療模式（medical perspective）。Saleebey（1992）以充權增能（empower）之參考架構，幫案主整合資源，以助其增強個人能力去因應自我的問題。社會工作者透過增強模式幫助個案及其家庭發掘個體之個性、才能及資源，造成個體能力改變以適應環境要求。此種模式常在社會工作學士及社會工作碩士課程中有關社會工作實務、理論與技巧加以訓練，例如，個案工作、團體工作、社區工作及社會工作管理學科。

· 多元文化

理論上，當我們做兒童福利之社工處遇必須瞭解多元文化觀點，但事實上，兒童福利之實務工作者卻很難做到此要求。多元文化主義（multiculturalism）要求人們視其他文化就如同對待自己文化一般，爲達到此目標，多元文化教育成爲社工專業之教育基礎。多元文化主義最能彰顯其觀點是反偏見，包括對性別、種族、能力、年齡和文化的偏見，進而對不同文化也能產生正面之價值觀和態度。應用到兒童福利之社會工作者，我們不僅要瞭解不同個案及其家庭之種族和文化特徵，也要瞭

解他們如何看待兒童福利及其家庭，最後，還要去除社會預期
（social desirability），給予案主及其家庭更正面之價值與態度，
尤其對案主利用優勢以幫助他們增加生活之復原力
（resilience），達到充權增能目標，採用增強模式幫助個案因應
困境，解決他們所遭遇的問題。有關此觀點需要瞭解政治及經
濟學議題、多元文化、危機中的人群（population at risk）、社會
及經濟正義。

·社會工作政策、研究與評估

　　社會工作專業不僅要有執行方案之能力，也要具有對方案
評估及具有科學研究的實力，尤其是過程評估之能力。除此之
外，社會工作者更須瞭解政策制定過程以及可用之政策資源。

■社會工作價值與倫理

　　社會工作專業教育的目標，除了培育具備有效專業處置技
巧的人才之外，也同時藉由社會工作價值傳遞的教育歷程，培
育對社會工作價值有認同感，以及對特定助人情境所遭遇的價
值衝突、倫理兩難可以準確做判斷、做抉擇的人才。正如上一
節在社會工作實務規範中所提示：社會工作實務過程應具有七
個層面——準備、關係建立、檢證、規劃、執行、評估及追
蹤。社會工作專業在完成社會所要求之職責與功能時，必須先
行進行服務目標的選定，才能進一步依據服務目標的設定，選
擇適切的實務理論進行相關的處遇。在這一系列的服務過程
中，社工實務者自身所具備的知識技術，是決定服務績效的重
要依據，但是要「選擇何種處遇方案」、「要不要幫助」、「該
不該幫助」、「誰需要幫助」、「幫助的程序」等議題上，則須
依賴明確的社會工作價值與倫理守則，才能讓社會工作在處遇
時有依循的根據（Bartlett, 1958; Siporin, 1975；曾華源，1999，

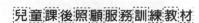

兒童課後照顧服務訓練教材
200

引自張秀玉，2002）。所以說，社會工作專業須具有社會工作知識和技巧與社會工作價值與倫理。

至於社會工作價值、社會工作倫理及社會工作倫理守則這三層面之關係為何？張秀玉（2002）更具體指出這三層面之關係，並探討其與社群關係脈絡與實踐場域之關係（參見圖3-3）。

由圖3-3，我們可清楚瞭解社會工作倫理是社會工作價值實踐的指南，社會工作倫理守則則是社會工作倫理之實際表現。社會工作價值經由概念化的過程，形成社會工作者所遵循的社會工作倫理，社會工作倫理再經由概念具體化的過程，形成社會工作者倫理守則。一九八二年美國國家社會工作協會（NASW）更指出，社會工作價值是社會工作專業的核心要務，其引導所有社會工作領域實務的模式及原則，有關美國社會工作價值請參考表3-5。

「價值」是內在控制的機制，所以，社會工作價值體系是不能輕易改變的；社會工作倫理則是規定什麼事應該做？什麼事不應該做？其是具體的守則，會受到社會變遷、社會對社會工作專業要求的改變等因素影響而有所不同。社會工作倫理一旦改變，其倫理守則也必須跟著更改。此外，倫理守則在實踐的過程中，若發現與社會現實情境差異太大或執行有困難時，則必須回頭檢視社會工作價值概念化至社會工作倫理，若社會工作倫理操作化至倫理守則這兩個過程中產生偏頗，則要進行社會工作倫理之修正改變，才能符合當時社會情境之現實情況與需求（張秀玉，2002）。美國社會工作協會也制定社會專業之倫理原則（請參考表3-6），以提供兒童福利實務人員在執行決策及方案的參考依據。

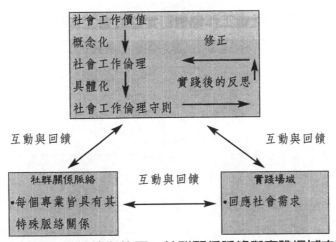

圖3-3 社會工作價值與倫理、社群關係脈絡與實踐場域之關係圖

資料來源：張秀玉（2002），〈大學部「社會工作價值與倫理」課程定位與
課程內容之探討〉，《社區發展季刊》，99期，頁287-302。

表3-5 美國社會工作協會訂定之社會工作價值

1.承認對個案之最佳利益。
2.為案主保密。
3.因應社會變遷建立迎合社會所認可的需求。
4.在專業關係中分離個人之情緒與需求。
5.教導案主所需的技巧與知識。
6.尊重及鑑賞個人之差異。
7.扮演使能者之角色，幫助案主自助。
8.在挫折困境中，仍能持續提供服務。
9.倡導社會正義，滿足社會人民之經濟、生理及心理之幸福感。
10.採取高標準之個人與專業行為。

資料來源：NASW (1982). *NASW Standards for the Classification of Social
Work Practice.* MD: Silverspring.

表3-6　美國社會工作協會訂定之社會工作倫理原則

1. 服務——社會工作者主要任務是幫助有需求之人及指出社會問題。
2. 社會正義——社會工作者挑戰社會不正義。
3. 個人尊嚴與價值——社會工作者尊重個人天生之尊嚴為權利及價值。
4. 人群關係的重要性——社會工作者瞭解人群關係才是改變的要素。
5. 誠實、正直與廉潔——社會工作者要整合倫理守則及社會工作價值。
6. 能力——社會工作者要提升個人之專業技巧與知識，以充實助人之專業能力。

資料來源：NASW (1996). *Code of Ethics of the National Association of Social Workers*. Washington, DC: NASW.

■社會工作角色

社會工作者需要扮演多元角色來執行兒童福利服務。在本章第一節社工實務規範就指出，社會工作者須扮演使能者、教育者、倡導者、社會行動者、調停者、激發行動者、仲介者及充權增能者，每個角色皆有相等重要性，身為社會工作者，必須將這些角色融為一體成為個人之人格，並在兒童福利實務工作實踐這些角色。

・使能者（enabler）

使能者扮演一輔助者的角色幫助案主達成目標。這個角色必須具有溝通、支持、鼓勵及充權增能的功能，以促使案主及家庭成功完成任務或找到達成目標的解決方法。

· 教育者（educator）

　　教育者要教育及幫助案主在其互動的家庭及系統中建立知識體系，以鼓勵案主及其家庭做決策，並執行達成目標的步驟。

· 倡導者（advocate）

　　倡導者爲案主及其家庭建立更有效的方案及服務，然後訓練他們爲他們自己及他人擁護他們的權利。

· 社會行動者（activist）

　　社會行動者要對社會變遷有敏感的心，爲兒童及其家庭的最佳利益制定更適宜的政策、方案及服務。

· 調停者（mediator）

　　調停者要能積極傾聽各方的聲音及瞭解各方的需求，在衝突之情境中扮演一調節的角色。

· 激發行動者（initiator）

　　激發行動者能辨別案主需求，並促使他人瞭解這些議題及激勵他人爲這些議題尋找解決之道。

· 仲介者（broker）

　　仲介者的角色是聯結家庭與社區之社會服務機構與方案，進行轉介及進入資源網絡，以幫助案主及其家庭獲得最好的服務品質。

· 充權增能者（empowerer）

　　充權增能者是增強案主及其家庭已具有的才能及資源，並幫助他們有效利用他們的優勢來造成改變。

■社會工作技巧

　　在社會工作實務規範中指出兒童福利實務工作者需要有兩種技巧：關係建立及個案管理技巧，茲分述如下：

· 關係建立技巧

　　在與案主初步訪視中，兒童福利社會工作專業需要至少有

五種技巧：同理心、眞誠、溫暖、積極關注及充權增能，以幫助方案的執行。

1.同理心（empathy）：係指社會工作者有能力回應案主及其家庭，並能傳達社會工作者瞭解案主的感受，更是一種將心比心或感同身受的想法。這不是意味社會工作者與案主有同樣的感受或同意案主的感受，只是社會工作者能傳輸這個感受是可以接受的，並沒有對錯的價值判斷。例如，在一受虐的家庭，母親因挫折或情緒不好，而對你解釋她爲何常常會想要打小孩。身爲一社會工作者，可以因爲母親因缺乏經濟及情緒支持，而造成虐待小孩的情境，社會工作者可以同理，但不表示接受或允許這種行爲。

2.眞誠（genuineness）：是一種自然的人格流露，讓人覺得社會工作者是眞心對待案主及其家庭。當社會工作者具有這種特質，他會容易被案主及其家庭接納及信任。眞誠的本質就是誠實對待任何人及任何情境。例如一位少女因懷孕因素，不敢告訴父母而選擇逃家。身爲一社會工作者，誠實告訴她有關你爲她一個人在眞實社會上生活感受恐懼與害怕。眞誠是社會工作者能誠實與他分享你的恐懼和害怕的感覺。

3.溫暖（warmth）：是社會工作者傳輸關心每個案主的技巧，對兒童福利實務者而言，對每一個案主都傳達關心之情實有困難，有時兒童福利實務人員對受虐家庭的施虐者會有憤怒或厭惡之意，但如不能表達眞誠與溫暖，又難以獲得他們的合作及意願去做必要的改變，換言之，爲了表示眞誠與溫暖，兒童福利實務者不管任何情

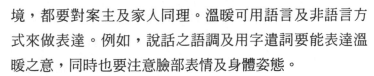

境，都要對案主及家人同理。溫暖可用語言及非語言方式來做表達。例如，說話之語調及用字遣詞要能表達溫暖之意，同時也要注意臉部表情及身體姿態。

4.積極關注（positive regard）：不同於同理心，需要對情境更瞭解，此種技巧需要社會工作者有較正向之人群價值及驅使人們走向完善之心，也唯有透過此種價值信念，才能使一社會工作者面對兒童施以性虐待，願意付出關心及熱情促使施虐者做改變。然而，積極關注並不代表社會工作者同意案主對兒童的傷害。

5.充權增能（empowerment）：此概念也是近二十年社工實務工作者所強調的概念，早先這個概念源自於生態理論。充權增能的角色是幫助案主達成自我尊重及因應個人不足的非真實感覺。透過社會專業的協助，案主、家庭、社區得以充權增能，以便能在其環境創造好的改變。

・個案管理技巧

　　除了與案主及其家人建立良好關係技巧之外，兒童福利之專屬人員還必須運用個案管理技巧處遇兒童福利事務。個案管理技巧（case management skills）包括有組織、協調、調停、維持、評估及資源整合。

1.組織：兒童福利之社會工作者必須具有組織（organize）的能力，並具有領導能力以領導他人完成服務方案。此種技巧並不是要社會工作者有專制行為，尤其協調不同專業（有其案件負荷、機構責任）一起合作達成方案，必須透過人際溝通及人際影響，讓有關方案執行之人獲得共識，達成合作。

2.協調：社會工作實務者執行方案講求協調（coordinate）
而不是駕馭別人，調停別人並允許他人自我決策是要融
合在此種技術，並成為社會工作者的人格特質，尤其兒
童福利之社會工作者要協調案主家庭與其他系統一起合
作。

3.調停：調停（mediate）是一種有能力應用策略解決衝突
之情境，尤其在兒童福利領域，母親對子女的施虐會引
起其他家人的憤怒，如何讓家人面對此情境一起合作便
需要社工人員居中協調，此外，家庭與其他機構不同意
方案的執行，應設法使他們一起合作，有共識一起解決
問題。

4.維持：維持（sustain）的技巧需要社工實務者對於參與兒
童福利實務有信心、願意接受挑戰，及能夠充權增能自
己以維持方案的執行，尤其是案主及其家庭面臨困難情
境時。值得注意的是，兒童福利之實務工作者往往工作
負荷很重，所以自我壓力調節與管理就很重要，如此一
來，他才能持續給予案主及其家庭與其他機構支持與充
權增能。

5.評估：兒童福利之社會工作者必須具有評估（evaluate）
自己的方案效果，及此方案對案主及其家庭產生正／負
向之影響的能力。缺乏此種對自己的實務執行、方案評
估或政策評估，兒童福利之社會工作者便不能判斷服務
績效，或考慮案主及其家庭是否需要特殊的服務方案。

6.整合資源：整合資源（integrate service）的技巧是需要兒
童福利之社會工作者瞭解你可運用（知道）的服務資
源，以及將這些資源加以整合成為一系統，提供給案主
及其家庭，例如處理一中輟個案，他又有吸食毒品及行

為偏差的問題，兒童福利之社會工作者必須運用醫療資源、學校資源、法院資源以及機構資源，作為一個資源網絡對兒童及其家庭施予處遇方案。

三、兒童福利行政法規與行政體系

(一)兒童少年福利法規

　　政府是依法行政，所以說，兒童少年福利的行政措施必須依據兒童少年福利法規行事，而社會立法更是落實社會政策的具體表現；兒童少年福利行政所規劃的福利服務是基於兒童少年福利法規，兒童少年福利法規源於政策，這三者之間的關係除了相互關聯之外，還要反映社會變遷中的兒童需求與問題（參考圖3-4）。兒童少年福利之實務一則要滿足兒童的需求，符合兒童及少年的最佳利益，二則要以專業方法與技術解決兒童及少年所遭受影響其身心發展的問題。

　　「兒童少年福利法規」之目的為推動兒童少年福利工作之法令規定，也是一種兒童少年福利的法律與命令。也就是說，兒童少年福利法規規定在現實社會生活中，人與人之間在有關兒童福利之層面關係的規範與準則；此外也透過國家立法機關依一定的程序制定，命令各級行政機關就其職務事項遵守相關之規範及準則。

　　兒童少年福利法規之定義可分為廣義與狹義。前者係為整合政府不同部門的相關業務，從整體、全面的角度來看，係指凡是能夠增進兒童福祉之各種法規的總稱；後者專指兒童少年

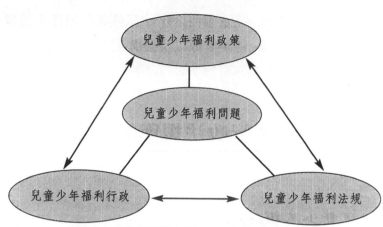

圖3-4 兒童福利法規、行政與政策之關係

資料來源：謝友文（2000），〈兒童福利法規與行政體制〉，輯於馮
燕等著，《兒童福利》，台北：國立空中大學。

福利法及其相關附屬法規，係針對政府現行兒童少年福利主管
機關的業務，從兒童少年福利專業、特定的角度著眼（謝友
文，2000）。謝友文（2000）進一步列舉兒童少年福利法規有八
種主要推動兒童少年福利事務的重要功能，列舉如下：

1. 有效推動兒童少年福利政策。
2. 經由法規揭示的理念目標、哲理精神，可作為推展兒童
   福利工作的指引方向。
3. 透過制訂法規，訂定明確規範，建立相關制度、標準，
   可供適切遵循。
4. 涉及有關部門之組織職掌及權限，事關重大。
5. 攸關人民的權利義務，尤其兒童權益方面，影響深遠。
6. 有利於兒童福利措施的執行落實。
7. 維持制度之公平性，有利於監督管理。
8. 發生問題或爭議時，可做判斷基準。

　　我國兒童少年福利的推展，依現行法令規定，以社會福利行政機關為主體。但就整體觀點而言，兒童少年福利工作牽涉的範圍並不只社政部門而已，有關兒童少年各種權益及福利的保障，還包括政府部門中教育、衛生、司法、勞工、新聞傳播等層面，才能有效推動整體性的兒童少年福利工作（謝友文，1987，2000；鄭淑燕，1992）。現行有關兒童少年相關之條文，除了兒童少年福利法是最根本推動兒童及少年福利之法律之外，尚有「優生保健法」從善種、善生的觀點，保護兒童的健康；「幼稚教育法」為善教之相關法令；「國民教育法」、「強迫入學條例」規定六至十五歲之國民應受國民義務教育，並強迫入學；「特殊教育法」對資賦優異與身心障礙兒童提供特殊教育；「勞動基準法」規範僱用童工及其保護之條件；「民法」對兒童基本權利、行為能力的保護、父母子女、監護、扶養、家庭等均有所規定；「刑法」對未滿十四歲人之行為，明訂加以保護規定（鄭淑燕，1992）；另外，「全民健康保險法」為增進全體國民（包括兒童）健康，提供醫療保健服務；「少年事件處理法」對兒童觸犯刑罰法令的行為時，應如何處理及保護的規定；「衛星廣播電視法」規定節目內容不得妨害兒童身心健康等。

　　我國現階段與兒童少年福利有關的各類法規，涵蓋範圍甚廣；謝友文（1987）將其歸納為八類：一、一般基本法規；二、福利服務與救助類法規；三、教育類法規；四、衛生保健類法規；五、司法保護類法規；六、勞動類法規；七、新聞傳播類法規；八、其他類法規。現將各類法規所包含的主要內容彙整成「兒童少年福利法規一覽表」（詳見**表3-7**）。

表3-7 兒童少年福利法規一覽表

類別／法規名稱
一、一般基本法規（有關兒童之基本權利與保護的規定）
1.中華民國憲法
2.中華民國憲法增修條文
3.民法第一編　總則
4.民法第四編　親屬
5.民法第五編　繼承
6.中華民國刑法
7.性侵害犯罪防治法
8.性侵害犯罪防治法施行細則
9.家庭暴力防治法
10.家庭暴力防治法施行細則
二、福利服務與救助類法規（兒童福利服務與有關救助的規定）
1.兒童福利法
2.兒童福利法施行細則
3.兒童及少年性交易防制條例
4.兒童及少年性交易防制條例施行細則
5.內政部兒童局組織條例
6.內政部兒童及少年福利促進委員會組織規程
7.兒童福利專業人員資格要點
8.兒童福利專業人員訓練實施方案（含訓練課程）
9.保母人員技術士技能檢定規範
10.發展遲緩兒童早期療育服務實施方案
11.社會工作師法
12.社會工作師法施行細則
13.身心障礙者保護法
14.身心障礙者保護法施行細則
15.社會救助法
16.社會救助法施行細則
17.社會救助機構設立標準
18.社區發展工作綱要
19.中華民國立案托兒所標誌

（續）表3-7　兒童少年福利法規一覽表

類別／法規名稱
三、教育類法規（有關兒童受教育、學習權益及保護的規定）
1.教育基本法
2.幼稚教育法
3.幼稚教育法施行細則
4.國民教育法
5.國民教育法施行細則
6.強迫入學條例
7.強迫入學條例施行細則
8.特殊教育法
9.特殊教育法施行細則
10.教師法
11.教師法施行細則
12.師資培育法
13.師資培育法施行細則
14.原住民族教育法
15.原住民族教育法施行細則
16.幼稚園課程標準
17.幼稚園設備標準
18.私立幼稚園獎勵辦法
19.教師輔導與管教學生辦法
20.國民小學學生健康檢查實施辦法
21.學校衛生保健實施辦法
22.加強維護學生安全及校區安寧實施要點
23.校園事件通報管理系統實施要點
24.各級學校兩性平等教育實施要點
25.國民中小學中途輟學學生通報及復學輔導辦法
26.中小學性侵害防治教育實施原則及課程參考綱要
27.大學校院教育學程師資及設立標準
28.公私立各級學校校車顏色及標誌標準圖
29.高級中等以下學校及幼稚園教師資格檢定及教育實習辦法
30.教育部辦理兒童及少年性交易防制教育宣導辦法

（續）表3-7　兒童少年福利法規一覽表

類別／法規名稱
31.特殊教育課程、教材及教法實施辦法
32.特殊教育相關專業人員及助理人員遴用辦法
33.特殊教育設施及人員設置標準
34.少年矯正學校矯正教育指導委員會設置辦法
35.幼兒園管理條例
四、衛生休健類法規（有關兒童健康、醫療保健的規定）
1.優生保健法
2.優生保健法施行細則
3.食品衛生管理法
4.食品衛生管理法施行細則
5.精神衛生法
6.精神衛生法施行細則
7.全民健康保險法
8.全民健康保險法施行細則
9.全民健康保險預防保健實施辦法
10.菸害防制法
11.菸害防制法施行細則
五、司法保護類法規（有關兒童司法保護的規定）
1.少年事件處理法
2.少年事件處理法施行細則
3.少年保護事件審理細則
4.少年保護事件執行辦法
5.少年不良行為及虞犯預防辦法
6.少年觀護所條例
7.少年輔育院條例
8.少年輔育院條例施行細則
9.少年矯正學校設置及教育實施通則
10.少年矯正學校學生累進處遇分數核給辦法
11.少年矯正學校學生接見規則
12.少年矯正學校學生申訴再申訴案件處理辦法
13.少年矯正學校辦理校外教學活動實施辦法

（續）表3-7　兒童少年福利法規一覽表

類別／法規名稱
14.少年矯正學校學生處遇審查委員會會議規則
15.更生保護法
16.更生保護法施行細則
17.更生保護會設置兒童學苑實施要點
18.財團法人台灣更生保護會兒童學苑收容學生言行考核要點
19.財團法人台灣更生保護會兒童學苑與少年輔育院協調聯繫要點
六、勞動類法規（有關童工勞動條件、權益保護的規定）
1.勞動基準法
2.勞動基準法施行細則
3.勞工保險條例
4.勞工保險條例施行細則
5.勞工安全衛生法
6.勞工安全衛生法施行細則
7.勞工健康保護規則
8.童工女工禁止從事危險性或有害性工作認定標準
9.勞工教育實施辦法
七、新聞傳播類法規（有關兒童閱聽權益及保護的規定）
1.電影法
2.電影法施行細則
3.電影片分級處理辦法
4.電影片檢查規範
5.廣播電視法
6.廣播電視法施行細則
7.印製發行中小學生課外讀物輔導要點
8.電視廣告製作規範
9.廣播廣告製作規範
10.廣播電視廣告內容審查標準
11.有線電視廣告製作標準
12.電視節目製作規範
13.廣播節目製作規範
14.錄影節目帶製作規範

（續）表3-7 兒童少年福利法規一覽表

類別／法規名稱
15.有線廣播電視法
16.有線廣播電視法施行細則
17.衛星廣播電視法
18.衛星廣播電視法施行細則
19.衛星廣播電視廣告製播標準
20.電視節目分級處理辦法
21.兒童及少年性交易防制條例教育宣導辦法
八、其他類法規（其他有關兒童安全及保護的規定）
1.兒童遊戲設備安全準則——設計與安裝
2.兒童遊戲設備安全準則——檢查與維護
3.玩具商品標示基準
4.經濟部防制兒童及少年性交易教育宣導辦法
5.手推嬰幼兒車商品標示基準
6.各類場所消防安全設備設置標準
7.道路交通安全規則

資料來源：謝友文（1987），《青少年兒童福利政策與法規彙編》（台北：桂冠）；謝友文（2002），〈兒童福利法規與行政體制〉，輯於馮燕等著，《兒童福利》（第二版）（台北：國立空中大學）；作者增列。

■兒童及少年福利法之立法過程

　　兒童福利法是我國推動兒童福利、兒童保護工作之用法，於一九七三年二月八日制定公布，歷經一九九三、一九九九、二〇〇〇、二〇〇二年四次修正，及二〇〇三年五月二十八日與少年福利法合併成為兒童少年福利法，分為七章，包括總則、身分權益、福利措施、保護措施、福利機構、罰則及附則，共七十五條。兒童福利法制定之後，隨著社會情況的改

變，需要有計畫地因應時須加以修正與充實，才能發揮與時俱進，歷久彌新的良法美意；否則，本身條文仍屬陳舊過時或聊備一格而已。因此，兒童福利法的修定與訂定，對推動兒童福利工作及政府主管機關內訂定相關方法或附屬法規，都有助於執行兒童福利相關工作的依據（謝友文，2000）。

法律是將政策法制化，兒童福利政策須經由法制化的過程，才能成為具體的兒童福利法，因此兒童福利法的制定過程，如同各種法律的制定，有一定的程序。我國兒童福利法於一九七二年一月二十五日立法院制定全文三十條，在一九七三年二月八日經總統台統（一）義字第六二〇號令制定公布，歷經四次修正；第一次修正一九九三年一月十八日立法院修正全文五十四條，一九九三年二月五日經總統華總（一）義字第0475號令修正公布；第二次修正是一九九九年三月三十日立法院修正第二十六條條文，一九九九年四月二十一日經總統華總（一）義字第8800084030號令修正公布；第三次修正是二〇〇〇年五月二十六日立法院刪除第八條條文；並修正第二條、第三條、第六條、第七條、第九條、第二十二至二十四條、第二十六條、第三十一條、第三十二條、第三十五條，以及第四十六條條文，二〇〇〇年六月十四經總統華總（一）義字第8900147040號令修正公布；第四次修正是二〇〇二年五月三十一日立法院修正第十七條及第二十五條條文，二〇〇二年六月二十六日經總統華總（一）義字第09100125170號令修正公布。之後，兒童福利法與少年福利法二法合併修正為兒童少年福利法。在這之前，少年福利法在一九八九年一月十日由立法院制定全文三十二條，一九八九年一月二十三日經總統華總（一）義字第0415號令公布；第一次修正是二〇〇〇年五月二十六日立法院修正第三條、第四條、第七條、第二十至二十七條條

文，二○○○年六月十四日經總統華總（一）義字第
8900147020號令公布；第二次修正是二○○二年五月三十日立
法院修正第九條、第十一至十六條、第十八條，以及第十九條
條文，二○○二年六月二十六日經總統華總（一）義字第
09100125190號令公布。

兒童福利法及少年福利法二法合併修正為兒童少年福利
法，經行政院於二○○二年六月二十日函送立法院審議，業於
二○○三年五月二日三讀通過，五月二十八日總統公布施行
（參考圖3-5）。

為維護十二歲以下兒童身心健康，促進兒童正常發育，保
障兒童福利，並加強推展我國兒童福利工作，政府於一九七三
年制定兒童福利法，以作為推展及執行我國兒童福利工作之根
據，並建構國內兒童福利服務之基模。兒童福利法實施後，其
間因社會結構改變，兒童福利問題也日益複雜，為尋求提供兒
童較大之福利及受虐兒童保護之措施，政府復於一九九三年修
正兒童福利法，擴大對兒童福祉照顧。此外，對十二歲以上未
滿十八歲少年，政府並於一九八九年制定少年福利法，藉以增
進少年福利，健全少年身心發展，並提高父母及監護人對少年
之責任感。自此，我國對於十八歲以下之未成年人規劃了較完
整的建置及保障。

上開法律將對十八歲以下未成年人之福祉照顧，區別兒童
及少年分予規範，雖在強調兒童重保育、少年重輔導之不同成
長過程，惟兒童及少年在保護、福利措施及相關需求上有其延
續性及一致性，且此二法之性質有所雷同，而規範確有其差異
與不足之處，以致在執行上常衍生困擾。再者，隨著社會及家
庭環境結構之變遷，兒童及少年福利需求日新月異，在輔導上
亦面臨許多新的挑戰，觀諸聯合國兒童權利公約及其他國家有

兒童福利法

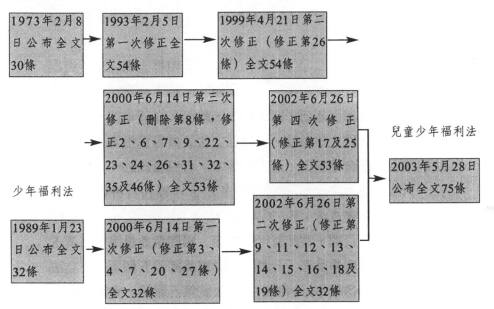

| 1973年2月8日公布全文30條 |
| 1993年2月5日第一次修正全文54條 |
| 1999年4月21日第二次修正（修正第26條）全文54條 |

| 2000年6月14日第三次修正（刪除第8條，修正2、6、7、9、22、23、24、26、31、32、35及46條）全文53條 |
| 2002年6月26日第四次修正（修正第17及25條）全文53條 |

兒童少年福利法

| 2003年5月28日公布全文75條 |

少年福利法

| 1989年1月23日公布全文32條 |
| 2000年6月14日第一次修正（修正第3、4、7、20、27條）全文32條 |
| 2002年6月26日第二次修正（修正第9、11、12、13、14、15、16、18及19條）全文32條 |

圖3-5　兒童福利法及少年福利法公布及修正時程

關兒童法律之立法，多無類似國內以年齡區隔立法之情事，實有必要將二法予以整合為一，以強化政府及民間機構、團體對兒童及少年之保護工作，落實對兒童及少年福祉照顧（立法院，2004）。

■兒童少年福利法合併修法之歷程

　　為因應兒童及少年不斷出現的新議題，避免兒童及少年之資源重疊及行政體制的整合，以及順應先進國家的兒童法及一九八九年聯合國兒童權利公約，其所指之「兒童」，皆以十八歲以下為規範，故民間團體自一九九七年起，即針對兒童福利法與少年福利法二法之合併及其相關議題，不斷地開會研討，更具體地區分為實務、學術及法條等三組，歷經六十餘次的會

議，研修版本。除擬訂修法版本外，亦發起成立「兒童及少年福利法修法促進聯盟」，努力為修法遊說及萬人連署活動，以促加速通過修法。

民間版本早於二○○一年九月，即先由林志嘉立法委員提案連署，送請立法院審議，惟因屆期不繼續，無法在當期完成修法，但仍發揮引起朝野關注之效，繼而，在隔年四月，民間版本再由秦慧珠立法委員、周清玉立法委員等為提案人，在立法院第五屆新會期提出。而官方版本，自兒童局於一九九九年十一月成立以來，即開始著手兒童及少年福利合併修法的工作，歷經六次審查會，於二○○一年六月送行政院審查，故在二○○二年六月間，共計有行政院版、楊麗環委員等、周清玉委員等、秦慧珠委員等、台灣團結聯盟黨團等五個版本在立法院審議中，而各版本分別依序在立法院第五屆第一會期第四、八、九、十、二十次會議報告後決定：「交衛生環境及社會福利委員會與相關提案併案審查」（立法院，2002）。

之後，在二○○二年十二月立法院衛生環境及社會福利委員會將這五案合併，併案審查「兒童及少年福利法修訂草案」，終於，一讀逐條討論部分，分別在二○○二年十二月二十五日及二○○三年三月十九日完成，而同年四月二十九日之二讀及五月二日之三讀，皆在SARS（嚴重急性呼吸道症候群）陰影的籠罩下，快速而無聲地通過。在整個兒童及少年福利法的修訂中，以民間團體的角度觀之，從「修法歷程大事紀」，更可清楚看出，修法的漫漫長路，係由許多熱心人士共同參與完成。

兒童少年福利法之合併修法，除了合併現行兒童福利法及少年福利法外，還參照現行「兒童及少年性交易防制條例」，將適用對象擴大為十八歲以下之兒童及少年，並充實章節架構及內容，共分為七章七十五條，增加第二章身分權益。

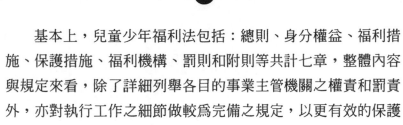

　　基本上，兒童少年福利法包括：總則、身分權益、福利措施、保護措施、福利機構、罰則和附則等共計七章，整體內容與規定來看，除了詳細列舉各目的事業主管機關之權責和罰責外，亦對執行工作之細節做較為完備之規定，以更有效的保護和處理兒童少年被侵害的權益。諸如：

1. 嚴格規定出生通報責任，妥善解決棄嬰、非婚生子女無戶口或其他因素而造成戶口問題，以及收養和出養過程中的必要行為，以便兒童少年成長過程中，就醫、就學和就養權益得以維護。
2. 落實早期療育資料建檔、建構發展遲緩評估與早期療育服務之網絡。
3. 保障三歲以下兒童以免因為家庭經濟因素而無法獲得醫療照顧。
4. 對於提供不當的教養、未善盡教養和利用兒童少年謀利之父母，得實施強制性親職教育。
5. 代替父母或監護人協助、輔導和安置兒童少年之條件。
6. 詳細規定安置保護程序和應有之作為。
7. 扶養人不支付費用時，為保護兒童少年，主管機關應先行支付。

　　雖然兒童少年福利法的修訂條文不少，但仍有未盡之處。因其內容偏重於將過去較不完備的部分加以補正，以利執行，並加重處罰的部分。其中第五條規定政府及公私立機構、團體處理兒童及少年相關事務時，應以兒童及少年之最佳利益為優先考量；有關其保護及救助，並應優先處理。顯示積極發展性的福利工作仍未被考慮。再者對於少年福利之法規增修甚少，這與實際少年成長上所面對之需求仍有差距。此外，徒善不足

以爲政，徒法不足以自行，亦期待施行細則能有較完備之補充，以及主管機關能盡力協調相關目的事業主管機關，確切落實對兒童與少年的保護與福利工作，以增進兒童少年的成長（郭靜晃，2003）。

■兒童少年福利法之重點

賴月蜜（2003）針對本次兒童及少年福利之新法提出有四十七條重點，茲以各章分述如下：

1.第一章　總則

(1)擴大適用對象，十八歲以下之兒童及少年皆適用本法之保護。（第二條）

(2)明訂各機關權責之劃分，強調兒童福利服務之科際整合，以及行政上橫向聯繫之重要。（第九條）

(3)明文規範兒童及少年福利諮詢委員會之成立，及其成員之組合、開會次數，避免委員會流於形式。（第十條）

(4)增加兒童及少年福利經費，明訂依本法所處之罰鍰，專罰專款方式，列入兒少福利經費。（第十二條）

2.第二章　身分權益

(1)加強出生通報，明訂胎兒出生後七日內，接生人應將其出生之相關資料通報戶政及衛生主管機關備查；並由中央衛生主管機關統一訂定出生通報表。（第十三條）

(2)尊重兒童及少年意願，當兒童及少年對收養事件不同意時，非確信認可被收養，符合其最佳利益，法院應不予認可；增列出養必要性之審核，以維護兒童及少年在原生家庭成長之權利。（第十四條）

(3)增設收養資訊中心，保存出養人、收養人及被收養兒童及少年之身分、健康等相關資訊之檔案。以避免近親結婚、遺傳疾病之發生，及維護出養人、收養及被收養兒童及少年三方之權利。（第十七條）

(4)增設機構收養制度，父母或監護人因故無法對其兒童及少年盡扶養義務時，於聲請法院認可收養前，得委託有收出養服務之兒童及少年福利機構，代覓適當之收養人，以杜絕販賣子女及非法媒介等情事發生。（第十八條）

3.第三章　福利措施

(1)對於不適宜在家庭內教養之兒童及少年，得予以安置之規定，擴大安置對象，將逃家之兒童及少年，亦增列為得予以安置之對象。（第十九條）

(2)增列兒童課後照顧之規定，得由直轄市、縣（市）政府指定所屬國民小學辦理，其辦理方式、人員等相關事項標準由教育部會同內政部定之。（第十九條）

(3)增訂政府應規劃實施三歲以下兒童醫療照顧措施，必要時並得補助其費用。（第二十條）

(4)擴大指紋資料建立之制度，即疑似發展遲緩兒童或身心障礙兒童及少年之父母或監護人，得申請警政主管機關建立疑似發展遲緩兒童或身心障礙兒童及少年之指紋資料。（第二十一條）

(5)建立早期療育通報系統，即各類兒童及少年福利、教育及醫療機構，發現有疑似發展遲緩兒童或身心障礙兒童及少年，應通報直轄市、縣（市）主管機關。直轄市、縣（市）主管機關應將接獲資料，建立檔案管理，並視其需要提供、轉介適當之服務。（第二十二

條）

(6)明訂各機關對早期療育之職責，及父母親應盡配合之義務。（第二十三條）

4.第四章　保護措施

(1)擴大規範兒童及少年不良閱聽物品之範圍，並將飆車及參與飆車的行為增列為兒童及少年禁止之行為。（第二十六條）

(2)明訂媒體分級制度，即出版品、電腦軟體、電腦網路應予分級；其他有害兒童及少年身心健康之物品經目的事業主管機關認定應予分級者，亦同。（第二十七條）

(3)增列福利機構除對非行兒童及少年之協助與輔導外，亦得予以安置；且安置期間之必要生活費、衛生保健費、學雜各費及其他相關費用，由扶養義務人負擔。（第三十三條）

(4)中央主管機關應統一訂定對於兒童及少年非行行為之禁止與違反兒童及少年保護事件之通報與處理辦法。（第三十四條）

(5)擴大保護範圍，兒童及少年罹患性病或有酒癮、藥物濫用情形者，應予以強制性治療。（第三十五條）

(6)擴大保護安置之期限，緊急安置七十二小時，繼續安置三個月為限，但必要時，得聲請法院延長，不限次數。（第三十七條）

(7)將原安置抗告期間五日延長為十日；明訂直轄市、縣（市）主管機關對安置期滿或依法撤銷安置之兒童及少年，應繼續予以追蹤輔導一年。（第三十八條）

(8)安置期間，兒童及少年之父母、親友等對兒童及少年

之探視，應經主管機關之許可，而主管機關爲許可時，應尊重兒童及少年之意願。（第三十九條）

(9)增列安置期間，對兒童及少年隱私權之保護，不得爲非必要之訪問、偵訊、訊問或身體檢查；必要進行時，應由社工員陪同。（第四十條）

(10)增列對兒童及少年保護事件及目睹暴力兒童及少年之家庭處遇計畫。（第四十三條）

(11)對於依少年事件處理法所轉介或交付安置輔導之兒童少年及其家庭，當地主管機關應予以追蹤輔導，並提供必要之福利服務。（第四十五條）

(12)對於兒童及少年保護案件，增列媒體及文書禁止揭露兒童及少年之身分資訊，且任何人亦不得於媒體、資訊或以其他公開方式，揭示有關該兒童及少年之姓名及其他足以識別身分之資訊。（第四十六條）

(13)增訂對兒童及少年財產之保護，即有事實足以認定兒童及少年之財產權益有遭受侵害之虞者，主管機關得請求法院就兒童及少年財產之管理、使用、收益或處分，指定或改定社政主管機關或其他適當之人任監護人或指定監護之方法，並得指定或改定受託人管理財產之全部或一部。（第四十九條）

5.第五章　福利機構

兒童及少年福利機構，依類別分爲：托育機構、早期療育機構、安置及教養機構、心理輔導或家庭諮詢機構及其他等，而主管機關依兒童及少年福利機構類別，訂定機構標準。（第五十條）

6.第六章　罰則

(1)接生人違反通報義務，提高罰鍰處新台幣六千元以上

三萬元以下。（第五十四條）

(2)父母、監護人或其他實際照顧兒童及少年之人，未盡管教兒童及少年職責，違反第二十六條第二項規定情節嚴重者，提高罰鍰處新台幣一萬元以上五萬元以下；刪除原公告姓名之規定。（第五十五條）

(3)明訂供應毒品、非法供應管制藥品或其他有害身心健康之物質予兒童及少年者，處新台幣六萬元以上三十萬元以下罰鍰。（第五十五條）

(4)明訂供應有關暴力、猥褻或色情之出版品、圖畫、錄影帶、影片、光碟、電子訊號、電腦網路或其他物品予兒童及少年者，處新台幣六千元以上三萬元以下罰鍰。（第五十五條）

(5)父母、監護人或其他實際照顧兒童及少年之人，違反禁止兒童及少年進出不良場所者，提高罰鍰處新台幣一萬元以上五萬元以下；前項場所應拒絕兒童及少年之進入，違反者，提高罰鍰處新台幣二萬元以上十萬元以下，並公告場所負責人姓名。（第五十六條）

(6)父母、監護人或其他實際照顧兒童及少年之人，違反禁止兒童及少年為不良場所之侍應者，提高罰鍰處新台幣二萬元以上十萬元以下；任何人不得利用、僱用或誘迫兒童及少年在前項場所，違反者，提高罰鍰處新台幣六萬元以上三十萬元以下，公告場所負責人姓名，並令其限期改善；屆期仍不改善者，除情節嚴重，由主管機關移請目的事業主管機關令其歇業者外，令其停業一個月以上一年以下。（第五十七條）

(7)違反第三十條，對兒童及少年禁止行為之規定者，提高罰鍰處新台幣三萬元以上十五萬元以下，情節嚴重者，

並得公告其姓名。（第五十八條）

(8)違反媒體分級第三十條第一項第十二款規定者，加重處新台幣十萬元以上五十萬元以下罰鍰，並得勒令停業一個月以上一年以下。（第五十八條）

(9)增訂違反第三十一條第二項任何人不得強迫、引誘或以其他方式使孕婦爲有害胎兒發育之行爲規定者，處新台幣一萬元以上五萬元以下罰鍰。（第五十九條）

(10)增訂違反第三十二條兒童獨處禁止之規定者，處新台幣三千元以上一萬五千元以下罰鍰。（第六十條）

(11)增訂違反第十七條第二項、第三十四條第五項、第四十四條第二項、第四十六條第三項等保密責任而無正當理由者，處新台幣六千元以上三萬元以下罰鍰。（第六十二條）

(12)增訂違反兒童及少年個人資料保護法第四十六條第一項規定者，各目的事業主管機關對其負責人及行爲人，得各處新台幣三萬元以上三十萬元以下罰鍰，並得沒入第四十六條第一項規定之物品；違反第三項規定者，處新台幣六千元以上三萬元以下罰鍰。（第六十三條）

(13)增訂兒童及少年之父母、監護人、實際照顧兒童及少年之人、師長、僱主、醫事人員及其他有關之人違反第四十七條第二項配合義務規定而無正當理由者，處新台幣六千元以上三萬元以下罰鍰，並得按次處罰，至其配合或提供相關資料爲止。（第四十六條）

(14)擴大親職教育輔導之時數爲八至五十小時，並提高不接受親職教育之罰鍰爲新台幣三千元以上一萬五千元以下；經再通知仍不接受者，得按次連續處罰，至其

參加為止。（第六十五條）

(15)提高未辦立案或禁止事項之處罰，即違反第五十二條第一項規定者，由設立許可主管機關處新台幣六萬元以上三十萬元以下罰鍰，並公告其姓名，並命其限期申辦設立許可，屆期仍不辦理者得按次處罰；經設立許可主管機關依第五十二條第一項規定，令其立即停止對外勸募之行為，而不遵令者，由設立許可主管機關處新台幣六萬元以上三十萬元以下罰鍰，並限期改善；屆期仍不改善者，得按次處罰並公告其名稱，並得令其停辦一日以上一個月以下；兒童及少年福利機構有違反規定情節嚴重者，設立許可主管機關應通知其限期改善，屆期仍不改善者，得令其停辦一個月以上一年以下。（第六十六條）

7.第七章　附則

(1)擴大本法適用範圍，即十八歲以上未滿二十歲之人，於緊急安置保護措施，準用本法之規定。（第六十九條）

(2)成年人對兒童及少年犯罪加重其刑二分之一部分，以故意犯為限。（第七十條）

(3)以詐欺或其他不正當方法領取本法相關補助或獎勵費用者，主管機關應撤銷原處分並以書面限期命其返還，屆期未返還者，依法移送強制執行；其涉及刑事責任者，移送司法機關辦理。（第七十一條）

(4)增訂扶養義務人不依本法規定支付相關費用者，如為保護兒童及少年之必要，由主管機關於兒童及少年福利經費中先行支付。（第七十二條）

■合併修法後，未來兒童及少年福利推展之方向

　　徒法不足以自行，展望未來，在兒童及少年福利合併修法之後，我國兒童少年福利工作的推展還有很長的路要走。陳武雄曾當過最高社會行政主管（社會司長），以他個人之實務經驗建議，兒童少年福利法合併修法之後，應朝下列重點推展（陳武雄，2003），同時有些項目也是內政部兒童局未來的工作重點，分列如下（內政部，2004）：

1.加速建構完整兒童及少年福利法規體系。

2.積極研商訂定幼托整合方案。

3.賡續推動「社區保母支持系統」。

4.落實兒童少年保護工作。

5.建置「發展遲緩兒童早期療育個案管理資訊系統」。

6.規劃辦理兒童少年照顧方案。

7.推動外籍配偶家庭子女親職教育。

8.結合社會資源有效防杜兒童少年犯罪。

9.強化兒童少年網路安全認知。

10.致力提升寄養家庭的照顧品質與能力。

11.寬列推展兒童及少年福利經費預算。

12.加強培訓兒童及少年福利專業人才。

13.落實主管機關及各目的事業主管機關之權責分工。

　　兒童少年福利法自二○○三年五月二十八日經總統公布後施行，雖然兒童少年福利法的修訂條文不少，但仍未臻完善，任何政策皆有其不足之處，只要能在現有之基礎上不斷地努力，改善缺失，相信每一新的階段都是一個嶄新的開始。

　　隨著社會的變遷所衍生的種種問題，兩法的合併自能補強

不足的部分，兒童福利法本質偏重於保育，而少年福利法之本質在於輔導，針對兒童及少年眞正的需求，提供專業的福利服務，也唯有透過法規體制的完備、落實相關法規、充實服務的內涵、提升專業的訓練、積極推動各項教育，以及善用社會資源的力量，才能建構出完善的兒童少年福利制度，爲兒童及少年謀取最大的福利。

(二)兒童少年福利體系的組織及運作

■兒童少年福利行政體系

　　兒童少年福利透過政策與立法，建立行政體系，由專司單位推動兒童少年福利業務。行政組織乃是針對推行公共事務所建立的行政機關，屬於行政組織或科層體制組織的一種（沈俊賢，1992）。兒童少年福利工作的推展，首藉福利立法的基礎。兒童少年福利行政機關可以依其職權分成：行政官署、輔助機關、諮詢機關，以及執行機關等四大類。各國的兒童福利立法，例如，德國、日本、以色列、韓國，以及我國等國家，在體例上大致偏重在專門行政機關以及諮詢機關的職掌，有特別的規定。我國的兒童福利法在二〇〇三年與少年福利法合併修訂成爲兒童少年福利法後，共分爲總則、身分權益、福利措施、保護措施、福利機構、罰則及附則七章，共七十五條。其中對於有關福利服務組織、控制及監督方面，在兒童少年福利法皆有明文規定。

　　我國現階段兒童福利行政體系的建構，係按一九七三年公布施行的兒童福利法第五條（二〇〇三年修訂後的第六條）規定：「兒童福利之主管機關：在中央爲內政部兒童及少年局；

在直轄市為直轄市政府之兒童及少年福利專責單位；在縣（市）為縣（市）政府之兒童及少年福利專責單位。」又主管機關的職掌則明列於兒童福利法的第六、七、八條（修訂後之七、八、九條）。新訂的兒童少年福利法更明文規定，兒童福利主管機關應設置承辦兒童福利業務之專責單位：在中央為兒童局；在直轄市為兒童及少年福利科；在縣（市）為兒童及少年福利課（股）。此外，司法、教育、衛生等相關單位涉及有關兒童福利業務時，應全力配合之。

此外，兒童福利法第五十二條也規定：「私人或團體辦理兒童及少年福利機構者，應向當地主管機關申請設立許可；其有對外勸募行為且享受租稅減免者，應於設立許可之日起六個月內辦理財團法人登記，於六個月內未辦理財團法人登記，而有正當理由者，得申請核准延長一次，期間不得超過三個月；屆期不辦理者，原許可失其效力」。第五十三條規定：「兒童及少年福利機構不得利用其事業為任何不當之宣傳；其接受捐贈者，應公開徵信，並不得利用捐贈為設立目的以外之行為。」主管機關應辦理輔導、監督、檢查、評鑑及獎勵兒童及少年福利機構。因此，無論公立或私立福利機構，還有依法辦理的兒童及少年福利財團法人，都不能忽略其應受主管行政機關監督與管理。

我國兒童福利各級主管機關可分為中央、直轄市、縣市及鄉鎮市區等三個層級，其兼辦兒童福利業務之情形，茲分別說明如下：

・中央兒童少年福利行政組織

目前中央主管兒童福利的行政機關為內政部兒童局。按一九九九年七月十四日公布之內政部兒童局組織條例規定，兒童局設綜合規劃組、福利服務組、保護重建組及托育服務組等四

科經辦兒童社政業務。二○○三年九月一日,將原內政部中部
辦公室社區及少年福利科業務及人員先行移撥兒童局設防治輔
導組,同時將組織編制修正,送立法院及人事行政局審議。

· **直轄市兒童少年福利行政組織**

台北市於一九六七年升格為直轄市,設社會局;高雄市於
一九七八年七月改制,亦設社會局。

台北市社會局的兒童福利業務之推動是以兒童與婦女福利
科為重心,而以社會救助科、身心障礙福利科及社會工作室為
主要輔助推動之單位。但自二○○三年五月兒童及少年福利法
合併修法為兒童少年福利法之後,台北市政府為因應兒童少年
福利服務之推動,將原有組織編制加以修正,將原來第五科兒
童與婦女福利科改為兒童托育及婦女福利科(共有六十五位工
作人員,包括公立托兒所所長及兩位股長),而原來第六科少年
福利科改為兒童及少年福利科(共有十八位工作人員,包括兩
位股長)。而針對少年福利的部分提供四項服務包括:問題防
治、生活扶助、保護服務、安置照顧,以推展兒童及少年福利
服務業務,新的組織編制送台北市議會審訂。

高雄市社會局係以五科六室及附屬單位來推動社會工作。
目前高雄市政府未隨著二○○三年五月兒童少年福利法公布而
改變其組織編制,未來會加以調整,再送高雄市議會審訂。

台北市、高雄市政府亦依據兒童福利法第十條規定,分別
設有「兒童、老人、殘障福利促進委員會」,其設置亦依照一九
八一年四月二十七日內政部發布之「省(市)、縣(市)兒童福
利、老人福利、殘障福利促進委員會組織章程」辦理。其任務
與「內政部兒童福利、老人福利、殘障福利促進委員會」大致
相同。

・縣市及鄉鎮市區兒童少年福利行政組織體系

　　目前台灣省各縣市中，兒童福利行政主管機關乃依「台灣省各縣市政府組織規程準則」規定，人口一百五十萬以上者，設社會局；人口五十萬以上為滿一百五十萬者，設社會科；人口未滿五十萬者設社會課。此即為我國地方政府的兒童福利行政主管機關。

■兒童少年福利行政組織的運作

　　我國行政組織的運作主要是靠法定的行政監督權來對下屬機關進行行政監督，以達到層層管制之目的。而行政監督乃是上級機關管制、考核下級行政機關行政績效的手段。至於福利服務之提供除了法定之政府行政部門之外，在福利服務多元化之下，還有民間機構及團體的來源，所以，要確保福利服務輸送體系得以運作及產生其應有的績效，實有賴於政府與民間共同參與，並建立服務輸送的網絡，以確保兒童福利服務得以有效的運作。

　　福利服務輸送體系係指組織體系或組織群體從環境中獲取資源，再將此資源轉化為福利方案或服務提供給案主。其中涉及服務組織所形成的網絡結構以及輸入、投入、轉換、儲存、產出、輸出及回饋等過程。目前，我國兒童福利輸送體系的運作主要是依賴法定的兒童福利體系，兒童福利服務機構和學術研究及壓力團體，就兒童福利輸送體系來看，其執行也有限制，因為兒童福利在立法上的內容涉及衛生、教育、司法及社政，而且台灣地區社會福利資源手冊中對兒童福利服務機構的分類來看，其中包括：直接服務機構、特殊教育及兒童福利協（學）會、基金會等，但相關的福利行政單位與學術單位則分別自成一類，未區分出兒童福利及其他社會福利單位（台灣省政

府社會處，1991；郭靜晃、曾華源，2000）。

我國兒童福利服務輸送體系的組織中有福利、教育、衛生及司法四個領域的公、私立機構、設施所組成。其中包括有各級行政機關所附屬之公立兒童福利設施，以及全國性及地方性的私立兒童福利設施及人民或社會團體，共同爲兒童提供直接或間接的福利服務。

然而，我國現行的兒童福利輸送體系，由於各領域之間的本位主義，專責的兒童福利主管機關位階又低，此外，公私立兒童福利服務機構的類型又十分複雜，性質亦多有不同，類此種種，皆造成全面性的兒童福利事務窒礙難行，因此，我們需要有完善的政策來整合兒童福利服務輸送體系，以有效推行兒童福利事務。若以機構本身的行政觀點，更需要內部組織的重組和外在任務環境上的調適，則不免有所謂「牽一髮而動全身」的問題和困難（施教裕，1996）。所以說，任何相關福利服務之輸送機構爲達有效之服務輸送，必須面對獲得董事會之決策支持、組織任務之調整、員額擴編、預算爭取、服務品質之確認與督導，以及外在環境之資源開發、個案轉介和相關機構間之分工，及確保服務輸送網絡之建立。

(三)民間資源參與兒童少年福利服務之探討

社會福利事業是一種服務性質的工作，其目的在滿足人類基本生活的需要、解決社會問題與促進社會發展。而民間參與兒童少年福利服務的重要性，不外乎是讓人民生活不虞匱乏，免於恐懼，是政府責無旁貸的職責，亦是保障人民福祉的基本條件，惟單憑政府有限的人力、物力與財力，仍是相當有限。另外，由於我國國情特殊，國防預算比例較重，欲於短期內提

升社會福利支出實有其困難，所以必須動員民間力量，結合社會熱心人士與團體，共同參與社會福利建設，亦唯有政府、企業界，以及全體民眾的共同支持與配合，福利國家的理想才能邁向最適社會的坦途，實現民生主義安和樂利的均富社會。

在社會福利發展過程中，一九四〇年以後，因強調福利理念的國家責任，全民性社會福利體系的建立，民間團體已從社會福利服務的主要供應者之角色，退居於輔助性地位。直至一九九〇年後，由於福利國家發展的轉折，民間團體的重要性又開始受到福利學者及政界人士之注意。兒童福利需求的範圍與項目，隨著社會、家庭結構的轉變而日益廣泛、複雜，然而除了兒童之外，政府還得兼顧到其他族群的需要，單靠體制內的有限資源，勢必不足以滿足兒童的各項需求。兒童階段發展健全與否將持續影響其將來的成人生活，因此，民間資源投入兒童福利服務的行列，對兒童福利整體而言，重要性有三：

1.民間團體的福利服務，以地區性和特殊性見長，既能針對地區的個別需求提供服務，並可提供特殊性的服務，以滿足具有特殊需求的個人。兒童在不同的發展階段，有不同的發展需求，此外，一般正常健全的兒童與特殊兒童，兩者的福利服務需求殊異，民間資源的投入，可以矯正國家福利服務工作偏重「全民性」、由政府福利機構提供標準化和制度化的福利服務，及忽略了個人福利需求的個別性及特殊性的缺失，使兒童得到更具彈性而且周全的服務內涵。

2.民間團體辦理的福利服務，能激發個人積極參與福利服務活動，透過民間志願、互助的力量，充分動員制度之外一切可資運用的資源，更經由民間自發性的相互影響，使兒童福利服務網絡得以建立。

3.國家在緊縮福利支出之際，更有待民間團體福利服務的
積極介入，尤其兒童為一弱勢群體，在資源配置、利益
分享的過程中，極易受到忽視，民間私人的投入，可以
填補政府福利服務機構退出所留下的一些福利服務。

有的學者指出，福利國家政府介入社會福利服務，是為了
保障人民生活不因生、老、病、死等不可抗拒的原因之威脅，
用以維持一定的生活品質。而過度強調其福利的功能與期待
時，已導致福利國家財政危機和科層制上的危機。目前大多數
福利國家採取的修正路線是採「與民間合作」的模式，或「鼓
勵民間自行籌辦」的方式。此外，民間團體參與社會福利服
務，可以彌補政府科層體制上的限制，在福利設計上比較有彈
性和創新，更可從事實驗性的方法尋求有效的服務提供（萬育
維，1992）。為補充政府功能之不足，台灣地區民間兒童福利機
構提供多元化之福利服務，包括：

1.支持性兒童福利服務：兒童保護、未婚媽媽的服務、兒
童及家庭諮詢服務、衛生保健諮詢服務、心理衛生工
作、諮商與輔導。
2.補充性兒童福利服務：托育服務、醫療補助、醫療服
務、經濟扶助、家務員服務。
3.替代性兒童福利服務：寄養服務、兒童收養、兒童安置
與收容等服務。
4.其他兒童福利服務工作：例如，保母訓練、保育人員訓
練。

我國近年來正積極建構整體社會福利，為防範各福利國家
社會福利制度既已發生的缺失，又要珍惜得之不易的政府福利
預算，鼓勵民間團體參與社會福利服務便成為當前重要的課

題。

■民間團體參與提供社會（兒童少年）福利之優點

其實民間團體具有現代社會的功能，其參與社會（兒童）福利服務，與政府機構辦理社會福利服務，有其不同之處，其相異處，正是它的優點，茲分別列述如下（Seader, 1986；王國聯，1991）：

1. 政府福利機構的組織，其設立、組織、職掌有一定的法定程序，它無法隨著社會急速變遷的需要，適時修正政府機（構）關的組織法規，而民間團體在這方面彈性大，無此限制與缺點。

2. 政府機構用人政策受法規、預算等之限制。但民間團體之用人限制較少，且為提高服務品質，民間團體用人已逐漸朝向專才、專用之要求，如此一來，可減少市政費用的支出。

3. 政府機構較具全面性，須注意均衡發展，面面俱到。民間團體則可對特殊之對象及需要，在某一時段，對某些服務集中力量全力以赴，不必受普遍性之牽制。更可專注於其專長之服務，匯集所有可運用之力量予以資助，易獲效益。

4. 政府機構推展工作，須先有完整之計畫，故對突發事件之服務，常措手不及，不易應對，民間團體對於突發事件的應變能力因較具彈性，比政府機構更具應變力，藉由私人部門的效率，減輕納稅人的支付成本，並透過風險轉移或分擔的方式以降低政府所承擔的風險。

5. 政府機構常在某一時段性工作完成後，對應階段性需要增加之員額，不易解決裁員問題；但民間團體可採「借

調」、「聘僱」、「委託」等方式用人，於工作完成即行
解除聘僱契約，沒有所謂裁員的問題。

6.政府機構的科層體制易形成官僚，作風保守，與民眾之
間較易有隔閡，服務態度較差。民間團體的投入，可在
不增加稅賦及服務費用支出的情況下，維持或提高服務
的水準。

■民間團體參與兒童福利服務的方式

所謂「民間團體」，泛指依人民團體法籌組之職業團體、社
會團體和政治團體，以及依法成立之各類財團法人。這些民間
團體，都是由志趣相同的一群人，或捐集一定的基金，基於共
同理想、目標，或共同利益，爲達一定目標而籌組設立。團體
雖各有其特殊性，但均具有中介性、社會性及地緣性功能。所
謂中介性功能是指成員可透過團體向政府提出建言，增強服務
內容的完整性；向下可配合政府的施政，奉獻力量，出錢出
力，提升生活品質。所謂社會性功能，是因爲團體都是公益性
之社會組織或財團，對社會建設，促進社會福祉、和諧，都承
擔了一些責任。至於地緣性功能，重在職業團體之農漁會、教
育會及社會團體之婦女會、獅子會、青商會、各種福利性協
會，均設有基層組織，其上級團體和其他人民團體之組織區
域，及財團之設立，亦大都與行政區域相配合，足見其具有地
緣性功能之意義（王國聯，1994）。

民間團體參與、介入兒童福利服務之方式，一般而言有三
種（王國聯，1994）：

1.民間團體自辦福利機構提供福利服務。

2.由政府提供福利設備或經費委由民間團體提供福利服
務。

3.由民間團體提供財源委由政府設立之福利機構辦理福利
服務。也就是由民間團體提供人力、物力和財力，參與
社會福利服務工作。而爲了保障一定水準之福利服務品
質，政府對民間團體辦理之社會福利服務，均訂有一定
之標準，以保障服務使用者（即消費者）的權益。

民間團體參與兒童福利服務，並不代表政府完全放手不
管，事實上政府仍舊必須負起監督及提供民眾所需服務的責任
（Alan, 1986），只不過藉由市場化自由運作的原則：競爭及有效
率的經營，試圖減低政府在社會福利方面的預算，同時又希望
能不降低服務的品質；民間團體參與兒童福利服務是政府在面
對日趨減少的福利資源，卻又不希望減少福利服務提供的多樣
性所衍生出來的策略，於是，在縮小公共福利部門的範圍和效
率的要求下，這是不可避免的趨勢（謝美娥，1991）。

因此，民間團體參與兒童福利服務提供的方式，可有下列
幾項（許榮宗，1987；吳老德，1988；孫健忠，1988）：

1.推展志願服務。
2.重視基層參與，建立社會支持系統。
3.商業市場的提供。
4.民間慈善與公益團體。

■民間提供兒童福利服務在我國的適用性

由於政府單位擁有的資源極爲有限，因此，將來使用民間
團體參與兒童福利服務的策略以提供福利服務的多樣性，應該
是可以採行的辦法。在考慮民間團體參與兒童福利服務時，應
準備下列的工作（謝美娥，1991）：

1.評估福利需求的優先順序。

2.對現有福利資源與措施的調查。

3.私立機構的財務管理與資訊系統是否完備。

4.私立機構是否要在組織功能上調整。

5.決定民間團體參與兒童福利服務的形式。

6.價格的決定。

7.設立限制（regulations）。

8.訓練政府行政部門的工作人員。

　　檢證歷年來內政部辦理獎助情形，發現內政部在嘗試拓廣政府與民間協調合作辦理兒童福利的方式上，包含下列幾種方式：

1.委託方式：兒童家庭寄養、辦理社會工作員研習（討）會等，都是採行委託方式。

2.補助方式：補助成立兒童館、親子館及青少年福利服務中心、兒童課後收托、親子活動等皆屬之；透過經費補助方式，提高社會資源參與的興趣及服務品質。

3.獎助方式：給予全額經費或大部分經費，進行專案式的協助，並進行創新業務的試驗，於年度執行完竣後，委託專人組成評鑑小組實地考評及檢討。

4.公設民營方式：由政府全額補助房舍建築及內部所需設備器材，交由民間負責管理經營。

5.決策分享（相對補助）方式：內政部當前推動全國性基金會聯合會報工作方式屬之。全國性基金會聯合會報以基金孳息來推動福利工作，內政部則提供與該孳息同額之相對補助，在充裕經費中並肩努力，在決策分享中擴大服務層面。縣市政府為強化社會福利服務功能，拓廣服務範圍而須增聘社會工作員員額，便可在此方式下使

政府與民眾兩相獲利。民眾能因社會工作員的增加得到質量兼顧的專業服務，而地方政府則在增聘兩名社會工作員而由中央補助一名人事費的配額，減輕了地方財政上的負擔。

內政部為了策動各級地方政府辦理各項社會福利服務，於一九八九年訂頒「內政部加強推展社會福利獎勵作業要點」，透過獎助，結合民間團體貫徹社會福利政策與措施，其獎助對象除各級地方政府及公立社福機構外，還包括：(1)財團法人社會福利機構、財團法人宗教組織或社會福利慈善基金會附設社會福利設施者；(2)社團（法人）或社區組織其會務健全，著有成效者，社團若未辦理法人登記者，僅獎助其經常部門之工作項目。這些民間團體，若專設有部門或訂有專項計畫，辦理兒童、少年、婦女、老人、殘障福利服務，以及辦理社會救助、志願服務、社區發展等業務，均可透過各級地方政府向內政部提出申請，其獎助額度，依其工作項目及地區（離島及偏遠地區可提高獎助額度20％），按一般原則（獎助70％）或特殊原則（最高可全額補助）決定，其最高者可獲二億元左右之獎助經費。此要點訂頒以來，引進很多民間團體參與並擴大社會福利服務工作，該要點每年針對地方實際需要，配合中央之福利政策予以修正施行。

參考書目

中文部分

內政部（2004），《中華民國九十二年社政年報》，台北：內政部。

王國聯（1991），《我國工商業團體制度之研究》，台北：東華書局。

王國聯（1994），〈漫談——民間團體參與社會福利服務〉，《社會福利》，111期，頁26-31。

王順民（2000），〈兒童保護與安置政策〉，輯於「新世紀、新人類、新希望：展望二十世紀青少年兒童福利研討會」論文集，中國文化大學社會福利學系。

台灣省政府社會處（1991），《台灣地區社會福利資源手冊》，台灣省政府社會處。

立法院（2002），立法院第五屆第二會期衛生環境及社會福利委員會第十四次全體委員會議紀錄，《立法院公報》，92卷6期委員會紀錄。

主法院（2004），兒童少年福利法，《法規資源引介》，66，1-13，立法院國會圖書館編印。

郭靜晃（2003），〈建構青少年安全成長的福利體系〉，《社區發展季刊》，103期，頁1-3。

余漢儀（1995），〈受虐兒童通報法——兒童保護之迷思〉，《社區發展季刊》，69期，頁5-20。

吳老德（1988），〈社會福利與民間資源結合之探討〉，《社區發展季刊》，42期，頁22-29。

李園會編著（2000），《兒童權利公約》，台中：內政部兒童局。

李增祿（1986），《社會工作概論》，台北：巨流圖書公司。

李鐘元（1983），《兒童福利：理論與方法》，台北：金鼎。

沈俊賢（1992），《兒童福利體系組織績效分析模型之研究——以我國為例探討》，中國文化大學兒童福利研究所碩士論文。

周震歐（1997），《兒童福利》（修訂版），周震歐主編，台北：巨流圖書公司。

林勝義（2002），《兒童福利》，台北：五南圖書公司。

施教裕（1996），〈國內兒童及少年福利機構角色與功能轉型之探索——兼談多元化、專精化和社區化之展望〉，《社區發展季刊》，75

期，頁57-67。

孫健忠（1988），〈民間參與社會福利的理念與方式〉，《社區發展》，42期，頁10-11。

張秀玉（2002），〈大學部「社會工作價值與倫理」課程定位與課程內容之探討〉，《社區發展季刊》，99期，頁287-302。

許榮宗（1987），〈結合民間力量興辦社會福利事業〉，《社會福利》，48期，頁5-9。

郭靜晃（1999），〈邁向二十一世紀兒童福利的願景──以家庭為本位，落實整體兒童照顧政策〉，《社區發展季刊》，88期，頁118-131。

郭靜晃、彭淑華、張惠芬（1995），《兒童福利政策之研究》，內政部社會司委託研究。

郭靜晃、曾華源（2000），〈建構社會福利資源網絡策略之探討──以兒少福利輸送服務為例〉，《社區發展季刊》，89期，頁107-118。

陳武雄（2003），〈兒童及少年福利法之剖析〉，《社區發展季刊》，102期，頁139-141。

曾華源（1999），〈社會工作專業倫理困境與信託責任之探討〉，《社區發展季刊》，86期，頁54-79。

曾華源、胡慧嫈（2002），〈強化社會工作專業教育品質──建構「價值與倫理課程」為學校核心課程〉，《社區發展季刊》，99期，頁73-89。

曾華源、郭靜晃（1999），《少年福利》，台北：亞太圖書公司。

馮燕（1994），《兒童福利需求初步評估之研究》，內政部社會司委託研究。

馮燕（1999），〈新世紀兒童福利的願景與新作法〉，《社區發展季刊》，88期，頁104-117。

馮燕、李淑娟、謝友文、劉秀娟、彭淑華編著（2000），《兒童福利》，台北：國立空中大學。

馮燕、李淑娟、謝友文、劉秀娟、彭淑華編著（2002），《兒童福利》（第二版）。台北：國立空中大學。

萬育維（1992），〈從老人福利需求來看政府、民間與家庭的分工模式〉，1992年國家建設研究會社會福利研究分組研究報告。

詹火生（1987），《社會政策要論》，台北：巨流圖書公司。

劉邦富（1999），〈迎接千禧年兒童福利之展望〉，《社區發展季刊》，88期，頁97-103。

鄭淑燕（1992），〈關愛就是情，保護更是愛——兒童福利政策與措施的發展取向〉，輯錄於蔡漢賢編著，《福利策略與措施的商榷——整體的規劃，個別的入手》（頁15-26），台北：中華民國社區發展研究訓練中心。

賴月蜜（2003），〈兒童及少年福利法合併修法之歷程與爭議——民間團體推動修法之經驗〉，《社區發展季刊》，103期，頁50-65。

謝友文（1987），《青少年兒童福利政策與法規彙編》，台北：桂冠圖書公司。

謝友文（1991），《給孩子一個安全童年》，台北：牛頓。

謝友文（2000），〈兒童福利法規與行政體制〉，輯於馮燕等著，《兒童福利》，台北：國立空中大學。

謝美娥（1991），〈美國社會福利私有化爭議〉，《國立政治大學學報》，62期，頁137-153。

英文部分

Alan, K. (1986). Privatization and America's cities. *Public Management*, 68 (12), 3-5.

Bartlett, H. M. (1958). Working definition of social work practice. *Social Work*, 3, 6.

Boehm, W. (1959). *Objectives of the Social Work Curriculum of the Future*. NY: Council on Social Work Education.

Gil, D. G. (1981). The United States versus child abuse. In L. Pelton (ed.), *The Social Context of Child Abuse and Neglect*. New York: Human Service Press.

Hayes, C. D., Palmer, J. L., Zaslow, M., & National Research Council Panel on Child Care Policy (1990). *Who Care for American's Children? Child Care Policy for the 1990's*. Washington DC: National Academy of Sciences Press.

Joseph, M. P. (2003). Right to life: Fulcrum of child rights. 國立屏東科技大學：兒童人權與福利學術研討會，2003年12月22日

Kadushin, A. & Martin, J. A. (1988). *Child Welfare Service* (4th ed.). New York: McMillan.

Lindsey, D. (1994). *The Welfare for Children*. New York: Oxford University Press.

Mather, J. H. & Lager, P. B. (2000). *Child Welfare: A Unifying Model of Practice*. CA: Brooks/ Cole/ Thomson Learning.

Mckillip, J. (1987). *Need Analysis: Tools for the Human Services and Education*. Sage Publications, Inc.

NASW (1982). *NASW Standards for the Classification of Social Work Practice*. MD: Silverspring.

NASW (1996). *Code of Ethics of the National Association of Social Workers*. Washington, DC: NASW.

Pillari, V. (1998). *Human Behavior in the Social Environment* (2nd ed.). New York: Wadsworth.

Popple, P. R. & Leighninger, L. (1996). *Social Work, Social Welfare and American Society* (3rd ed.). Boston, MA: Allyn and Bacon.

Saleebey, D. (1992). *The Strengths Perspective in Social Work Practice*. New York: Addison-Wesley.

Seader, D. (1986). Privatization and America's cities. *Public Management, 68*(12), 6-9.

Siporin, M. (1975). *Introduction to Social Work Practice*. NY: Macmillan Publishing Co., Inc.

Wringe, C. A. (1985). *Children's Rights: A Philosophical Study*. Landon: Routledge & Kegan Paul.

網站

馮燕（2002）。二〇〇二年兒童人權指標調查報告，取自 http://www.cahr.org.tw/ HRindicator/child.htm

Chapter

04

第四章　兒童福利服務

郭　靜　晃

•美國俄亥俄州立大學家庭關
　係與人類發展學系博士
•中國文化大學社會福利學系
　教授兼系主任

前言

　　綜觀現今的社會，由於面臨整體社會環境的變遷，包括：人口及家庭結構的轉變（如雙薪家庭及單親家庭數量的增加、家庭核心化）、鄰里力量削減、婦女因經濟因素外出工作的比率增加等等變化，加上兒童照顧之政策也尚未全面普及。整體而言，台灣現階段兒童照顧政策仍是殘補的提供弱勢兒童，趨向社會救助的補助方式，使得家庭照顧兒童的負擔越來越沈重，而受到最直接影響的即是家庭中的兒童及父母。

　　本章主要就兒童福利服務之內容，包括：支持性、補充性、替代性之兒童福利服務及兒童保護服務的措施與作法。支持性兒童福利服務之目的在於支持、增進及強化家庭功能、滿足兒童需求之能力，並運用家庭以外的資源提供給原生家庭，使原生家庭成為兒童最佳的成長環境；而補充性之兒童福利服務，其主要目的在彌補家庭對其子女照顧之不足或不適當的情況下，給予家庭系統之外的福利服務；替代性的兒童福利服務目的在針對兒童之實際需求，提供一部分或全部替代家庭照顧的功能；而兒童保護服務是兒童福利服務主要工作內容之一，所以兒童保護之福利政策可以說是要運用一切有效之社會資源（專業服務及相關體系的資源），滿足兒童時期生理、心理及社會環境的需求，促使兒童得以充分發揮其潛能，達成均衡且健全發展之目的的計畫與方案。

　　兒童福利已不再是單純的人道主義問題，至少目前世界潮流對兒童福利努力的目標，已不只是消極的針對需要救濟和特別照顧的不幸兒童，而是更進一步積極對每個兒童權益的保

護，包括各種福利需求，如教育、衛生、社會各方面的福利事業。檢視台灣目前對於兒童福利服務之相關政策及措施是否真正落實，其權益是否受到正視及保護，相關福利政策之制定應以此為重點，才能使兒童的需求獲得真正的滿足。

一、支持性的兒童福利服務

　　兒童福利是社會福利的一環，社會福利涵蓋社會保險、社會救助及福利服務三方面。Kadushin及Martin（1988）以服務輸送提供與家庭功能間的關係，也就是說，利用兒童服務輸送以其和家庭系統互動的目的及所產生的家庭功能，將兒童福利服務分為三類：支持性、補充性及替代性的兒童福利服務。

　　支持性的兒童福利服務即是運用家庭外之資源給予原生家庭的支持，也是兒童福利服務的第一道防線，即當家庭結構仍然完整，但家庭關係及親子關係產生緊張，使家庭成員承受壓力，若其壓力持續進行而未能減緩，將導致家庭結構之破壞，如遺棄、分居離居或其他危機時，也可能產生兒虐事件，則可經由以家庭為本位的計畫及兒少保護機構所提供之支持性服務，並借助家庭本身的力量，增強父母親的努力；致力處理父母的婚姻衝突，設法減低親子關係的緊張，使得家庭功能得以修補、維持、改善，以免兒童少年產生不良之影響（陳武雄，2003）。其具體的措施包括有兒童少年與家庭諮詢輔導服務、兒童少年休閒娛樂、發展遲緩兒童療育服務、未婚媽媽及其子女服務等。

(一)兒童少年與家庭諮詢輔導服務

我國兒童少年福利法第十九條規定：直轄市、縣（市）政府，應鼓勵、輔導、委託民間或自行辦理兒童及少年福利措施，包括對兒童其家庭提供諮詢輔導服務（第三款）以及辦理親職教育（第四款）。

馮燕（1994）受內政部委託所做的「兒童福利需求初步評估之研究」發現：由於家庭照顧與保護功能受損、衰退或喪失之後，導致兒童福利需求日趨殷切，故維護家庭功能是最能預防兒童遭遇不幸之基本計策，又投資預防防線之一元經費可比事後矯治、安置的三至七元治療費用。王麗容（1992）受內政部社會局所委託之「台北市婦女就業與兒童福利需求之研究」發現：台北市兒童之家長對於支持性兒童福利之需求順位相當高，包括親職教育、諮詢服務、兒童問題諮詢服務、婚姻問題諮詢服務、家人關係諮詢服務等家庭諮詢服務等，占了五成以上。

此外，內政部統計處（1997）在一九九五年所做的「兒童生活狀況調查」資料中也發現：台灣地區家長之育兒知識來源絕大多數是來自「傳統育兒經驗（長輩親友傳授）」、「同輩親友討論」，絕少是來自「參與婦女、親子、育女有關座談、演講活動」或「參與保育方面的訓練課程」。而《天下雜誌》在一九九九年十一月特以零至六歲學齡前教育為主題，做了一系列的專刊報導，其中更以一九九九年十月間針對台灣學齡前兒童之家長進行「兒童養育與親子關係調查」發現：現代父母都希望當個好父母，有69.0％之父母認為孩子是三歲看大、六歲看老，零至六歲是一生最重要的發展關鍵期。有31.6％認為培養

孩子健全人格發展是首要責任，但是他們卻也表示不知如何教養兒童，可以顯現目前家長在養育子女之認知與行為存有一段落差。

　　環顧今日台灣社會的家庭，面臨各種變遷，衍生各種問題，如壓力日增、離婚率不斷提升，而使得破碎家庭數目漸增，單親家庭、再婚家庭問題也隨之而來，此種情形造成兒童及少年產生問題行為，甚至造成犯罪事件。

　　兒童家庭福利服務在實行方面大致可分為兩類：一為家庭服務機構，其功能在解決個人與家庭的問題，舉凡父母管教子女的問題、家中手足關係緊張、夫妻婚姻關係失調、失業、住屋、工作壓力使得父母扮演親職角色的困難，都可以藉由家庭諮商服務獲得改善；另一為兒童輔導中心，亦為兒童諮詢輔導，主要在於解決兒童適應及行為問題，舉凡兒童發展的問題、人格問題、反社會行為、精神病變問題、心身症、兒童在家庭或學校中與同儕團體關係不佳、學業表現低落、學習困難、情緒困擾等，都可藉由對兒童本身進行輔導諮商來改善兒童的適應問題。兒童家庭福利服務，即為針對兒童本身及其所處的家庭環境兩方面，提供適當諮詢，雙管齊下，直接及間接促進兒童福祉。

　　家庭服務，緣起於慈善組織（charity organization），以美國為例，係在一八八○年逐漸形成，一九三○年代，因「經濟大恐慌」（the Great Depression），除對受助者提供經濟上的支持以外，更因服務方式的演進，與受助者為友，透過個人的影響力及社工員的興趣，協助案主運用具體資源以自助，服務功能也從賑濟定位至解決人際關係的困擾、情緒問題、家人關係問題、親子問題、婚姻適應問題。直至一九五○年代，此服務之重點的轉變為社會大眾所接受，美國家庭服務協會（The

Family Service Association, 1953）宣示，機構主要宗旨爲「增進家人和諧關係、強化家庭生活的正面價值、促進健康的人格發展及各家庭成員滿足的社會功能」（鄭瑞隆，1997）。

而兒童諮詢服務則最早源於對青少年犯罪問題的研究。從四個方面來瞭解兒童及青少年，包括：以醫學檢查兒童生理特質與能力；以心理測驗評量兒童智慧能力；以精神科面談來評估兒童的態度與心理狀況；探討兒童生命發展史及社會環境。從生理、心理及社會來探討兒童問題行爲之原因，爲今日兒童諮商輔導的主要診斷方法（鄭瑞隆，1997）。

我國目前的兒童家庭福利服務在家庭諮詢服務部分，多由社政單位配合教育單位以及部分民間團體，如「救國團張老師」、社會福利機構實施。依據行政院一九八六年三月核定「加強家庭教育促進社會和諧五年計畫實施方案暨修正計畫」所成立之「家庭教育服務中心」，在全省共有二十三個縣市提供家庭諮詢服務，加強家庭倫理觀念，強化親職教育功能，協助父母扮演正確角色，引導青少年身心之健全發展，協助全省民眾建立幸福家庭，促進社會整體和諧。家庭教育服務中心是我國專責推廣家庭教育機構，兒童及家庭諮詢爲其工作項目之一。此外，省政府社會處指示台北、台中及高雄等三所省立育幼院（二〇〇〇年後配合廢省已改爲北、中、南部兒童之家），設置兒童諮詢中心，截至一九九〇年七月止，三所累計接案次數達4四千二百一十六件，且彙編個案資料編印成書，拓展兒童福利宣導。台北市政府社會局亦於一九七五年十月成立兒童福利諮詢中心，提供有關兒童福利措施之解答。民間一般社會機構（如信誼基金會、家扶中心、友緣基金會）及諮商輔導機構（如救國團張老師）亦常附設「家庭諮詢專線」提供民眾有關子女教育、管教問題、親子關係失調的電話諮詢，或是定期舉行開

放式的親職教育座談、演講，或是透過與廣電基金合作製播探討及解決家庭問題（如《愛的進行式》）之戲劇節目，以推廣家庭服務。

　　兒童問題輔導方面，則以台大兒童心理衛生中心、北區心理衛生中心以及各醫院的兒童心理健康門診，提供有關兒童精神疾病、問題行為、身心障礙等復健及治療服務。一般兒童福利機構亦提供家長及兒童有關學業輔導、人際問題、問題行為以及發展特質等諮詢服務。

　　前面所述，我國目前部分機構提供兒童與家庭諮詢服務，但就王麗容（1992）的研究推估顯示，僅台北市一處便有十萬名以上的家長需要支持性兒童福利服務。「一九九二年及一九九五年台灣地區兒童生活狀況調查」亦顯示，家長認為在養育子女時所面臨的困難有：兒童休閒場地及規劃化活動不夠、父母時間不夠、不知如何培養孩子的才能，或如何帶孩子、課後托育及送托的問題等等，且在管教子女的過程中亦曾遭遇子女愛吵鬧、脾氣壞、說謊、對子女學業表現不滿意、情緒不穩、打架、父母間或父母與祖父母間意見不一致，甚至不知如何管教子女等難題，而處理這些難題的方式，通常是家長採取自己的方法解決，或者是向學校老師、親朋好友求教，而向專業的政府機構或是民間機構求教者未達3％（內政部統計處，1997）。

　　除此之外，家長對於政府所辦理的兒童福利機構或措施的利用及瞭解情形，除了公立托兒所、兒童教育及休閒設施等福利機構較為知道且利用外，其餘的兒童福利服務措施包括有：兒童生活補助、親職教育活動、個案輔導、寄養家庭、醫療補助、低收入兒童在宅服務、保護專線、兒童養護機構，均顯示不知道而未利用。在王麗容（1992）的調查研究中亦有結果顯

示，家長認為目前政府應加強辦理的兒童福利措施包括有：兒童健康保險、增設公立托兒所與托嬰所及課後托育中心、增設兒童專科醫療所、醫療補助、籌設兒童福利服務中心、推廣親職教育、增加兒童心理衛生服務等項目，每一項目均有超過9％以上（最高的有50％以上）的兒童家長人口表示應加強該項福利服務措施。若以一九九二年及一九九五年台灣地區兒童生活狀況調查結果來推算，因應上述需求的綜合性家庭福利服務機構在我國實為數不多，甚至缺乏，相對地，我國從事兒童及家庭諮詢的專業人員目前亦缺乏整合（內政部統計處，1997）。

反觀國外，以日本與美國為例。在日本，兒童相談所（即兒童諮商所）為一根據日本兒童福利法所設置主要專門的行政機關，兼具兒童福利服務機關以及行政機關的雙重角色。而且兒童諮商所的設置，乃斟酌該區域兒童人口及其他社會環境以決定管轄區域之範圍，切實提供日本家長與兒童諮商服務。另外，在美國亦有社區心理衛生中心及兒童諮詢機構深入社區以服務民眾，對於僅需協談與諮詢即可加強其功能的家庭而言，成效頗佳。

兒童福利服務的提供有三道防線，家庭與兒童諮商服務乃屬第一道防線，若能在兒童與家庭出現問題時，立即提供輔導與支持，防微杜漸，或許可加以預防，使兒童不致遭受不可磨滅的傷害。因此，我國未來制訂兒童與家庭諮詢福利服務之家庭照顧政策時，可參考的因素有：

1.人口因素：不同發展年齡之兒童人口數量。
2.行政機構：規定設立一定比例之兒童與家庭福利服務之行政專責機關，並提供綜合服務。
3.研發工作：鼓勵相關研究，包括：兒童發展、社會個案工作、家族治療、調查兒童生活狀況等研究工作。

4.專業社工：專業人員的養成教育及訓練工作。

5.行政配合落實社區：社政單位應與教育部門配合，以社區為中心，以家庭為單位實施，如於各級學校內增設家長與學生輔導室，或於衛生所、區公所設立家庭諮詢中心，以及社區內設立兒童心理衛生中心。

6.立法明令：界定兒童心理衛生中心以及兒童與家庭諮詢服務中心的設立範圍與標準。

(二)發展遲緩兒童療育服務

就兒童發展的觀點來看，嬰幼兒的生長環境對其日後的學習發展有著重大的影響。這個觀點在一九五〇、一九六〇年代的研究調查即被證實，人類在嬰幼兒時期確實是具有學習能力的。現今，大多數的發展理論也強調，兒童早期的成長與日後的發展與學習之間的關係與重要性，早期療育便嘗試以提供兒童刺激以及其他方面的環境刺激方式，避免未來發展遲緩和智能不足的現象產生，而且也應驗「預防勝於治療」（prevention is better than cure）之觀點。

早期療育的基本前提是人類的能力是可改變的，物質環境、營養、教育、家庭、親子關係等都會影響兒童的發展。早期療育的實施對發展遲緩兒童來說，不但可以提供心理、身體等各方面發展的機會與經驗，同時，父母的參與也可以獲得教導發展遲緩兒童的特別技能。所以，早期療育對於兒童與家庭的重要性，不僅是將障礙兒童的潛能做最大發揮，也是協助家庭減輕因為障礙兒童所產生的壓力，更能減少國家未來對於障礙者所投注的各項成本。早期療育便是希望透過專業性的整合服務，提供障礙兒童與家庭所需的服務，協助家庭對於資源的

認識與使用的能力，讓家庭擁有較佳的能力，提供障礙兒童在家庭也能獲得最佳的成長機會，這也是兒童福利領域之社會工作者所努力提供資源強化及支持兒童及其家庭，並引領家庭能朝向獨立照顧之目標。

依據聯合國世界衛生組織的統計，今日每投資一元於療育工作，日後將可節省三元的特殊教育成本；三歲以前所做的療育功效是往後的十倍。同時，兒童越早接受早期療育服務，其日後之教育投資也遠比晚一些接受早期療育服務之兒童來得少，這對日後社會投資及社會層面之影響也不小。

發展遲緩或障礙兒童，由於先天智能與生理方面的缺陷，影響後天能力之發展，此種情形造成家庭很大的焦慮及壓力，因此，此種有異常發展兒童的家庭更需要協助，以期「早期發現，早期療育」。基於兒童權利宣言，每個兒童都享有其基本權利，例如，平等權、受教權、生存發展權、特別權、醫療權、受關愛及照顧權等。據聯合國世界衛生組織（WHO）估計，發展遲緩兒童的發生率約為7%，而台北人每年估計約有兩千人左右（以出生人口三萬人之7%估計）。這些兒童及其家庭將會承受相當多的負擔。我國在一九九三年第一次兒童福利法修正，一九九七年身心障礙者保護法及二○○一年特殊教育法的修正案通過，皆已經公開明示特殊兒童（包括發展遲緩兒童）的早期療育服務已成為既定的福利政策，並結合衛生、福利與教育三大領域的專業及行政資源，共同解決特殊發展需求兒童之健康照顧政策。

此外，二○○三年兒童及少年福利法合併修法。兒童及少年福利法（第十九、二十一、二十二、二十三、五十條）與之前二○○一年特殊教育法（第八條）皆規定各級政府應規劃辦理發展遲緩兒童的早期療育服務工作及特殊教育，並成立早期

療育中心及通報轉介中心。時至二〇〇〇年十一月底，全台共有二十一縣市成立通報轉介中心，然而二十一個縣市中在名稱上相當分歧，有稱為早期療育綜合服務中心、早期療育通報及轉介中心、早期療育通報系統及轉介中心、早期療育轉介中心、早期療育通報暨轉介中心、早期療育發展中心、殘障福利服務中心附設早療通報轉介中心、早期療育通報轉介中心、早期療育服務、個案管理中心……等。在結合（委託）辦理單位性質方面也有所不同，政府除自行創辦某些業務之外，更委託機構、協會、基金會或醫院辦理，往往一個早療中心委託出去包含許多可能的組合，以目前而言計有五個協會、十個機構（係指提供住宿、日托的機構或中心）、十一個基金會及其分事務所（指提供個案服務、諮詢轉介為主，例如家扶中心、伊甸社會福利基金會高雄市事務所）以及一個醫院接受委託，而服務項目的提供也有相當的差異。再者，個管中心也逐步成立。又另者，在衛生署的補助之下，全台目前已有十一家醫院辦理早期療育評估鑑定或是治療的工作。至於教育部也相繼補助成立學前特教班（萬育維、王文娟，2002）。

　　依據法源，早期療育中心是機構，由兒童福利主管機關所管，原本設立的目的和宗旨應不僅止於通報轉介中心、聯合評估中心、個管中心、學前特教班，應是一綜合性的中心，包括了發展遲緩兒童療育服務應涵蓋的所有項目。但是目前執行早期療育的相關服務機構屬性卻是十分分歧，是醫療？教育？抑或社會福利服務？

　1.特殊發展需求兒童健康照顧的供需課題：

　　(1)潛藏的特殊發展需求兒童仍待發掘：除了一般性的兒童健康照顧議題之外，特殊發展需求兒童的健康照顧

也呈現多面向的需求。根據統計資料指出，在發展上具特殊健康照顧需求的兒童人數眾多，並且根據其不同的發展特質而具多樣的健康照顧需求，然而除了已浮現特殊需求的兒童之外，其實大多數發展遲緩兒童仍未被發掘，對於兒童個人身心健康及社會整體發展有極大影響，如何發掘這群潛在的人口群，以適切提供健康照顧服務，是目前亟待克服的困境。

(2)特殊發展需求兒童健康照顧相關法令：

A.身心障礙兒童與發展遲緩兒童的法令區隔：在發展上有特殊需求的兒童可分為兩類，一為身心障礙兒童，另一為發展遲緩兒童。身心障礙兒童依身心障礙鑑定標準評估鑑定之後，在健康照顧上歸由身心障礙者保護法來規範保障其健康及照顧其權益，進行各種健康檢查、醫療復健，以及福利補助，這種身心障礙鑑定和分類系統，由各障礙別及等級架構而成，大都以生物體損傷的程度來分類並區分等級，這使得有些特殊病理損傷、障礙或功能受到阻礙者無法得到該法的保障，而徘徊在政府的社會安全保障範圍之外。

在這套分類系統之下，發展遲緩兒童也就因為發展狀況的不明，而排除在身心障礙者保護法的福利保障之外，但是其特殊的發展需求又非兒童福利法對一般兒童的保障即可滿足，對於此類特殊發展需求兒童的健康照顧規範，也只能模糊而零星地散見於兒童福利法、身心障礙者保護法、特殊教育法之中。

B.法令對特殊發展需求兒童健康照顧的規範：兒童少

年福利法雖然已明文訂定兒童健康維護相關規範，然而，本法對於兒童健康照顧層面的權益，仍多半只具有宣示性的意義而缺乏實際的執行力，如第五十條規定縣市政府應自行創辦或獎勵民間辦理兒童醫院、發展遲緩兒童早期療育中心、兒童心理衛生中心等，但執行面人力物力資源的明顯不足或缺乏，以發展遲緩兒童的早期療育爲例，邱怡玫、黃秀梨（1998）對台北市發展遲緩兒童早期療育醫療資源進行調查指出，台北市目前尚無嚴謹而完整的通報及轉介服務系統，85.3％的醫療院所願意在發現發展遲緩兒童時進行通報，41.2％的醫院提供身心障礙的鑑定工作，只有11.8％的醫療院所提供整體性專業診斷與評估，而近九成的醫院無專門負責發展遲緩兒童治療及復健的部門及人員（邱怡玫、黃秀梨，1998），以醫療資源最爲集中的台北市爲分析基礎，仍呈顯了現階段資源供給面的困境，更遑論其他地區的實施窘境。王國羽（1996）也針對政策規範內涵提出評析，指出兒童福利法施行細則第十一條雖然對於發展遲緩兒童的定義加以界定，不過，法令中並未清楚的指出主責的專業鑑定人員以及鑑定工具；而第十二條規定早期療育服務的團隊提供原則，但未進一步說明負責主導服務提供與輸送的單位（王國羽，1996）。這種供給面嚴重缺乏的情況，使得政策的規範停留在宣示性的階段，也使兒童健康照顧服務始終無法落實。

其他幾個法令規範內容，如兒童少年福利法、身心障礙者保護法及特殊教育法，對早期療育服務的提

供也有明確的規範，兒童少年福利法第二十三條「政府對發展遲緩及身心不健全之特殊兒童，應按其需要給予早期療育、醫療就業方面之特殊照顧」，明訂了政府的責任及針對發展遲緩及身心不健全兒童必須提供適當服務；施行細則第十二條指明早期療育的服務內涵，並且以專業團隊的合作原則提供服務。身心障礙者保護法也明定中央衛生主管機關應建立六歲以下疑似身心障礙兒童通報系統；身心障礙者保護法第十七條規定中央衛生主管機關應整合全國醫療資源，辦理幼兒健康檢查，提供身心障礙者適當之醫療復健及早期醫療等相關服務，特殊教育法則規範了特殊發展需求學生的教育協助及安置。從這些法規內容的確可以看出政策對於兒童身心健康的關注，並且在其中彰顯了政府責任，以及各專業必須整合提供服務的執行方向。

綜上所述，不難發現兒童健康照顧推行的困境，並不是單指法令規範的缺乏，事實上，法令規範並非不存在，而是實際上涉及了衛生醫療、教育、社政、戶政等多項專業的介入，只是專業之間缺乏對話和連結，使得服務的提供零碎或重疊，呈現片段且缺乏整體規劃的狀況，我們必須在執行面更進一步地檢視現行體制的執行現況及困境，以瞭解政策與執行面的落差。

(3)特殊發展需求兒童之健康照顧服務實施現況：

　　A.缺乏評估指標、工具與人力：兒童少年福利法第二十二條中明定「對發展遲緩之特殊兒童建立早期通報系統並提供早期療育服務」，同時，在施行細則

中，對於發展遲緩兒童的定義、主管機關及相關專
業人員的認定都有詳細的規範，雖有清晰的界定概
念，但卻未指明執行鑑定的人員，也缺乏評估的鑑
定工具，甚至缺乏比較的一般兒童發展常模。

B.法令規範缺乏執行力：目前，台灣的早期療育服務
流程大致可劃分為四個階段：通報、轉介、評估鑑
定、安置，北、中、南、東四區的規劃亦呈現極大
的差異，在兒童福利法施行細則第十二、十三條中
雖然明定「社會福利、衛生、教育等專業人員應以
團隊合作方式提供必要之服務」、「從事與兒童業務
有關之醫師、護士、社會工作員、臨床心理工作
者、教育人員、保育人員、警察、司法人員及其他
執行兒童福利業務人員，發現有疑似發展遲緩之特
殊兒童，應通報當地主管機關；而主管機關接獲通
報之後，結合機關單位共同辦理」。

整體而言，在政策規範中展現了政府積極介入保障
兒童權益的態度，也隱含了由地方政府主責統籌通
報轉介角色的意義，在通報義務的規範上，也有明
確的人員界定。除此之外，在早期療育的實施規劃
方面也考量了特殊需求兒童的複雜性，而規範了社
會福利、衛生、教育三個領域跨專業整合提供服
務。然而，由於法令中並沒有進一步說明主責服務
輸送的單位，專業人員對於早期療育的提供內涵、
流程、專業角色，以及團隊合作等尚未建立良好的
共識，因而使得目前的早期療育服務在專業整合及
服務輸送流程上造成困擾，很容易流於形式上的服
務，而無法達到早期療育的成效。因此，缺乏整體

的發展遲緩鑑定、通報、轉介、療育與復健的體系，各縣（市）之作法有差異存在，而衛生、教育與社政等各部門的合作，亦視各縣市承辦人之意願而有不同。

2.障礙兒童家庭需求與服務現況

(1)身心障礙者及其家庭之需求：從身心障礙者及其家庭照顧的需求中，可以歸納出就學、就醫、就業、就養為主要四大需求（周月清，2000），其中學前障礙兒童以就醫、就學需求部分為重。關於家庭因提供照顧工作所產生的壓力與需求，可分為身心情緒、社交生活、經濟、家庭關係及其他五個層面。

(2)目前實施之福利服務概況：截至二〇〇三年底，台灣二十五個直轄市、縣（市）政府都依法成立「發展遲緩兒童早期療育通報轉介中心」，藉由中心的設立，提供發展遲緩兒童較適切且完整的服務與協助。

台灣的早期療育服務的內容依據內政部的「發展遲緩兒童早期療育服務實施方案」，早期療育服務的實施包含下列幾個階段：通報→轉介中心→聯合評估→轉介中心→療育服務（內政部社會司，1997）（其流程如圖4-1所示）。根據服務流程，發現發展遲緩兒童早期療育服務的輸送，基本上包括通報、轉介、聯合評估、療育服務等四個流程。茲就四個流程所要執行的工作內容與實施現況敘述如下：

A.通報：早期療育服務的核心精神在於「早期發現與早期治療」，因此發展遲緩兒童是否能及早接受早期療育服務，便成為決定該項服務是否具有成效的重要關鍵。經由通報的實施，社政體系便能掌握早期

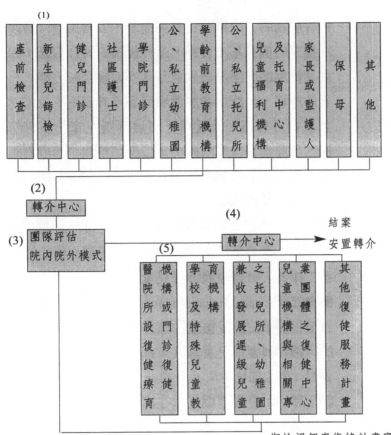

(1)

產前檢查	新生兒篩檢	健兒門診	社區護士	學院門診	公、私立幼稚園	學齡前教育機構	公、私立托兒所	及托育中心兒童福利機構	家長或監護人	保母	其他

(2)

轉介中心

(3)　團隊評估　院內院外模式

(4)　轉介中心　→　結案　安置轉介

(5)

醫院所設復健療育	機構或門診復健	學校及特殊兒童教	育機構	兼收發展遲緩兒童	之托兒所、幼稚園	兒童機構與相關專	業團體之復健中心	其他復健服務計畫

期檢視個案復健計畫實施成果，共報告轉介中心辦理結案或繼續安排評估

1.本流程按(1)、(2)、(3)、(4)、(5)順序進行，其中

(1)為通報者。

(2)為轉介中心，主要安排評估鑑定之轉介工作。

(3)為團隊評估，由醫療單位進行評估鑑定擬定個案療育計畫及建議。

(4)為轉介中心，主要安排療育安置之轉介工作，如無進一步安置需要則辦理結案。

(5)代表相關療育復健安置機構。

2.第(5)轉接點之各療育安置項目間互通。

圖4-1　發展遲緩兒童早期療育服務實施流程

療育服務的人口群的特質與需求，並藉由通報階段
所建立的個案基本資料，進行後續的轉介服務，如
此便能協助發展遲緩兒童及其家庭接受較完整、一
貫的服務，也能讓發展遲緩兒童及其家庭不致因為
無法獲得資源，而耽誤了發展遲緩兒童的療育契
機。因此通報這個階段，可以說是整個早期療育服
務的樞紐，若通報功能無法發揮，則將會嚴重影響
到後續服務的輸送與提供。

B.轉介：在發現兒童有發展遲緩現象之後，除儘速通
報之外，更重要的便是經由各地通報轉介中心的社
會工作者，針對發展遲緩兒童與家庭的需要，運用
個案管理（case management）的處置技巧，協助轉
介至相關單位接受後續的療育服務，透過轉介服務
能夠讓發展遲緩兒童暨其家庭得以運用適切的社會
資源（內政部社會司，1997）。

C.聯合評估：發展遲緩兒童在初步篩檢若發現有疑似
發展遲緩的現象，便要轉介至醫院進行醫療診斷的
工作，依每位發展遲緩兒童的狀況決定出哪些科別
或治療師進行評估。

在聯合評估階段須進行的工作內容包括：進行發展
遲緩兒童的診斷、完整之症狀功能評估、處理計畫
等工作，以便評估發展遲緩兒童各方面的發展狀
況；並將評估報告提供各通報轉介中心，進行後續
的療育安置計畫的參考；社會工作者則需要進行發
展遲緩兒童家庭在家庭功能、資源需求上的評估；
針對心理層面進行個人與家族的治療，將醫療團隊
的聯合評估或療育會議之結果，與家長協調溝通

等。

D. 療育服務：在發展遲緩兒童接受醫院單位評估鑑定，確定發展遲緩的事實之後，便由各直轄市、縣（市）政府通報及轉介中心的社工員依個案情況轉介適當的療育服務單位，提供療育服務的單位包括：醫療、特殊教育、幼兒教育單位、兒童福利機構等（內政部社會司，1997）。療育服務的實施內容除視個案程度的不同之外，也必須評估各個療育單位所能提供的服務內容，才能協助發展遲緩兒童與其家庭得到最適切的療育服務。

(三)未婚媽媽及其子女服務

　　台灣究竟有多少未婚媽媽及非婚生子女？據估計台灣約有12.95％之青少女未婚懷孕。歷年來，從台灣地區人口統計資料中顯示，未婚生子有逐漸增加之趨勢（林萬億、吳季芳，1995；藍采風，1995；林勝義，2002），以及台灣單親中屬於未婚生子類型所占比例也有逐年上升之情況（王麗容，1995；彭懷眞，1999；郭靜晃、吳幸玲，2003）。根據內政部戶政司最新統計的數據，二〇〇三年國內出生之嬰兒數218,900餘人（此為婚生子女數），而非婚生之嬰幼兒數為8,030人，其中有1,800人是透過私下收養或生父出面認領，而有6,184人為「父不詳」。未婚媽媽成為單親家庭，處於「女性貧窮化」及「年輕貧窮化」之雙重的不利因素，如果未能得到正式及非正式資源的協助，都會直接與間接影響其個人及其子女。目前國內之出生率逐年遞減，而非婚生子女數卻逐年上升，其中潛藏了許多令人擔憂的問題。

　　我國兒童少年福利法第十三條對於胎兒出生後七日內，接生人應將其出生之相關資料通報戶政及衛生主管機關備查，就是預防初生兒流入黑市販賣市場；第十九條第五款：對於無力撫育其未滿十二歲之子女或被監護人者，予以家庭生活扶助或醫療補助，及第十款：對於未婚懷孕或分娩而遭遇困境之婦嬰，要予以適當之安置及協助。這也顯示未婚媽媽及其子女之服務已成為我社會之問題情境，不僅政府重視，也經立法給予提供扶助或補助之規定。

　　未婚媽媽（unmarried mother）係指未有法定婚姻關係而生育子女之女性。從傳統以來，無論中外對於未婚生子的態度皆受到風俗習慣、社會制度、宗教信仰及法律的影響，而呈現污名化（stigmatization），尤其在一夫一妻制的婚姻體系中。時至今日，哈日風盛行，加上媒體的傳播，時下的年輕女性受日本援助交際及社會上包二奶次文化的影響，也造成未婚媽媽的個案數目有逐年上升的趨勢。

　　就歷史的演進趨勢來看，社會對未婚媽媽具有傾向負面的態度。但隨著社會演變形成去污名化之後，卻相對地形成社會的問題。例如英國十六世紀後半期之前，私生子並未被認為可恥；到了十六世紀至十九世紀，英國的清教徒對私生子持有較負面的態度，甚至在清貧法就明文規定救助這些沒人要的小孩（son of no one）：至二十世紀，從一九六九年開放墮胎以及性教育的保守，造成英國成為世界上第二多青少年未婚懷孕的國家，僅次於美國。

　　美國在一九六〇年代之前，社會上對未婚媽媽的態度頗受英國清教徒之禁慾主義影響，即使是社會安全法案通過，許多地方政府仍拒絕對未婚媽媽提供經濟援助；自一九六〇年代之後，受到性革命（sexual revaluation）及性放任（sexual permis-

siveness）的衝擊，尤其受到 Freud之心理分析理論及Kinsey博士的性調查研究之影響，促使美國對性的開放，但也造成青少年未婚媽媽比率上升，同時也增加非法墮胎人數及青少年感染性病，因此社會上開始覺悟要對未婚媽媽提供適當的照顧、教育與訓練，才有所謂「母親之家」之設置。一九七三年美國通過墮胎合法化法案，一九七八年通過青少年健康服務，預防與照顧懷孕法案，到了一九八〇年，才有專業之社工人員開始著手預防青少年未婚懷孕，以及萬一懷孕生子時，專業社工要協助青少年成為較有教能的父母（林淑芬，1987；Kadushin & Martin, 1988；陳淑琦，1997）。

我國在古代認為未婚懷孕生子是令家族蒙羞，甚至是不光彩的事，有時會強迫逼死未婚媽媽，促使女子墮胎或將私生子送給他人撫養；遇有家貧者，則將出生嬰兒棄於路旁或留置到育嬰堂。自宋代之後，我國設有留嬰堂、育嬰堂、仁濟堂、普濟堂，嬰兒可以內養與外領。自民國以來，各省則設有孤兒院、兒童教養所，均收養棄嬰，這也是我國最早的兒童福利機構（丁碧雲，1987）。

國內最早較有系統研究未婚媽媽相關領域的首推林淑芬（1987），其從報章雜誌中所得的統計數字，在一九八〇年代除了影視明星公開表示自己是未婚生子，加上家庭結構解組，社會上對貞操或性觀念開放，也造成台灣未婚生子的比例有逐年上升之趨勢。林淑芬（1987）及Kadushin與Martin（1988）皆指出，形成未婚媽媽的原因很多，包括個人因素（如道德或心理缺陷、生理衝動、性愛詮釋錯誤等）、文化因素（如援助交際、包二奶之次文化）、環境因素（如家庭失功能、色情傳媒、性教育不足、社會風氣開放）、意外事件（如約會強暴、性侵害），及其他（如藥物濫用、不願被婚姻約束）。

　　儘管形成未婚媽媽的成因很多，但青少年成為未婚媽媽將面臨失學、失業以及失去自信的窘境，接下來的流產、墮胎、自殺等事件也時有所聞，而如果選擇將孩子生下來，日後孩子的照顧、父親的責任確認，也都要面臨考驗。

　　兒童福利服務不僅要服務孩子也要顧及家庭，所以未婚媽媽的服務，是從發現媽媽未婚懷孕開始，一直到孩子受到妥善的安置為止，對孩子的安置，基本上有三種選擇方式：

1.由未婚媽媽生下來，自己或依賴未婚媽媽之家撫養。

2.由未婚媽媽同意，送適當家庭或機構收養。

3.由未婚媽媽同意，由父親或其家庭領養。

　　「未婚媽媽之家」（maternity home）是美國以及我國對未婚媽媽及其子女的服務，主要方式是收容未婚媽媽，待其生產後，並提供專業性的服務，以減少未婚媽媽的壓力及罪惡感，並對其子女提供適當的安置及收養或領養的安排。

　　國內的「未婚媽媽之家」均由教會或私人機構辦理，提供未婚媽媽產前及產後的照顧、嬰兒保健及心理輔導，這些機構所需要的經費皆靠私人捐贈及地方政府補助，人力及財力都相當有限。

　　謝秀芬（1987）提出「未婚媽媽之家」設立之原意有五，分列如下：

1.供給未婚媽媽在懷孕期間的醫藥、精神、情緒、教育及娛樂上的需要。

2.使未婚媽媽有較成熟的情緒，及擁有一般社會人的生活方式。

3.使同類問題的女子生活在一起，交換生活經驗、緩和罪惡心理、減輕對人的敵意、增加自我估計與瞭解、獲得

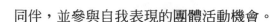

同伴，並參與自我表現的團體活動機會。

4.透過和工作人員的相處，學習一般健全者的作爲，建立良好的生活情況，以改進人格。

5.供給安適的住所、合適的食物、保守私人隱私、免受壓力，使其覺得安全，並養成自治、自決及自己負責的精神。

因此，國內對未婚媽媽的服務措施，可分爲兩個層面（陳淑琦，1997）：

1.社會治療：係指收入維持、住宅、醫療照顧、就業輔導、法律輔導和教育輔導等。

2.心理治療：係指協助處理因懷孕而產生的心理困擾、衝突和緊張的問題。包括輔導和情緒支持有關懷孕媽媽與自己家庭關係的變化、推定父親的關係、與同儕團體的關係、對懷孕的反應與生產的憂慮、對孩子未來的計畫和對自我概念的轉變等等。

就上列之服務內容，在本質上是支持性的兒童福利服務，然而對象是對孩子本身，尤其對未婚媽媽及其子女重獲新生有所幫助，至於對事前的預防及防範措施就少有涉及，這有待相關單位對青少年懷孕之預防。藍采風（1995）就提出未婚媽媽及其子女之福利服務除了提供必需的服務外，對於青少年的性教育、生活技能訓練（含營養、購物、照顧嬰幼兒之技能）、親職教育的輔導（含婚姻與家庭的價值觀），及家庭教育等，也必須同時進行，才能減少日後問題家庭的產生和再次產生未婚媽媽。

二、補充性的兒童福利服務

　　補充性的兒童福利服務是兒童福利的第二道防線，也就是利用一些補充性方案，目的在彌補家庭對其子女照顧功能不足或不適當的情況，換言之，當父母親角色扮演不當，導致親子關係的嚴重損傷，透過家庭外之系統給予補充與輔助，使其子女繼續生活在原生家庭中，而不致受到傷害，例如喘息服務、托育服務等。其具體的措施及內容包括：托育服務、居家照顧服務、家庭經濟補助等。

(一)托育服務

　　托育服務在西方國家，尤其是北歐、法國等，一直是國家經濟政策及社會政策的重點。過去二十年來，在職母親的增加導致兒童受非母親照顧經驗的提增。托育服務是一項很重要的補充性兒童福利服務，且其需求量持續增加。根據Hayes等人（1990）的估計，美國有近一千六百萬三歲以下兒童及一千八百萬六至十二歲的兒童，其父母有一方或雙方皆在工作。而二十一世紀初期，美國約有80％的學齡兒童及70％的學齡前兒童其父母雙方或一方在工作；在一九九六年，美國三歲以下子女之有偶婦女勞動率大約是55％，而育有學齡子女之有偶婦女勞動率大約為74％。這些兒童只有不到10％受啟蒙Head Start或受家庭保母照顧，其餘約有二十至三十萬兒童需要進私立托育機構。由此可知，托育服務已深深影響美國家庭的生活，且每個家庭皆須支付龐大的托育費用（平均每家兩個小孩，一星期約須支付一百至一千美元），尤其是單親家庭及雙薪家庭更需要此

類服務。

■台灣托育服務執行現況

　　托育服務是一種「補充」而非「替代」父母親對孩子照顧的兒童照顧方案；Kadushin及Martin（1988）認為托育服務是一種補充性的兒童福利服務，主要是幫助暫時欠缺母親角色的家庭，並增強與支持正向的親職角色的功能。由此看來，托育服務是具有補充父母角色暫時缺位的功能，「照顧」和「保護」為托育服務之首要工作，「教育」則為托育服務的附帶功能。

　　基本上，無論是主觀的個人感受抑或是客觀的事實反映，在在都說明了「托育服務」已經是台灣一項重要的社會事實（social facts）（內政部，1997）。事實上，從一九九一年及一九九五年內政部統計處所統計的有關學齡前兒童托育之調查報告中顯示：由母親在家帶育幼兒是理想且實際的最大優先順序，但這種相對地位的重要性卻也日漸減緩；相對地，將幼兒送往幼稚園以及托兒所的比例反而有逐漸上升的趨勢。行政院主計處一九九〇年報告指出：台灣地區各育齡階段女性勞動參與率調查顯示，有六歲以下子女之婦女勞動率從一九八三年的28％提升到一九九九年的49％，其中46％的職業婦女的子女是三歲以下（引自邱貴玲，2003）。

　　俞筱鈞、郭靜晃（1996）針對我國學齡前兒童進行實徵調查，結果發現：我國幼兒家長對托育機構的普及率與多元性有殷切的需求，其餘如托育費用偏高、需要政府給予補助費用或減免稅金等，政府應提升托育人員之專業倫理、教保技能，訂定明確的法規與政策〔如托嬰（兒）假、托兒費用減免、托育補助、提升保育人員之待遇福利、幼托整合等〕，以建構托育品質。

　　馮燕（1993）針對台北市未立案托兒所及課育中心曾展開全面性的清查，結果發現：家長送幼兒至托兒所的動機相當多元化，有些較偏重價格及方便性而不重視托育品質，即使是未立案的托育設施，其環境設施及教保人員素質參差不齊，都仍有家長願意把子女送托，顯現家長對托育品質認識不清。因此，政府在增加托兒機構之數量的同時，更不能推卸責任，對於托育品質應嚴格把關。換言之，政府必須和家長共同分擔監督托育品質的責任。

　　相對地，在托育服務之提供方面，王麗容（1994）研究中指出：台灣地區幼稚園有2,505家，收托兒童數為237,285人；而托兒所共有1,887家，收托幼兒為230,726人，加上公、民營事業單位附設托兒服務有64家，收托幼兒為4,006人，總收托人數為468,011人，占台灣地區零至六歲兒童196萬人約24％左右，加上家庭保母保守估計收托率約5％，在內政部兒童局（2001）估計約有6.92％的家長使用保母系統，充其量我國學齡前兒童收托率約為30％；而在二○○三年底在政府建構社區化、普及化托育環境結合民間興辦托兒所提供托育服務共有3,897所托兒所，收托321,000餘名幼兒，加上至二○○三年底已有26,050人領有保母證照（內政部，2004）。與先進國家相比，台灣地區兒童的受托率有明顯的不足。這也表示我國幼兒有很多是由親友照顧或由無照的保母、教保人員來承擔照顧的責任，此現象對女性人力資源的開發與運用，以及對兒童的發展與成長產生影響。然而在最近的調查研究顯示，我國五至六歲的幼兒有96％受托於托育機構，三至五歲也約有60％。近年來在政府的鼓勵之下，托育機構也有大幅增加的趨勢，加上自一九九五年「兒童福利專業人員資格要點」制頒以來，以及一九九七年實施「兒童福利人員專業人員訓練實施方案」，也培育不少保母及保

育人員。

俞筱鈞、郭靜晃（1996）亦發現我國托育服務提供之品質及內容均亟待改善，包括：法令、制度不合時宜、未立案機構充斥，卻又無法可管。另外，托兒人才大量流失、培訓不足、托教不能流通及相互承認年資，整體兒童照顧政策，如育嬰（兒）假、雙親假、兒童津貼制度、教育券，城鄉差距大且也沒有明顯制定，使得托育問題無法徹底解決。

幼教品質一直以來良莠不齊，加上幼兒教育在國家政策上定位不明，如缺乏幼稚教育之專責單位，幼教相關法令未能明確幼教經費之來源及比例，公私立幼稚園因分配失衡，私立幼稚園學費昂貴，造成家長負擔沉重（heavy affordability）。托育機構之主要機構為幼稚園與托兒所，分別隸屬於不同主管機關，因管理法規、師資培育管道不同，造成不能在幼稚園立案及取得資格之幼稚園及教師，紛紛轉向到社政單位立案為托兒所，並取得保育員資格。長期以來，由於幼托工作人員薪資偏低、福利差又無工作保障等因素，使得工作人員流動率高，也造成幼教師資供需之間嚴重失衡，衝擊整個幼教生態及輸送品質，加上公立托育機構因數量有限，城鄉及地區分布不均，而且托育又有可近性（accessibility）之需求，所以造成幼兒入園所比例低，並且轉移到私資源之親自照顧或委託親人照顧。這些未能解決的問題皆是攸關托育服務品質提升的首要條件，以及未能紓解國家育兒及兒童照顧之壓力。有鑑於此，教育部與內政部積極整合托兒所與幼稚園，訂定幼托整合方案，並於二〇〇四年度從離家及偏遠地區先行實施，二〇〇五年度再普及全省。

然而，從公資源的角度來看，政府辦理兒童托育服務之目的在於補充家庭照顧之不足，然隨著社會結構轉型及價值觀念

變遷，導致親職任務的重新界定與分工，為協助轉型中的家庭及婦女多元角色的擴展，使其在家庭與職場間能取得平衡，政府積極推展托兒服務，於一九九一年度起更擴大補助各縣（市）政府興設「示範托兒所」，在一九九一年度至一九九五年度間，計補助二十個縣市設立五十六所示範托兒所，一九九六年度起補助項目修正為一般性「公立托兒所」，以擴大範圍，並續編相關經費補助辦理至今，至一九九九年度計補助興建一百一十三所公立托兒所（劉邦富，1999）。此項措施除了讓托兒所在「量」的擴增之餘，更帶動「質」的同步提升。除此之外，政府也積極參照兒童福利法之規範，給予私立托兒所獎勵及補助，目前公、私立托兒所共計有2,515所，收托兒童有263,000餘幼兒，而至二○○三年底，公私立托兒所共計有3,897所，收托兒童有321,000餘名幼兒（內政部，2004）。

　　為提升收托品質，並導引托育福利朝向專業領域發展，訂頒「兒童福利專業人員資格要點訓練實施方案」，並委託大專院校積極辦理專業訓練，對提升托兒所體系之專業素質有莫大的助益。另除督導各地方政府辦理家庭保母培訓工作外，並於一九九八年三月正式實施保母人員技術士技能檢定，其目的為培訓更多專業保母人員，至一九九九年已有13,041人，迄二○○三年底已有26,050人取得保母證照，提升托育品質的質與量（內政部，2004）。

　　為保障課後托育安親班之托育品質及有效監督，兒童局於二○○○年十月二十日頒布「安親班定型化契約範本」，藉以提供幼童家長及托兒機構之溝通參考，減少爭議事件。為嘉惠照顧更多幼童就托福祉，政府自一九九五年度開辦托育津貼，凡政府列冊有案之低收入戶及家庭寄養幼童就托於各級政府辦理之公立托兒所、政府核准之社區托兒所、立案許可之私立托兒

所者，均補助每名幼童每月新台幣一千五百元整。內政部兒童局為減輕家境清寒者之育兒負擔，責成各地方政府加強督導所轄各托兒所，落實對列冊有案之低收入戶幼兒優先並免費收托之照顧，清寒家庭子女亦可享有減半收費之福祉（劉邦富，1999）。自二○○四年起針對年滿五足歲實際就托之兒童發給中低收入戶幼童托教補助（內政部，2004）。此外，兒童局為配合教育部執行陳水扁總統之「五五五」方案，於二○○○學年度起發放幼兒教育券，補助就托於私立托兒所之五歲幼童每年一萬元（一學期五千元補助），以減輕家長負擔，一年約有九萬名幼童受惠。

　　整體看來，我國對於兒童照顧的方式除了健保給付低收入戶的生活扶助之外，另外就是提供托兒照顧。國內托兒照顧不但機構數量不夠，至於品質的部分也有待提升。兒童的照顧不只反映兒童是否受到良好照顧的福利需求，也反映了婦女就業問題的福利需求。由於家庭結構的改變，婦女就業人口的增加，尤其是家庭育有學齡前兒童的婦女，使得托兒服務成為國家擬定家庭政策中必須考慮的要項。依先進國家的作法，兒童照顧的提供應朝向多元化的發展模式，所提供的內容應足以讓不同類型家庭有彈性的選擇，同時尚須和政府其他體系，如教育、衛生、戶政等行政系統充分的配合，將兒童照顧建立為支持家庭的兒童福利服務。支持家庭本位的兒童照顧係指建構一個支持性的體系或環境（supportive environment），來協助家庭達成各種家庭的功能，如社會性、教育性、保護性和經濟性等功能。而有關此種支持兒童照顧的家庭政策包括：兒童照顧、家庭諮商、親職教育、收入維持、就業服務及兒童保護等相關福利服務措施。

■我國托育服務走向之建議

　　台灣地區家庭結構趨向「家庭核心化」、「雙薪家庭增多」、「單親家庭增加」等三種趨勢，加上家庭平均人口逐漸減少，兩性工作不平等，兒童托育照顧方案與品質不足以支持現有家庭的需求。我國目前的家庭與兒童托育照顧的政策，還是以隱含性及殘補性為原則，比較欠缺明顯的家庭政策與統一立法明訂政府的角色與定位，在立法上也缺乏各種體系的平行協調。整體來看，立法之精神以宣示性大於實質上的意義，此種家庭政策與美國的福利制度較為雷同。相對於其他歐洲工業國家自一九九〇年代起，對於兒童照顧政策能加以整合，從制定的政策，一方面提供支持家庭的產假、親職假以保障父母的工作權以及親自照顧子女；另一方面也廣增托育設施以提增替代性照顧的量；另外也鼓勵企業參與，提供優惠抵稅的誘因，並且提撥預算來充實幼兒照顧人員的專業品質，以提升兒童照顧的品質。

　　為了建構完整的兒童照顧的策略，政府未來除了給予三歲以下兒童醫療免費，兩歲以下育兒津貼，五歲以上的幼兒教育券以分擔育兒之重擔的「三三三」安家福利政策之一的育兒政策與方向之外，仍可扮演更積極性角色來發展以家庭為本位的福利策略，以提供各種支持性的政策與策略來增強家庭環境功能，協助家庭在照顧子女上強化權能（empowerment）。為使兒童照顧的政策更能落實家庭的支持功能，以提供家長更多彈性的選擇，政府在選擇兒童照顧的策略及行動方案可分為（參見表4-1）：

表4-1　兒童托育與福利制度的提案

採行措施	主辦機關	協辦機關	時程
1.調整及規劃未來公立托育機構，顧及城鄉普遍性原則，以優先照顧弱勢人口及特殊兒童需求的托育服務，縣（市）政府或補助私立機構提供此方面的需求	直轄市及縣（市）政府	內政部兒童局	立即辦理
2.針對家長的需求，提供多樣化的托育服務方式（如夜間托兒、臨托、保母、機構式托兒及安親等課後托育中心），以供家庭做彈性的選擇並掌握可近性、方便性及托育費用之合理性	直轄市及縣（市）政府	內政部兒童局 教育部	立即辦理
3.整合托兒與學前教育，建立完整兒童托育服務體系，澄清托兒所與托教合一之幼兒學校之功能，以提升教保人員之專業素質，建立幼教同流發展，福利待遇公平制度化及避免造成行政上的多頭馬車、資源重疊	內政部兒童局 教育部	勞委會	協調研議
4.積極開闢及鼓勵企業參與兒童托育，訂定獎勵辦法，鼓勵公民營機構設置育嬰室、托兒所等各類兒童福利設施、孕婦措施之辦法	直轄市及縣（市）政府	勞委會 內政部兒童局	立即辦理
5.加強對托育機構的督導與聯繫，結合衛生、消防、社政、營建署、地政司對於土地使用、分區使用辦法、建築物管理、消防設備、衛生保健設備做一通盤檢討修正。一方面輔導未立案托育機構加以合法立案，另一方面淘汰不適宜及不合格之托育機構，以提升托教機構之安全及托育品質	直轄市及縣市政府	內政部兒童局 教育部 內政部營建署地政司 行政院衛生署 內政部消防署	立即辦理

（續）表4-1 兒童托育與福利制度的提案

6.建立托育人員證照制度，充實托育人員之專業倫理與能力，檢討及修訂兒童福利專業人員資格要點及兒童福利專業人員之訓練要點。提供托育人員進修管道及提升托育人員之合理薪資與福利待遇	內政部兒童局 勞委會		立即辦理
7.鼓勵增設三歲以下之嬰幼兒托育機構、修訂托育機構設置辦法，以家庭式、小型收托單位為發展方向，並區分家庭托育機構與家庭保母之功能與定位	直轄市及縣（市）政府 內政部兒童局 勞委會		立即辦理
8.建立各種托育資訊網絡，並公布評鑑結果以供家庭參考	直轄市及縣（市）政府	內政部兒童局	立即辦理

1.家庭給付制度：工業國家為鼓勵婦女生育，避免養兒育女造成家庭負擔而給予現金給付（child allowance），除此之外，也可再針對低收入家庭兒童給予生活扶助，解決其家庭開支。這種現金給付方式的缺點，則可能因家庭開支受排擠效應，使低收入家庭受惠有限（Kahn & Kamerman, 1987）。我國除了低收入戶的家庭給付之外，在部分少數縣市有提供教育券或托育津貼。雖然教育部已在二○○一年度對五歲以上六歲以下之幼兒實施一萬元的幼兒教育津貼，但是未能普及到托兒所幼兒以及五歲以下幼兒照顧的津貼。

2.優惠家庭之財稅福利制度：家庭政策與財稅政策所協調之福利制度，可減輕家庭因養兒育女之經濟負擔，如扶

養親屬寬減額即是，或增加育兒免稅額（tax exemption）或育兒退稅額（refundable child care tax credit）。然而，這種制度可能的缺點是在美國賦稅寬減額的津貼方式，被認為對於高收入家庭具有優惠的成分存在，使低收入家庭受排擠的效應（Kagan, 1989）。

3.規劃托育津貼及教育券的教育代金或補助專案：由於公立托育機構數量有限，而私立托育機構學費昂貴，使得家長負擔過重，甚至導致幼兒入園比例偏低。為求公、私立幼教機構之家長能公平享用幼教資源，提升幼兒入園所之比例，對就讀私立立案之幼托機構之幼兒家長，發放幼兒教育券或托育津貼，並視預算之編列逐年提供幼兒教育券及托育津貼之全額及放寬年齡至五歲以下，以建構完整之托育代金或補助方案。

4.兼顧家庭與工作福利制度：婦女參與工作對家庭生活品質、個人幸福感、企業生產力及社會的安定繁榮皆有影響。所以政府或企業可加以考量以家庭為取向的人事政策，來支持員工對兒童照顧需求的滿足。有關人事政策之考量可參考如下：

(1)彈性工時：除了朝九晚五的上班工時，可以配合彈性工時及非全職工作來幫助員工（尤其是女性），協助工作／家庭的角色。

(2)親職假：我國對於勞工除了六至八週（公務員六週、勞工八週）的產假之外，少數企業提供三個月無薪給付的親職假，並保證回來給予與原來請假前相同職位的工作。近來，美商公司如IBM也提供家中有三歲以下的幼兒，可以請育嬰（兒）假。此種支持讓家長有多一種選擇育兒的模式，以減輕工作與家庭衝突的策

略,並增加員工工作效率及對公司的向心力。

(3)興辦兒童托育工作:根據內政部(1993)的兒童生活狀況調查統計顯示:台灣地區有將近七成之學齡前兒童是由未立案之托兒所、家庭保母、親戚或父母自己照顧,僅有30%是在已立案的托兒所、幼稚園或保母所提供的托育服務中。而內政部(1997)的兒童生活狀況調查有七成學齡兒童放學後可以直接回家,或當鑰匙兒,或有大人照顧。換句話說,有三成左右國小學童是要到安親班或其他地方等待父母下班來接才能回家。上班父母生活壓力的來源之一是兒童的照顧問題,包括學齡前及學齡兒童的托育問題。因此,政府除了擴大增加托育機構以提高收托率,還要確保托育品質,另外還要鼓勵企業加入興辦托育的行列(至二〇〇〇年只有五十五家企業有興辦企業托兒)。除了鼓勵企業興辦托育機構,其餘可以鼓勵提出優惠員工托兒方案、照顧生病子女、提供托育資訊、補貼托育費用。

(4)彈性福利方案:員工福利是個人所得的一部分,而員工福利對於雇主及員工皆有很大的影響,尤其雙薪家庭常享用傳統的員工福利,如工/勞保、健保、退休金、病假及有給假期。然而彈性福利方案乃是讓員工依自己需求選擇福利方案,以迎合不同家庭形態之員工及幫助企業節省成本。

(5)諮商及教育方案:企業可以提供一些教育方案幫助女性員工應付工作、家庭之問題,如減少因工作不確定之因素所影響、增加自己的專業能力、幫助親職功能、協調工作和家庭責任、工作壓力和財務管理技

巧，以經濟方式來協調員工之雙重角色。

5.補償家務勞動制度：重新評價家務勞動的價值，使家務勞動成為一實質的經濟貢獻（如家務有給制）。鼓勵兩性平等工作權、同工同酬及減少兩性的職業區隔，以鼓勵兩性公平分擔家務。有必要時，利用以工代酬的補助來提供照顧者津貼及必要之家庭福利服務。

6.提升質優量足的托育服務：普及式托育就是普設托育機構，尤其是偏遠地區或分布不均的地區，或普遍補貼托育機構，讓每一個兒童都能在政府補貼的托育設施內受照顧，它的好處是公平，沒有福利烙印，可促進婦女的勞動參與率（馮燕、薛承泰，1998）。提升幼兒機構的安全及品質是政府責無旁貸的責任，在擴大托育機構的數量時，品質標準訂定，並且要確實執行品質監督時，甚至可以補助各種不同形態的托育設施及方式來增加選擇性。

7.優先照顧弱勢人口及特殊需求的兒童：優先利用公立托育機構補貼及收托低收入戶、原住民等弱勢團體。此外，開辦收托身心障礙及特殊需求兒童的服務，並藉由補貼方式（如補貼機構）來增加托育服務量，以促進托育服務公平性。

8.推動幼托合一整合方案：幼兒教育是指出生到六足歲入小學的教育，包括「幼稚園」與「托兒所」的教育與保育。我國對於教育與保育一直未能區分其功能，故造成隸屬不同主管機關、年齡重疊、資源也重疊的情形發生。政府應積極釐清幼兒學齡（指五至八歲），並創設幼兒學校及整合零至五歲的托教合一政策，修訂幼稚教育法、兒童福利法及相關法令，以幼兒為中心，整合幼保

機構之設施、措施，力求師資齊一水準，福利、待遇、環境設施、課程教學、行政運作能有統合標準，以提升幼兒教保品質。目前已規劃出「幼托合一整合方案」草案，已先行在離家及偏遠地區實施，並預定二〇〇五年全面普及全省。

(二)居家照顧服務

■居家照顧服務之意義及目的

居家照顧服務（homemaker service）在過去並不是很普遍，此種方案計畫是由兒童福利機構所提供兒童福利計畫中的一部分，其目的在補充父母不能充當家庭責任或執行親職時，或兒童有特別需要（如生病），而父母無法滿足兒童照顧需求時，或家庭在危機之時（例如住院、入監服刑等），為了維繫家庭結構的完整及保護兒童，居家照顧服務得以產生（Brown, Whitehead & Braswell, 1981）。使用居家照顧服務的原因有四，包括：

1. 父（母）生病。
2. 父母一方死亡所形成的單親家庭。
3. 家有特殊兒童，給予父母喘息服務。
4. 父母不善於親職，而且需要接受訓練（例如，智能障礙、兒童虐待、酗酒、吸毒等）。

近年來，居家照顧服務也向第三部門資源靠攏，大量使用志願服務人員進入有危機之家庭，幫助及教導此類家庭之父母如何處理家務及養育兒童。除了有危機之家庭以外，此類服務也延伸至父母生病或有心理疾病之父母的家庭。此種服務並不

是幫助父母增加其管教效能或如何控制家庭預算，而是提供暫時補充的服務以幫助家庭自立，此種角色也可應用到兒童保護個案的家庭，這比專業的家庭社會工作人員更有較正向的角色（Pecora, Whittaker, Maluccio, Barth & Plotnick, 1992）。

在家服務（in-home services）或居家照顧（home care）亦是居家照顧服務的方式之一，也是老人與兒童福利服務共有的項目（林勝義，2002）。最早普遍使用於老人在宅服務，尤其是獨居老人或輕、中度機能失調的老人，自一九九〇年代才逐漸應用到兒童的居家照顧服務。現在每年勞委會也有辦理居家照顧服務員之訓練，這也是二〇〇二年行政院擴大就業服務的工作重點之一。

居家照顧服務最早在一九〇三年，紐約市首先為窮人設立「家庭服務局」，僱用一些人員提供看護服務，以期減輕生病的母親在家務上的負擔，至一九一八年後，才發展成為提供幼兒照顧。而正式組織家務員計畫是在一九二三年，由費城猶太家庭福利協會所籌辦。居家照顧服務在美國聯邦社會安全法案中Title XX定義為一種服務，其和零工服務、家庭健康助理服務、傭人服務有所不同，其主要目的是配合母親角色無法發揮功能的家庭而特別設計的，以代替母親的身分，為在家的兒童提供照顧與服務（周震歐，1997）。

■居家照顧服務的適用對象與內容

兒童的居家照顧服務是一種補充性的兒童福利服務，尤其是對兒童是否將其安置在家以外的機構的考量時，居家照顧服務有緩衝作用；瑞典的職業婦女因孩子生病時，可以委託社區中的父母行使居家照顧服務。居家照顧者也需要有專業的判斷，例如協助診斷並設計一套適合發展遲緩兒童或身心障礙兒

童的最佳方案，檢視兒童是否有遭受虐待之可疑，評估家長是否有能力獨立照顧小孩，並以修正服務形態及工作內容，以幫助父母得以建立良好的親子關係，並支持家庭朝向獨立自由的照顧目標。周震歐（1997）提出有下列七種情況，可以申請居家照顧服務，分述如下：

1. 尚在爭議是否將孩子安置在少年觀護所時，可利用居家照顧服務避免家庭外之安置（out-of-home placements）。
2. 當職業婦女無法在家照顧病兒，職業婦女的子女托育服務不當或未被接受時，居家照顧服務員可照顧兒童。
3. 農忙季節，針對由四處移來農場臨時僱工的家庭，協助料理家務。
4. 協助養父母或初為人父母者度過艱難的親子關係轉變期。
5. 當母親定期檢查或到醫院門診時，可提供服務。
6. 當母親因其親人生病死亡需要離家，或教育程度的問題，而無法履行職務時，可適用此服務。
7. 對發生兒童虐待或疏忽事件的服務，居家照顧服務員可使母親暫時避開孩子，有休息的復原時間。

除此之外，低收入戶家庭的兒童、單親家庭的兒童、身心障礙的兒童、父母因故不在家（如犯罪服刑、逃亡、住院），以及父母不善於照顧的兒童，也需要居家照顧的服務，以避免兒童被安置在家以外的機構（馮燕，1999；Brown, Whitehead & Braswell, 1981）。

上述之居家照顧服務之內容，包括兒童照顧與家務處理兩方面，前者包括有暫時性的兒童照顧、協助兒童接受醫療照顧、轉銜服務及個案工作之社工處遇，而後者則是一般家務管

理的服務，力求精、樸、實、簡之原則。

　　台灣目前的居家照顧服務係由政府結合民間的力量共同辦理，與美國大同小異，此類工作人員皆要接受專業訓練，差異之處為我國是給薪僱有居家照顧服務員，而美國是引用志願服務工作者。最近美國出現越來越多兒童遭受虐待、青少年父母藥物濫用及酗酒的家庭，以及有精神疾病的家庭，他們非常需要社區的居家照顧服務。居家照顧服務委託民營是勢在必行，因此，在社區中尋求專業機構、訓練居家照顧服務員或志願工作員進行此類服務，並能建立社區資源網絡，以預防兒童問題的產生，是居家照顧服務未來的發展趨勢。

(三)兒童經濟補助

■兒童的經濟風險

　　兒童不僅是民族生命的延續，也是國家發展的基礎。由於兒童在身心上不夠健全、在經濟上無法自立、在法律上不具行為能力，如果不善加保護，身心發展就容易被侵犯，社會權益就容易被剝奪。早在一九二三年，世界兒童福利聯盟就提出了兒童權利宣言，而聯合國卻遲至一九五九年才正式通過兒童權利宣言，並遲至一九八一年才制定兒童權利條約，兒童權利才獲得具體的保障。兒童權利條約對兒童的尊嚴權、生存權、保護權和發展權都應有具體的保障措施。基於此一條約的精神，兒童已非國家主義者所主張的公共財，也不是自由主義者所堅持的私有財，而是介於兩者之間的準公共財（quasi-public goods）。換言之，父母雖有扶養權、教育權和懲戒權，但是，因貧窮而無力扶養時，或兒童達到義務教育年齡時，或兒童權

益遭受到侵犯時，國家就有權進行干預，提供必要的援助。因此，對兒童的扶助與保護不僅是兒童的權利，也是國家的責任。

人生而不平等，有些人一出生即能享受榮華富貴；有些人則遭逢饑寒交迫。爲了縮小這種自然的不平等，必須以人爲的方法加以調整，也就是應以所得重分配（income redistribution）的手段，對弱勢兒童提供必要的援助。這不僅是國家的責任，也是社會的正義。至於一般家庭的兒童，雖然可以溫飽卻不能享有良好的生長環境，國家在財政能力許可下，亦應對其提供必要的援助。對現代家庭而言，養育兒童日趨困難，有依賴兒童的家庭（family with dependent children）的經濟風險（economic risks）日益升高，這就是少子化現象的主要原因。造成兒童家庭經濟風險的因素，至少可從下列六個方面加以探討（蔡宏昭，2002）：

1. 市場化的普及：現代家庭的消費功能（consumption function）已完全取代生產功能（production function）。家庭生活幾乎全部仰賴市場，連最基本的家事勞動亦逐漸由市場提供，而養育兒童的工作也逐漸由市場所取代。仰賴市場的結果，必會造成家庭經濟的負擔，構成家庭的經濟風險。

2. 工作母親的增加：男主外、女主內的傳統家庭已日趨沒落，有工作的母親日漸增加，大多數的工作母親（working mothers）已經無法在家照顧自己的子女，甚至已經喪失了照顧兒童的能力，不得不仰賴專業人員加以照顧。由於專業人員報酬的遞增，兒童的照顧費用也相對遞增，所以兒童家庭的經濟負擔也是遞增的，經濟風險也隨之提高。

3.兒童教育投資的增加：在科技主義和能力主義掛帥的現代社會裏，兒童的教育投資已成爲兒童家庭的最主要支出。父母均不希望自己的子女輸在起跑點上，人人都想讓自己的子女接受最好的教育，以便將來高人一等。兒童教育投資增加的結果，促進了教育市場的價格水準，而兒童教育費用的增加則加重了兒童家庭的經濟負擔，提高了兒童家庭的經濟風險。

4.兒童教育期間（年數）的延長：國家的義務教育由小學延長至國中，再由國中延長至高中；大學的錄取率也由20%至30%遽升至60%至70%，在二○○三年甚至已超過100％；研究所的招收名額大幅增加，而出國留學的人數也直線上升。因此，子女的教育期間已由初等教育延長至中等教育，再延長至高等教育。兒童教育期間的延長不僅減少了家庭的所得，更增加了家庭的支出，提高了家庭經濟的風險。

5.物價膨脹：現代經濟正由高成長、高物價的成長型經濟進入低成長、高物價的不穩定型經濟。物價膨脹仍是現代經濟難以克服的問題，也是威脅家庭經濟的主要因素，在家庭的養育工作市場化之後，家庭經濟受物價膨脹的影響更爲顯著。如果政府沒有有效的物價政策，兒童家庭的經濟風險就會不穩定。

6.相對貧窮意識形態的高漲：由於所得水準、消費水準和儲蓄水準（三者合稱爲家庭生活水準）的提高，凸顯了相對貧窮（relative poverty）的意識形態。如果別人的年所得是一百萬元，自己卻只有八十萬元，自己就會覺得比別人貧窮；如果別人開賓士車，自己卻開福特車，自己就覺得不如人；如果別人的孩子學才藝，自己的孩子

卻不學才藝，自己就臉上無光。這種相對貧窮的意識形態，造成了經濟的不安全感（feeling of economic insecurity），而要求國家給予協助改善。

■兒童的經濟安全制度

兒童津貼或家庭津貼（children's allowance or family allowance）是給予有兒童的家庭現金給付，以幫助其養育兒童。這是一種不經資產調查（means test），針對某些特定人口群，平等給予一定數額的現金補助（先進國家對年齡的限制，通常定於十五至十九歲）。相對地，另一類的經濟補充方案是家庭補助（financial aid to family），又稱爲所得維持方案（income maintenance program），是要經資產調查，更要符合低收入的門檻，而我國兒童少年福利法第十九條第五款就規定：對於無力撫育其未滿十二歲之子女或被監護人者，予以家庭生活扶助或醫療補助。Pampel及Adams（1992）針對十八個先進工業民主國所做的比較研究中發現：影響兒童津貼方案發展最重要之因素是：大量的老年人口、統合主義結構（corporatism structures）、天主教教義及左派執政的政治結構。而兒童津貼即扮演強化傳統家庭制度之功能角色（王方，2002）。

針對兒童的經濟風險，工業先進國家大都有兒童的經濟安全制度（economic security system for children）。目前，兒童經濟安全制度有兩個基本體系：社會保險（social insurance）與社會扶助（social assistance），前者有兒童健康保險、國民年金保險中的遺囑年金、孤兒年金和兒童加給等給付、育兒休業給付制度等；後者則有各種兒童津貼（children's allowance）、優惠稅制、教育補助、營養補助等。在社會保險方面，一般均以成人爲對象加以設計，而將依其生活的兒童納入保障對象，因爲

只有行爲能力和經濟能力者始有繳納保險費的義務，兒童當然不成爲社會保險的適用對象，但是，可以成爲社會保險的給付對象。在社會扶助方面，大都針對兒童加以設計，也就是以兒童爲適用對象，但是，兒童不具行爲能力，也不具支配經濟的能力，所以一般均以保護者的家長作爲支給對象。兒童經濟安全制度逐漸由社會保險轉向社會扶助（尤其是兒童津貼）的背景至少有七個因素（蔡宏昭，2002）：

1. 經濟安全逐漸由勞動關係的重視（社會保險）轉向家庭關係的重視（社會津貼）。
2. 經濟安全的保障範圍逐漸擴大，除了納費式（contribution）的社會保險之外，仍需非納費式（non-contribution）的社會扶助。
3. 社會保險的公平性漸受質疑，國民逐漸重視社會價值的適當性。
4. 社會保險給付受限於收支平衡原理，難以因應實際需求做大幅改善，而有賴於社會扶助加以補充。
5. 低所得階層難以在社會保險中獲得充分的保障（低保費低給付）。
6. 社會保險的保費與給付間的累退性減弱了一般國民的信心（繳得越多不一定領得越多）。
7. 資方的保費負擔如同僱用稅（僱用員工就必須負擔保費），阻礙了僱用的誘因。

　　一般說來，社會扶助體系有社會救助（social relief）、社會津貼（social allowance）、間接給付（indirect benefit），以及社會基金（social fund）等基本制度。社會救助是針對貧民（paupers）所提供的經濟安全措施；社會津貼是針對特定人口群

（target population）所提供的經濟安全措施；間接給付是針對具備某種資格條件（eligibility）者所提供的經濟安全措施；社會基金則是針對特別的或緊急的目的而提供的安全措施。貧民兒童的社會救助，除了生活扶助之外，教育補助、醫療補助、生育補助、營養補助等均屬之；兒童的社會津貼有生育津貼、托育津貼、教育津貼、兒童贍養代墊津貼等；兒童的間接給付有所得的扣除、養育費的扣除、所得稅的扣除等；兒童的社會基金則有兒童特殊照護、災民兒童扶助、難民兒童扶助、流浪兒童扶助等。當貧民兒童的社會救助受到充分保障之後，兒童的社會扶助體系就會轉向兒童津貼制度。這種毋需納費、毋需資力調查（means-test）、沒有烙印（stigma）的兒童津貼制度〔起源於由企業提供的家庭津貼制度（family allowance）〕，已逐漸成為工業先進國家最重要的兒童經濟安全措施。

　　目前，我國的兒童經濟安全制度是以社會扶助體系為主，且為地方政府的職責。由於地方政府的財政狀況與主政者的福利觀念差異性很大，所以實施的措施就十分紛歧，給付內容也參差不齊。台北市的兒童經濟安全制度，在措施類型和給付水準上，均可作為各縣（市）的表率。目前，台北市的兒童經濟安全制度可以分為五個類型：第一，低收入戶兒童的經濟扶助；第二，一般兒童的經濟扶助；第三，身心障礙兒童的經濟扶助；第四，安置兒童的經濟扶助；第五，保護兒童的經濟扶助。

　　在低收入戶兒童的經濟扶助方面，有生活扶助、育兒補助、托育補助、子女就學交通費補助、營養品代金、健保費及部分負擔補助等；在一般兒童的經濟扶助方面，有中低收入戶育兒補助、危機家庭兒童生活補助、危機家庭及原住民兒童托育補助等；在身心障礙兒童的經濟扶助方面，有身心障礙者津

貼、身心障礙者短期照顧補助、身心障礙者托育養護費用補
助、發展遲緩兒童療育補助等；在安置兒童的經濟扶助方面，
有寄養補助、收養補助、機構照顧費用補助等；在保護兒童的
經濟扶助方面，則有兒童保護個案法律訴訟費用負擔、兒童保
護個案醫療費用負擔、兒童保護個案緊急安置者的餐點、日用
品、衣物、上學用品等的負擔（蔡宏昭，2002）。

■我國家庭經濟補助現況

　　根據中華民國行政院主計處最新（二○○○年度）的統
計，台灣人最高所得族群（前十分之一），其所得金額是最低族
群（後十分之一）的六十一倍之多，這個倍數創下歷史新高。
一年前，這個倍數近三十九倍，而十年前更僅為十九倍。台灣
的家庭所得差距，最高所得組（前五分之一）的平均所得，高
達一百七十八萬元，而最低組（後五分之一）的家庭年所得，
僅有二十七萬九千元，兩者差距達6.39倍。這個倍數在十年前
為4.97倍。差距拉大的原因在於，所得最低組的家庭金額不增
反減，但所得最高組的家庭卻是一路上揚。單以二○○○年來
說，最低組的家庭年所得金額從三十一萬五千元減少至二十七
萬九千元，一年之間衰退11.35％（王正，2003）。在所得縮小
情況之下，相對地物價、兒童教育投資、兒童教育年數卻提高
了，普遍之下，越貧窮的家庭卻有較傳統的家庭觀念，例如養
兒防老，而無形之中也生育較多孩子，使得這類家庭的風險較
高且集中。

　　兒童經濟安全制度是基於兒童的生存權而設計的保障措
施，其基本內涵有二：第一，兒童生活風險的預防（prevention
of living risks）；第二，兒童生活風險的克服（elimination of
living risks），前者一般是以社會保險的方式因應，而後者則以

社會扶助的方式解決。目前，我國已有健康保險制度，而國民年金保險也即將實施，所以兒童的社會保險制度已趨健全。在兒童的社會扶助體系方面，則不僅制度零亂、名稱不一、標準不同，而且有諸多重複浪費的現象。作為掌管兒童福利的最高行政單位，兒童局實有責任整合亂象，規劃新制。台灣自一九六一年起即實施兒童家庭補助制度，但要符合列冊低收入戶者，其兒童每個月才能領到兒童津貼，只是低收入戶的貧窮線不能隨著社會變遷的經濟成長而有合理的調降社會救助門檻，目前我國對貧窮線的門檻計算還是屬於偏高的現象。除此之外，考量較為廣泛且低門檻的社會救助制度，給予需要的家庭經濟補助以構成社會安全網，也是值得思考的制度。

　　我國家庭經濟補助之方案依兒童青少年福利法第十九條第五款即有規範，而且是屬於地方政府職責，在台灣，以「津貼」為名的兒童福利，例如育兒津貼、托育津貼、身心障礙兒童津貼，此外還有兒童安置補助、兒童醫療補助、兒童保護輔助、特殊境遇婦女家庭扶助等，然而大部分的兒童津貼（除了托育津貼）是普及式，其餘都與家庭所得情況有關。

　　有關各種家庭經濟補助是以特定的服務對象，且也有相關的法令規定，而兒童津貼的概念是當時在野黨（民主進步黨）的競選訴求（尤其是老人年金），例如，一九九二年民進黨蘇煥智在台南參選立委、一九九三年高植澎參選澎湖縣縣長補選，以及一九九三年底的縣市長選舉及一九九四年底的省長選舉。在一九九四年的台北市長選舉中，民進黨首先提及兒童津貼的構想，並將此構想列入民進黨政策的白皮書。之後，一九九六年四月二十六日，台北市議會通過了由賈毅然議員（新黨）提出的兒童津貼提案，要求台北市政府針對中、低收入家庭的學齡前兒童，發給每人每月三千元的津貼。此提案並經三黨議員

連署，提案中設有排富條款（設籍台北市滿兩年與子女未進入公立托兒所，每戶每人所得必須低於一定標準）。

一九九七年八月十二日上午，台北市長陳水扁於市政會議中表示，爲了進一步提升台北市的兒童福利品質，並有效減輕家長養育子女之負擔，台北市政府推行實施兒童津貼政案，當時陳水扁市長未說明細節，卻引起各界譁然，事後社會局表示，依據初步的規劃，每位兒童每月將發放三千至五千元，然就讀於公立幼稚園或托兒所的兒童，因其已得到政府補助，故不在兒童津貼發放之列，此種兒童津貼沒有排富條款，不以資產調查爲發放依據，是謂兒童津貼，與一九九六年市議會所通過的版本不同（較屬於家庭補助）。之後，二〇〇〇年陳水扁競選總統，提出五五五方案，即對五至六歲就讀托兒所或幼稚園的兒童每半年發放五千元，一年發放一萬元之托育津貼，每年約有九萬名幼童領取此津貼。

■我國經濟補助方案介紹

經濟補助方案，可分爲家庭補助及兒童（家庭）津貼兩種，兩者最大的不同是前者需資產調查，發放對象有所限定，而津貼則是毋需資產調查，發放對象是普及性。我國有關家庭補助之項目，因服務對象之不同，也有不同之相關法令規定，茲說明如下：

1.身心障礙兒童之家庭補助：我國身心障礙者保護法第三十八條規定：直轄市及縣（市）主管機關對於設籍於轄區內之身心障礙者，應依其障礙類別、等級及家庭經濟狀況，提供生活、托育、養護及其他生活必要之福利等經費補助。此外，第四十四條規定：身心障礙者參加保險，政府應視其家庭經濟狀況及障礙等級，補助其自付

部分之保險費，極重度及重度身心障礙者之保險費由政府全額負擔。目前，台北市為所有縣（市）中補助最高者，包括有身心障礙者津貼、低收入戶身心障礙者生活補助，以及發展遲緩兒童療育補助，補助方式以現金補助，只是補助金額有所得限制，而非普及性的補助。

2. 低收入戶兒童之家庭補助：我國社會救助法第十六條規定：各級政府得視實際需要及財力，對低收入戶提供特殊項目救助及服務，包括產婦及嬰兒營養補助、托兒補助、教育補助、生育補助及其他必要之救助及服務。我國現行低收入戶的生活補助只針對家庭成員的生活費用所提供之扶助，而不是針對兒童的消費支出設計的措施，有別於工業先進國家的兒童津貼制度。

3. 家庭產生危機之家庭補助：我國兒童少年福利法第十九條規定：直轄市、縣（市）政府，應辦理兒童福利措施，包括有第五款：對於無力撫育其未滿十二歲之子女或被監護人者，予以家庭生活扶助或醫療補助；第六款：對於無謀生能力或在學之少年，無扶養義務人或扶養義務人無力維持其生活者，予以生活扶助或醫療補助；第七款：早產兒、重病兒童及少年與發展遲緩兒童之扶養義務人無力支付醫療費用之補助；第十款：對於未婚懷孕或分娩而遭遇困境之婦嬰，予以適當的安置及協助。台北市目前有針對收容安置兒童、危機家庭兒童在接受托育服務時發放托育補助。

4. 特殊境遇婦女之家庭補助：我國二〇〇〇年五月二十四日頒布的特殊境遇婦女家庭扶助第二條規定：特殊境遇婦女家庭扶助，包括子女生活津貼、子女教育補助、兒童托育津貼。此種補助有所得限制，規定全家人口平均

分配所得不得超過最低生活費用的2.5倍，且未超過台灣地區平均每人每月消費支出的1.5倍。自二○○一年七月至二○○三年九月約有二十二萬三千餘人申請補助，經費約六億兩千零三十三萬七千元（內政部，2004）。

5.特定人口群之家庭補助：目前全台灣五至六歲的兒童新讀立案之私立托兒所、兒童托育中心、公立幼稚園皆有每年一萬元（半年五千元）的托育補助；三歲以下兒童提供醫療補助。台北市對收容安置兒童、危機家庭兒童及原住民兒童接受托育服務發給托育補助。此外，兒童少年福利法第三十五條也規定，保護個案也有醫療費用補助及法律訴訟費用補助。

上述之補助仍以現金補助為主，不過有些縣市也提供類似美國WIC方案般，對於低收入戶的孕、產婦及嬰幼兒提供奶粉、綜合維生素等營養品。台灣在家庭經濟補助方案應朝下列方向努力：

1.區分有關兒童補助與津貼，將具備低收入及中低收入條件者一律稱為補助，其餘稱為津貼，以免混淆不清。
2.將一部分縣（市）已實施的普及性兒童津貼，由政府寬籌經費全面推廣，以免造成居所不同而有不同待遇，也讓全國兒童享有平等機會。
3.由政府及早規劃結合社會保險、社會救助及兒童津貼，建立兒童經濟安全制度（economic security system for children）（蔡宏昭，2002）。

三、替代性的兒童福利服務

　　替代性的兒童福利服務是兒童福利的第三道，也是最後一道防線，更是公共兒童福利服務花費最多時間與金錢資源的，目的在針對兒童個人之實際需求，提供一部分或全部替代家庭照顧的功能。換言之，當子女陷於非常危險的境地，需要短暫或永久的解除親子關係，而提供家外安置（out-of-home placements），始能維護兒童少年之權益，安置時間的長短要以「兒童及少年最佳利益」為考量。

(一)寄養服務

■寄養服務之意義與目的

　　寄養服務（foster care），簡稱寄養或托養，一直是在哲學思考上被用於幫助兒童的主要方式之一。早期在美國或歐洲，有一些孤兒及棄兒被放置在城市的火車上或被送到農村當作童工或被農家所收養，因此，寄養服務遂成為最早的公共兒童服務。雖然家外安置在一九〇〇年代時較偏向機構安置，尤其英國於一九四八年所通過的「兒童法」（Children Act of 1948），除了直接廢除了以往的「濟貧法」之外，該項法案也是對於弱勢兒童所提供福利服務模式的分水嶺，亦即，不再提倡公共照顧性質的替代性服務，而是藉由各項福利措施來幫助這些弱勢家庭，藉此預防兒童不幸遭遇的發生（Colton, Drury & Williams, 1995）；連帶地，一九五九年聯合國所通過的「兒童權利宣言」

（Children Right's Declaration），提出了有關兒童福利的十大原則，這其中與育幼服務相關的宣示指出，除了特殊情形外，不應讓幼童與其母親分離，而社會及政府當局對於無家庭或未獲適當贍養之兒童，亦負有特別照料的責任（周建卿編著，1992）。而美國自一九六○年代以來，因離婚率增加而迫使兒童待在單親家庭的情境中，兒童時期才被當時社會大眾所重視，也導致兒童福利及兒童發展專業強調將孩子安置在家庭環境中，因此寄養服務應運而生。Terpsta（1992）估計自一九六○年代之後，寄養家庭的需求與日俱增，近年來雖有減少之趨勢；不過，美國每年約有五十萬名兒童被安置在寄養家庭。自一九八○年代之後，美國福利改革由於不滿兒童被安置到寄養家庭並非有其必要性，而且大多數來自少數種族、貧窮與單親家庭，以及兒童常被安置於不穩定或非必要的限制環境中，也導致一九八○年代之後，兒童福利服務採用家庭維存（繫）服務及以家庭為中心之增強服務。

　　寄養服務可分為家庭寄養（foster family care）與機構寄養（institute care）兩種，但大都均以家庭寄養為考量，所以寄養服務也可直接稱為家庭寄養。家庭寄養服務是當提供第一道防線（支持性兒童福利服務）及第二道防線（補充性兒童福利服務）之後，仍無法將兒童留在家中照顧時，才考慮使用的方法。家庭寄養與機構教養所牽涉的是兒童法律保護權（legal custody）的移轉，兒童親生父母仍保有其監護權（guardian-ship）。這不同於收養（包括法律權和監護權兩者同時移轉）。

　　依據一九五九年美國兒童福利聯盟（The Child Welfare League of America's, CWLA）將家庭寄養服務定義為：「一項兒童福利服務，當兒童的原生家庭暫時或有一段長時間內無法照顧兒童，且兒童不願意或不可能被收（領）養時，所提供給

兒童一個計畫時間內的替代家庭照顧」。根據CWLA的定義，家庭寄養具有下列三項特點：第一是在家庭內提供照顧；第二是非機構的替代照顧；第三是在計畫時間內，不論是短期或長期的寄養（Kadushin & Martin, 1988）。

Downs、Costin及McFadden（1996）提出寄養服務具有以下幾項特質：第一，寄養服務是由公立或志願性的社會福利機構所提供；第二，當父母不適任或無力撫育兒童時，由社區代替照顧兒童日常生活的責任；第三，寄養服務是二十四小時全天照顧，兒童必須離開自己的家庭；第四，寄養服務又稱家庭外照顧（out-of-home care），可安置於寄養家庭、治療性寄養家庭、小型團體之家或大型的照顧機構；第五，寄養服務是暫時性的安置，最終的目的是兒童能夠回到自己的家庭，或被領養，或達到法定年齡後終止安置（楊葆茨，1998）。

家庭寄養服務僅是寄養服務中的一部分，專指「家庭式」的寄養服務。《社會工作辭典》指出：「一些不能與自己親生父母住在一起的兒童，或無親屬可以依靠的孤兒，或不知父母為何人的棄童，或因父母患病、入獄而無人照顧的兒童，甚至或因留在父母身旁直接受到不良影響而不得不離開家長的兒童，可以將之安置在適當的家庭中，此種方式的寄養，稱為家庭寄養。」（蔡漢賢，1992）。

丁碧雲（1985）在其所撰《兒童福利通論》一書中，提及寄養家庭主要的哲學意義，是在安置某些兒童為其生活保障上求取安全，在社會情緒上求取適應，為一些不可能與其親生父母暫時生活在一起的兒童予以安置，更重要的，當兒童在寄養期間，他自己的家庭可以準備改變、復原或改善，以便兒童回家時可更妥善的與他的家庭建立較好的親子關係。

陳阿梅（1985）將寄養服務定義為：「當兒童的親生家庭

因發生變故（因病住院、離婚、服刑、死亡，或受虐待、遺棄等）而致家庭解組，使兒童無法生活；非親生子女因父母管教不當或疏忽，導致發展受阻之兒童須暫時安置於寄養家庭中，待寄養兒童之親生家庭復原後，再重返原生父母之家庭，享受天倫之道，它是一種替代性的兒童福利服務。」蘇麗華、王明鳳（1999）更定義爲：「當兒童的親生家庭暫時或有一段長時間無法照顧兒童（如父母重病或入獄、家庭經濟困難、家庭功能嚴重失調、父母無力或不適教養），且兒童不願意或不可能被收（領）養時，所提供給兒童一個計畫時間內的替代性家庭照顧。」

何素秋（1999）綜合專家學者的定義，及少年家庭寄養辦法，提出家庭寄養服務應具備六個特質：(1)家庭寄養服務是一種專業性及社會性的兒童福利工作；(2)家庭寄養服務是有計畫的；(3)家庭寄養服務是暫時性的服務工作；(4)家庭寄養服務必須在兒童無法在家庭中獲得充分照顧時才提供服務；(5)家庭寄養服務不是僅提供物質上的照顧；(6)寄養兒童並不是服務中的唯一對象。

寄養家庭服務之主要目的在維持兒童正常發展，一方面使需要安置的兒童待在寄養家庭中，在短時期中獲得基本生活的照顧，不致因爲兒童本身家庭發生重大變故而影響其身心發展。此外，原生家庭也要接受兒童福利之專業協助，在短時期中讓原生家庭能解除危機，恢復應有之家庭功能，使兒童能適時回到原生家庭，以符合兒童最佳利益之成長環境。

■寄養服務之適用時機

在台灣，依兒童少年福利法第四章保護措施之三十六條至四十二條，規定有關兒童少年接受寄養服務之情況、安置期

間、抗告、安置之權利義務、安置期間之保護、安置補助，以及安置費用。此外，依兒童寄養辦法第二條規定：兒童有下列情形之一者，得經由其家庭或利害關係人之申請，由當地兒童福利主管機關調查許可權，辦理家庭寄養：

1.家庭經濟困窘或生活無依者。
2.非婚生或被遺棄者。
3.家庭嚴重失調，無法與親生父母共同生活者。
4.父或母嚴重疾病必須長期療養者。
5.父或母在監服刑無法管教子女者。
6.父母無力或不適宜教養子女者。

第三條規定：兒童寄養之期間，以一年爲限，但情形特殊者，當地兒童福利主管機關得酌予延長。

由家庭寄養服務的發展史來看，寄養家庭可分成下列幾種類型（周震歐，1997）：

1.收容家庭（receiving home）：最初是針對嬰兒或幼兒設計，當他們在緊急情況必須由家中移出，但即使極短的期間也不適合安置於機構時，即將嬰、幼兒暫時送往收容之家安置。

2.免費寄養家庭（free home）：當兒童被期待將來由該寄養家庭領養時，機構通常也不需要付給寄養費。

3.工作式寄養家庭（work or wage home）：通常適合年齡較大的兒童，兒童必須爲寄養家庭工作，以補償他們所獲得的照顧。

4.受津貼寄養家庭（boarding home）：此類型寄養家庭爲台灣目前一般寄養家庭的形態，由機構或兒童的親生父母按時給付寄養家庭一筆寄養費。付費的優點是可以使

得機構在選擇寄養家庭時有較多的選擇權，對寄養家庭也可以給予較嚴密的督導（寄養家庭之兒童人數，未滿十二歲之子女不得超過四人）。

5. 團體之家（group home）：可視爲一個大的寄養家庭單位，也可視爲一小型機構，它是在正常社區中，提供一個由一群無血緣關係兒童所組成的家庭。團體之家是家庭寄養服務領域中逐漸被重視的一種類型。美國兒童福利聯盟說明團體之家的標準爲：「團體之家最好不要少於五人，也不要多於二十人，而六人至八人是最好的情況，因爲小得足以重視個人的個別化需求，而且又大得如果當中某位成員缺席時，仍可以維持一個團體」。

此外，Mather及Lager（2000）也提出另一種整體性家庭寄養服務及社區寄養服務模式。團體之家日益獲得重視，是因具有下列幾項優點：

1. 提供有如家庭般的私人性（personalization）空間，但兒童也有如生活在機構中，能和寄養父母保持距離。
2. 雖然類似機構，但是卻能提供正常的社區環境。
3. 讓家庭內的兒童形成同儕關係，這種關係不像家庭內的手足關係，也不像寄養兒童與寄養家庭中親生子女的關係，可能會給寄養兒童帶來傷害。
4. 對寄養兒童而言，和寄養父母建立關係時，比較不害怕，較不會有罪惡感；對寄養兒童的親生父母而言，較不會感覺受威脅。
5. 特別是青少年，可藉由同儕團體的互動來約束行爲，團體之間具有較大的治療潛能。

寄養家庭服務並不是解決兒童家外安置之唯一的萬靈丹，

雖然家庭服務日益受到重視，且爲優先考量之替代性服務，可是仍有一些情況的兒童不適合安置於其他家庭做寄養安置服務，茲臚列如下：

1. 兒童有社區所不能容忍的問題行爲時；或是兒童的問題行爲會嚴重干擾其家庭生活者。
2. 殘障兒童需要某些特別照顧，而寄養家庭與社區卻無法提供照顧者。
3. 親生父母堅決反對將自己孩子安置於寄養家庭者。
4. 有眾多手足須安置於同一居住場所者，不易尋找到願意接受所有手足的寄養家庭。
5. 只是在短期緊急情況下，暫時需要替代性服務者（周震歐，1997）。

■寄養服務之流程

就我國兒童少年保護服務現況來看，如案情不嚴重，只提供支持性服務，其次爲暫時性寄養服務，至於較嚴重之案例才採取機構式長期安置。兒童福利之家庭寄養服務是一種暫時的替代性服務，不僅服務兒童，也要同時要求寄養父母有解決兒童生活適應之困難，提升養父母之能力（Kadushin & Martin, 1988）。而到底寄養時間及持續性應爲何？寄養服務之內容及層次應爲何？這更需要社工專業的判斷，至於之後要採取家庭維存服務，抑或是要積極重整兒童與原生父母之適應能力的永久性安置規劃，以達到獨立自主的家庭目標。

我國在寄養服務的安置過程中，社會工作人員應協助寄養兒童、親生父母、寄養家庭解決寄養兒童在寄養期間內順利成長，並及早返回原生家庭。當兒童被評估暫時需要離開原生家庭，且寄養是必要時，負責寄養服務之機構有責任協助寄養兒

獲致穩定的安置與良好的適應，故在寄養安置的過程中，寄養兒童、寄養家庭、原生家庭須做各項社會工作處理，例如，接案、安置、安排探視、再安置、結案及追蹤，茲將有關程序分述如下：

1.接案：

(1)選擇寄養家庭、配對：即爲每一個寄養兒童選擇一個合適的寄養家庭，不僅選擇具有最佳調節能力的寄養家庭，並且考慮寄養家庭與寄養兒童的需求是否能滿足彼此的需要（周慧香，1992；郭美滿，1997）。

(2)安置前的準備工作：

A.安置前的拜訪：指安置前寄養兒童與寄養家庭會面，提供寄養兒童有關寄養家庭生活規範，討論對寄養父母稱謂的問題，可減少寄養兒童對新環境的陌生及恐懼感。

B.提供寄養兒童其安置的訊息：寄養兒童從昔日熟悉的生活環境脫離，轉換到陌生的寄養家庭，其間可能因莫大的壓力而造成心理或情緒的反應，因此在安置之前必須與寄養兒童討論寄養安置的原因，減少其心理上的負擔。此外，也應鼓勵兒童說出並分享他的感受，開放自己對原生家庭與寄養家庭的反應。

C.與寄養父母討論寄養計畫及其職責及權利：提供寄養父母有關寄養兒童的背景、生活作息、個性、興趣等詳細的資料，有助安置的穩定性。並讓寄養父母瞭解其擔任寄養家庭的職責，如對寄養兒童的職責，必須注意其隱私保密，提供並滿足兒童身心發展上的需求等；配合機構的職責及除非特殊情形，

否則應鼓勵兒童與原生家庭聯繫，並須瞭解寄養服務只是暫時性，勿造成兒童與原生家庭間的阻力。而寄養權利則包含寄養費、有哪些社會資源可利用等。

2.安置：

(1)定期訪視：瞭解寄養兒童適應的情況，及寄養父母是否遇到什麼困難，並提供解決的方法。

(2)協助寄養兒童與原生家庭的聯繫：鼓勵寄養兒童與原生家庭以電話、信件、探訪的方式聯繫，增加寄養兒童在寄養家庭中的適應。社會工作人員應告知原生家庭探視的重要性。

(3)再安置：當寄養兒童嚴重適應困難，或因寄養家庭臨時變故，或寄養家庭因兒童或原生家庭的行為，使得寄養家庭不願意繼續接受寄養兒童等因素，使得兒童必須由寄養家庭中移出，導致必須面臨再一次的安置。

(4)協助原生家庭的重建與輔導：寄養服務只是短暫性的，因此協助原生家庭的重建是相當重要的。國內對於原生家庭重建方法可分為以下幾種：

A.定期訪視。

B.書函、電話會談或面訪，瞭解原生家庭的問題，協助其解決。

C.座談會：以團體輔導的方式，彼此研習教養方式、夫妻溝通之道等，增加解決問題的方法。

D.聯誼活動：參加對象為寄養兒童、寄養家庭、原生家庭，增進彼此的感情及溝通，以輕鬆的心情面對嚴肅的問題。

E.提供寄養家庭社會資源網絡，社會工作員在輔導原
　生家庭恢復功能時，需要各種資源來配合，才能使
　一個家庭快速、有效的恢復。原生家庭重建與輔導
　是相當棘手的，國內常因社會工作人員負荷過重，
　原生家庭對寄養服務瞭解不夠或混淆，如其將寄養
　服務與民間托兒混淆；原生家庭的角色認知不足
　等，導致重建輔導困難重重。

3.結案

(1)擬定計畫：原生家庭恢復，則結案兒童返回原生家
　庭。

(2)寄養家庭的情況沒有改善之可能，則結案接受收（領）
　養或轉機構寄養。

(3)評估：社工人員透過評估來檢討、反省自己，並可作
　爲日後提供服務的依據。

■我國寄養兒童再安置的原因

　　導致寄養兒童須再被安置的原因可歸爲：來自兒童原生家
庭之因素、寄養兒童本身之因素、寄養家庭家人之因素，以及
社會工作人員處理不當等因素。茲說明如下：

1.來自兒童原生家庭的因素：許多實證研究，均指出寄養
　兒童與原生家庭的聯繫、探訪，對寄養安置之穩定性有
　顯著的影響。如果寄養兒童缺乏與原生家庭的聯繫，則
　容易造成寄養兒童無法認同原生家庭，且在寄養安置中
　因與父母分離而感受到「心理上被迫棄」的外來傷害。
　此外，有部分的強制安置的原生家庭，會干擾寄養家
　庭，因此導致安置的失敗。

2.來自寄養兒童本身的因素：在寄養兒童年齡方面，王毓棻（1986）表示，有些寄養家庭在寄養兒童年齡小時很合適，但年齡稍長，由於彼此的需求衝突，而變得不合適（楊保茨，1998）。在手足安置方面，周慧香（1992）針對一百一十三位六至十二歲之學齡期寄養兒童的研究也發現，有手足同時安置（不一定在同一個寄養家庭）比手足未安置的寄養兒童有較佳的情緒適應。除此之外，性別也是因素之一。余漢儀（1997）對一百六十九個接受兒保個案的寄養家庭調查顯示，31.4%（五十三家）的寄養家庭曾有過提早結束寄養，「寄養家庭臨時有事故」占22%，「寄養原生家庭的干擾」占11.3%。楊保茨（1998）指出在安置的原因方面，「寄養兒童行為問題嚴重，寄養父母帶不來」占35%，「寄養父母不適任，出現管教問題」占30%，「寄養兒童適應不良，不能接受」占20%。事實上，寄養兒童確實有較多不適應的社會行為，如攻擊、反抗、拒絕、不合作、退縮、焦慮等，而此行為問題有可能影響到兒童與寄養父母間的關係，造成寄養安置的失敗。

3.來自寄養家庭家人的因素：如寄養父母的寄養動機、寄養經驗、寄養家庭家人對寄養安置的態度、寄養家庭與機構間配合意願低，皆會影響寄養的成功與否。此外，研究指出寄養家庭的兒童數、寄養家庭子女年齡和性別與寄養兒童相近，皆會影響安置是否成功。查據一九九七年台灣兒童少年家庭寄養辦法第十條規定：「寄養家庭寄養兒童、少年之人數，包括該家庭之子女，不得超過四人，其中未滿兩歲兒童不得超過二人；否則會影響安置的穩定性，導致兒童必須被再安置。」

4.來自社會工作人員的處理不當：社工員未提供寄養安置的訊息，社工員在安置的過程中，扮演舉足輕重的角色。因此安置過程中，社工員敏感度不夠，常會導致寄養安置的不穩定。常見的情況有，忽略了寄養兒童心理上的感受、未提供充足的資訊給兒童，導致兒童對寄養原因瞭解不夠。在實證研究方面，陳阿梅（1985）指出鼓勵寄養兒童分享他的感覺，開放自己對親生家庭與寄養家庭的反應，談論其安置中所感受的滿足、失望與敬意。所以在對於兒童的人格及行為發展也有很大的影響，故寄養過程中，如何維持寄養安置的穩定性，是十分重要的議題（楊保茨，1998）。

寄養服務在國外實施多年，英國從一六〇一年的濟貧法案開始已有此種服務措施，美國自二十世紀初也展開此種服務，而我國自一九七〇年代開始實施，一九八三年制頒「兒童寄養辦法」，一九九七年台灣省社會處制頒「台灣省兒童青少年寄養辦法」及一九九八年台北市制頒「台北市寄養家庭標準及輔導辦法」以來，已將寄養服務明確法令化。台灣的寄養服務大都由政府委託民間團體，如中華兒童暨家庭扶助基金會、台灣世界展望會等辦理，有一定的服務績效。未來應加強專業間（如醫療衛生、教育、社會福利、警政單位等）的資源整合，擴充寄養家庭的類型、舉辦講習會強化寄養家庭之服務功能，建立寄養服務工作之人事制度，培訓寄養服務之專業人力，加強原生家庭重建與輔導的工作，以朝向永久性規劃（訓練寄養父母→順利進入寄養服務→幫助原生家庭重建→獨立自主的家庭照顧）之目標，以為兒童謀求最佳利益之生長環境。

(二)收養服務

　　收養又稱為領養，兩者之區分為：「收養」不具有血緣或姻親之收養關係，而「領養」較具有血緣及姻親之收養關係。收養是寄養關係終止或不適合寄養服務的一種永久性規劃的替代性兒童福利服務。通常收養適用於兒童失親、被遺棄或遭受虐待而使得原生父母權利被剝奪（國家親權主義），我國有關棄嬰之處理有其一定之流程（參考圖4-2），每年在美國約有五至十萬名被收養兒童來自公部門、私部門或第三部門（非營利組織）及國外機構（例如中國湖南長沙的中國收養協會）（Cohen, 1992; CWLA, 1988; Pecora, Whittaker, Maluccio, Barth, & Plotnick, 1992）。儘管如此，美國還是有許多父母等不到孩子收養，尤其是白色種族又健康的小孩。在美國，大部分等待被收養的孩子是年紀較大、黑人、印地安人或其他少數民族，以及有特殊需求的兒童，這些孩子當然不比白人又健康的嬰兒來得搶手。每年通過這些領養方式的兒童之中有一半以上超過兩歲，有10%是屬於跨國領養。除此之外，還有一些孩子到了兒童福利機構等待被收養但不能完成手續，原因是其父母監護權尚未被轉移。

　　美國一九八〇年兒童福利及收養協助法（The Adoption Assistance and Child Welfare Act of 1980）就規定一些未能合法取得監護權的家庭或其家庭狀況（例如兒童虐待）未能改善，就得考量將孩子以家外安置的方式收養。也就是說，當孩子待在寄養家庭一段時間內，若其原生家庭之情境不能改善，就改採用永久性之家庭安置──收養服務。值得一提的是永久性家庭安置有其正面意義及效果，而且被收養的需求大於收養家庭

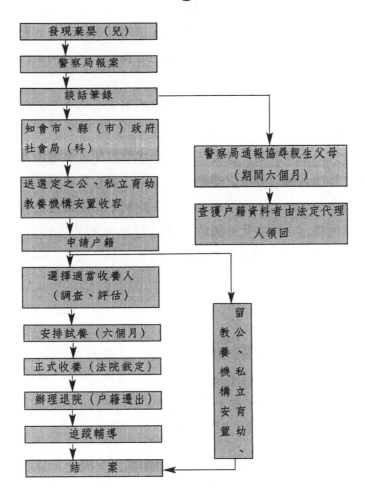

圖4-2　棄嬰（兒）處理流程

的供給，尤其是年紀較大、少數民族及有特殊需求的兒童急需
要此類的服務。除此之外，美國自一九七五年，法律開始允許
親生父母同意之情況下，被領養的成人得以取得親生父母之資
料，這種態度造成日後公開領養（open adoption）的制度。

　　我國收養制度思想的由來，是從西周之宗法制度開始，其
最初之目的在於養家、傳宗接代及祭祀祖先。而在家族制度衰

微後，收養的目的已轉而為親收養，以增加養家勞力、慰娛晚年，以子待老為主要目的。而我國的收養制度，自清末民初，已有為子收養的趨勢，一九三一年的收養法已廢除宗祧繼承，一九八五年更廢除指定繼承人的制度並引入公權力干涉制度，逐漸重視養子女的利益。

　　一九八五年間修正收養法時，雖然引起學者高度重視，紛紛為文指出我國收養法之簡陋、內容缺乏彈性及對養子女之利益保護不周等缺失，並引用外國立法的例子作為修法之參考，但學者所指出之缺失及外國收養法之優點，多數仍未被立法者所採用。本節將介紹我國收養法的立法沿革及趨勢、現行收養制度的規範與效力，茲敘述如下：

■收養的定義

　　收養是指非（直系）血親的雙方，經過法律認可的過程而建立的親子關係，使其不幸的兒童可以得到一個永久的家，同時也為收養父母覓得子女，視同親生。

　　根據民法對於收養的規定如下：

1. 書面契約：收養子女，應以書面為之。因此，須訂立收養書面契約。

2. 夫妻共同收養：夫妻收養子女應共同辦理，不得單獨一人收養子女。但是夫妻之一方收養他方的子女時，則可由一人收養。

3. 年齡限制：收養人應比被收養人年長二十歲以上，夫妻有一人年齡不比養子女年長二十歲以上，收養就不合法。

4. 資格限制：直系血親、直系姻親、旁系血親及旁系姻親的輩分不相當時，不得收養。但旁系血親在八親等之

外。旁系姻親在五親等之外，則是可以收養。

5.不得重複收養：一個人不得同時爲二人之養子女。

6.養子女與養父母之關係，除法律另有規定外；與婚生子
　女同。

　　因此，收養是具有正式的法律效力，一旦經過法院聲請收
養認可的程序，養子女跟親生子女的權利義務是相同的，所以
收養人在決定收養之前，必當做好萬全的準備，以迎接子女的
到來。

■收養前的準備

　　在兒童少年福利法第二章：身分權益中第十四至十八條之
內容即針對收養做明確的規範，尤其第十四條規定：「法院認
可兒童收養事件，應考慮兒童之最佳利益。決定兒童之最佳利
益時，應斟酌收養人之人格、經濟能力、家庭狀況，以及以往
照顧或監護其他兒童及少年之紀錄決定之。」因此，爲了讓孩
子能進入一個溫暖健全的家，透過法律的規定，在以兒童的最
佳利益爲前提之下，必須確定收養人是否能以正向的心態面對
收養，以及收養人是否有足夠的能力撫育孩子，並透過主管機
關或兒童福利機構進行訪視，提出調查報告，以確保被收養子
女的福利。收養人在進行收養之前，必須做好下列準備：

1.正向的心態：收養者勿持著孩子是爲了傳承香火，或爲
　化解某種命運的觀念，而去收養孩子；要能把孩子視如
　己出，給予照顧與關懷。

2.硬體環境：收養者須檢視家中的空間、設備是否可以提
　供孩子生活上的需求。

3.健康狀況：照顧一個孩子是一輩子的事，收養者須考量

自身體力及健康情形，因此，在收養前須衡量自己身體狀況是否能夠勝任。

4.經濟能力：提供孩子的食、衣、住、行、育、樂是收養者必備的條件，經濟考量實為其中重要的一環。

5.照顧能力：照顧孩子的生活是很瑣碎及繁雜的，因此收養者須付出極大的心力及體力。

6.溝通能力：一個稱職的父母不僅得提供孩子生活所需，也須學習如何與孩子溝通，瞭解孩子心靈的需求。

■收養的方式

收養可分為兩種方式，一為私下收養，二為機構收養。「私下收養」是出養者與收養者私下決定，也就是透過黑市（black market）來收養；而「機構收養」則是透過兒童福利機構安排收養的對象，但兩種方式皆需要經過法院認可的過程才算合法。我國二〇〇三年國內出生嬰兒218,900餘人為婚生子女，另有8,030人為非婚生，其中1,800人透過私下收養或生父出面認養，其餘6,184人為「父不詳」之未婚生子女，占總出生數的3.5%（聯合報，2004）。有關我國無戶籍兒童之處理流程可參考圖4-3。

■我國收養法的立法趨勢

1.立法準則：如何規定收養制度的內容，才能符合理想的養親子關係，各時期都有不同的準則。今日社會，資訊傳播迅速、開放，各國間不難求一共同立準的準則。收養目的演進至今，各國莫不以養子女利益為首要目標；其次以區分成年子女與未成年子女的收養，而有不同的規定；另以國家公權力的監督，以發揮最後的看護功

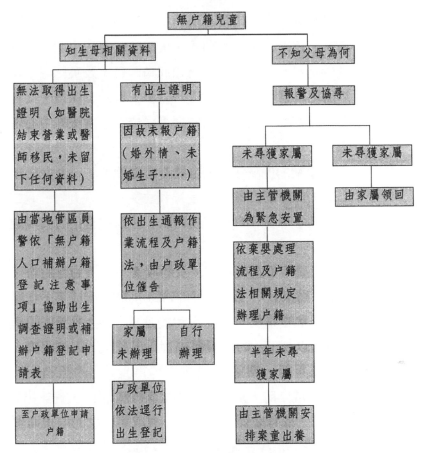

圖4-3 無戶籍兒童處理流程

能。此三原則不因國別或社會體制的不同而有差異，不同者僅在如何實踐，而其各國立法的實踐方法，應極具參考的價值。

(1)養子女利益為收養的指導原則：國家為確保其民族的生存發展，莫不扮演最終父母的角色，肩負兒童的保護責任，因此，實現兒童福利政策為現代福利國家的一大課題。

養子女利益為現代收養法的指導原理，諸多立法先進
國家，為保護子女的利益，大都於收養法中明文指出
此項為最高指導原理，諸如德國、日本及英國等，當
然這足以證明現代收養法的立法，無不以保護子女利
益為出發點，兒童福利的保護遂成為收養法的中心理
念。

兒童福利的保障在我國也是非常重視的，一九九三年
二月五日修正公布的兒童福利法與一九八九年一月二
十三日公布施行的少年福利法，即為具體化的表現之
一。

(2)區分未成年子女與成年子女的收養：收養的目的若係
基於「為家」、「為親」而收養，則區分未成年子女與
成年子女的收養，並無太大的實益。而今收養法的指
導理念以養子女的保護與福祉為出發點，因被收養人
在未成年時，期望在溫暖家庭得到妥適的照顧與教
養，而成年時，除非謀生能力或特殊原因，實無出養
的必要，故有必要區分未成年與成年子女的收養而異
的要件，尤其在成年子女趁父母古稀時或無謀生能
力，為逃避奉養的責任，出養為他人子女，豈為收養
制度本質目的。因此，現代收養的立法趨勢，以收養
未成年子女為原則，成年子女為例外。

(3)公權力介入的監督主義：收養係為社會福利政策的一
環，為配合未成年養子女的利益為收養的最高指導原
理，現代各國立法無不採用公權力介入監督主義，期
能監督每一收養事件進行。

我國舊律民法收養關係以書面的契約即可成立，係採
放任主義，現行法則考量了養子女的利益，所以已納

入國家監督主義。

2.近代收養制度的特性：現代各國收養法的內容，依其各國的社會經驗，均呈現出多樣化，如要將其概括統一，絕非易事，所以重點在於確立近代收養法的性格，俾使立法與政策相互配合，以達到收養的真正目的。我國於一九八五年修正民法親屬編時，對收養制度的改革，大致朝向社會救濟的方向，惟修時未顧及全盤，以致出現諸多缺失，且各相關法規未及時做檢核，而形成空有美意、未見誠意的情形。至一九九三年因受虐兒、雛妓、棄兒事件相繼發生，喚起國人對兒童福利的覺醒，收養制度的相關政策措施亦在兒童福利法中做檢討修正，於二月五日公布施行。兒童福利法第一條即明白宣示立法的目的，並特設四種保護方法。然而我民法對於收養關係成立的過程，地方政府根本無插手餘地，又年齡的限制亦為不當，所以目前應加強各項措施的實踐，立法的美意才得以實現。

■收養之流程

透過專業社會福利機構的收養服務，收養人不但可以得到完善的諮詢服務，同時，透過合法程序的收養，可避免買賣兒童的困擾，至於收養的流程，從圖4-4可得知。

■收養之效力

我國民法採完全收養制，養子女與養父母發生擬制之親子關係，而與本生父母間之權利義務，於收養存續期間，停止其效力。至於收養之效力，自法院認可收養之日起發生效力，以下分別就養子女與養親方及本生方，就收養所生之效力分別說

明如下：

・養子女與養父母及其親屬間的關係

    1.親子關係的發生：收養之目的，原使無血親關係之人，透過收養取得擬制之親子關係，因此，收養之主要效力，乃在於為養子女取得與婚生子女同一之身分。至於因收養產生稱姓、扶養義務、繼承權及親權行使等效力，有下列幾點：

    (1)養子女應從收養者之姓。

    (2)養子女與養父母互負扶養義務。

    (3)養子女與養父母互有繼承權，應解為該子女與雙親間互有繼承權。

    (4)養子女為未成年者，由養父母行使負擔對於養子女之權利義務，養父母為盡其對於未成年養子女保護教養之權利義務，對於養子女並有居住所指定權，因此，

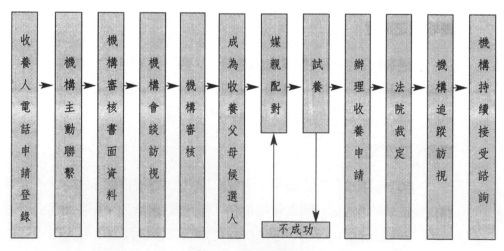

圖4-4　收養流程圖

未結婚者之未成年養子女，應從父母居住所之指定。
此外，兒童的收養案件，養父母均不能行使、負擔對
於 兒童之權利義務或養父母均死亡時，法院得依兒
童、檢察官、主管機關或其他利害關係人之聲請選定
監護人及指定監護之方法，不受民法之限制。

2.親屬關係的發生：收養關係成立後，養父母與養子女之
關係與婚生子女同，惟養子女與養父母之親屬間、養子
女之直系血親卑親屬與養父母及其親屬間，有無親屬關
係，我國現行民法並未規定，惟基於完全收養制之精
神，養子女與養父母之親屬間，應亦發生親屬關係。

• 養子女與本生父母及親屬間的關係

在收養關係存續中，養子女與本生父母及其親屬間之權利
義務，除夫妻之一方收養他方子女外，處於停止狀態，於收養
關係終止時起，始回復其與本生父母之關係，惟所停止者，僅
止於權利義務關係，至於養子女與本生父母之自然血親關係，
於收養存續期間，仍屬存在。

■收養之種類及優缺點

收養可分為機構收養及私人收養，其優缺點如下：

• 機構收養

係由生父母向社會福利機構求助，或由醫療院所及其他單
位轉介，希望透過社會福利機構為小孩代覓合適的收養父母，
經過法律的程序，正式辦理手續。辦理機構會提供收養人與收
養相關的服務，如試養期的安排、提供親職諮詢、提供收養相
關法律諮詢，生父母可透過機構知道孩子的狀況，小孩也能獲
得充分的照顧和關懷。

• 私人收養

　　係指小孩被收養時，不經由社會福利機構之介入，而親生父母經人介紹，直接與有意收養小孩者接觸，或透過親戚朋友或其他有關人士的介紹，辦理收養，而收養父母可能負擔的風險，如生父母的反悔、收養家庭的生活受影響。仲介者或生父母食髓知味不斷提高仲介費用，形同一種變相敲詐，對孩子的背景、來源或健康狀況所知有限，並且無法求證。

■收養之無效與撤銷

• 收養之無效

　　收養行為除當事人無收養之合意、未訂立書面及未經法院認可，宜解為無效外，收養人未長於被收養人二十歲以上、收養違反輩分相當及禁近親限制之規定，以及收養違反一人不得同時為二人之養子女等規定，依民法第一○七九條之一，亦為無效。法律上有利害關係之人，得隨時以訴或抗辯之方法主張無效。惟現行收養法之無效宜解為裁判無效為妥，蓋收養須經法院之認可，為維法院認可之公信力，收養於法院裁判無效後，始溯及收養行為時無效為妥。

• 收養之撤銷

　　收養契約之瑕疵，當事人如有詐欺、脅迫或錯誤，得依一般法律行為之規定，行使撤銷權。此外，民法於第一○七九條之二規定有三種撤銷收養之原因：

1. 有配偶者收養未與其配偶共同收養，其撤銷權人為收養人之配偶。
2. 有配偶之人被收養，收養時未得配偶之同意，其撤銷權人為被收養人之配偶。
3. 滿七歲之未成年人被收養，未得法定代理人之同意，撤

銷權人爲法定代理人。

撤銷權之行使期間自知悉被收養之日起六個月內，或自法院認可之日起一年內。

收養撤銷的效力僅向將來發生，不溯及既往，養子女自收養撤銷之日起，回復其本姓，並回復其與本生父母的關係，但第三人已取得的權利，不受影響。

■收養之終止

收養關係的終止，係指對於完全有效之收養關係，因嗣後之事由，由收養人與被收養人合意終止或請求法院裁判終止收養關係，其終止之效力向將來發生。收養之終止可分爲兩願終止及裁判終止，分別說明如下：

• 兩願終止

兩願終止須由養父母與養子女雙方合意終止之，並以書面爲之。而兩願終止收養之要件爲：

1.終止收養之合意：

　　(1)終止收養之合意爲身分上之行爲，應由當事人自行爲之，惟養子女爲未滿七歲之未成年人無意思能力，其終止收養關係之意思表示，由終止收養後爲其法定代理人代爲之，無法定代理人則爲例外。

　　(2)終止收養之合意，以有意思能力爲已足，民法以年齡加以區分，七歲以上之即有意思能力，可自行決定終止收養關係，惟基於保護未成年人，養子女爲滿七歲以上之未成年人者，其終止收養關係應得收養終止後爲其法定代理人同意。禁治產人於回復常態，得終止收養關係。

(3)養親於收養時有配偶者，須共同為收養，其終止收養關係亦應共同為之，惟一方已死亡或離婚者得單獨為之。至於養親於收養時尚無配偶，但終止收養時已有配偶，有配偶者於收養時未與其配偶共同為之，但未經撤銷，有配偶者於被收養時得其配偶同意或未得配偶之同意，應採否定說，蓋於此等情形，無破壞家庭和平之虞。

2.須做成終止收養之書面：兩願終止收養，應以書面為之，且以此為已足，無須如離婚須有證人或登記為必要，雖依戶籍法，終止收養登記，應經戶籍登記，惟此不屬終止收養之要件，僅為終止收養之證明方法。兩願終止收養，以書面為必要，否則雖事實上已有終止收養之事實狀態，卻無書面之做成，仍不構成收養之終止。

• 裁判終止

　　民法對於裁判終止收養之原因，採列舉終止收養之原因，並於第六款採概括規定，有其他重大事由時，養子女或養父母之一方得請求法院宣告終止收養關係。其中第三款至第五款為片面、差別的終止收養之原因，僅養父母得向法院請求終止收養，其原因為：養子女被處二年以上之徒刑時、養子女有浪費財產之情事時，及養子女生死不明已逾三年時。至於第一款對於他方虐待或重大侮辱時、第二款惡意遺棄他方時，及第六款有其他重大事由時，養子女與養父母雙方均得請求法院宣告終止收養關係。

　　養父母死亡後，養子女不能維持生活而無謀生能力者，得請法院許可終止收養關係。兒童收養案件，養父母對養子女如有遺棄、身心虐待、利用殘障或畸形兒童供人參觀、利用兒童行乞、剝奪或妨礙兒童接受國民義務教育之機會，或非法移送

兒童至國外就學、強迫兒童婚嫁、拐騙、綁架、買賣、質押兒童，或以兒童爲擔保等行爲，利害關係人或主管機關得向法院聲請宣告終止其收養關係。

• **終止收養之效力**

終止收養因收養所生之一切效果，向將來失其效力。養子女自收養終止時起回復其本姓，並回復其與本生父母之關係，但第三人已取得之權利，不因此而受影響。至於與養方之關係，收養終止時因收養所擬制之親屬關係視同消滅。養子女在收養存續期間所生之子女，除有特約外，其與養方之親屬關係隨同消滅。收養關係終止後，養子女及其子女與養方直系血親及直系姻親，仍不得結婚。如收養係因判決終止者，無過失之一方，因而陷於生活困難者，得請求他方給予相當金額。

(三)機構安置與教養服務

機構安置與教養服務在過去（一九六〇年代之前）一直是兒童福利的主要業務，尤其對於一些貧童、兒童虐待個案、非婚生之子女或原生家庭不適擔任教養角色等。安置服務一般可分爲家庭式與機構式之服務；家庭式之安置又以親戚及寄養家庭之家外安置爲主，而機構式又以相關教養機構或育幼院爲主，是屬於兒童安置照顧體系裏的最後一道防線。安置照顧的目的在於提供上述兒童臨時式的替代性照顧，待原生家庭功能恢復，再讓兒童返家，如家庭功能已喪失，再尋找永久性的規劃，如收養家庭。一九七〇年代之後，隨著國內兒童發展問題與日俱增，安置服務也日漸明顯，雖然早期的兒童福利業務，以安置爲唯一且很重要的處遇，但自兒童照顧觀念轉變及兒童發展研究的影響，兒童安置觀念也隨之改變，以兒童寄養爲第

一優先，其次爲兒童收養，最後不得已仍要考量機構安置服務。雖然如此，還是有部分兒童或少年因本身伴隨著一些行爲問題或性格異常，使得一般寄養家庭接受意願不高，而使得他們成爲一些「難置兒」（杜慈容，1999；Collins, 2001），而教養機構可以在有控制及資源的環境下，配合兒童之特殊需求，協助其身心健全發展，待其適應社會環境，故機構安置還是有存在之必要性。

余漢儀（1995）提出機構安置服務雖然讓兒童、少年免於家人的傷害，但分離的經驗卻也造成孩子心理情緒與生活適應上之困難；而且機構內複雜的人際關係、較不彈性的管理規則，也會造成兒童及少年日後人格及行爲之影響。

■機構安置種類及目的

機構安置的教養（institute care）是政府與民間團體共同對失依兒童所提供一種團體照顧方式，尤其在對提供兒童安全堡壘的家庭，失去了功能，加上社會資源及支持系統日益薄弱，更衍生社會對機構安置的需求。早期對失依兒童，提供類似家庭給予兒童一些生活照料及學習機會的機構收容，稱爲孤兒院或育幼院，一般是以非營利組織或慈善人士所興建。漸漸地，這些機構收容一些破碎家庭、變故家庭或低收入的家庭（馮燕等，2000），日後隨著社會兒虐事件頻增，此種安置機構遂成爲保護兒童的最後一道護身符，提供家外安置。自二〇〇〇年凍省，原有省立桃園、台北、高雄育幼院，分別改稱爲北區、中區及南區兒童中心，並成爲一種兼失依、兒虐、性侵害及流浪兒童的綜合性的教養機構。我國兒童少年福利法第五章福利機構中第五十條規定：兒童及少年福利機構分類如下：

1.托育機構。

2.早期療育機構。

3.安置及教養機構。

4.心理輔導或家庭諮詢機構。

5.其他兒童及少年福利機構。

前項兒童及少年福利機構之規模、面積、人員配置及業務範圍等事項之標準，由中央主管機構定之。新合併的兒童少年福利法未對安置及教養機構做一補充定義，未來會在兒童福利施行細則明定之，但一九九三年的兒童福利法第二十三條規定：中央及直轄市、縣（市）政府為收容不適於家庭養護或寄養之無依兒童，以及身心有重大缺陷不適宜於家庭撫養之兒童，應自行創辦或獎勵民間辦理下列兒童福利機構：

1.育幼院。

2.兒童緊急庇護所。

3.智能障礙兒童教養院。

4.傷殘兒童重建院。

5.發展遲緩兒童早期療育中心。

6.兒童心理衛生中心。

7.其他兒童教養處所。對於未婚懷孕或分娩而遭遇困境之婦、嬰，應專設收容教養機構。

總之，機構安置係指兒童因家中遭遇變故或遭受不當教養或虐待，故使兒童不適宜待在原生家庭，因此，兒童必須要採取家外安置，而家外安置優先之考量為寄養服務（暫時性），其次為收養服務（永久性的規劃），最後才為機構安置（可為暫時性及永久性）。所以說，機構安置及教養之目的是透過安置，給予兒童暫時性或永久性的養育及教育，以協助兒童身心健全成長，幫助兒童返回原生家庭或能適應社會環境。

■機構安置之服務內容

　　機構安置之對象是因家庭遭受某些原因（如變故、兒童虐待等），而使兒童「不適宜」或「不能」再待在原生家庭，而家外安置之寄養服務又不適合時所採取之服務方式，當然兒童又有其特殊性，例如，行為、人格或特殊需求（如肢體或心理障礙等），故機構教養服務遂成為一綜合及多元性的服務，以下就以兒童及少年安置機構經常使用服務內容做介紹，茲說明如下：

• 兒童安置機構

　1.院童教養：

　　(1) 生活照顧：因院童的年齡都很小（十二歲以下）且大都來自家庭結構不健全或功能失調的家庭，故其生理及心智之發展，常有遲緩之現象，顯現於外之行為亦多偏失，須給予更多的愛心包容及更專業之照顧與輔導。機構採家庭形態方式教養，依院童年齡及性別之考量分為幾個不同的家，各家有家名，每家配置兩名保育人員，輪流值勤，全天候給予院童最妥適之生活照料；對於院童的身心發展，除了保育人員時時關注外，還不定期前往院童就讀的學校訪視，並於每晚就寢前安排貼心的會談，輔導員和社工員亦定期值勤，以協助保育人員輔導行為偏差院童，處理突發狀況及個案諮商。另有膳食委員會組織，負責院童三餐膳食事宜。

　　(2) 課業輔導：多數院童因先天條件不足，以致學業、成就、學習動機低落，正值國小、國中的義務教育階段，係基礎學力建立最重要之時期，為協助院童快樂

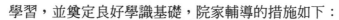
學習，並奠定良好學識基礎，院家輔導的措施如下：

A.針對學習困難的院童：建議學校設置學習障礙資源班，以進行補救教學。

B.召募各大專院校學生組成志願服務隊，實施一對一之課業輔導，針對學習進度嚴重落後，或智能不足需特殊教育之院童，或是召募在職或已退休的老師來擔任輔導課業的志工。

C.運用電腦教學軟體輔助院童的學習，使電腦能生活化、教育化。

(3)才藝訓練：為促進院童智能發展，提供多元學習機會，透過外聘學有專精之師資及部分志工老師之熱心服務，辦理各項才藝班，如電腦、珠算、兒童聖經、繪畫、編織、桌球、吉他等課程，以期增長見聞，啟發智能及提升院童自我概念，頗多助益，深受院童歡迎。

(4)休閒活動：定期辦理各種休閒活動或比賽，如戶外旅遊、郊遊登山、烤肉、知性參訪等活動，藉以調適身心，並豐富生活經驗。

2.衛生保健：

(1)定期的辦理全身健康檢查，以期孩子能在整潔舒適的環境中成長。

(2)因院童均來自弱勢或功能不健全家庭或受遺棄之兒童，他們在身心發展的關鍵期，缺乏適當教養或身心受虐，所以在認知發展、生理發展、語言發展、心理發展，以及生活自理能力等方面均有遲緩現象；所以院家須積極推動早期療育：

A.將發展遲緩的院童送至醫院評估及安排適當治療。

B.對於情緒困擾、心理障礙之院童，安排至醫院做心理治療。

C.積極接洽特教系學生來做志工，幫助每一位身心障礙的院童。

(3)個案輔導：為協助行為偏差或適應不良的院童，或是情緒困擾之院童，提供個別輔導，以增加其適應能力，使其人格得以正常發展。

(4)追蹤輔導：經人收養或是終止收容關係的院童，為確保其離院後能繼續接受良好的教養及生活，院家會與其保持密切聯繫，追蹤輔導，以適時、適地的給予協助與支援。

• 青少年安置機構

　　除了實務上的需求，國內這幾年因「少年福利法」、「少年事件處理法」，以及「兒童及少年性交易防制條例」等與少年有關的法令均提到安置服務的概念，使得少年安置服務的定位更為明確與迫切。

　　我國自一九八九年通過少年福利法後，短短不到十年間，陸續通過或修訂三個與青少年福祉相關的福利法案，這些法案包括兒童福利法的修訂、兒童及少年性交易防制條例及少年事件處理法的修訂。隨著這些相關法令政策的修訂或通過，保護青少年的福利觀念迅速且普遍受到社會重視。綜觀這些法案中，對於應受保護的少年類型、保護的流程、服務的機制，以及相關罰則都有明確的規範。因此，針對這些特定青少年的特殊需求，所需要服務內容及項目也隨之發展，其中最凸顯需要性的就是安置服務（張紉，2000）。

　　少年安置服務的興起，主要是奠基於一群需要受到保護的

青少年，無法從他們原生家庭中得到應有的身心照顧，因此，由國家提供替代性家庭服務，以協助青少年順利成長。雖然這種替代性家庭的福利措施，有其福利政策思考上的殘補性缺失及爭議之處（余漢儀，1995），然而對於遭逢不幸或受到傷害的青少年，仍然有其實際上的需要。

若對於須接受安置服務的對象及安置類型加以分析整合後可以發現，目前國內認定需要接受安置服務的少年類型大致分為五類：

1. 家庭遭變故、家人不適合或無力教養之少年。
2. 因家人蓄意傷害（如虐待、惡意遺棄、押賣，或強迫少年從事不良行為）而需要保護之少年。
3. 因任何原因而從事性交易或有從事之虞行為之少年。
4. 行為偏差或適應不良之少年。
5. 經由司法機關裁定，須安置於相關福利機構以接受保護管束者。

由以上的分類可以清楚看到：相較於提供給兒童的安置服務，我國法令在規範以少年為主體的安置服務類型中，仍以有行為問題的少年為主，也因此具有「機構化」、「集體化」的特色，容易讓接受服務的少年感受到「拘禁性」與「強制性」。雖然少年可以體認安置服務是「善意」的，是為了保護他們免於受到更多的傷害，但不論其被安置的理由為何，在嚴格與外界區隔的制度下，他們對此作法最深刻的感受是「沒有自由」。所有的善意會因不自由的住宿環境而大打折扣。該如何使這些原本具有福利意涵的安置服務能夠將福利的理念傳達給少年，並讓少年感受到安置機構所提供的服務對他們的裨益，乃是目前國內少年安置服務亟須突破的工作。

目前對於少年採取機構安置服務，其主要法源為下列五

項：

　　1.少年福利法。

　　2.少年事件處理法。

　　3.兒童及少年性交易防制條例。

　　4.家庭暴力防治法。

　　5.性侵害防治法。

■兒童少年安置機構業務轉變與發展

• 兒童安置機構

1.收容對象多樣化：過去數十年來，機構收容兒童大都來自父母雙亡，或單親年滿六十歲以上、有精神方面疾病，兒童身心有問題或低收入戶之家庭；之後隨著社會環境變遷、家庭功能轉變，機構收容的對象亦隨之有了重大的變革。以目前機構所發現收容對象因「兒童保護案件」入家者（被虐待、受疏忽、遭遺棄及家庭遭遇重大變故）占有人數三分之一強，另因父母（一方或雙方）「判刑確定在執行中」入家者（販毒、吸毒、其他各類案件）亦占六分之一強；此外，因家庭結構改組、家庭功能喪失（父母離婚、一方失蹤、未婚生子）之單親家庭兒童，及經法院協商裁定轉介之兒童、少年，亦有越來越多之趨勢。對於前述各類兒童，機構皆全力配合政府政策，以兒童福利之最佳考量，予以收容教養。

2.照顧內容全面化：機構除以往的單純式照顧，如免於孩童挨餓受凍、來自功能不健全之家庭外，須給予更多的愛心、包容及更專業的輔導照顧，其內容須更專業化、全面化。

3.保健醫療專業資源整合及社區服務化：

　(1)早期療育：早期介入早期療育是發展遲緩幼兒進步的
　　關鍵所在。越早期介入越能省下教育成本，專家學者
　　也認為早期療育一年的功效是三歲以後的十倍功效。
　　所以機構對於早期發現、早期接受治療有必要多加注
　　意及發展。

　(2)心理治療：對於頗多的情緒困擾、心理障礙或長期創
　　傷症候群之院童，須專聘專業心理治療師為其做心理
　　治療。對於行為偏差或負向行為的院童，須辦關懷成
　　長團體來引導正向行為及增進社交技巧。

4.志工服務社區化制度化：期待召募更多的大專志工來機
　構服務，也希望結合社區資源和機構附近的社區做分享
　資源。

• 少年安置機構

　　在相關的法令規範下，政府及民間團體這幾年共同致力於
安置機構的設置及服務的規劃。至二〇〇一年度，全國計有少
年教養機構十七所，共四百二十三床；少年輔導機構共十四
所，共有五百六十四床。全國可供約一千床的服務容量。而安
置服務需求方面，卻有二千二百四十一件。目前機構是收容女
性較多，而且大都在中南部，相對於北部，男性收容機構較
少，如此可顯現目前台灣少年之安置需求殷切，尤其是男性安
置之機構。這也是兒童局在少年福利業務中，一方面結合民間
資源，設置或改善少年教養、輔導機構，另一方面積極擴充少
年安置床位，以因應地方政府對少年安置之需求（內政部，
2004）。

　　除此之外，少年安置服務的內容也呈現多元化面貌，首先
因法源不同，形成主責安置業務的機關包括社會局、少年法

院、教育局,因此也形成多重服務對象類型,包括失依、受虐、從事性交易及行為偏差者(有關處遇流程可參考圖4-5及圖4-6)。而安置服務提供方式,也隨主管機關的人力及地方資源的不同,分別包括政府興建新機構,公立機構轉型(內政部少年之家)或擴展原有服務(公立育幼院、廣慈博愛院),委託民間機構公辦民營(松德之家),或是專案委託民間團體提供服務(善牧中心、勵馨社會福利基金會)等。此外安置服務的名稱或內容,又分緊急庇護、短期收容、關懷中心、中途學校、矯治學校等。這種多元的服務主責機關、案主類型、服務輸送方式及服務內容交叉互動影響,造成安置服務機構實際運作上的許多挑戰。附帶地,目前兒童少年安置機構負責人及管理者絕大多數均非社工專業相關科系背景,而且甚少有社會工作師之證照者擔任,也凸顯出少年安置機構之方案規劃及服務制度之品質未能符合專業要求,難收安置輔導之成效。

即使在美國,一九七〇年代美國兒童福利的專業人員開始重視家庭處遇的重要性,並從傳統以「兒童」或者以「救援」為中心的工作策略,改變以「家庭」或以「支持」為取向的服務模式,爾後加上聯邦法令的要求,伴隨經費的提撥,使得以家庭為中心的處遇策略成為服務方案的主流,例如「密集性家庭維繫服務」(Intensive Family Preservation Services, IFPS)。而台灣目前尚未採行讓家庭為中心的處遇策略成為服務方案,家庭維存服務在台灣仍處於概念階段,未能付諸實行。這也是兒童局現階段正輔導地方政府結合民間團體辦理「受虐兒童及少年原生家庭維繫重整服務」,俾期恢復其家庭保護及教養功能(內政部,2004)。

原生家庭在一個人的一生中扮演了相當重要的工具性與情緒性支持功能,國家是以公權力介入家庭私領域來代行親權,

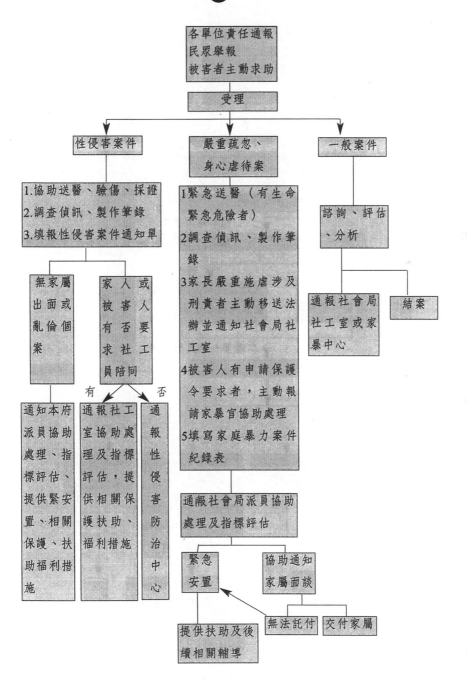

圖4-5　兒童少年保護個案處理流程

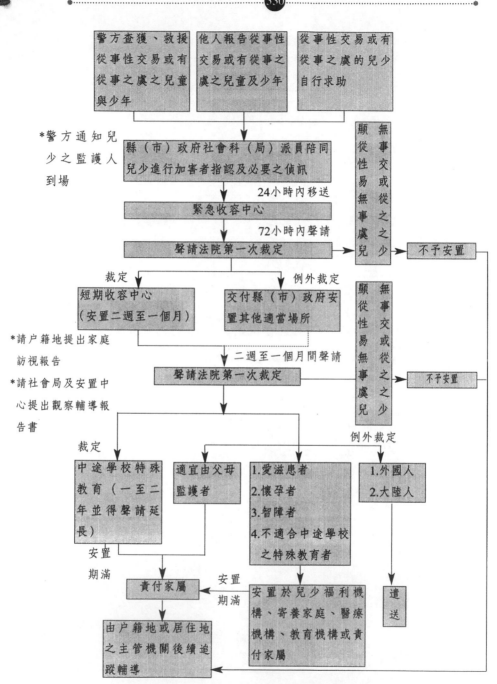

圖4-6 兒童及少年性交易防制工作流程

而接受安置的少年除了歷經家庭的傷害，也往往無法建立穩定的社區關係，有些甚至因長期流轉於不同的安置機構，因而對人、對環境產生懷疑，無法建立信任關係。其實，不論安置少年最終是返家或是要獨立生活，福利服務體系都應該將服務的對象擴大到少年之外的各個系統，特別是他們的家庭，讓少年在準備離開安置體系時，可以有些選擇，而非無奈的、措手不及地進入另一個生活階段，然後又很快地重新回到社會福利體系中。

　　不論是返家或是要獨立生活，對安置少年而言，都是新生活的開始，他們除了須消極地避免複製過去傷害他們之人的作為，也應更積極地建立屬於自己的未來。所以，期待國內的安置機構除了提供殘補式的保護策略，也應主動採行以家庭為中心的處遇策略，若在進行家庭處遇一段時日後，家庭功能仍未獲改善時，則應協助少年準備進入獨立生活，以建立屬於自己的人生與未來。

四、兒童保護服務

　　兒童保護服務（Child Protection on Service, CPS）的定義可分為廣義與狹義，廣義的定義係指對兒童身心安全的倡導與保護；而狹義的定義係指對兒童虐待（child abuse）或惡待（child maltreatment）的預防與處遇。依Kadushin及Martin（1988）對兒童福利服務之定義，兒童保護服務是為第一道防線，也是第三道防線，我國兒童及少年福利法亦有設專章討論，可見兒童保護服務在兒童福利服務的重要性。當然，兒童保護服務與兒童虐待又可稱為同義詞，一般而言，兒童保護服

務又可分為身體虐待（physical abuse）、性虐待（sexual abuse）、心理或情緒虐待（psychological or emotional abuse），以及疏忽（neglect）等四類服務。

基本上，對於兒童福祉的看重與照顧是作為文明社會與福利國家一項重要的發展指標，就此而言，如受虐通報、司法保護、重病醫治、危機處遇、緊急安置、經濟扶助以及孤兒照顧等，以問題取向（problem-oriented）為主的弱勢兒童福利工作，固然有其迫切執行的優先考量，但是，以大多數正常兒童為主體所提供的以發展取向（development-oriented）為主的一般兒童福利工作，也是同樣地不可偏廢，如兒童的人身安全、醫療保健、休閒康樂、親職教育與托育服務等。終極來看，如何形塑出一個免於恐懼、免於人身安全危險以及免於經濟困頓的整體兒童照顧服務（holistic child care services）的生活環境，這既是政府當局所要努力的目標，更是整體社會大眾共同追求的願景！

然而，這項兒童福利服務攸關到戶政、社政、勞工、警政、醫療、諮商、心理治療、衛生、司法、教育、傳播等不同單位組織，是一種支持性服務，也可以是替代性服務。前者是採預防的觀點，當兒童及其家庭發生危機時，給予一些諮詢及提供資源，讓兒童及其原生家庭得以增強其個人因應危機之能力，解決其家庭的危機；後者係指危機發生後，社工人員基於兒童最佳利益考量，將兒童在家庭外之安置。此種兒童福利業務隱含著從制度層次的組織變革，擴及到社會與文化層次的全面性改造，目前我國政府的兒童保護服務，主要在落實兒童及少年福利法處理兒童保護案件之規定，結合公、私部門力量提供諮詢、通報、緊急安置、輔導、轉介等服務措施，並對施虐者實施強制性親職教育工作（內政部，2004）。在美國有關兒童

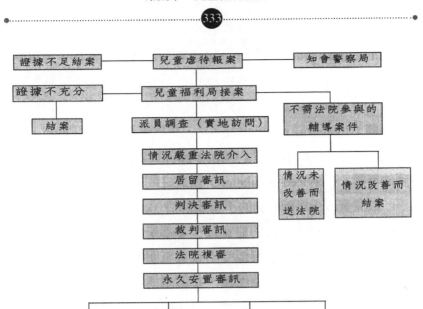

圖4-7　美國兒童福利局兒童虐待處置流程

虐待之處置流程（參見**圖4-7**）就與警政、司法、衛生、心理、治療及社政相關單位有關。

(一)兒童保護與安置工作之基本議題論述

　　近年來，隨著台灣社會快速變遷所浮現出來的各種適應難題，危及到兒童個人的人身權益，像是兒童綁架、虐待、強暴、猥褻、自殺、被迫服毒、適應不良，以及色情傳播等等社會現象，在在都衝擊到我們所一貫標舉「兒童是國家社會未來的主人翁」，以及「兒童是家庭的珍寶」的價值理念（郭靜晃，1996）。

　　對於全體兒童人身權益的保障應該是以所有兒童福利

（child welfare practices）作爲積極努力的目標，然而，考量到資源的有限性以及兒童人身安危的急迫性，因此在學理與實務工作上自然都有必要清楚且翔實地區辨出兒童福利工作的「一般群體」（general population）、「高危險群群體」（high-risk population）、「標定群體」（target population）以及「眞正服務到的群體」（serviced population）彼此之間的定義劃分標準。

以兒童及少年所遭到的不幸或惡待（child maltreat）爲例，理論上所有零至十八歲的兒童及少年都是隸屬於法定保護的最外圍對象群體；然而，疑似受虐或者有明顯立即危險的兒童及少年往往特別要給予緊急保護、安置處遇而成爲高危險群體；至於，某些特定的高危險群體幼兒，如家庭婚姻暴力的受虐兒或失蹤兒童及少年的協尋及預防，則成爲某方案計畫的標定群體；最後，方案計畫實施的對象才是眞正接受到服務的群體，可是這些對象又未必是與原先鎖定的標定群體一致的。也就是說，案主的需求與服務群體的鎖定以及最後眞正服務的對象，彼此之間有其一定程度的落差。連帶地，對象本身的多樣化、變異性，以及複雜性，更增加了問題處遇上的困難度。當然，終極來看，不論是哪一種類的服務群體，到底有多少位應該或者急需要被保護安置的兒童，但卻沒有受到實質性的保障，其間的落差與貫通會是整體兒童照顧方案所要面對的一項基本課題。

(二)兒童虐待的層面界分

兒童虐待之界定向來分歧。台北市政府社會局的定義如下：父母或法定監護人，或任何有責任照顧兒童福利者，有意加諸或無意疏忽的行爲，導致兒童生理、心理受到傷害或有受

到傷害之虞者。換言之，兒童虐待指成人有意（蓄意或可避免而未避免）對兒童造成傷害，並非偶發事件，而是重複、持續性的傷害行為。

以往的兒童虐待事件常被視為是父母管教子女的正當行為，無關乎適當或不適當、對或錯。現今的社會較重視個人權利，所以對於兒童遭到不當的照顧或管教時，已將之視為社會性事件而非個人事件。

基於兒童保護的目的與宗旨，當一般兒童或特殊兒童遭受到不當的對待時，應由福利機構整合適當的資源與支持體系，藉由專業服務以確保兒童的人身權益。然而，落實在實務層次上，有關兒童虐待的定義至少可以從家庭、機構與社會不同的角度切入（馮燕等，2000；江季璇，1999）：

1. 家庭虐待：係指家庭中的父母、手足、親友、保母或主要照顧者對兒童有不當對待的行為。
2. 機構虐待：係指如學校、安置收容機構、托育中心、幼兒園或醫療單位等不當對待孩子的作為。
3. 社會虐待：係指兒童所身處的社會之行動、信念與價值一旦妨礙到幼兒的身心發展時，便構成了社會性的虐待，如媒體的暴力等。

依照《社會工作辭典》（內政部，2000）的解釋，所謂兒童虐待是指出於故意或疏忽的行為而造成孩童之身心傷害，通常可分為身體虐待、心理／情緒／精神虐待、性虐待及疏忽四種類型：

1. 身體虐待（physical abuse）：指任何非意外、非偶發、持續地對兒童施行不當或過度的體罰，所造成的身體傷害或死亡。例如，毆打、瘀傷、咬傷、灼燙傷、鞭傷、

推摔、捆綁、骨折等。這些肢體虐待來自過度及不適齡、不適合情境的管教或懲罰方式，或讓兒童處於可能導致死亡、外型毀損及身體功能損害或喪失，或讓兒童處於可能發生上述傷害之險境。

2. 心理／情緒／精神虐待（psychological/emotional/mental abuse）：指照顧者不能給予兒童溫暖、關注、督導及正常的生活經驗，以拒絕、冷落、恐嚇、遺棄和不合理之責罰使兒童受到重大心理傷害，例如，經常對孩子的吼叫、怒罵、輕視、嘲笑、批評、藐視、威脅、挑剔、過分要求、不合理的期待或持續性地對兒女有不合情境之差別待遇，以及不合人道、不合理的待遇等，導致兒童在智能、情緒、感情、社會各方面的發展受到阻礙。

3. 性虐待（sexual abuse）：指以兒童為性刺激的對象，與兒童有任何性接觸的行為。包括：性侵犯（即指強暴、脅迫或誘騙的手段，以達到性接觸的目的）及性剝奪（利用兒童從事與色情有關情事以謀利者）。性接觸包括兩項，第一項是沒有實際碰觸的行為，包括成人暴露其性器官、要求兒童看猥褻書刊；第二項是有實際接觸的行為，包括對兒童的性器官或隱私部分有不恰當的愛撫、猥褻及性交。

4. 疏忽（neglect）：指父母或主要照顧者對兒童的基本需求不加注意，而未能提供身心發展之最低限度必要的保障。如故意或疏忽提供兒童食物、營養、衣物、住所、醫療、教育、安全等照顧，或把兒童單獨留在家中，強迫兒童做過量的工作或拒絕給予情感上的需要等，使兒童身心受到傷害，甚至死亡。

綜合上述，兒童虐待（child abuse）指的是違背社會對兒童

照顧和安全所訂之規範，雖然美國各州所訂的標準不一，但都不出下列幾項標準：身體虐待、性虐待、身體照顧方面的疏忽、教育上的疏忽和心理虐待（Pecora, Whittaker, Maluccio, Barth & Plotnick, 1992）。

身體虐待是指對兒童施加的傷害，例如造成骨折、嚴重和輕微燒燙傷、瘀傷等，另身體的碰觸即使沒有明顯可見的傷痕也算數，例如打耳光、毆打、使用皮帶或以戒尺體罰；性虐待是指各種形式之接觸、插入或剝削；性騷擾是指對兒童不當的觸摸，即使沒有接觸到性器官也算數；性剝削是指以兒童為性活動的對象，例如雛妓、黃色書刊或照片；插入指的是以身體任何部位或物體侵入肛門、性器和口中；兒童疏忽是一種比較不明顯的虐待，其中身體照護上的疏忽可包括：遺棄、延誤就醫或剝奪健康照護的機會、監督不周，以及基本生活需求（食、衣、住、衛生）供給不足，疏忽常常是因為資源的嚴重缺乏所致。

教育疏忽包括不讓兒童入學、常令其曠課、對教育上特別需求無回應，有些教育疏忽的個案辨認不易，因為父母可能對正式教育缺乏信心，或者兒童身心障礙的問題造成就學困難，不是父母故意疏忽；心理虐待是指身體自由的限制、不斷的威脅、拒絕、剝削和貶抑。雖然定義不夠具體明確，許多口頭上的訊息若帶有負面標籤和貶抑都算是心理虐待，因為這些口頭訊息對兒童的心理影響重大；許多人常以為虐待只會出自父母，其實親戚、保母和其他托育者、神職人員或其他成人等等都可能是加害者。

根據內政部兒童局「兒童保護執行概況」的統計顯示，二〇〇二年上半年各縣市社會局受理之兒童保護案件，受虐兒童有2,001人，較上年同期減少10.51％；對兒童施虐者有1,914

人，較上年同期減少11.72%（內政部兒童局，2002）：

1. 按性別分：受虐男童有1,017人（占50.82%），女童984人（占49.18%）；施虐者男性1,181人（占61.70%），女性733人（占38.30%）。

2. 按年齡別分：受虐兒童以九至十一歲715人（占35.73%），六至八歲537人（占26.84%），三至五歲451人（占22.54%），零至二歲298人（占14.89%）；施虐者以三十至三十九歲770人（占40.23%），四十至四十九歲492人（占25.71%），二十至二十九歲326人（占17.03%）。

3. 按施虐者身分：以父母身分1,514人（占79.10%），照顧者110人（占5.75%），親戚93人（占4.86%）。

二〇〇二年上半年各縣市社會局受理兒童保護案件，開案件數2,051件，較上年同期減少10.59%；開案之兒童保護個案類型以身心虐待1,473件〔其中屬身體虐待655件（占44.47%）；疏忽524件（占35.57%）；精神虐待167件（占11.34%）；性虐待127件（占8.62%）〕（占71.82%）；遺棄168件（占8.19%）。

(三)兒童虐待之原因

兒童虐待大都來自功能失調的家庭，而受虐的子女正是名副其實的代罪羔羊，兒童虐待和疏忽的事件由於媒體大肆報導，社會大眾的意識覺醒，使得近二十年來，事件的報告率大幅提升，然通報率升高和新個案數的增加，兩者之間並不容易區辨，但是上報的比率卻是增加的。虐待兒童的行為，是一連串複雜的社會心理歷程，這種複雜的社會心理歷程的背後可能導因於以下幾個因素：

1.個人人格特質：施虐者個人的壓力和人格特質。施虐者常將生活壓力或婚姻失調累積的壓力發洩在兒童身上。

2.交互作用模式：施虐的原因是由於系統失去功能所致。低階層家庭的父母相信身體處罰是正當的管教方式，比較容易虐待兒童。父母的精神疾病及藥物、毒品濫用也是兒童虐待的原因之一。

3.社會環境論：環境、社會文化變遷帶來的立即性壓力導致兒童虐待（張寶珠，1997）。

　　總之，對於有關兒童受虐或疏忽的看顧，並不僅止於受虐兒個案層面上的干預，還進一步地擴及到包括兒童及其家庭和所身處社會的整體改造，連帶地，因應的兒童保護與安置工作亦應掌握微視面與鉅視面的雙重進路（參考**表4-2**）。就美國的兒童保護工作，其處遇的方式已由過去只注重個案工作轉移到使用多系統的複雜處遇模式，也強調兒童保護社會工作者的訓練，工作人員也體認此項工作跨領域合作的必要性；但問題是現存的跨領域之專業整體性的合作、協調、預防治療的方案並不多，政府財務上的壓力也造成兒童保護預算上的萎縮，但是兒童和家庭的需求又有增無減，加上問題的複雜性也日增，所以兒童保護之兒童福利的社會工作之重要性與日俱增，如何克服這些障礙是整體社會和兒保工作者現在和未來的一大挑戰。

表4-2 兒童虐待的層面分析表

主要受虐情境	施虐來源	主要虐待行為	示例說明
家庭：含原生家庭、同居家庭、寄養家庭、收養家庭等	父母、手足、親友、主要照顧者	身體虐待 精神虐待 性虐待或性剝削 疏忽	毆打、砸、撞、燙傷等口語暴力、冷嘲熱諷等性侵害、強迫性交易等漠視、不滿足兒童的基本需求與權利
機構：學校、安置收容機構、嬰幼兒托育中心、幼兒園或醫療單位	機構工作人員、主要照顧者、其他安置者與其親友等	體罰等不當管教 不當使用精神病理藥物 無意或故意延長隔離時間 使用機械設備限制其行動 階級、種族、性別歧視、方案濫用 非法禁見與探視 未提供法律規定的服務 性侵害與性剝削	交互蹲跳、暴力威脅等 餵食鎮靜劑、安眠藥等 以單獨禁閉為懲戒手段等限制兒童活動 嘲弄兒童之人格權等 不符兒童需要、未評估拒絕親友探視 拒絕兒童福利專業協助 性騷擾、強暴等
社會：社會之行動、信念與價值等	兒童所處社會環境等	不適宜的教養文化 性別刻板印象 不平等、權力、暴力 允許暴力存在 兒童是無能的	不打不成器等觀念 遵守主流性別角色教育、生涯發展 暴力是和諧的必要手段 成人的決定是出於愛與善

資料來源：馮燕等（2000）《兒童福利》，台北：國立空中大學，頁184。

參考書目

中文部分

丁碧雲（1985），《兒童福利通論》，台北：新潮。

丁碧雲（1987），〈如何推展未婚母親中途之家〉，台北市社會局，「爲何及如何推展中途之家」研討會。

內政部（1993），《中華民國八十一年台灣地區兒童生活狀況調查報告》，台北：內政部。

內政部（1997），《中華民國台灣地區兒童生活狀況調查報告》，台北：內政部。

內政部（2000），《社會工作辭典》（第四版），台北：內政部社區發展雜誌社。

內政部（2004），《中華民國九十二年社政年報》，台北：內政部。

內政部兒童局（2001），《中華民國九十年台閩地區兒童生活狀況調查報告》，台中：內政部兒童局。

內政部兒童局（2002），《兒童保護執行概況》，台中：內政部兒童局。

內政部社會司（1997），《發展遲緩兒童早期療育實施方案》，台北：內政部。

內政部統計處（1997），《中華民國八十五年台灣地區兒童生活狀況調查報告》，台北：內政部。

王方（2002），〈福利津貼的社會背景：對兒童津貼發展的省思〉，輯於中國文化大學社會福利學系主編，《當代台灣地區青少年兒童福利展望》，台北：揚智文化。

王正（2003），〈經濟發展與社會福利──新力量與舊價值的困境〉，《社區發展季刊》，102期，頁21-32。

王國羽（1996），〈身心障礙兒童早期療育政策的相關理論模式與台灣法令之解析〉，《東吳社會工作學報》，2期，頁333-350。

王毓棻（1986），《台北市寄養父母困擾問題研究》，東海大學社會工作研究所碩士論文。

王麗容（1992），《台北市婦女就業與兒童福利需求之研究》，台北內政部社會局委託研究計畫。

王麗容（1994），《邁向二十一世紀社會福利之規劃與整合──婦女福

利需求評估報告》，台北內政部委託研究。

王麗容（1995），〈單親家庭與社會變遷〉，《單親家庭研討會論文集》，台中：中華兒童福利基金會，頁24-41。

〈台灣之子，每年被丟棄上千人〉，《聯合報》，2004年5月7日。

江季璇（1999），〈受虐兒童專業倫理保密的兩難〉，《社區發展季刊》，86期，頁131-142。

何素秋（1999），《寄養父母工作滿足與持續服務意願服務》，靜宜大學青少年兒童福利研究所碩士論文。

余漢儀（1995），《兒童虐待——現象檢視與問題反省》，台北：巨流圖書公司。

余漢儀（1997），〈家庭寄養照顧——受虐孩童的幸抑不幸？〉，《台大社會學刊》，25期，頁107-140。

杜慈容（1999），《童年受虐少年「獨立生活」經驗探討——以台北市少年獨立生活方案為例》，台北：國立台灣大學社會學研究所碩士論文。

周月清（2000），《殘障福利與社會工作》，台北：五南圖書公司。

周建卿編著（1992），《中華社會福利法制史》，台北：黎明文化事業股份有限公司。

周慧香（1992），《社會工作過程對寄養兒童生活適應之研究》，中國文化大學兒童福利研究所碩士論文。

周震歐（1997），《兒童福利》，台北：巨流圖書公司。

林淑芬（1987），《未婚媽媽問題之研究》，私立東海大學社工研究所碩士論文。

林勝義（2002），《兒童福利》，台北：五南圖書公司。

林萬億、吳季芳（1995），〈單親家庭的兒童福利政策〉，王明仁等編，《二十一世紀兒童福利政策》，台中：中華兒童福利基金會，頁165-192。

邱怡玟、黃秀梨（1998），〈台北市發展遲緩兒童早期療育醫療資源調查〉，《中華公共衛生雜誌》，17卷5期，頁432-437。

邱貴玲（2003），〈托育服務的國際觀：從丹麥經驗談起〉，《社區發展季刊》，101期，頁266-275。

俞筱鈞、郭靜晃（1996），《學齡前兒童托育服務之研究》，行政院研考會委託專案。

張紉（2000），〈青少年安置服務福利屬性之探討〉，《台大社會工作學刊》，2期，頁191-215。

張寶珠（1997），〈正視兒童虐待現象與預防輔導工作〉，《社區發展季刊》，77期，頁174-177。

郭美滿（1997），〈寄養服務〉，輯於周震歐主編，《兒童福利》，台北：巨流圖書公司。

郭靜晃（1996），〈兒童保護輸送體系之檢討與省思〉，《社區發展季刊》，75期，頁144-155。

郭靜晃、吳幸玲（2003），〈台灣社會變遷下之單親家庭困境〉，《社區發展季刊》，102期，頁144-161。

陳阿梅（1985），《都市社區推行兒童家庭寄養之研究》，中國文化大學兒童福利研究所碩士論文。

陳武雄（2003），〈兒童及少年福利法之剖析〉，《社區發展季刊》，102，131-143。

陳淑琦（1997），〈未婚媽媽及其子女的服務〉，輯於周震歐（主編），《兒童福利》，台北：巨流圖書公司。

彭懷眞（1999），《婚姻與家庭》，台北：巨流圖書公司。

馮燕（1993），《台北市未立案托兒所課後托育中心全面清查計畫報告書》，台北市政府社會局委託研究。

馮燕（1994），《兒童福利需求初步評估之研究》，內政部社會司委託研究。

馮燕（1999），〈新世紀兒童福利的願景與新作法〉，《社區發展季刊》，88期，頁104-117。

馮燕、李淑娟、劉秀娟、謝友文、彭淑華（2000），《兒童福利》，台北：國立空中大學，頁184。

馮燕、薛承泰（1998），《建立完整托育福利服務網絡之研究》，內政部社會司委託研究。

楊保茨（1998），《寄養兒童社會行爲、社工處遇與安置穩定性內外控信念之研究》，中國文化大學兒童福利研究所碩士論文。

萬育維、王文娟（2002），〈早期療育中心角色與定位〉，《兒童福利期刊》，3期，頁201-236。

劉邦富（1999），〈迎接千禧年兒童福利之展望〉，《社區發展季刊》，88期，頁97-103。

蔡宏昭（2002），〈兒童經濟照顧政策〉，輯於中國文化大學社會福利學系主編，《當代台灣地區青少年兒童福利展望》，台北：揚智文化。

蔡漢賢（1992），《社會工作辭典》，台北：中華民國社區發展研究訓

練中心。

鄭瑞隆（1997），〈兒童家庭福利服務〉，輯於周震歐主編，《兒童福利》，台北：巨流圖書公司。

謝秀芬（1987），〈未婚媽媽中途之家所當扮演的角色與功能〉，台北市社會局「為何及如何推展中途之家」研討會。

藍采風（1995），〈從經濟需求面談單親家庭兒童福利服務的實務與政策：美國經驗的借鏡〉，輯於王明仁等編，《二十世紀兒童福利政策》，台中：中華兒童福利基金會，頁193-222。

蘇麗華、王明鳳（1999），〈台北市寄養服務工作現況與展望〉，《寄養父母寫真集》，台北：台灣世界展望會，頁11-19。

英文部分

Brown, S. E., Whitehead, K. R. & Braswell, M. C. (1981). Child maltreatment: An empirical examination of selected conventional hypotheses. *Youth and Society*, 13, 77-90.

Child Welfare League of America (CWLA) (1988). *Standards for Health Care Services for Children in Out-Of-Home Care*. Washington D.C.

Cohen, A. E. (ed.) (1992). *Child Welfare: A Multicultural Focus*. Boston, MA: Allyn and Bacon.

Collins, M. E. (2001). Transition to adulthood for vulnerable youths: A review of research and implications for policy. *Social Service Review*, 75, 271-291.

Colton, M., Drury, C. & Williams, M. (1995). *Children in Need: Family Support under the Children Act 1989*. London: Avebury.

Downs, S., Costin, L. B. & McFadden, E. J. (1996). *Child Welfare and Family Services: Policies and Practice* (5th ed.). New York: Longman.

Hayes, C. D., Palmer, J. L., Zaslow, M. & National Research Council Panel on Child Care Policy (1990). *Who Care for American Children? Child Care Policy for the 1990 's*. Washington DC: National Academy of Science Press.

Kadushin, A. & Martin, J. A. (1998). *Child Welfare Service* (4th ed.). New York: McMillan.

Kadushin, A. & Martin, J. A. (1988). *Child Welfare Service* (4th ed.). New York: McMillan Publishing Company.

Kagan, S. L. (1989). The care and education of America's young children :

At the brink of a paradigm shift? In F. J., Macchiarola & A. Garther (eds.). *Caring for America's Children*. New York: The Academy of Political Science.

Kahn, A. J. & Kamerman, S. B. (1987). *Child Care: Facing the Hard Choices*. Dover: Auburn House Publishing.

Mather, J. H. & Lager, P. B. (2000). *Child Welfare: A Unifying Model of Practice*. New York: Brooks/Cole, Thomson Learning.

Pampel, F. C. & Adams, P. (1992). T*he Effects of Demographic Change and Political Structure on Family Allowance Expenditures*.

Pecora, P., Whittaker, J., Maluccio, A., Barth, R. & Plotnick, R. (1992). *The Child Welfare Challenge: Policy, Practice, and Research*. New York: Walter de Gruyter.

Terpsta, J. (1992). Foreward, In K. H. Briar, V. H. Hanse & N. Harris (eds). *New Partnerships: Proceeding from the National Public Child Welfare Training Symposiam*. Miami Florida .

Veronico, A. (1983). One church one child: Placing children with special needs. *Children Today*, 12, 6-10.

Chapter

05

●第五章　課後照顧服務概論●

王　順　民

・中正大學社會福利博士
・中國文化大學社會福利系
　教授

一、社會變遷與兒童福利

　　基本上，作為先進國家的文明指標之一，就在於對兒童人身權益的看顧與保障，具體而微地展現在兒童福利（child welfare）上，而兒童福利又可以分成廣義與狹義兩種不同的界定方式。在廣義方面，它是以全體兒童作為服務提供的對象，舉凡所有用來促進兒童身心健康、發展正常人格以及保障生存權益的一切作為，都可視為是積極性的兒童福利，而這也是一項「以發展為取向」（development-oriented）的兒童福利。

　　至於，在狹義部分則是「以問題為取向」（problem-oriented）的兒童作為服務的標的對象，事實上，這一類的兒童往往也是處於生理的、經濟的、社會的或是文化的等不同的弱勢處境，因此，問題取向的兒童福利主要是針對特定的需要（specific needs），提供諸如救助、保護、養護或輔導等福利服務，使其減緩問題的惡化，就此而言，這種以問題取向為主的服務措施，自然是比較偏屬於消極性質的兒童福利（郭靜晃，2004；Kadushin & Martin, 1988）。

　　事實上，回應社會變遷裏不同的發展脈絡，從規範層次的概念範疇到工具層次的具體施為，有關兒童福利的概念討論可以從以下幾個面向出發：

1.依法律制度來分：概分為規定人民有受國民教育權利義務之根本大法的憲法；經立法院三讀通過並由總統公布的法律，這其中又分成一般性質的，像是兒童及少年福利法、性別平等教育法、家庭教育法、家庭暴力防治法等；暫時適用性質或僅對於特殊事件的，像是兒童及少

年性交易防制條例、特殊境遇婦女家庭扶助條例、高雄市托兒機構設置標準與設立自治條例、台北市兒童福利機構設置標準與設立自治條例等；以及政府機關為處理行政事務而發布的各種命令，像是台灣省校外課後安親班輔導管理要點等。

2.依政策取向來分：包含有強調最少干預的自由放任主義（laissez-faire）、透過立法或國家法律以積極保障兒童福祉的國家干預主義（state paternalism）、提供支持服務方案的家庭與雙親權利（the birth family and parents' rights），以及凸顯兒童自主性的兒童權利與自由（children's rights and child's liberation）的政策取向等，不同照顧哲學的兒童福利政策。

3.依介入形式來分：包括有國家主導提供的社會化形式，像是公立的托兒園所與國民小學；消費購買的市場化形式，像是民間業者的安親才藝補習班；以及公私協營的夥伴關係形式，像是公辦民營的兒童福利服務中心、委託辦理或契約購買服務。

4.依兒童年齡來分：涵括零至六歲的學齡前幼兒與六至十二歲的國小學童，前者主要是以托育服務為主，包括保母（childminders）、幼兒所（day nurseries）、幼稚園（nursery and classes）；後者則是以安親班（tutorial classes）、才藝教學補習班（talent classes）為主。

5.依類別對象來分：包含有以全體兒童為對象所提供的婦女衛生保健、學前教育、兒童津貼、教育券、家庭諮商服務等等的一般性兒童福利；以及包括不幸與特殊兒童在內的弱勢兒童福利，像是經濟扶助、就學補助、寄養服務、收養服務、兒童保護、早療服務、罕見疾病兒醫

療補助等。

6.依手段方式來分：計有健保免部分負擔、孤兒年金等的社會保險手段、中低收入或失依兒童現金給付等的社會救助手段、教育券或家庭津貼等的福利津貼手段，以及早期療育或家庭諮商等的福利服務手段。

7.依給付方式來分：分成直接入袋的現金給付（in-cash benefits），像是兒童津貼、寄養補助；以及提供項目的實物服務（in-kind services），像是諮商輔導、臨時托育等。

8.依涵蓋範圍來分：包括有一體適用的普及性兒童福利（universal），像是教育券；以及資格調查的選擇性兒童福利（selective），像是貧困或失依兒童的經濟扶助。

9.依機構名稱來分：計有公（私）立幼稚園、國小附設幼稚園、公（私）立托兒所、公辦民營托兒所、美語學校附設幼兒班、兒童托育中心（安親班）、企業附設托育中心（托兒所）、托嬰（兒）中心、才藝中心、示範教學中心、課後輔導班（中心）、家庭保母、坐月子中心等。

10.依需求屬性來分：包括有支持性、補充性、替代性及保護性的兒童福利服務：

(1)支持性服務（supportive service）：當兒童所處的家庭結構完整，但其家庭關係或親子關係產生不適應或緊張狀態，若不加以紓解，可能導致家庭生變時，應支持或增強父母親正向的教養能力，協助家庭發揮健全的功能運作。例如：兒童與家庭諮詢服務、危機處理或親職教育等。

(2)補充性服務（supplementary service）：兒童因家庭成

員親職能力不足或遭遇困境造成傷害，但經協助後兒
童即能繼續生活在家庭中。此類服務內容包括：托育
服務、在宅服務或學校社會工作等。

(3)替代性服務（substitute service）：當家庭功能或親子
關係發生嚴重缺失，致使兒童不適合繼續生活在原生
家庭時，應以「兒童的最佳利益」（the best interest of
the child）為考量，以適當的公權力介入與規劃，將
兒童短期或永久性的安置在近於自然家庭的教養場所
中，避免兒童因家庭的解體，父母角色失能、缺位等
而難以健全發展。例如：寄養服務、機構服務或收養
服務等。

(4)保護性服務（protective service）：針對家庭未能發揮
養育、照顧或保護的功能，而導致受虐或被疏忽的兒
童提供適當的處遇，以維護兒童權益。其處遇方式將
視其問題根源、案情輕重及兒童利益，採取不同層級
的保護服務，以達復健的目標。其服務內容包括：兒
童身體虐待的保護、兒童心理虐待的保護、兒童性虐
待的保護及兒童疏忽虐待的保護等（李翠齡，2004；
邱志鵬，2001；郭靜晃等，2000；馮燕等，1999；周
震歐主編，1991；Dinitto, 1995）。

　　準此，課後照顧服務（after-school child care services）係以
小學階段的一般學童為主，在性質上比較偏屬於補充和市場消
費的兒童福利服務，至於，隨著家庭結構、家庭形式、家庭內
涵以及家庭功能的轉變，是否會對於課後照顧本身的角色定位
產生蛻變影響，這必須要進一步去檢視課後照顧服務作為一種
客觀的社會事實（social fact）。

二、課後照顧服務作爲一種客觀
的社會事實

(一)二○○一年台閩地區兒童生活狀況調查報告
的客觀呈顯

在官方公布的統計資料裏（內政部統計處網站），直到二○
○二年才開始將課後托育列爲一般性兒童福利機構的統計歸
類，至於二○○二年全台地區共計有1,015所的私立課後托育中
心、1801名的（助理）保育員以及收托了40,309人的學童，合
計平均每一所課後托育機構的收托學童數爲39.7人，並且平均
擁有1.8位的保育員老師，而每一名保育員老師平均要帶22.4人
學童，不過，這其中台北市有456所、856名保育員以及收托
21,832名學童；而高雄市則有65所、199名保育員以及收托2,815
名學童，也就是說，北高這兩個都會就占了全台課後托育照顧
學童人數六成以上的比重。

顯然，無論是就托育市場的規模還是托育學童的數量，上
述官方的統計資料都與眞實現況有著極大的落差，對此，我們
先以政府公部門所做的調查報告（中華民國九十年台閩地區兒
童生活狀況調查），來深究課後照顧服務作爲一種客觀社會事實
的論述意義，至於該項官方資料（資料來自內政部兒童局網站）
所構築而成的課後照顧服務圖像包括有：

■在學齡兒童的就學部分

首先，在放學後到晚飯之前的照顧安排方面，這段時間雖然還是以兒童回家有大人照顧者占最多數，占有74.66％，不過，相較於一九九五年的83.26％則是下降8.6％；其次為參加課業輔導或上才藝班者，占27.46％次之，較一九九五年的20.07％卻反而增加7.39％；而托保母、課後托育中心照顧占14.07％再次之，較一九九五年的2.30％也增加11.77％；最後，回家沒有大人照顧者占4.04％，又以單親（10.84％）與核心（5.49％）家庭占多數。另外，值得注意的是：在勞動階層裏已婚者更是有超過七成的配偶是處於就業狀態中，而從歷年的人力資源運用調查更顯示出，婦女勞動參與率已經出現逐年攀升的趨勢（行政院主計處，2002；行政院勞工委員會統計處，2002），準此種種的變遷事實凸顯：相較於原生家庭之外的照顧系統，確實有它客觀存在的必要性，不過，對於弱功能家庭在補救教學方面的協助與支持，亦有它捍衛兒童實質權益的迫切性（莊佩瑋，2001）。

其次，在寒暑假期間的生活安排方面，還是以兒童回家有大人照顧最多，占有72.54％的比重，相較於一九九五年的75.06％也減少了2.52％；其次為參加課業輔導或上才藝班者占42.37％次之，較一九九五年的35.84％則是增加了6.53％；再其次則為參加各式多（夏）令營或出國遊學者占11.11％；以及托保母、課後托育中心照顧者占10.31％。顯然，對於學童日常生活的保育照顧，已經形成雙元的托育服務系統（dual caring service system），只不過，包括安親課輔才藝以及營隊活動的兒童福利措施，主要還是一種對價關係的消費服務（commercial services），就此而言，如何在商品化以及去商品化之間取得某

種的平衡關係，這是思索課後照顧服務定位轉型的重要課題之一。

　　再者，在曾經遭遇到的教育問題困難方面，受訪的兒童家庭認為曾遭遇教育問題之困難者占了24.26％，高於一九九五年的20.03％；其中，以無法引導孩子重視作業占10.59％最高，較一九九五年的7.32％增加3.27％；其次為配合學校在家輔導做功課有困難者占8.67％，較一九九五年的6.20％增加2.47％；再其次為孩子學業表現不好占5.92％，較一九九五年的4.93％增加0.99％。顯然，傳統父母的親職角色已經無法回應九年一貫新制課程的要求，這也使得安親才藝的課輔老師取代了部分的親職功能，而成為某種另類的代理父母（surrogate parent）。

■在學齡兒童的才藝學習部分

　　在學的學齡兒童，上才藝班者頗為普遍，約有61.30％學童曾上過才藝班，略低於一九九五年的62.66％。至於就才藝班種類言，曾經上過才藝班的學童中，又以兒童外語占33.35％居首，遠較一九九五年的20.67％增加12.68％；學珠心算數學占26.96％次之，則是略低於一九九五年的27.96％；繪畫占20.71％再次之；學習電腦占18.35％，較一九九五年的5.78％大幅增加12.57％；最後，學童上才藝班的比例大致呈現出隨都市化程度提高而增加之趨勢。準此點明：安親照顧已經超越單純的保育功能，而是一種結合著多種功能的服務機制設計，藉以滿足父母雙親對於小孩多重目標的成長需求（multiple growth need）。

■在兒童福利的認知部分

　　受訪的兒童家庭認為應該要加強的一般性兒童福利措施，

若以優先順序的重要程度衡量，以增設公立托嬰所、托兒所、課後托育中心（重要度26.9）居首位，推廣親職教育（24.3）次之；兒童課後輔導（24.2）再次之。此外，單親家庭則期待加強兒童課後輔導為主，重要度33.0；而祖孫兩代之家庭以期待兒童醫療補助為主，重要度29.3。以此觀之，對於該項課後輔導的表達性需求（expressive need），指陳出來課後照顧服務已成為一種集體、客觀的社會事實。

(二)結構性變遷對於課後照顧服務產業的預期與非預期性影響

　　有關課後照顧的賡續發展，可以扣緊供需的市場法則以及推拉的運作準則來思索該項服務產業的存廢轉型，亦即，檢視課後照顧服務的生存利基，除了業者各自殊異的經營手法以外，還要面對不可抗拒的結構性誘因條件，就此而言，從生育模式、人口結構、家庭形態、婚姻狀況、勞動參與、失業情形等變項因素，既是一種創造安親市場供給的需求肇因，同時也是將學童從家庭推往課輔照顧的一種驅力（見**表5-1**）。這是因為：

　　根據行政院主計處的資料顯示：雖然二〇〇二年底我國總人口2.252萬人較二〇〇一底增加了十一萬五千人，但是，人口成長率依然持續下降，甚至降至5.1％而創下歷年的新低，其下降的幅度跟已開發國家不相上下。準此，從生育模式與人口結構來看，凸顯少子化已經成為外在於個人的一種集體行為，至於，對於課後照顧服務產業來說，少子化現象也是一種愛憎的兩難情結，亦即，客觀上，少子化雖然會讓課後照顧這一塊餅逐漸縮小產業規模，但是，每對夫妻生育子女數越來越少之量

表5-1 台灣地區與課後照顧服務關聯的社會圖像一覽表

變　遷　指　標	1997年	1998年	1999年	2000年	2001年	2002年
兒童人口數：人	3,836,54	3,811,23	3,785,64	751,124	3,700,25	3,611,83
兒童人口數占總人口：%	8	6	0		5	2
六歲至未滿十二歲	17.64%	17.38%	17.13%	16.83%	16.51%	16.04%
占總人口：%	8.82%	8.84%	8.85%	8.70%	8.71%	8.60%
兒童嫌疑人數：人	682	1,15	649	525	533	458
育齡婦女一般生育率：千分比	53	43	45	48	41	39
每對夫妻生育子女數：人	1.8	1.5	1.6	1.7	1.4	1.3
離婚率：%	3.46	3.71	3.97	4.24	4.53	4.83
每戶平均人口數：人	3.50	3.44	3.38	3.33	3.29	3.25
國小學生占總人口：千分比	87.65	87.13	87.23	86.46	85.94	85.17
平均每百戶之小學學童數：人	30.72	30.00	29.50	28.82	28.31	27.70
小學學生占各級學校學生比：%	36.68	36.63	36.77	36.32	35.96	35.67
勞動參與率：%	58.3	58.0	57.9	57.7	57.2	57.3
男性	71.1	70.6	69.9	69.4	68.5	68.2
女性	45.	45.6	46.0	46.0	46.1	46.6
有偶婦女勞動參與率：%	47.0%	46.5%	46.8%	46.3%	46.5%	47.3%
有六至十四歲子女的有偶婦女勞動參與率：%	60.8%	60.5%	62.3%	60.0%	60.5%	64.5%

（續）表5-1　台灣地區與課後照顧服務關聯的社會圖象一覽表

變遷指標	1997年	1998年	1999年	2000年	2001年	2002年
失業率：％	2.72	2.69	2.92	2.99	4.57	5.17
男性	2.94	2.93	3.23	3.36	5.16	5.91
女性	2.37	2.33	2.46	2.44	3.17	4.10
15-24歲	6.92	7.32	7.34	7.36	10.44	11.91
25-44歲	2.33	2.54	2.54	2.64	4.17	4.73
45-64歲	1.48	1.44	1.65	1.75	2.92	3.38
65歲以上	0.28	0.19	0.29	0.24	0.06	0.13
外籍新娘：人	----	8,625	12,717	19,062	16,988	17,339

以二〇〇二年為例，兒童局編列的托育服務預算為十億六千九百六十八萬八千元，招收四到六歲幼童的合格立案幼稚園共有三千二百七十一家，招收零到六歲的合格立案托兒所有三千八百九十七家，招收六到十二歲學童的合格立案兒童托育中心（安親班）僅一千零一十五家，沒有年齡限制的合格立案補習班則有一萬零五百七十二家；另外，二〇〇三年止取得保母證照的人數為二萬六千零五十人。

資料來源：《中華民國台灣地區國民所得年刊》；行政院主計處；內政部
　　　　　戶政司；內政部台閩地區人口統計；教育部統計處。
註：一般生育率係指每千位育齡婦女平均每年生育的子女數。
　　總生育率表示一對夫妻終其一生平均會生育的子女數。

少質優的教養觀念，彰顯出來課後照顧服務隱含著更為價昂質優的高檔托育商品。

　　再者，家庭裏原有「男主外、女主內」之專業分工的運作形態，已經逐漸被雙薪家庭所替代，而有偶婦女勞動參與率不斷的增加（特別是家中有六至十四歲國小與國中階段在學子女之有偶婦女的勞動參與率增加的幅度最大，從一九九一年的52.39％上升至二〇〇二年的64.48％），再加上小家庭的盛行、離婚率與單親家庭（單親家庭占總戶數的比率從一九九二年的

6.4%上升至二〇〇二年的8.1%）的竄升以及家戶規模的縮減，多少讓安親課輔成爲家庭之外一種不得不的替代選擇；連帶地，父母親對於兒童偏差、非行乃甚至於犯罪行爲的恐懼不安，這使得課後托育機構正好提供孩童一個免於犯罪侵襲與人身保護的學習環境。

準此，當家庭原本所承載的支持功能不斷被削減與弱化，迫於生計努力工作以掙取更多經濟資產的同時，子女的安親課輔勢必成爲不得不的固定開銷與家庭成本；連帶地，失業情況的加劇以及外籍新娘第二代子女逐漸長大的客觀事實，只是不斷地凸顯經濟性以及社會文化性的弱勢處境，所帶給安親業者實際上的經營難題，比如說是否因爲父母繳不起安親用費而逕自剝奪學生的照顧受教權，以及如何針對外籍配偶家庭以提供遠遠超乎課後照顧本身所能承載的服務功能。

最後，九年一貫對於課後照顧服務產業（after-school child service industry）亦扮演某種的誘因結構（incentive structure），這是因爲：九年一貫課程係以課程綱要來代替課程標準，藉此降低教育部對課程實施的規範與限制，並提供民間教科書編輯者及學校實施課程時較大的自主性，以達到課程鬆綁的教改目標，然而，一綱多版所造成課程銜接與版本統整的學習焦慮，更是直接帶動民間業者安親課輔的服務商機。冀此，九年一貫、一綱多版、學校本位課程、學校特色教學、實作評量、卷宗評量及其背後所鑲嵌的學業成就與升學壓力，這會是課後照顧服務市場不斷地被開發、坐大的癥結所在，就此而言，原先被定位爲補充性質的課後照顧服務，在課程教材、學習方法等專業性教學的轉變過程當中，一舉替代了父母原本的陪同角色，藉以提供一個綜括照顧、保護、教育以及輔導的專業學習環境。

三、當前台灣地區課後照顧服務的一般性考察

　　基本上，課後照顧服務僅是所有托育服務中的一個環節，至於，所謂的兒童托育服務根據美國兒童福利聯盟（Child Welfare League of America, 1992）的定義係指：當學齡前或學齡兒童的父母親因為工作或其他原因不能在家裏照顧小孩，或是某些像是家庭貧困、兒童心智障礙等特殊因素，而使得兒童每天必須有一段時間，由一個團體式或家庭式的托育機構，給予適當的安置，以幫助父母提供兒童適當的保護照顧，並培養兒童生理、情緒、智能和社會發展等各方面潛能（李新民，2003）。

　　就台灣的經驗現象而言，又可區分成以零至六歲學齡前嬰幼兒為主的托育服務（day care services），它較強調親情撫慰、衛生保健與保護照顧，包括有家庭保母、托嬰中心、托兒所與幼稚園等機構組織；以及以六至十二歲學齡兒童為主的課後照顧服務（after-school child care services），比較涉及生活照顧、作業指導、團康體能活動、才藝教學等多層次領域，包括有安親班、課輔班、才藝班、補習班等課後托育機構。

　　準此，「課後照顧服務」一詞蘊含多重性的論述意涵，這其中「課後」指的是在小學階段非上課時間裏到托育中心、課輔班、才藝教室，或留在學校參與非學業相關的課外活動，因此，課後照顧服務又稱為學齡兒童托育（school-age child care）；而「照顧」意指著將課後托育定位為照料的保育功能；至於，課後托育機構又被稱為安親班，固然是取其「安定父母忐忑不安的心以及代為執行部分的親職角色」的弦外之

音，但是，該種涵蓋著全方位的服務形態（見**表5-2**）點明：對於課後照顧服務的論述思索，是一種糾結著學童本位、父母本位、業者本位以及社會本位的綜融考量。

冀此，以下行文脈絡裏的「課後照顧服務」意指針對六至十二歲的學齡兒童，在其小學正規上課時間以外，所提供包括生活照顧、補救教學、作業指導、團康體能活動、才藝教學等兼具各種照顧和教育功能的服務形態，至於，攸關到課後托育機構各種不同的稱謂裏，又涵括隸屬於社政單位的安親班、兒童托育中心、課後托育中心；以及隸屬於教育單位的課輔班、家教班、才藝班、文教中心以及教育中心等，而這些名目繁雜

表5-2 某一課後照顧安親班三至六年級課程一覽表

時間流程	星期一	星期二	星期三	星期四	星期五	星期六
	開學配合各校彈性放學時間確認小朋友來園，營養午餐、刷牙、洗臉個人衛生時間，家庭作業，課業預習					〈自由參加〉
12:50 14:30	4:00放學 *如逢提早放學則銜接國小作息回園		午休 家庭作業 聯絡簿	4:00放學		7:50來園 作業、課業輔導
16:00	點　　　心　　　時　　　間					電腦閱讀
16:10	家庭作業、聯絡簿	家庭作業、聯絡簿	民俗體育、扯鈴	家庭作業、聯絡簿	家庭作業、聯絡簿	
17:10	預習、成語、每日一文、建構數學、考試				兒童電腦	5:00放學
18:00	戶外活動、個別輔導、棋類、益智、球類活動等、放學					
18:15	個　　別　　輔　　導　　加　　強					

資料來源：http://spc.tn.edu.tw/k082。

的不同稱謂，同時也意指著課後照顧服務不同的內涵。以下我們將針對安親班此一課後托育機構，分別從鉅視層次以及微視層次切入，具實地扣緊理念與政策、行政作業、工作倫理、工作人員的心理衛生以及女性工作人員的生涯規劃這五個不同的面向，進行對於課後照顧服務與課後托育機構的一般性考察。

(一)課後照顧服務之理念與政策

　　基本上，從聯合國兒童權利宣言（U.N. Declaration of the Rights of the Child）裏所指涉要給予兒童適當之社會福利、營養、住所、教育、育樂與醫療措施的基本人權；聯合國兒童權利公約（U.N. Convention on the rights of child）裏所強調應盡最大可能以確保兒童生存與發展之最佳利益的宣稱；還是在我國憲法裏對於國家應實施兒童福利政策的規範；抑或是在兒童及少年福利法裏具體規定教育機關對於兒童課後照顧服務的主管權限，以及應定期舉辦兒童與少年福利專業人員的職前訓練及在職訓練，在在凸顯各國用以捍衛兒童人身權益的宣示，並且據以開展出各自不同發展特色的課後照顧托育制度（見**表**5-3）。

　　至於落實在行政管理體系上，包括有一九八八年的「台北市兒童托育中心設置標準」、一九九四年的「台北市國民小學辦理課後實施要點」、一九九六年的「台灣省校外課後安親班輔導管理試辦要點」、一九九六年的「高雄市托兒機構設置標準與設立自治條例」、一九九九年的「台灣省校外課後安親班輔導管理要點」、二○○○年的「安親班定型化契約範本」、二○○一年的「台北市兒童福利機構設置標準與設立自治條例」以及各地方縣市政府因地制宜所自行訂定的不同管理規章，但是，關於

表5-3 各國課後托育制度之比較

比較面向	美國	英國	德國	日本	香港	台灣
社會問題	學生學力不強，兒少犯罪增高	婦女就業、托育費高、機構不足	家庭結構快速變遷、鑰匙兒犯罪率高	家庭育兒負擔重，導致少子化人口現象	社會救助家庭因照顧兒童而無法工作，以至於學生誤交損友	少子化、婦女勞動參與率增加、升學主義壓力
中央政府反應	聯邦教育部規劃方案、撥款推動方案	教育部擬定標準，規畫多元托育形態，並撥款補助	視兒童照顧為國家責任，設兒少年局管理	將兒童課後托育納入兒童福利法及社會福利事業法中，由各級政府補助經費	訂定課餘託管計畫津貼制度，提供家庭經費補助	設兒童局，提供特殊境遇家庭托育費用補助
地方政府責任	協助社區申請聯邦經費	依中央規定管理托育機構的運作和品質	將課後托育當作教育機構的社會教育任務	區村里負主要辦理之責，並建立跨地區兒童托育機構聯繫網絡	----	依中央規定管理托育機構的運作和品質
定位功能	促進社區／家庭功能，提升學生能力／成就、預防青少年犯罪	補充家長在學生課後照顧能力之不足	社會教育機構、補充家庭教育功能不足	提供無父母照顧學生之課後遊戲及生活之場所	支援受助家庭、低收入戶家庭、單親家庭和新來港家庭之照顧功能	補充家長在學生課後照顧能力之不足，但亦有淪為代理父母之虞
照顧對象	有需要的學生	有需要的學生	十四歲以下的學生	十歲以下學生及十歲以上特殊需要學生	六至十二歲學生	六至十二歲學生

（續）表5-3　各國課後托育制度之比較

比較面向	美國	英國	德國	日本	香港	台灣
提供者	公立學校、民間組織	民間機構	社教活動中心、學校	區里辦公室、各種民間團體、民間企業	市場上各種機構，包括營利業者、福利慈善團體與非營利組織	以市場化為主，佐以學校主辦或公辦民營

原始資料來源：郭靜晃（2004）；馮燕（2001）。

從業人員的專業資格則有「兒童福利專業人員資格要點」（一九九五年）以及「國民小學課後照顧服務人員資格標準」（二〇〇三年）這兩套不同的資格認定標準。

首先，為了培養適任的兒童福利專業人員，在一九九五年內政部依據當時的兒童福利法，公布了「兒童福利專業人員資格要點」，以祈使能夠藉由職前與在職訓練，來提升從事兒童福利服務相關人員的專業素質。至於，在該項訓練實施方案的課程規劃裏，課後照顧的從業人員則被歸類成包括甲類助理保育人員、乙類保育人員、丙類保育人員、丁類社工人員以及戊類主管人員等不同的訓練類別，藉此接受涵蓋教保原理、教保實務、社會工作、兒童福利、諮商輔導、托育服務、托兒機構經營與管理以及專題討論等不同時數的專業培訓（見**表5-4**）。

至於依據新修訂兒童及少年福利法第十九條規定，兒童課後的照顧服務得由直轄市、縣（市）政府指定所屬國民小學辦理，而辦理方式與人員資格等相關事項標準，則是由教育部會同內政部定之，因此，教育部根據所訂定的「國民小學課後照顧服務人員資格標準」第九條第一項第五款：「高級中等以上學校畢業，並經直轄市、縣（市）主管機關自行或委託辦理之

表5-4 兒童福利專業人員之訓練類別與訓練課程一覽表

訓練課程	甲類助理保育人員（共計360小時）	乙類保育人員（共計360小時）	丙類保育人員（共計540小時）	丁類社工人員（共計360小時）	戊類主管人員（共計270小時）
教保原理系列	• 兒童發展 • 嬰幼兒教育 • 兒童行為輔導 • 兒童行為觀察與記錄	• 兒童福利導論 • 社會工作 • 親職教育	• 兒童發展與保育 • 幼兒教育 • 兒童行為觀察與記錄 • 兒童福利導論 • 社會工作 • 親職教育	• 兒童發展 • 特殊兒童心理與保育 • 兒童福利政策與法規 • 兒童福利服務 • 親職教育	• 兒童保護 • 兒童權利 • 兒童福利政策與法規 • 各國兒童福利比較
教保實務系列	• 教保課程與活動設計 • 教材教法 • 教具製作與應用 • 兒童安全 • 專業倫理 • 嬰幼兒醫療保健概論及實務 • 兒童生活常規與禮儀 • 課室管理 • 學習環境的設計與規劃 • 意外事故急救演練	• 教保活動設計專題 • 教保模式 • 教材教法專題 • 幼兒文學 • 專業生涯與倫理 • 兒童遊戲 • 兒童安全	• 教保課程與活動設計 • 教材教法 • 教具製作與應用 • 課室管理 • 學習環境的設計與規劃 • 兒童遊戲 • 幼兒文學	• 兒童安全與保護 • 班級經營	----
諮商輔導系列	----	----	----	• 婚姻與家庭 • 兒童諮詢與輔導	----
托育服務系列	----	----	----	----	• 托兒機構評鑑 • 托育服務問題 • 各國托育服務比較

（續）表5-4　課後照顧人員之訓練類別與訓練課程一覽表

訓練課程	甲類助理保育人員（共計360小時）	乙類保育人員（共計360小時）	丙類保育人員（共計540小時）	丁類社工人員（共計360小時）	戊類主管人員（共計270小時）
經營管理系列	----	----	----	----	‧公共關係 ‧財務管理 ‧教保實務管理 ‧人力資源管理 ‧領導與溝通
專題討論	----	----	----	‧兒童問題專題討論 ‧社會工作實務專題討論	‧社會調查與研究 ‧教保方案設計及評估 ‧教保哲學與發展史 ‧教保專業倫理
其他	----	‧特殊兒童教育與輔導 ‧嬰幼兒醫療保健概論及實務 ‧壓力調適 ‧人際關係 ‧嬰幼兒營養衛生概論及實務	‧特殊兒童教育與輔導 ‧嬰幼兒醫療保健概論及實務	‧個案工作 ‧團體工作 ‧社區工作 ‧福利機構行政管理 ‧方案規劃與評估 ‧人際關係	‧兒童個案管理 ‧社區工作 ‧特殊兒童工作 ‧親職教育

資料來源：內政部（1997），兒童福利專業人員資格要點暨訓練實施方案。

三百六十小時專業訓練結訓者」辦理。再者，辦理訓練的課程內容包括有兒童發展、兒童行為輔導、兒童福利、親職教育、課後照顧服務概論、兒童心理衛生、兒童安全、兒童醫療保健及意外事故急救訓練、特殊教育概論、初等教育、學習指導、兒童體育及團康、兒童遊戲與休閒、兒童故事以及班級經營，並分成核心課程與彈性課程兩大部分（見**表5-5**）。

藉由上述兒童福利專業人員以及國民小學兒童課後照顧服務人員這兩套不同的訓練方案，我們可以歸納出以下幾項對照特色：

1. 委託單位部分：前者兒童福利專業人員的委辦單位是內政部，後者國民小學兒童課後照顧服務人員的委辦單位則是教育部。

2. 角色定位部分：前者兒童福利專業人員被定位為社政功能，後者國民小學兒童課後照顧服務人員則為教育功能。

3. 課程內容部分：前者兒童福利專業人員的訓練時數從二百七十至五百四十小時不等，而後者則僅有三百六十小時的訓練時數，主要的因素還是在於角色功能的定位差異，對此，前者課程的訓練涵括教保原理、教保實務、社會工作、兒童福利、諮商輔導、托育服務、托兒機構經營與管理，以及專題討論等不同層面的訓練課程與訓練時數；後者則是除了在兒童教保與兒童福利的課程設計上與前者雷同外，國民小學兒童課後照顧服務人員的課程規劃比較偏重在於包括初等教育、學習指導、兒童體育與團康、兒童遊戲與休閒，以及兒童故事等幼童個體的學習事務上。

表5-5 國民小學兒童課後照顧服務人員訓練課程內容一覽表

核心課程（共計180小時）	
課程名稱	課程內容
兒童發展（12小時）	兒童發展的影響及理論、學齡兒童期的生心理特徵
兒童行為輔導 （9小時）	兒童行為輔導理論、偏差行為探討處遇、行為改變技術
兒童福利 （12小時）	兒童福利導論、兒童福利服務、兒童保護、涉及兒童相關法規及政策之介紹
親職教育（9小時）	家庭與親職教育、父母效能訓練、親師合作
課後照顧服務概論 （6小時）	課後照顧理念與政策、工作倫理
兒童心理衛生 （6小時）	兒童壓力、壓力管理
兒童安全（6小時）	兒童特性與事故傷害、危險訊息的判斷與處理
兒童醫療保健及意外事故急救訓練 （9小時）	兒童生長發展與營養、兒童常見疾病的認識、急救的技巧與演練
特殊教育概論 （6小時）	1.特殊教育的概念與發展趨勢 2.學習障礙、智能不足、自閉症、過動症的認識與處理
初等教育 （21小時）	九年一貫課程、課程發展與設計、學校行政、參觀見習
學習指導（36小時）	數學、語文、評量
兒童體育及團康 （9小時）	兒童體育及團康活動設計、運動傷害預防與急救
兒童遊戲與休閒 （15小時）	遊戲與休閒的定義及特徵、遊戲與兒童發展之關係、各式各樣遊戲的介紹、遊戲與休閒的活動設計及延伸、兒童遊戲與休閒在教育上的運用
兒童故事 （12小時）	探討說故事的基本概念與原則、說故事的技巧、說故事道具製作、說故事演練
班級經營 （12小時）	瞭解預防干預及糾正治療的行為管理方法、紀律訓練對兒童行為之影響、班級常規建立、教室規畫與管理
班級經營 （12小時）	瞭解預防干預及糾正治療的行為管理方法、紀律訓練對兒童行為之影響、班級常規建立、教室規劃與管理
彈性課程（共計180小時）	

（續）表5-5 國民小學兒童課後照顧服務人員訓練課程內容一覽表

課程名稱	課程內容
兒童發展（24小時）	瞭解兒童發展的定義原則、人生發展週期的發展特徵、學齡兒童期的動作語言情緒社會發展特徵、兒童之性發展與性教育
兒童行為輔導（18小時）	兒童輔導基本理念、偏差行為的定義、環境策略及認知策略、偏差行為的探討
兒童福利（15小時）	兒童人權、兒童福利專題
親職教育（18小時）	特殊家庭形態與親職教育、家長參與親職教育的規劃與實施、親師溝通技巧、學齡兒童的親職教育重點
課後照顧服務概論（3小時）	課後照顧之行政作業、課後照顧人員的心理衛生、女性課後照顧人員的生涯規劃
兒童心理衛生（18小時）	認識兒童發展階段壓力、兒童對壓力反應、兒童情緒行為與環境關係、常見兒童情緒行為問題、兒童心理健康與憂慮、兒童人際關係的形成、促進人際關係的方法、以活動增進人際關係
兒童安全（12小時）	事故傷害的種類、事故傷害之預防處理與應變、建立安全措施、教室內的安全、教室外的安全、安全教育的實施與演練
兒童醫療保健及意外事故急救訓練（12小時）	傳染病之預防與處理、社區醫療聯絡網介紹
特殊教育概論（12小時）	特殊兒童發生原因、生態方式的介入處理、特殊兒童行為情緒處理、特殊教育相關法規與體系運作
學習指導（27小時）	自然、社會、生活倫理、資訊素養、其他語文教育
兒童體育及團康（9小時）	兒童體育與團康實習、唱遊、民俗體育教學、球類運動與遊戲
兒童遊戲與休閒（12小時）	遊戲行為之發展説、瞭解兒童遊戲與休閒方法、影響兒童遊戲與休閒的個人因素、影響兒童遊戲與休閒的環境因素、兒童遊戲與休閒的阻礙、電子媒體與兒童遊戲與休閒
兒童故事（6小時）	故事的延伸活動設計、兒童圖書的選擇賞析與討論
班級經營（6小時）	班級經營實習、教師的效能訓練、探討學習輔導之班級特性
訓練課程共計360小時	

資料來源：教育部（2003），國民小學兒童課後照顧服務及人員資格標準（草案）。

4.訓練對象部分：前者與後者皆採取資格放寬的認定方式，不過，在學歷探討方面，兩項從業人員都只要是高級中等以上學校畢業即可。

5.配套措施部分：前者包含基礎、進階以及高階等不同層級的專業訓練；相形之下，在「國民小學課後照顧服務人員資格標準」裏，則未見到思索課後照顧服務從業人員的職責角色，以及接受該種在職訓練所可能隱含的監督管理與獎勵誘因。

準此，從委託單位、角色定位、課程內容以及訓練對象這兩套不同的訓練方案，大體上我們窺見：關於課後照顧服務的理念認知與政策思維，尚未形成明顯的定調主軸，充其量只是擺脫過去消極與殘補性質的兒童照顧哲學，亦即，公部門正視到課後安親照顧服務已經成為一項時代潮流的發展趨勢，只不過，無論是凸顯保育功能還是強調教育功能，對於課後托育的照顧機能與服務產業還是缺乏清楚的功能定位，以至於這兩套課後照顧服務的訓練課程，在政策評估、方案設計以及預期效益等方面，都有待進一步的商榷研議。

(二)課後照顧服務之行政作業

事實上，當前台灣地區亦出現兩種不同體系的安親照顧模式，它們分別是以非營利導向為主的國小校內課後照顧系統（包含學校自辦、學校主辦與公辦民營三種方式），以及以市場營利導向為主的民間業者安親照顧系統（李翠齡，2004；李新民，2003；吳佑珍，2003；袁一如，2003；黃秀香、謝孟雄，2002），而兩者在諸如收費標準、照顧時間、課程內容以及師資

來源等方面，亦存在某種差異性（見**表5-6**）。

　　至於扣緊課後照顧的行政作業，可以分成兩種不同的運作界面，第一部分指的是硬體方面的行政作業，相關運作的管理事項包括有環境設備、園區安全、緊急災變、消防維護、交通接送、服務契約、評鑑制度等。第二部分則是偏屬於軟體方面的行政作業，這當中又可區分成偏屬於照顧服務範疇的行政作業像是教案設計、課程規劃、教材編寫、活動內容、教學評鑑、營養膳食等；隸屬於教師個人範疇的行政作業像是專業資格、教保態度、教師管理、人事管理、教學成長、組織學習等；以及歸屬於師生互動範疇的行政作業像是師生比例、師生關係與家庭聯絡等不同的行政作業流程（李新民，2003；鄭芬

表5-6 校內國小課後照顧與民間安親班的比較表

比較時間基準：2002年

項　　目	校內課後照顧系統	民間安親班
收費標準	1700元至3000元／月 平均每小時約25元至40元	平均3500元至5000元/月 平均每小時約30元至50元，但才藝或單科課業輔導可能另計收費
照顧時間	低年級：週一至週五 　　　　12:00-18:00 中高年級：週一至週五 　　　　16:00-18:00 可延長至19:00	大致同左，可延長至18:30-19:30
課程內容	指導作業、課業輔導、生活能力指導、體能及團康，除美語外，強調不加強課業	指導作業、課業輔導、複習學校課業及測驗卷練習、美語及珠心算等才藝教學
師資來源	以基金會培訓的二度就業婦女為主	保育、幼教、補教從業人員

資料來源：作者歸納整理。

蘭等，2000；馬祖琳等，2002；周淑貞，1995；高員仙，1987）。

不過，擺置在真實的照顧情境裏，課後托育服務出現幾項行政作業方面的運作失靈，比如：依據設置標準規定，托育中心的收托時間每日以六小時為限，但是，絕大多數園所的收托時間早已超過規定時限；托育中心往往向下或向上收托公托與國中部的孩子；雖然明定有活動室、遊戲室，但都早已被挪為教室上課使用，而且主管機關並未嚴格防止或糾舉該種行補習之實的違法行徑；兒童托育中心教保人員的本職學能應在於教保活動的規劃設計，但是，實際上卻是從事教導或提升學童的課業成績乃至於著重在英文、數理等的學業成就；托育中心裏很多的職位早已被英文或心算老師取代，而形成掛羊頭賣狗肉的變相經營；學童從安親班下課後多數是自己走回家，而非父母接送，因此，網咖或漫畫店往往成為續攤的中途之家。

連帶地，年輕的教保人員心態上無法肯定自己從事安親班老師的價值，往往兩、三年就換工作，這對於園所的穩定成長和學童權益有很大的殺傷力；即使合格的保育員在課程規劃能力還是有待強化，以至於中途必須離職而影響到托育中心的信譽；教保老師亦容易形成次級團體造成管理上的困擾，甚至於會把孩子帶回家從事其他課業補習；最後，在人員精簡原則下，e時代的新進員工欠缺職場倫理，動不動請假或無故不來上班，造成園所需要緊急調度與無法應付，成為家長抱怨或中途停托的咎辭。準此，點明：攸關到課後照顧服務的行政作業，除了消極性的規範程序以外，還隱含著正視課後托育已經是一個多樣形態、多種功能以及多重目的的服務機構，自然也是需要綜融性的管理機制。

(三)課後照顧服務之工作倫理

工作倫理（work ethics）指的是從業人員的一種哲理思想或道德標準，它是用來體認專業行為和指揮其專業行為的道德準則（Netting, Kettner & McMurtry, 1998）。至於，這些攸關到倫理行為及行為舉止的基本要求，則會被進一步具體地轉化形塑成一套實務工作者的專業倫理守則（professional codes of ethics）。

以此觀之，課後照顧從業人員所應兼備專業的工作倫理守則包括有：應秉持愛心、耐心及專業知能為學童服務；應不分性別、種族或身心狀況，本著平等精神來服務學童；應以服務學童並促進身心發展為己任；應適切地使用其專業權威，並以促進幼童與其家庭社會的福祉為己任；應對其所執行業務項目和範圍盡責；應在被認定的知識與能力範圍內提供對幼童負責任的服務；提供服務時的專業職責應高於個人自身利益的考量；應以尊重、禮貌、誠懇的態度對待同仁；應在必要時協助同仁服務學童；應以誠懇態度與其他專業人員溝通協調，共同致力於服務工作；應信守服務機構的規則，履行機構賦予權責；應致力於機構宗旨、服務程序及服務效能的改善；以及應持續充實專業知能，以提升服務品質等。

不過，值得注意的是：對於課後照顧服務工作倫理的訴求主張，實則進一步涵括專業教育、專業權威、專業素養、專業標準、專業評鑑、專業自律、專業倫理、專業自主、專業關係、專業自我、專業團體、專業行動、專業形象以及專業地位等理性化之專業主義與管理主義的發展趨勢，只是，一者直接扣緊國民小學兒童課後照顧服務人員的課程內容，我們不難發

現到這些培訓課程還是比較偏重於兒童個體教保活動的教保倫理、兒童家長親職關係的親職倫理以及一般大眾的社會倫理，而忽略了從業人員與同事或同行之間的人際倫理、從業人員個體的健康自主管理與自我成長的修身倫理等課程設計。

再者，從事課後照顧服務的保育員教師面對著包括專業培訓時間過短、專業知能並不嚴謹、社會地位不高、福利待遇偏低，以及工作自主性較低等的結構性限制，這亦點明：對於攸關到課後照顧服務工作倫理的討論，可能還是要回溯到課後照顧服務是否是一門專業（profession）或是半專業（semi-profession）的根本討論；最後，我們總是假設這群課後照顧從業人員的身心狀態、認知發展、情緒知覺等心理衛生狀況都是穩健、成熟的，不過，這些人在體力上、情緒上以及心智上較為羸弱的身心狀況，乃至於出現倦怠感、挫折感與無力感等等的專業倦怠（burn out），歸根究柢來看，還是要去思考包括薪資

表5-7　兩種教師圖像之比較

對照指標	小學體制內聖職教師	安親班體制外勞動者教師
教師圖像	地位崇高、任務神聖、造就英才之人	以勞力或腦力換取薪資之人
培育機制	公辦為主、多元化	私辦為主、多元化
專業認定	專業教育	專業訓練
培育目標	依國家需要培養具有一定意識形態者	依市場供需及催主之需要
費用負擔	公費	自費
資格取得	依國家需要嚴格限制	不做限制
身分定位	公務員或特殊公務員	勞工
法律關係	特別權力關係或公法上聘任契約關係	私法上的勞動契約關係
身分保障	終身職或國家照顧	依勞動契約及行使勞動三權
薪資待遇	俸給	薪資報酬
勞動規範	嚴格依國家法令規定	依勞動契約或工作規則
勞動結社	嚴格限制或參加公務人員協會	工會

資料來源：作者歸納整理。

待遇、福利結構、勞僱關係、職業傷害、身心警訊、專業支持、在職進修以及生涯規劃等制度性保障的結構限制。

(四)課後照顧人員之心理衛生

心理衛生（mental health）直接指涉的是一種心理健康狀態，狹義來看專指一個人有無心理或精神疾病；廣義來看則是不單沒有心理或精神疾病，同時，他的內心情緒生活平衡，內在慾望和外在環境的壓力相互協調，與他人的關係互動和諧，社會生活功能表現良好，以及個人的潛能能夠充分發揮（中華民國社區發展研究訓練中心，2000）。

從健康心理學的觀點來看，一個人心理上抵抗各種生活問題的能力，會影響其在家庭、職場以及社會生活的適應情況，因此，因為壓力（stress）而產生的挫折、威脅、衝突、矛盾與壓迫，自然也會影響到心理衛生的良窳以至於工作職場上的專業表現（郭靜晃等，2002a）。

檢視課後照顧人員可能潛存的心理衛生問題，可以從壓力形成的過程、因應的策略以及壓力的反應等方面切入，首先，就壓力的形成過程來說，課後照顧從業人員本身的自我概念、信念系統、社會技巧等個體因素，以及人際關係網絡、社會資源網絡、安親班物理環境以及職場角色結構等環境因素，也可能讓單一的生活或工作事件惡化而成為某種潛存的壓力。

再者，因應的策略包括有「針對問題」（problem-focused）以修正環境或個人的行為，藉此調整或改變自己情緒狀態和與其他人或工作環境之間的互動關係，至於，擺置在課後照顧的職場經驗是：可能因為教導方式或課室管理而造成僱傭、親師或者師生之間產生衝突與矛盾，如此一來，包括尋求資訊或他

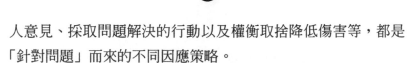
人意見、採取問題解決的行動以及權衡取捨降低傷害等，都是「針對問題」而來的不同因應策略。

　　而第二種因應的策略則是「針對情緒」（emotion-focused）所採取的認知因應方式，也就是說，不直接改變人與環境之間的實際關係，而是當事人改變或轉移注意的焦點，甚至於是逃避事實、否定事實或乾脆改變對於事實的意義，而最常出現的情形就是安親班班級老師與老闆資方或學童家長在管教理念、教保哲學或教養觀念上的衝突，迫使教師採取情緒調適、忍耐承受或發洩情緒等不同因應策略。

　　最後，從壓力的形成到策略的對應，具體而微地表現出短期或中長期不同的壓力反應，這其中短期的壓力反應包括有生理的（像是胃脹痛、頭疼、肌肉痠痛等）、心理的（焦慮、無助、失神易怒、過度敏感或罪惡感等）以及社會行為的（退縮、工作效率降低等）；而中長期的壓力反應則包括有身心疼痛、社會退縮、胃潰瘍、常生病、偏頭痛、藥物濫用、負向情緒、逃避人群以及憂鬱精神官能等。這些不同階段的壓力反應具體形成包括咽喉炎、肩膀痠痛、情緒不穩、易發怒、胃痛、缺乏耐性以及焦慮症等等安親班工作的職業病。

　　總之，心理衛生的不健康既是一種現象也是一項徵候，這是因為任何不健康的身心狀況，都不可能是一蹴即成的，因此，個體因素和環境因素等結構性誘因的引導疏通，才是積極的應對之道；連帶地，如何留意個人壓力反應而可能招致對於學童人身安全的機構性虐待（institutional abuse），這亦是解讀課後照顧人員心理衛生問題的重要面向。

(五)女性課後照顧人員之生涯規劃

生涯規劃一詞隱含生涯、生涯發展以及生涯規劃等的多重意義，這其中生涯（career）指的是個人一生中所從事的工作以及所擔任的職務角色，同時也擴及到其他非工作或職業的活動，因此，生涯統攝工作、職業、自我、家庭、情愛、休閒以及健康等不同層面的概念內涵；至於，生涯發展（career development）通常與工作職業關聯在一起，而出現自我發現期（三十歲以前）、自我培養期（三十至四十歲）、自我實踐期（四十至五十歲）以及自我完成期（五十歲以後）等，相應於不同年齡階段與角色扮演而來的成長課題和發展任務，不過，每一個人的生涯發展也會受制於外在環境資源的結構限制而有所不同；最後，所謂生涯規劃（career planning）則是指在面對未來的歲月，要做好構思規劃與妥當設計，而生涯規劃的良窳又取決於個人健康條件、身心狀況等能力的生存問題；個人專業知能、人際關係、情緒管理、價值澄清等能力的生活問題，以及個人自我實現、人群關懷等能力的存在問題（郭靜晃等，2002a）。

冀此，從生涯以及生涯發展的論述觀點，來檢視女性課後照顧人員的生涯規劃課題時，若干基本觀念的優先建構，可能是思索女性課後照顧人員如何從性別盲（gender blindness）轉換到性別知（gender awareness）的重要關鍵，以此觀之，當課後照顧服務作為一項職種選擇以及進行未來的生涯規劃時，這些女性從業人員是否有正確評估自我的能力？是否認清所身處環境的變遷生態？是否確實的檢討過去？是否有把握現在的決心？以及是否有放眼未來的視野？連帶地，關乎到人生目標的訂定、具體計畫的形成、各種可行途徑的考量、明確的執行步

驟以及評估檢討等的運作步驟，便成為課後照顧人員從事生涯規劃時的思考判準（郭靜晃等，2002b）。

事實上，現有除了師院體系規劃學生日後從事課後安親照顧的專業教育以外，無論是國小校內課後照顧還是民間業者安親班的這些從業人員，皆是處於一種邊教邊學的在職進修狀態，再加上課後照顧服務本身所充斥的變異特性，以及國小九年一貫課程設計的整合與銜接所帶來的職場壓力，在在指出：與其凸顯生涯規劃的重要性，倒不如嚴肅地正視課後照顧人員本身的情緒管理、家庭關係、人際互動以及薪資待遇的重要性，特別是課後照顧服務第一線基層工作人員又以女性居多，而這種性別與課後照顧相與連結之後所形成薪資偏低、待遇較差以及隱藏的性別階層化（gender stratification）等更深層惡化的結構性限制，說明了對於女性課後照顧人員提供包括勞動權益、專業諮詢、情緒支持、時間管理、休閒教育以及自我成長等支持網絡規劃、設計的迫切性（吳佑珍，2003）。

準此，從包括美麗夢想的憧憬期、七手八腳的適應期、身心疲憊的衝突期、重新出發的調整期、應對自如的穩定期、另謀高就的轉戰期，到自我實現的創新期等等一連串的心路歷程，對於女性課後照顧人員生涯規劃課題的思辨，不妨還原到剛進入安親班工作之際，諸如「為何投入？」、「要做什麼？」、「能做什麼？」、「有否持續進修成長？」、「留下來的原因？」、「離職的因素？」、「何以要轉換跑道？」、「想要做什麼？」、「預計幾年內卸下退休？」以及「退休後想做什麼和可以做什麼？」等一連串問題的發問，而這些問題的提出又必須先進行包括課後照顧人員專業養成、平均年資、薪資水準、福利待遇、退休制度、流動離職、生涯規劃等基本問題處境的釐清。

四、代結論——守著陽光守著你

　　針對課後照顧服務所進行的一般性考察，點明出來包括供給形態私有化（privatization）、服務內容商品化（commercialization）、服務功能專門化（specialization）、服務對象階層化（stratification）、服務機構多樣化（diversification）、監督管理多頭化（fragmentalization）以及托育需求女性化（feminization）等的運作特性，然而，諸如幼托整合政策的變異性、法令規範的不確定性、家庭運作的動盪性、社會變遷的趨勢性、從業人員的專業性以及安親功能的模糊性等誘因結構，對於課後照顧服務可能產生的衝擊影響，這使得課後照顧無法形塑為某種願景的服務產業，冀此，包括政府公部門的結構性介入、學童家庭的整體性參與、課輔師資的組織化培訓、僱傭關係的夥伴性互動、課程內容的統整性規劃、專業資訊的即時性支援、行政督導的系統化實踐以及社會支持的整合性網絡等，便成為相應於現行課後照顧服務之運作失靈的採納借鏡。

　　然而，面對課後照顧服務的現實運作，出現幾項衍生性的命題思考：

1.在理念層次上：究竟是要將課後照顧服務定位為保育功能、教育功能還是一種綜合性功能？課後照顧服務是補充性質還是替代性質的兒童福利服務？對課後照顧服務來說，一般教學、補救教學以及才藝教學這三者之間的界分區隔為何？國家介入的社會化與對價關係的市場化彼此間的分寸又該如何拿捏？課後照顧服務作為一種產業的進場與退場的機制設計為何？以及課後托育機構是

否只是國小的一種複製品，包括有教改方案、統整課程、內容設計、教學策略、空間營造等的全盤移植？就此而言，關於課後照顧服務與課後托育機構之於學校正規學習與國民小學兩者之間的分際為何？

2. 在政策層次上：當課後服務如雨後春筍般的大量出現而成為某種福利產業時，攸關到以家庭為本位之福利政策（family-based welfare policy）的設計主軸為何？亦即，如何在社會安全網絡的架構底下，以維護和支持原生家庭的穩健運作，而不至於讓提供課後照顧服務的托育中心變質成為另類的「中途之家」。

3. 在立法層面上：當很多的課後托育中心因為地利之便而早已公開收托國中補習或公幼小孩時，如何正視現有托育、幼教、才藝與補教百花齊放所共築的兒童服務消費市場，而這種廣義鉅視的幼托整合工程，點明出現行的法令規章或行政辦法，當有其一條鞭之相與統整的必要性。

4. 在制度層面上：相應於跨部會的權責單位而來的是教育、訓練、管理與監督等機制的制度整合，就此而言，一套全方位的專業人才養成是有制度層面上良善運作的基本考量，這當中糾結著包括對於課後照顧服務從業人員之學歷與經歷；專業教育（degree）、專業培訓（license）與專業訓練（certificate）；在職成長與終身學習；保育、教育、特教、社福、諮商與輔導等綜融的制度性養成。

5. 在服務輸送層面上：除了少數規模經濟的連鎖機構外，現有安親班仍然是小而美的山頭經營形態，就此而言，具有班級特色的經營形態將是用以凸顯課後照顧產業市

表5-8 台灣地區托育服務現況對照一覽表

觀察指標	托兒所	幼稚園	校園安親班	民間安親班
功能屬性	屬社福體系	屬教育體系	屬社福體系	屬社福體系
法令依據	依兒童及少年福利法、托兒所設置辦法辦理。	依幼稚教育法暨施行細則及幼稚園設備標準辦理。	國民小學辦理兒童課後照顧服務及人員標準（草案）。	依兒童福利專業人員資格要點以及國民小學課後照顧服務人員資格標準。
收托對象	收托自出生滿一個月到未滿六歲的幼兒。	招收四歲至入國民小學前的幼兒。	國民小學在籍學生及附設幼稚園之幼兒。	國民小學課後之學齡兒童。
設備條件	必要時得自二樓設起；平均每一幼兒之活動空間，室外面積得全數由室內面積抵充。	必須從地面一樓設起；平均每一幼兒室內外活動面積同時須具備，室外面積雖得以室內面積抵充，但不得少於標準之二分之一。	以運用學校內各項設施及設備為主。	室內活動面積每人至少一點五平方公尺，室外活動面積每人至少二平方公尺，活動面積係指機構內主要供學童活動場所之面積，合計不得少於一百平方公尺，且平均每名兒童至少二平方公尺。
班級編制	招收出生滿一個月至未滿六歲的幼兒，依比例規定設置護理人員、保育人員。	招收四歲到六歲的幼兒，按年齡分班，每班三十名幼兒，教師兩名。	每班學生以二十人為原則，最多不得超過三十五人。	每三十人應設置保育員或助理保育員一人，未滿三十人以三十人計。
課程教學	依據托兒所教保手冊。	依據幼稚園課程標準。	應本多元活潑之原則，兼顧課業指導、單元活動及生活照顧。	生活照顧、家庭作業寫作、團康體能活動、才藝教學。

（續）表5-8 台灣地區托育服務現況對照一覽表

觀察指標	托兒所	幼稚園	校園安親班	民間安親班
人員標準	依兒童福利專業人員資格要點取得保育人員資格，並依該要點規定辦理進用人員。公立托兒所人員並應具備公務人員資格。滿四歲至未滿六歲之幼兒每十六至二十名置保育員一名。	須具備師資培育法取得之教師資格，其進用依幼稚教育法及師資培育法等相關規定聘任教師，每班應置教師二人。	1.高級中等以下各級學校及幼稚園合格教師。 2.曾任國民小學代理教師、代課教師、兼任教師或教學支援人員且表現良好者。 3.公私立大專校院以上畢業並修畢師資培育規定之教育專業課程者。 4.符合兒童福利專業人員資格者，但保母人員除外。 5.具有本服務活動內容所需要專長之社會人士或義工。	1.依兒童福利專業人員資格要點取得社工人員資格。 2.依國民小學課後照顧服務人員資格標準要點接受三百六十小時專業訓練結訓者。
人員待遇	公立依公務人員各項法令；私立由經營者自訂。	公立比照小學教師；私立由經營者自訂。	二六〇元及四五〇元分別為現行國小教師上班及下班時間之授課鐘點費。	由經營者自訂。

資料來源：作者歸納整理。

場區隔的重要判準；連帶地，針對這些跑單幫個體戶的
業者，亦有其建構相關聯支持網絡系統的必要性。

　誠然，課後照顧服務既是一項投資的產業、是一種糊口的
工作、是一個熱忱的志業，但也可能是一條人生的不歸路，
「守著陽光守著你」訴說的不僅是從業人員無怨青春的回顧，
還進一步擴及到對於幼童成長過程的看顧，冀此，迎接課後照
顧服務的新猷，包括業者、工作人員、學童父母以及政府公部
門，亦各自有它不同的命題思考：

1. 首先，對業者來說，除了要面對大眾市場卻是小型山頭
   的經營模式、同行之間的生存競爭壓力、法令規範的模
   糊不確定性，以及人口變遷與社會轉型等等的結構性限
   制以外，如何在使命與生存之間取得永續經營的平衡
   點，就此而言，方案規劃、活動設計、社會工作、組織
   管理、領導統御、服務行銷、策略經營、委任契約等專
   業知能的涵養，也是資方業者必須有所知覺的專業性規
   求；連帶地，課後照顧服務專業資源網絡亦有其串聯與
   建構的必要性，冀此，對於課後照顧的安親工作來說，
   業者憑藉的是什麼樣的經營條件，以及相與對應之風險
   控管的機制設計又為何（吳正榮，2003；邱定雄，
   2001）。

2. 其次，對保育員教師來說，即使課後照顧服務的定位不
   明、角色混淆與功能雜沓，但是，基本上，課後照顧是
   一種糾結著保育、教育、社福、諮商與輔導的人群服務
   工作，就此而言，對於基層工作人員該有的心理建設在
   於持續成長的專業培訓、在職訓練與組織學習；連帶
   地，什麼樣的機制設計可以適時地幫助基層課輔老師以

化解職場上各種的適應問題，而非僅是憑藉個人的努力摸索，以便於早日獨當一面，另立門戶。

3.再者，對學童父母而言，當家庭結構以及父母角色隨著社會的變遷而不得不調整變動時，課後照顧服務的功能定位，是亟待進一步的釐清，特別是安親班老師取代了部分的親職角色時，如何避免從原有的補充性功能延伸放大而成為替代性的代理父母，這可能是父母雙親在採行課後照顧服務時要知所警惕的，畢竟，課後照顧服務的提供，被替代的應該只是課業學習上的專業教導，而非親子關係和家庭運作。

4.對政府公部門來說，如何正視當前妾身不明、權責不清的托育服務市場，儘管現況裏存在著托育中心、安親課輔班、補習班、才藝中心等名目繁雜的兒童服務機構，但是，無論是法令規章、設置辦法、資格認定等不同的管理內涵，理應還是要回到維護兒童最佳利益的基本考量，就此而言，如何讓托育、補教得以平行整合以創造共贏，這會是政府公部門魄力擔當的積極作為所在；連帶地，在凸顯安親班執行補救教學功能的同時，是否意指著現行學校教學的運作失靈或推諉卸責（governmental load-shedding）？

5.至於，國小校內課後照顧以及民間業者安親班這兩種不同的兒童服務系統，除卻公辦民營與市場化的概念討論外，如何在提供社區婦女二度就業機會、安親收費價格較為低廉便宜，以及托育照顧的服務項目較為多樣彈性等，真實運作狀況的相互角力較勁當中，回歸到兒童最佳利益的維護，這有必要重新定位這些兒童服務機構的功能屬性。

6.最後，針對弱勢處境的學童及其家庭所應該提供的一般
　教學、補救教學以及才藝教學統整的機制設計，也要有
　回歸到現行教育學習體制的配套考量（王順民，2004）。

參考書目

中文部分

中華民國社區發展研究訓練中心（2000），《社會工作辭典》，中華民國社區發展研究訓練中心。

王順民（2004），《青少年兒童福利析論——童顏、年少、主人翁！？》，台北：洪葉。

行政院主計處（2002），〈二〇〇一人力資源運用調查報告〉，行政院主計處。

行政院勞工委員會統計處（2002），〈勞工生活狀況調查〉，行政院勞工委員會統計處。

邱定雄（2001），〈國小學生課後安親班服務市場消費行為之研究〉，大葉大學事業經營研究所碩士論文。

邱志鵬（2001），《台灣幼兒教育百科辭典》，台北：五南。

李新民（2003），《課後托育理論與實務》，高雄：麗文。

李新民（2002），〈美國課後輔導方案對國內課後托育的啟示〉，《高雄師大學報》，13期，頁235-256。

李翠齡（2004），《學童課後托育服務滿意度之研究——以台北市YMCA為例》，中國文化大學青少年兒童福利研究所在職專班碩士論文。

吳正榮（2003），《「課後托育中心」服務於消費者保護法之適用與解釋》，成功大學法律學研究所碩士論文。

吳佑珍（2003），《社區照顧服務方案與促進婦女就業——以「彭婉如文教基金會」南區為例》，成功大學政治經濟研究所碩士論文。

周淑貞（1995），《女性員工對托育服務滿意度、工作滿意與離職傾向關係之研究》，中國文化大學國際企業管理研究所碩士論文。

林勝義（2002），《兒童福利》，台北：五南。

周震歐主編（1991），《兒童福利》，台北：巨流。

袁一如（2003），《兒童補教產業之市場區隔與購買行為》，成功大學企業管理在職專班碩士論文。

高員仙（1987），《台北市國民中小學已婚女教師子女托育現況之研究》，中國文化大學兒童福利研究所碩士論文。

莊佩瑋（2001），《台中市單親家長對其國小子女課後照顧安排之研

究》，東海大學社會工作研究所碩士論文。

郭靜晃（2004），《兒童福利》，台北：揚智文化。

郭靜晃等（2000），《兒童福利——兒童照顧方案規劃》，台北：揚智文化。

郭靜晃等（2002a），《心理學概論》，台北：揚智文化。

郭靜晃等（2002b），《生命教育》，台北：揚智文化。

馬祖琳等（2002），〈課後托育機構服務內容之個案研究〉，《醫學科技學刊》，2卷1期，頁1-11。

黃秀香、謝孟雄（2002），〈學童對托育中心喜好程度及其影響因素之探討——以大直地區、內湖地區學童爲例〉，《兒童福利》，8期，頁111-130。

馮燕等（1999），《兒童福利》，台北：國立空中大學。

馮燕（2001），〈各國學齡兒童課後照顧方案〉，《兒童福利》，1期，頁195-208。

鄭芬蘭等（2000），〈課後托育學童快樂情緒之分析研究〉，《醫護科技學刊》，2卷3期，頁281-299。

英文部分

Dinitto, Diana M. (1995). *Social Welfare: Politics and Public Policy*. Allyn & Bacon.

Kadushin, A. & Martin, J. A.(1988). *Child Welfare Services*. New York: Macmillan Co. Inc.

Netting, F. Ellen, Kettner, Peter M. & McMurtry, Steven L.(1998). *Social Work Macro Practice*. Addison Wesley Longman, Inc.

Chapter

06

● 第六章　兒童心理衛生 ●

賴　宏　昇

•中國文化大學兒童福利研究
　所碩士
•中國文化大學社會福利系兼
　任講師
•國立空中大學生活科學系兼
　任講師

前 言

　　心理衛生（mental hygiene）乃是指運用心理學上的知識，積極地經由教育性的措施以維護人的心理健康（張春興，1977），所謂健康，根據世界衛生組織（World Health Organization, WHO, 1946）的定義，是指「在身體上、心理上和社會上達到一種完美和諧的狀態，而不僅是沒有病痛或不舒適而已。無論種族、宗教、政治信仰和經濟狀況有何差別，所有人都擁有享有此一最高健康標準的基本權利。」因此，廣泛而言，兒童心理衛生（或心理健康）乃是指處在兒童期（零至十二歲）的個體所應有的一種生理、心理和社會情境間和諧狀態的基本權利，這種狀態帶給兒童生理上的健康與心理上的適應，能夠承擔外在環境所帶來的種種刺激與壓力，進而促進良好行為表現。

　　我們探究兒童心理衛生的主要用意之一，是希望藉由瞭解影響兒童心理健康的諸多因素，讓父母、師長及實際照顧者能夠加以預防與協助兒童解決問題，並培養出具有高自尊與堅毅力的兒童，如同Joseph（1986）在《堅毅的孩子》（*The Resilience Child*）一書中提到：所謂「堅毅力」是個體能夠因應不斷變遷的需求及生命歷程中所面臨的挫折與失望，而自尊是個體對自我的態度，覺得自己有價值有效率和有人望。因此，一個有自尊和堅毅的兒童日後能成為一個勤奮耐勞、充滿自信的青少年，則未來的成功率為之增加。揆諸國內兒童所生存的環境，處處充滿不利兒童心理的危機與壓力，也引發許多家庭與兒童的問題，如何使兒童快樂的成長並擁有健康且優質

的人格，以適應於多變的社會，這都需要成人協助兒童才能達成。

一、兒童與壓力

　　兒童的心理健康與其所生存之外在環境所帶來的壓力往往是息息相關的，這裏所謂的壓力是一個常見但卻複雜的概念，許多學者曾對其加以定義，例如張春興（1991）認為，壓力是個人在面對威脅性刺激情境中，一時無法消除威脅、脫離困境時的一種被壓迫的感受；亦即個體在生理或心理上面臨威脅的感受。Seley（1956）認為，壓力是個體對不同環境的刺激產生非特定的生理反應，亦即個人面臨有害的刺激時，身體各器官會出現抵抗刺激的反應，以便達到回復正常狀態的需求。另外，Lazarus與Folkman（1984）則認為，壓力是個人與環境間的特殊關係，個人評估此一關係對其造成負荷或超出其資源所能應付，而且危及個人福祉與身心健康。以下針對幾個壓力的模式加以介紹。

　　壓力學大師 Hans Seley（1956）提出個體因應壓力的模型，即著名的「一般適應症候群」（General Adaptation Syndrome, GAS），他認為壓力是一種一般的身體反應，可以保護身體免於與傷害或疾病有關的生理挑戰，他覺得個體在面對重大壓力時所共有的反應包括三個階段：警覺階段（alarm reaction）、抗拒階段（stage of resistance）及衰竭階段（stage of exhaustion）（俞筱鈞譯，1996）。所以如果壓力持續越久，則對個體越不利。

　　與Seley同期對壓力研究提出另一個理論的是著名社會學家

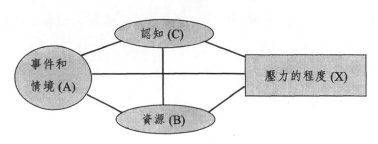

圖6-1 ABC-X壓力模式

資料來源：Hill（1958）（引自周月清等，1994）。

Rebun Hill（1958）提出的ABC-X壓力模式，這個模式的主要概念爲：(1)A因素代表事件或壓力源，包括家庭外因素所引起的（如戰爭、地震、水災、經濟蕭條等），以及家庭內因素所引起的（如遺棄、疾病、衝突、離婚等）；(2)B因素代表事件發生時的資源或力量，是能抗拒壓力所具有的資源，包括個人資源（如經濟能力、知識教育、健康狀況等），及外在資源（主要指社會網絡能提供的協助和支援）；(3)C因素代表家庭對於壓力事件的主觀認知所賦予的意義；最後(4)X因素則爲良好適應或壓力或危機，危機的形成與否乃是ABC三個因素互動的結果（見圖6-1）。Hill的壓力模式最初是針對家庭面對壓力時的調適過程所發展出來的，因此較強調整個家庭中所有成員的認知、資源及調適，因此曾有學者批評Hill的ABC-X模型並未將個體的評估歷程加以考慮，而Boss（1988）對此提出辯駁，認爲Hill的模型中，C因素是對事件的主觀認知，此種認知即是評估所得的結果，因此事實上這個模式仍可應用到個人的壓力因應過程，國內在一九七〇年代時仍有許多學者採用這個模式來解釋個體如何因應壓力，但近年來對於壓力因應的研究較傾向採用Lazarus與Folkman（1984）所提出的壓力過程標準化模式。

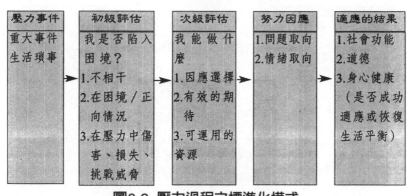

圖6-2 壓力過程之標準化模式

資料來源： Lazarus & Folkman（1984）.

　　近代著名的心理學者Lazarus與Folkman（1984）研究個體壓力，認為因應策略可以分為直接處理壓力與減低不適應兩大類，前者指經由外顯行動及心智的活動去解決問題，後者則指運用緩和性的策略來減緩壓力所造成的情緒衝擊。後來依據Hill的ABC-X模型發展出壓力過程標準化模式，對於壓力的因應歷程有清楚的描述，這個模式包含了五大元素：壓力事件、對事件的初級評估、對事件的次級評估、因應的努力，及身心健康的調適結果（見圖6-2）。

　　壓力過程之標準化模式強調的是評估（appraisal）和因應（coping），初級評估是那些指認出危險或威脅的最初知覺，而次級評估是指評估個人對於威脅所能採取的行動，或是評估任何行動可以解除危機或威脅的程度。Lazarus和Folkman將次級評估與初級評估區分開來，是為了強調個體對於他們知覺為壓力的事件可以有相當大的反應差異。

　　ABC-X模式和壓力過程標準化模式，可說是近代對於壓力與因應的研究最常採用的理論基礎，在它們之後，心理學者Zimbardo也提出壓力歷程的模式，Zimbardo認為壓力歷程的所

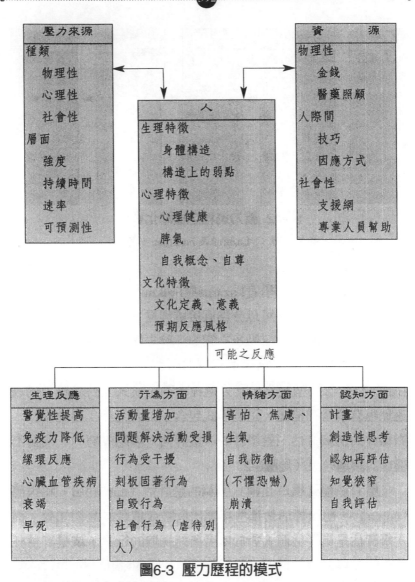

壓力來源		資　　源
種類		物理性
物理性		金錢
心理性		醫藥照顧
社會性		人際間
層面		技巧
強度		因應方式
持續時間		社會性
速率		支援網
可預測性		專業人員幫助

人

生理特徵
　　身體構造
　　構造上的弱點
心理特徵
　心理健康
　脾氣
　自我概念、自尊
文化特徵
　文化定義、意義
　預期反應風格

可能之反應

生理反應	行為方面	情緒方面	認知方面
警覺性提高	活動量增加	害怕、焦慮、	計畫
免疫力降低	問題解決活動受損	生氣	創造性思考
縲環反應	行為受干擾	自我防衛	認知再評估
心臟血管疾病	刻板固著行為	（不懼恐嚇）	知覺狹窄
衰竭	自毀行為	崩潰	自我評估
早死	社會行為（虐待別人）		

圖6-3　壓力歷程的模式

資料來源：游恆山譯（1988），《心理學》（台北：五南），頁935。

有元素包含了壓力來源、壓力、認知評估、資源和壓力反應
（見圖6-3）。更進一步說，壓力對於個體來說是一種刺激因
子，當面對壓力時，壓力來源會要求個體做出某些適應性的反

應，對於壓力的反應是由好幾個不同水平的反應所組成，包括生理的、行為的、情緒的和認知上的改變，這些結果都有可能出現，其決定因素在於內在與外在脈絡的作用下所產生的，而每個人會出現的反應會有所差異。

　　總言之，壓力是個體對外在刺激感受到威脅時所產生的感受與反應，壓力包含壓力因子（壓力源）與壓力反應。形成壓力的原因很多，生活中大大小小的事件都可能成為壓力源，大致可歸納為五類：

1.生活變遷：個人成長的身心變化、換學校、搬家、換工作等外在環境改變；人際關係改變；健康狀況改變等都可能帶來壓力，依據Holmes與Rahe（1967）的「社會再適應量表」（Social Readjustment Rating Scale）顯示，生活事件所帶來的壓力指數較高的包括喪偶、離婚、分居、坐牢、親屬死亡、受傷或生病、結婚等。

2.挫折：挫折是指因環境因素阻礙或拖延個體達到目的所引起之不舒適，例如原本計畫出遊，老闆卻要求加班、參加競賽輸了、被喜歡的人拒絕等。

3.衝突：衝突是個體內在兩個或兩個以上相等力量或各有理由的行為動機同時存在，讓人不知所措。慣常將衝突分為三種：

(1)雙趨衝突（approach-approach conflict）：指的是同時有兩個追求目標，但只能選擇其一，所謂「魚與熊掌，不可得兼」即是如此，例如週末想跟家人出遊，但也想參與社團活動。

(2)雙避衝突（avoidance-avoidance conflict）：指的是在兩個同樣不利的情況中做選擇而引發壓力，通常人們

會選擇損害較低者，所謂「兩害相權取其輕」即是如此，例如明知吸煙有害健康，但戒煙卻很痛苦。

(3)趨避衝突（approach-avoidance conflict）：指對於同一件事情有喜歡的部分，但也有想逃避的部分，例如很想談戀愛，卻又擔心戀愛後減少個人自由，所以猶豫不決。

4.威脅：威脅是預期不能處理未知情況之恐懼，也就是對未來可能挫折或損害的一種想像。例如許多人常會為了即將到來的重要考試或上台演講感到緊張，甚至焦慮到失眠。

5.自我引發的壓力：某些人格特質或個人獨特的信念與價值觀均可能為自己帶來壓力，例如A型人格特質強調速度、積極、競爭，或是完美主義者凡事要求盡善盡美，都是容易有壓力的人格特質。

大體而言，多數人認為兒童不須承擔成人所面對的工作競爭、經濟維持、人際互動……等生活歷程所帶來的壓力，但這是否就表示兒童不會面臨壓力？事實顯示壓力並非成年人所獨有，過去研究發現兒童同樣會面臨壓力，例如兒童福利聯盟（2002）〈台灣都會地區兒童煩惱指數調查報告〉指出，88.1%的都會區學童表示曾有煩惱，主要煩惱包括課業、健康、同儕相處及與家人互動等；靖娟兒童基金會（2004）〈國小學童危險事件調查報告〉中指出：學童在校園最害怕發生的危險事件包括：被患有疾病的人傳染而生病（如SARS、感冒）、從學校樓上掉下來、被校外進來的人打或用刀子等武器殺傷、上體育課或下課時因運動而受傷、和同學玩耍時跌倒或撞傷、被校外的人勒索、使用剪刀或小刀等工具受傷、因地面不平而跌傷、吃東西噎到、在停車場被倒退或行駛中的車子撞傷等。

　　高源令（1992）研究台北市國小四至六年級學生的生活壓力感覺強度，發現學童最大的壓力為父母吵架；其次依序為害怕歹徒強暴、性騷擾、恐懼一個人上廁所、父母或家人生病受傷、治安不好、怕歹徒綁架、勒索……等。該研究也發現，兒童日常生活壓力發生頻率較高的是怕考試考不好，成績未達理想；其他依序為上課要背書、聽寫或抽考、父母或師長期望過高、遺失或弄壞東西、做錯事受處罰、和兄弟姊妹同學朋友打架吵嘴……等。

　　張玨（1991）的研究則發現，城市兒童的壓力包括了交通擁擠、考試、噪音、自己生病、手足不和、零用錢太少、空氣與環境污染、示威遊行、上台演講等；山間兒童的壓力則包括手足不和、自己生病、零用錢太少、環境污染、太少朋友、考試、被高年級欺負、上台演講、家人生病及在校表現不好等。

　　可見造成兒童壓力的原因，諸如父母離婚、自己重病、失去親人等對兒童造成的創痛，均已獲得文獻上的支持，而日常生活的壓力，例如參加運動比賽、受邀參加同學生日派對、在校遭受同學欺負等等，同樣是不可忽視的壓力因子。現代兒童在面臨快速變遷的社會所帶來的競爭時，往往因外在的諸多生活事件導致挫折引發壓力，過往的「兒童沒有壓力」的觀念也有所轉變，兒童福利聯盟（2003）在〈兒童心理資本投資調查〉中也發現，近八成的成人認為現在的孩子在課業、升學及外界誘惑等壓力比過去大，紐約西奈山醫學院（Mount Sinai School of Medicine）壓力研究部門主管Georgia Witkin亦認為，現今的兒童較過去承受更大的壓力，一般人都假設大人幫小孩安排太多活動，要求太多，以致造成他們的壓力，其實真正的原因不在「時間訂得滿滿的」，而是家長的壓力。這是相當值得社會大眾思考的一個問題。

二、認識兒童發展階段壓力

　　Barbara Kuczen（1987）深入分析兒童壓力根源，並提出各年齡層兒童的壓力來源，但他強調，生長發展是一連續的過程，某些壓力不斷然會發生在某個年齡層，任何壓力根源均可能錯綜複雜地在各年齡層出現（馮觀富等，1996）。

表6-1　各年齡層兒童的壓力根源

年齡	壓力根源	
2歲	1.反抗癖（negativism）	8.就寢時間（bedtime）
	2.剛直、不屈服（rigidity）	9.發脾氣（tantrums）
	3.缺乏社交能力（lack sociability）	10.安全感標的物（security object）
	4.自我中心（self-centeredness）	11.過動（overdoing）
	5.分離焦慮（separation anxiety）	12.害怕（fears）
	6.陌生焦慮（stranger anxiety）	13.生病住院（hospitalization）
	7.衛生訓練（toilet training）	14.看醫生（doctor）
3歲	1.嬰兒行為（infantile behavior）	10.害怕（fears）
	2.倔強（stubbornness）	11.語言障礙（spcech）
	3.占有慾（possessiveness）	12.活動力（active level）
	4.嫉妒（jealousy）	13.大小便失控（toilet accident）
	5.分離焦慮（separation anxiety）	14.厭食（eating）
	6.陌生焦慮（stranger anxiety）	15.午睡或夜寢（nap or bedtime）
	7.混淆不清（confusion）	16.破壞（destructiveness）
	8.難以自圓其說的謊言（white lies）	17.質疑（questions）
	9.虛構玩伴（imaginary playmate）	
4歲	1.不安全感（insecurity）	6.性（sex）
	2.誇張（exaggerations）	7.活動力（activity level）
	3.友誼（companionship）	8.害怕（fears）
	4.天真、幼稚（silliness）	9.專注（attention）
	5.所有權（property right）	

（續）表6-1　各年齡層兒童的壓力根源

年齡	壓力根源	
5歲	1.贊許（approval）	6.手淫（masturbation）
	2.學校（school）	7.占有慾（belongings）
	3.分離焦慮（separation anxiety）	8.誇耀（showing off）
	4.嬰兒化行為（infantile behavior）	9.拖泥帶水（procrastion）
	5.煩惱（worrying）	10.誹謗中傷（name-calling）
6歲	1.期盼（expectation）	7.侵略性（aggression）
	2.學校（school）	8.嘲弄（teasing）
	3.活動力（activity level）	9.決斷力（decision）
	4.比賽競爭（competition）	10.嫉妒（jealousy）
	5.羞澀（shyness）	11.害怕（fears）
	6.敏感（sensitivity）	
7歲	1.憂鬱（moodyness）	5.阻礙、中斷（interruption）
	2.贊許（approval）	6.崇拜（idols）
	3.羞怯（modesty）	7.友情（friendships）
	4.組織、規律（organization）	
8歲	1.自視甚高（self-criticism）	4.稱讚（praise）
	2.父母的權威（parental authority）	5.獨立性（independence）
	3.孤獨、寂寞（loneliness）	
9歲	1.反抗（rebelliousness）	4.阻礙、中斷（interruption）
	2.性別角色對立（opposite sex）	5.正當的行為（propriety）
	3.公平競爭（fair play）	
10歲 ～ 12歲	1.性成熟（sex maturation）	9.比賽競爭（competition）
	2.社交問題（social issues）	10.過度虛耗（burnout）
	3.身材（size）	11.自我概念（self-concept）
	4.害羞（shyness）	12.父母（parents）
	5.性別角色對立（opposite sex）	13.公平競爭（fair play）
	6.迷惑（confusion）	14.藥物與性（drugs and sex）
	7.健康（health）	15.同儕的壓力（peer pressure）
	8.金錢（money）	16.自我非難（self-criticism）

三、兒童對壓力的反應

　　兒童面對壓力時如何承受及有效解決，均影響兒童適應情形至巨，兒童面對及解決壓力的過程即是因應歷程。因應歷程（coping process）所強調的是因應的改變過程，Lazarus（1966）認為因應歷程是個體處理威脅的策略，是一種過程，而不是一個單純的行動（黃淑清，1998）。首先，兒童對壓力事件的認知，就其反應而言占有重要地位，認知（cognition）指的是個體對事的主觀看法，無論是Hill或Folkman與Lazarus的壓力模式，認知或評價是影響因應策略的重要因素，而評價是指有潛意識或無意識地對環境的特性和個人反應能力進行判斷，Lazarus認為「對於威脅的評價並不是情境元素的簡單知覺，而是一種判斷、一種推論，這個判斷或推論的資料必須能被一群觀念和期望所接受」。

　　許多兒童會用防衛機轉來處理讓他們感到不安的情緒痛苦和認知不協調，所以個體對事件的主觀認知將會影響問題的界定；除此之外，主觀認知也會影響個體對事件的因應與適應結果，在Hill（1958）提出的壓力ABC-X模型中，C因素即為個體對A因素（壓力源事件）的主觀認知，而X因素（壓力或危機）則是事件、資源與認知等三個因素互動的結果。

　　兒童對壓力的反應即所謂「因應」（coping），即是盡全力處理已評估可能造成傷害或壓力的情況（Lazarus & Folkman, 1984），或指個體企圖配合環境的需求，以預防負面的結果（游恆山譯， 1988）。亦即個體處在壓力情境時，利用認知或行為上的努力去掌握、減輕或忍受因情境而引發的內外需求和衝

突，以及其所衍生的挫折情境。這些都是個體力求適應環境、解決困難的表現。相反的，若個體以退縮、逃避及不合理的自我批評來面對，則不但問題不易解決，還可能會增加困擾（Folkman, 1984）。因為壓力源所引起的生理、心理及行為反應令人非常不舒服，個體常會做出一些可以減緩不適的行為，這種個人試圖處理壓力的過程即稱為因應（郭靜晃等，1993）。

　　因應壓力的主要目的包括：(1)生存的目的（coping to survive），是促使個人得到並使用資源，使其能繼續生活或活動；(2)聯合的目的（coping to affiliate），是促使個人在其環境中與他人親密的結合；(3)成長的目的（coping to grow / achieve），是促成個人追求對自我或他人有益的知識和社會活動。這三個目的都在追求人與環境的配合（劉美淑，1996）。對於壓力的因應方法，最基本的分為問題取向與情緒取向。Lazarus與Folkman（1984）指出因應有兩種主要的形式：一種為問題取向因應（problem-focused coping），藉理智行動或改變環境中的壓力源以改變對壓力的反應，強調問題本身，主動直接分析問題，並經由外顯的行動或心智活動來解決壓力；另一種為情緒取向因應（emotion-focused coping），藉精神上的努力以保持對情境的控制，減輕痛苦的感受，強調對問題的情緒反應，不直接處理壓力情境，只想改變自己對壓力的感覺與想法，或保持對情緒的控制以減緩壓力所造成的痛苦。

　　問題與情緒取向的分類方法可說是日後實徵研究廣泛採用的概念，當然也有研究者試圖尋求不同的分類標準，Cohen（1986）評估因應的模式後提出下列幾種方式：

1.直接的行動——指直接處理壓力源，使個人離開或修正
　壓力情境。
2.行動的壓抑——指任由壓力存在而不採取任何行動。

3.尋求資訊——資訊的獲得有助於促進壓力的適應及避免
　困難的發生，若資訊無處可尋，可能會帶來負面影響。

4.運用內在心理防衛機轉——是屬於緩和式的應變行為，
　在於減少個體不舒服的感受。

5.尋求他人的支持。

　　由此看來，因應其實是個體努力減少因壓力所帶來的負面
影響，並可達到生存、聯合或成長的內在心理歷程。雖然多數
研究因其研究目的或研究資料得到不同的因應策略的分類，但
綜觀這些因應策略或因應方式，依舊可以概分為情緒取向和問
題取向。

　　由於兒童的主要生活環境為家庭，因此許多壓力是來自於
家庭，例如家庭生活的改變、親子間的互動問題等，都是兒童
壓力的來源。面對這些情境，兒童會用各種方法來因應創傷或
非創傷的壓力，包括哭泣、退縮、幻想、睡覺、裝病、退化、
行為偏差、幽默感、利他主義、將自己視為攻擊者、預期心
理、否定和昇華壓力等（周月清、葉安華譯，1997）。研究指出
我國兒童對壓力的反應可分為「壓抑型」、「依賴型」及「衝動
型」三種，其中以採壓抑型者為最多，依賴型次之；男孩子多
會出現衝動型反應，而女孩則多壓抑型與依賴型（李源煌，
1989）。另外，楊玉女（1990）的研究指出，過半數兒童面對壓
力時能做有效的適應，但若無法適應時則多採依賴型與壓抑型
反應，而男女生在反應類型上並沒有差異。

　　這些研究是將兒童面對壓力時的反應視為一種因應，也有
研究者將因應視為過程，例如王淑娟（1998）針對九名受虐兒
童採開放式深度訪談法進行研究，以瞭解受虐兒童對父母施虐
行為的感受和因應方式及適應結果，結果歸納出受虐兒童對父

母施虐行為所採取的因應行為可分為五類，即「順從──討好型因應」、「失控──行為困擾型因應」、「反抗──逃離型因應」、「情緒轉移──攻擊型因應」，及「明哲保身──牆頭草型因應」，其中採用情緒轉移──攻擊型因應方式的受虐兒，因為對施虐者心有畏懼，而將其憤怒的情緒轉移到較弱小的同儕或弟妹身上，攻擊他們，結果他們從受害者的角色轉變為加害者的角色。由此可知若視因應為結果時，其因應方式可能受性別、年齡等因素影響；若將因應視為過程，則著重事件與因應方式對適應結果的影響，而較負向消極的因應方式往往其適應結果也較為負向。

　　國外一些研究也探討性別、年齡因素對因應的影響，如Leaman（1980）認為受虐兒童對虐待的因應，會與年齡、成熟及情緒的穩定有關，三歲前的受虐兒主要反應為焦慮、害怕；較大一點的孩子會覺得羞恥、罪惡，在事件後會呈現攻擊性行為；Jones（1981）也指出，不同年齡階段的受虐兒童會採取不同因應方式，學齡前的孩子會運用冷漠、抱怨、退縮等消極方式，或運用負向的、具攻擊性、行動導向的因應方式；而學齡期的受虐兒童則通常不願意討論他們的受虐情況，也不會去責怪其父母，反而儘可能去滿足父母的要求，但另一方面他們對其他大人相當不信任、期望懲罰、不贊同及批評，並專注於去確定其在新情境中能做及不能做的事，同時他們很難去表達自己的感覺與表現他們這個年紀該有的喜悅、享受及玩樂，他們傾全力去尋求一些安全感，並解決他們的認同問題。

　　因此，個體對於生活事件的因應與反應，乃是其對事件的評價過程，此一過程包含了對事件的認知、對資源的評估，及因應技巧的採用。兒童對於生活事件的解釋取決於他們對該事件的認知（cognition），這種認知可幫助兒童瞭解壓力因子對孩

子本身具有何種意義，並影響孩子決定如何去因應，而個體能否成功因應壓力事件，對其適應的結果有很大的影響。

四、兒童情緒行為與環境關係

　　近年來，情緒管理受到相當的重視，由於兒童在情緒發展上仍屬不穩定階段，往往影響親子互動與其他人際關係，因此對於兒童情緒的教育與調適亦是許多家長關心的課題。情緒是一種多成分、多維度、多種類、多水準整合的複合過程（王耘、葉忠根、林崇德，1995），情緒對個體的行為有促進作用，但也有干擾作用，適度的情緒可激勵行為，提高活動效率。張春興（1991）則認為，情緒是受到某種刺激所產生的身心激動狀態，此狀態包含複雜的情感性反應，與生理的變化。蔡秀玲與楊智馨（1999）綜合各家學者的觀點，認為情緒應包含四個層面：

1. 生理反應：如心跳加快、呼吸急促、肌肉緊繃。
2. 心理反應：個體的主觀心理感受，如愉快、平和、不安、緊張。
3. 認知反應：個體對引發情緒的事件或刺激情境的解釋和判斷。
4. 行為反應：個體因情緒而表現的外顯行為，包括語言與非語言，如眉開眼笑、聲調高低變化、坐立不安。

　　兒童如同成人具有情緒，但是是逐漸發展的，在六至七歲時已基本具有人類的各種情緒表現形式，其情緒發展的幾個相關理論，概述如下（引自王耘、葉忠根、林崇德，1995）：

1.學習理論：此派強調情緒受環境影響，行為主義學家 Watson認為，所有的情緒反應都是兒童學習的直接結果，且大都是由古典制約學習而產生，人類嬰兒先天具有怕、怒、愛等三種基本情緒，其他情緒反應都是在這些基本情緒基礎上，透過不同形式的學習而來。其他學習論者則強調情緒的隨意性，認為使用操作性制約作用可以增加自發產生的情緒反應，兒童根據其行為受到獎勵或懲罰的結果，學習到如何對不同情境產生情緒；另外，兒童也會藉由模仿來學習情緒，兒童觀察他人對情境刺激的反應而獲得對該情境刺激的知識、行為或情緒反應。

2.認知理論：認知論主張情緒是認知的產物，心理學家 Mandler認為，情緒是個體對當前情境認知的過程，情緒狀態的產生來自兩方面：一是自律神經系統的反應打斷思考，使個體認識到自己的內部反應，並評價這些反應和當前環境，或與既有經驗相比較；另一情形是情緒與認知同時產生，例如當他人提及某事件時，個體會回想本身相同經驗的情緒反應，並產生類似情緒。

3.精神分析論：此派的重要假設在於自我是在母子互動過程中發展出來，母子互動越好，自我發展越好，超我則由自我發展出來。自我與超我都會影響個體的知覺、思考方向及情感的表現和體驗，而情感對自我與超我的發展具有重要性，因為兒童的記憶和語言獲得均以情感為主要基礎，因此，此派強調兒童早期的情感發展，尤其母子關係的重要性，早期的母親剝奪或親子分離對兒童的情緒發展都是有害的。

4.人類學：人類學強調環境交流、生物成熟與學習的作

用。此派認為人類的情緒表現具有明顯的社會功能，一方面，情緒是內部狀態的表現，另一方面，當情緒訊號偏離社會規範時，就會使互動受到反面影響。另外也強調情緒訊號的顯示和接收，例如母親對嬰兒情緒訊號非常敏感並立即反應，嬰兒會重複此訊號並學會預期母親的反應。

由上可知，兒童的情緒發展可透過制約學習、模仿學習、自我認知、與人互動及與環境互動而產生，具有多樣性，嬰兒期大都僅發展出基本情緒，透過模仿學習與親子互動得到，學步期兒童逐漸發展出較多複雜情緒，且能透過行為和遊戲來表達情緒，一直到學齡前期，兒童才逐漸使用語言表達情緒，並會同情別人。在學齡階段，不同年齡層的兒童對情緒詞彙的使用、情緒的呈現方式、處理情緒的方式及推測他人情緒的方法，各有發展上的不同（柯華葳、李昭玲，1988）。

學齡階段兒童的情緒發展會隨著時間而不斷提高情緒水平，其情緒發展有幾個特點（引自王耘、葉忠根、林崇德，1995）：

1. 情緒內容不斷豐富：學齡兒童的活動由遊戲轉成以學習為主，增加了學校生活相關的情緒發展，學習的成效、團體中的地位與友伴關係都增加了兒童的情緒體驗。

2. 情緒的深刻性不斷增加：學齡兒童的情緒表現仍是比較外顯且易激動的，但其情緒體驗逐漸深刻。如學齡前兒童的恐懼主要涉及個人安全和對動物的恐懼，學齡兒童雖然也害怕生病、意外事故或被動物傷害，但更多的恐懼出現在怕學業不佳、考試成績不佳、怕被批評、怕被嘲笑等。

表6-2 不同年齡層兒童的情緒概況

	幼稚園大班	三年級	五年級
會使用的正面情緒詞彙	高興、快樂	高興、快樂、興奮、驚訝	高興、興奮、快樂、愉快、驕傲、神氣
會使用的負面情緒詞彙	生氣、不高興、害怕、不快樂、難過	害怕、生氣、緊張、不高興、難過、可惜、不好意思	害怕、生氣、緊張、傷心、難過、悲傷、失望、嫉妒
情緒的呈現方式	認為情緒不可隱藏，不可同時存在	半數的學生認為情緒可隱藏，並可同時存在	多於半數的學生認為情緒可隱藏，並可同時存在
處理情緒的方式		25%的學生以具體且直接面對問題的方式來處理情緒問題。40%的學生以不直接面對問題的方式來處理。有些學生會訴諸權威，請老師或父母解決	比三年級學生多一種，就是以抽象且直接面對問題的方式來處理
推測他人情緒的方法		多數三、五年級學生是以情境來推測其中人物可能的情緒。也有一些學生以自己的經驗來推測其中人物可能的情緒反應。	

3. 情緒更富有穩定性：學齡兒童的情緒仍具有很強的衝動性，不善於掩飾及控制自己的情緒，但與學齡前兒童相比，他們的情感已逐漸內化，年齡更長時，逐漸能意識到自己的情緒表現及隨之可能發生的結果，使得自己控制與調節情緒的能力也逐步加強。

五、常見兒童情緒行為問題

(一)情緒異常的特徵與情緒障礙兒童的分類

一般正常的情緒有幾個特徵：由適當的原因引起、反應強度和情境相當，以及情緒反應將視情況逐漸平復。由此觀之，不健全的情緒反應（強烈或過於持久）將有害個體適應，而不表達情緒或總是壓抑情緒也有害心理健康。情緒異常可從幾個向度觀察（蔡秀玲、楊智馨，1999）：

1.有些情緒過於極端：如長期陷於憂鬱、焦慮、生氣、興奮等某一情緒中。

2.不表現某些情緒或太受限：如不會哭、不會表達愛、不會生氣等。

3.認知、感覺、生理與行為之間沒有連結：莫名其妙地沮喪、生氣、亢奮等。

由於情緒與行為密切關聯，兒童期的情緒發展未臻穩定，因此許多行為問題常與情緒有關，根據DSM-IV的診斷標準，情緒與行為症狀有三個決定性的條件：(1)情緒與行為的障礙已干擾到個人日常生活、社會人際關係，以及學校的學習活動；(2)問題的出現超過六個月；(3)問題已演變為固定的模式而且經常發生。如果兒童經常在事件後出現不合宜或不成比例的情緒反應，而且完全無法掌控，甚至進一步危害正常生活運作，即形成所謂的情緒障礙，Quay（1979）曾將情緒障礙的小孩分為

四類：

1. 行為異常：反抗權威、殘酷、具攻擊性、過動、不安、精力充沛、粗魯、暴怒、愛罵髒話、沒有罪惡感、愛吵架、狡猾。
2. 焦慮—退縮：害怕、緊張、內向、害羞、膽小、孤立、沮喪、傷心、敏感、易受傷害、沒有價值、缺乏自信、容易灰心。
3. 不成熟：注意力不集中、愛做白日夢、笨拙、協調性差、慢吞吞、缺乏興趣、漫不經心、沒有恆心。
4. 社會攻擊：結交不良分子、結夥偷竊、逃家曠課等。

(二)常見的兒童情緒與行為問題

■焦慮與恐懼

　　焦慮是一種害怕、憂慮和緊張的情緒。通常不只反映在口語上，也反映在內在實際感受威脅的存在，當兒童處在焦慮的情緒時，行為上常會表現出暴躁、哭鬧、大聲嚷叫、吃不下飯、健忘、過動、冷漠或做噩夢，在生理上會出現心跳加速、呼吸急促、胸口發痛、血壓升高、嘔吐、流汗、肌肉繃緊以及有窒息的感覺。焦慮與恐懼是兒童最常發生的情緒，其中可再細分特殊恐懼症、泛焦慮症、社交恐懼症、分離焦慮症、恐慌症、強迫症及創傷後壓力症候等。

・特殊恐懼症

　　特殊恐懼是指孩子對特別的事物（如高處、小動物、醫師、牙醫、黑暗、巨大的響聲以及雷電）有持續不變的畏懼。因此，他會盡可能地躲避這種刺激，如果在無法逃避時會承受

激烈的焦慮。恐懼的情緒自然會妨礙孩子學校的課業、人際關係以及家庭生活。其症狀表現包括：在行為方面，孩子遇到恐懼的事物或預料到這種可怕的刺激就要出現時，他會設法逃脫或迴避。孩子同時會大聲喊叫，出聲哭叫，或跑去求助於父母或其他保育人員。在認知方面，孩子產生一種信念而且反覆地自我言語：我一遇到這種東西就有很大的災難。在生理方面，這個孩子會有心跳加速、發抖、肚子不舒服以及流汗等現象。

• 泛焦慮症

泛焦慮症是指孩子把全副精神貫注在憂慮的事物中。這種孩子憂慮的並不是特殊的地點或東西，而是擔心一般的事物，如未來的事情、功課的表現、身體的安危、別人的觀感等等。生理上的毛病如頭痛和肚子痛也是常見的生理現象。

• 社交恐懼症

社交恐懼大都發病在十一、二歲之間。患有社交恐懼症的孩子在很多與人相處的場合中總是感到壓力重重，甚至會有生病的感覺。通常兒童所恐懼的社交情況包括在公眾場合公開演講、在別人面前吃東西、參加親友的聚會、在別人面前做事如在教室黑板上寫字、進入公共廁所、與權威人物說話、私下與人談話。這種孩子大約每兩天就有一次由於社會接觸而引起的生理和情緒壓力。

• 分離焦慮症

分離焦慮症最明顯的特徵是孩子想盡辦法避免和他所依戀的人分離。研究發現，孩子為了害怕與父母分離，會拒絕上學、不願自己獨房睡覺、不願在別人家過夜、一天到晚與母親寸步不離。因為兒童確信一分離大災難就會發生，如母親被車撞死或自己出門被人綁票等等。一旦孩子與他依戀的人分開，會顯得非常焦急和痛苦，迫切地期待和他依戀的人重聚。如果

孩子知道他非與依戀的人暫時分離不可，也會顯現極端的焦急、顫抖、呼吸加速，並大聲哭叫來拒絕與此人分離。幼小的孩子可能抱住母親不放，要求母親不離開，或是說身體不舒服，最常見的是說肚子痛。這種孩子通常還會有其他的恐懼，如怕黑、怕怪物巨獸，或是怕被人綁走。此外，他會做噩夢、不敢上床睡覺、自己一個人就睡不著等等。由於怕分離，這種孩子常會出現憂鬱的情緒、反抗的行為，或是常與大人爭吵（引自施顯烇，2003）。

• 恐慌症

　　恐慌症最明顯的特徵是一再地出現沒有事實根據的恐慌發作。所謂恐慌發作是指一段時間中，這個孩子會極端害怕，害怕自己會失去控制，而且感到非常不舒服甚至有快要死亡的感覺。同時會發生生理上的異狀如出汗、窒息、呼吸短促、顫抖、肌肉繃緊、發暈、頭痛、肚子痛、胸口痛、作嘔等等。這種發作經常是突然出現，而且在五到十分鐘之內，這些身心的異狀就達到高潮。這種發作可能持續幾分鐘到幾個小時。恐慌發作往往與特殊恐懼症、社交恐懼症、分離焦慮症以及創傷後壓力症有關聯。一般而言，恐慌症發病的初期都是自發的發作，這種心理症狀發展到某一個階段，會漸漸轉入情況傾向和情況引起的恐慌發作。大部分患有恐慌症的兒童某種程度都會有廣場恐懼症（agora-phobia）。這種恐懼是指孩子對某些地方或情況，如電梯、高處、空曠的地方、大庭廣眾的場所等等有特殊的恐懼。

• 強迫症

　　患強迫症的兒童有的只有強迫思想，有的只有強迫行為；但是大部分的兒童是兩種情形同時存在。有的兒童隨著年齡的增長，症狀會有所改變，但如何改變並沒有一定的軌跡可循。

1.強迫思想（obsession）：指反覆出現而且持久不退的想法、想像或是衝動。這些心理現象不但毫無事實根據，而且干擾個人的生活，更會造成身心傷害。這種強迫思想經常會伴隨著焦慮不安的情緒如害怕、嫌惡、懷疑或是欠缺的感覺。這種想法和情緒給個人帶來相當的壓力和痛苦。因此，個人會設法壓制、沖淡甚至不理會這種想法和情緒。這種壓制、沖淡的行為會反反覆覆的出現，甚至變成強迫性的行為。這種行為別人看來毫無意義，但對病患卻是有目的、有計畫的舉動。一般常見的強迫思想包括害怕自己會感染疾病、自己會受到重大傷害、家人會有災難、偏執的宗教狂、一再審視自己的思考和舉動，或是擔心自己有不純潔的想法。

2.強迫行為（compulsion）：指可以觀察得到而且出現反覆的行為或是內在的心智活動。這些症狀都是用來沖淡、壓制或是緩和內心的焦慮並防止重大災害的發生，最常見的強迫行為包括洗刷東西、洗手、反覆做同一件事、重新安排家具或書桌上的東西等等。

• 創傷後壓力症候群

根據美國精神病協會的定義，創傷後壓力症候群（Posttraumatic Stress Disorder, PTSD）是指個人暴露在死亡或有死亡威脅的情況中，或是體驗到身體受到重大的傷害；這種暴露和體驗包括本身或別人遭遇到重大災難，結果引起激烈的恐懼和無助的感覺；此後，這個孩子的思緒變得雜亂無章，或是常有暴躁易怒的現象，這種症狀包括嚴重的焦慮、緊張痛苦的徵候以及思考的凌亂。可能包括下列的現象：

1.個人持續地反覆體驗該創傷事件，他可能對事件有侵入

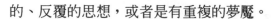

的、反覆的思想，或者是有重複的夢魘。

2.個人持續地避開與創傷有關聯的刺激。例如，他試著避開與意外事件有關的活動，或是把某些經驗的記憶封鎖起來。這是因爲令他回想起創傷經驗的情境將會撩起他的焦慮。

3.個人有持續提高警覺的狀態，諸如長期的緊張和暴躁，通常伴隨有失眠，無法忍受噪音，以及抱怨自己「就是無法放鬆下來」。

4.個人可能會有注意力難以集中和記憶受損的現象。

5.個人可能有消沉、沮喪的感覺。在有些案例中，他可能從社交接觸中退縮下來，避開有刺激性的體驗，通常是顯現在避免人際的參與、性興趣的喪失，以及「不計任何代價求取安寧和平靜」的態度。

■憂鬱症

隨著社會的急速變遷，患有憂鬱症的兒童越來越多，然而兒童憂鬱症狀的覺察相當困難，主要是孩子無法把內心的感受講出來，更無法辨認出心理壓力來自何處。他們所造成的行爲問題並不特別明顯，也常被誤認爲是其他行爲問題（施顯烇，2003）。

• 憂鬱的情緒

97%的憂鬱患者都有沉悶無望的情緒。年紀較大且有語言能力的孩子會告訴父母或老師，雖然外面晴空萬里，內心卻是一片漆黑；他們似乎是沉淪在一個無底的黑洞中，一再地往下沉。有的小孩不曾顯示出愁容，但行爲上表現得暴躁易怒。在偶然的機會也會展露短暫的笑容，但很快的又恢復到沒有生氣或是冷冰冰的面容。

• 對日常事物失去興趣

　　原來這個孩子趨之若鶩的事物，突然失去興趣，而且看來他什麼事都不想做。例如這個孩子一向喜歡和小朋友打棒球，現在突然不想去打球，這已經發出一個危險的信號。有時候行為的改變可能沒有這麼顯著，例如他還是出去打棒球，但回家以後已經不再興高采烈地大談他有幾支安打。有些孩子漸漸迴避與別人接觸，有的孩子雖然勉為其難地參加這些活動，但會經常抱怨說這些活動最無聊，那些孩子又笨又壞，下次不想再去了。更嚴重的孩子索性什麼也不做，甚至原來最喜歡的電視節目、集郵、音樂、游泳等都毫無興趣。

• 社交的中斷

　　憂鬱的孩子不但對事失去興趣，對人也一再疏遠。他們不再和朋友一道出去，不再邀朋友來家裏玩。有的孩子會抱怨朋友或同學對他不友善，他也討厭他們。這表示人際關係的決裂，若從好的角度看，這可能是過去交了壞朋友現在要中途撤退，但更有可能是自己憂鬱而暴躁的情緒把人拒於千里之外。有的孩子開始把友情移轉到貓、狗、魚、鳥等不需社會技能的「朋友」，也有孩子會走另外一個極端，把自己心愛的東西拿去送人以收買友情。有些青少年可能會增加性活動，尤其女孩子以性活動來獲取感情，甚至未婚生子來填補人際關係上的空虛。

• 胃口減低，發育不良

　　當兒童患有憂鬱症，大都會胃口減低，不一定體重減少，但會有成長減慢和發育不良的情形。有的孩子會出現厭食和挑食的現象，或是對一日三餐百般挑剔，但有少數孩子可能會顯得食慾大增，似有以吃消愁的味道。

● 睡眠不正常

　　與情緒變化關係最密切的是睡眠。孩子情緒有困擾，可能整夜輾轉反側，無法成眠。這一點如果孩子獨房睡覺，父母可能懵然不知。但是，父母或老師可能會覺察到這個孩子早上起不來，上課時打瞌睡，或是精神恍惚什麼也記不得。大人往往會責怪孩子忽然變成懶惰蟲。孩子本身也可能無法瞭解自己掙扎在失眠的情況中，只是覺得早上起來疲憊不堪。有時晚上會噩夢連連，甚至把別人驚醒。這顯示其憂鬱之外還有焦慮與緊張的情緒。相反的，有些孩子日夜臥床不起也是憂鬱的徵兆。

● 精力衰退活動減少

　　一般憂鬱症的孩子主觀上會覺得疲勞過度，身心的活動也因此緩慢下來，甚至一天睡了二十個小時還是疲憊不堪，什麼也不想做。感到過度疲勞的另一方面是喪失自制的能力。因此，孩子會顯得過動，做事漫不經心，或是一事未做完又開始另外一件事，結果什麼也無法完成。有些孩子還是循規蹈矩，並不顯示什麼行為問題；看來也相當用功，但是功課一落千丈。有的孩子可以從外表明顯的看出來，他的動作相當遲緩，走路、吃飯、說話、甚至遊戲，都變得慢條斯理。

● 注意力渙散

　　孩子既然心事重重，注意力自然無法集中很久。大人觀察孩子注意力渙散可以看他是否能完成交代的工作，或是做事錯誤百出。例如孩子經常忘記帶便當、書本、書包、作業等等。看來這個孩子笨手笨腳且粗心大意，殊不知他是掙扎在生死邊緣，哪有心思去注意到便當和書包。有的小孩看來相當專注，例如獨自安靜地看書，但幾個小時下來依然停留在同一頁。如不細察，大人很容易被瞞騙。

• 自尊心受到損傷

　　孩子有憂鬱的情緒，自尊自信會受到極大的傷害。這種心理狀態在外表上可能顯得很羞澀，例如遇到新的情況會裹足不前，怕在別人面前丟面子。有的孩子會對自己有負面的評價，例如數學考八十五分還嫌自己頭腦不好，用功不夠；稍有一點差錯就垂頭喪氣，產生完美主義的想法，如果不是每次都考第一就自認是蠢才。他們以直覺來判斷自己的功過而完全拋棄邏輯的思考。有的孩子因為自尊心太低，遇有恭維或讚賞時反會受寵若驚，甚至否認自己的成就。例如老師獎勵他這次月考成績大有進步，但他還是會往幾科不如理想的地方去鑽牛角尖，對老師的鼓舞視若無睹。更有的孩子認為自己一文不值，甚至不配有那些美好的東西，所以往往把自己的東西分送給人，一方面用來收買友情，一力面是因為自慚和內疚的想法，認為不該獨享這些東西。有些女孩未成年就把貞操「奉獻」給人，這往往與自尊心受損有關。有的孩子受人欺侮也忍氣吞聲，不敢反抗，不敢伸張。

• 希望的幻滅

　　對一個患有憂鬱症的孩子而言，未來比現在更黯淡沉重。他對自己、對整個世界、對現在、對未來都認為毫無希望。不管客觀的環境再美好，都認為是痛苦難挨，生不如死。這種孩子被困在愁城中，掙扎於日日的煎熬，很少憧憬雨過天青的一天。極端憂鬱的孩子會沉溺於死亡的思考，尤其是遇到親人的死亡或心愛物的失落，會推波助瀾地把孩子推向自殺的邊緣。

• 其他徵候

　　憂鬱的孩子愁容不展，舉止緩慢，動作笨拙是明顯的標誌。他們的語言毫無生氣；別人向他提出問題時也是一兩字敷衍了事，有的孩子突然出現尿床現象甚至在床上排解大便。更

值得注意的是孩子經常發生意外，這有可能是因為心事重重，注意力無法集中，再加上動作遲鈍，受傷的機會自然較大。不過，有些意外並非真的意外。有的孩子可能對自己的身體毫不在乎，或是有自殺的企圖。遇到這種情形必須查明真相，不可等閒視之。

■注意力缺陷過動症

患有注意力缺陷過動症（Attention Deficit Hyperactivity Disorder, ADHD）的孩子最顯著的症狀，是注意力沒有辦法集中，有的則兼具有過動的症狀，更有孩子雖有過動，但注意力渙散並不嚴重。就是注意力渙散與過動本身也有程度上的差別。例如過動的孩子較輕微的會顯得坐立不安，最嚴重的可能會橫衝直撞；注意力渙散的孩子輕微的可能會注意力隨時，在轉移，有如風吹草木動，最嚴重的可能是無法做功課，東西隨拿隨丟。注意力缺陷與過動合起來又有不同的程度。

■自我傷害

自我傷害是指一些廣泛的行為「反應」，包括外在刺激所引起的反應以及內在身心因素所引發的反應。這種反應會造成行為個體生理上的傷害。這種行為具有持久性而且會反覆出現，例如一個小時發生幾百次到一個月發生幾次。自我傷害行為日積月累會造成永久性的傷害，如耳聾、目盲、腦受傷等等。但是，大部分的行為會造成立刻的傷害，如皮肉咬破、面額發腫等等。

■社會行為症

Toth將社會行為症狀定義為泛指一組反社會行為（antiso-

cial behaviors），這種行為違背了社會規範、觸犯了法令，而且損害他人的權益。

　　美國精神病協會將社會行為症狀界定為持續的行為模式；這種行為違背了同年齡孩子的行為常模，而且侵犯到別人的權益。換句話說，這個孩子的行為已超出他這個年齡及環境中應有的行為表現，而且這種行為已出現六個月以上。這種孩子常有攻擊他人的行為，包括恃強凌弱、恐嚇威脅或其他致使別人身心傷害的行為；他們經常引起械鬥，使用武器如棒棍、磚塊石頭、破瓶以及刀槍，致使別人受到嚴重的傷害；他們常常對人或對動物做慘無人道的虐待或傷害；他們會面對著受害者，當面襲擊搶劫、強取勒索；他們會脅迫他人參與性活動，包括強姦、性攻擊，甚至強姦與殺人同時進行。在財物破壞方面，包括縱火並蓄意造成嚴重的損失，或是其他破壞的舉動如打破汽車玻璃、損毀學校設備等等。偷竊是另一種明顯的症狀，例如闖入別人的家中、進入學校的辦公室，或是打開別人的車門、偷竊別人的財物。騙人的勾當是用來獲取利益或是逃避責任，這包括設陷阱使人入甕、偽造證明或假傳旨令，甚至順手牽羊拿走別人的財物。社會行為症狀的患者另一個常見的問題是，嚴重違反學校的規定或家庭的禁令。例如晚上出門時完全無視父母的交代而遲遲不歸，甚至把在外過夜當成家常便飯；曠課逃學；較大的孩子已經就業卻把工作場所的規矩完全置之不理（引自施顯烇，2003）。

(三)兒童情緒問題的處理

　　當兒童呈現情緒與行為問題時，父母、老師，或一般社會大眾常常不明就裡地冠上「問題兒童」的頭銜，這樣的作法往

往只帶給小孩標籤，對情緒或行為問題的解決卻無助益，也常帶給孩子人際互動與社會適應上的困難，因此，父母或師長應本著愛心、耐心與同理心，協助兒童就醫診斷與輔導。一般的處理方向可能包括：

1. 減少壓力來源：對於拒學的孩子，父母要瞭解孩子與老師、同學的互動，如何用行為增強的方法來減低孩子的拒學傾向。
2. 個別輔導：試讓孩子想想，怕什麼？焦慮什麼？並教導孩子如何處理焦慮感。
3. 父母諮商：瞭解父母與孩子的互動，是否孩子過度依賴或父母過度保護，是否父母自己處在焦慮狀態中。
4. 家族治療：如果身體化症狀嚴重，一個接著一個出現，不易改善，須考慮會見全家。
5. 藥物治療：對大孩子的強迫症，嚴重的焦慮狀態可考慮用藥。

六、兒童之人際關係

(一)兒童人際關係的發展與培養

個體自出生開始便有了人際關係，從最初家庭中的親子關係與手足關係，奠定了日後各種人際關係的基礎，並從各種人際關係中獲得愛與被愛、尊重與歸屬感等的心理需求滿足，此階段人際關係的錯誤經驗往往會造成日後人際溝通上的挫折，或是思想與情感上無法與他人交流，進而產生心理上的挫折、

焦慮或疏離,甚至引發暴力問題,因此,幼兒期的人關係發展顯得格外重要,尤其親子關係對兒童日後發展更扮演關鍵角色。

隨著兒童年齡的增長,兒童的交往範圍日益擴大,從家庭成員擴大到其他家庭外的個體進行互動,而年齡相仿且發展水準相近的同伴成為重要的互動對象,同伴關係是兒童期的重要社會關係,也是兒童完成社會化的重要手段。友伴關係的發展表現在親密性、穩定性和選擇性等方面,Selman曾提出兒童友伴關係的幾個階段(王耘、葉忠根、林崇德,1995):

1. 第一階段(三至七歲):友伴關係還不穩定,朋友只是一個玩伴,友誼就是一起玩,兒童還沒有形成友誼的概念。
2. 第二階段(四至九歲):單向幫助階段。此時期兒童要求朋友能夠服從自己的願望和要求,順從自己就是朋友。
3. 第三階段(六至十二歲):雙向幫助,但不能共患難合作階段。兒童對友誼的互動性有了某種程度的瞭解,但仍具有明顯的功利性特點。
4. 第四階段(九至十五歲):親密的共享階段。兒童發展了朋友的概念,朋友之間可以相互分享,保持信任和忠誠,同甘共苦。兒童的友伴關係開始具有一定的穩定性。
5. 第五階段(十二歲以後):友誼發展的最高階段,兒童對朋友的選擇性逐漸加強,對擇友更加嚴格,年長兒童建立的友伴關係能夠維持較長時間。

就發展的觀點言,兒童期到成年期的人格形成,往往建立

在友伴關係上。如果一個兒童被友伴接受，並且在團體中有穩定的社會關係時，他便會體會到和團體有一種相屬的關係而產生安全感。反之，兒童無法融入團體，甚至受到排斥時，其心理的緊張與焦慮將迫使他採用消極的方法適應環境，有些變得非常畏縮內向，有些則顯現出侵略和攻擊，以致造成適應上的困難，並妨礙其人格正常發展。除了心理層面自然發展的因素外，人際關係亦因需求與交換而生，其相關理論如下（曾端眞與曾玲珉，1996）：

1. 人際需求理論：該理論主張一種關係是否開始、建立或維持，全賴雙方所符合的人際需求程度。心理學家William Schutz指出三種我們都需要的人際需求：愛（affection）、歸屬（inclusion）和控制（control）。

2. 交換理論：John W. Thibaut和Harold H. Kelley首創交換理論，他們認爲關係可藉由互動所獲得的報酬和代價的交換來加以瞭解。

就學齡兒童而言，除了前述各種刺激可能帶來心理壓力外，人際關係亦是不可忽視的一個重要因子，當兒童對他人訊息接收不正確、不完全或扭曲、不夠肯定自己、過於保護自己或要求完美等，往往容易引發溝通上的衝突，造成人際關係不良，這將會影響兒童學習或生活適應，甚或導致行爲問題，因此，教導及協助兒童建立良好人際關係是父母與師長均應負起的責任，我們可藉由培養兒童各種能力來進行，諸如：

1. 建立正向積極的自我概念：具有正向、積極自我概念的兒童，對自己較有自信，能自我肯定，在與人交往溝通時較穩定且有彈性，也敢於眞誠表達自己，能接受與體

諒他人不便之拒絕,所得到的回饋亦多為正向,因而更加強自己的積極評價,形成良性循環。

2.表達自己的情緒:情緒表達對身心健康有積極的效用,且與人際溝通有重要的關聯,其功能包括讓他人更瞭解自己、讓自己更瞭解他人、使情緒得到解放並變得更真誠,以及讓彼此的關係更牢固。

3.學習有效的溝通行為:

(1)專注行為(attending behavior):對他人表達專注行為時,反映出對對方的極大尊重,專心注意表示願意和他在一起、對他有興趣,這是建立關係的重要基礎,可用Egan提出的「SOLER」來進行,分別是面向對方(squrarely)、開放的姿態(open)、身體向對方前傾(lean)、眼神注視對方(eye contact),及身體輕鬆自然(relax)。

(2)積極傾聽(active listening):傾聽是很重要的溝通行為與能力,人類的所有溝通時間中,聽便占了45%,積極傾聽應包括傾聽對方口語表達的內容、表達的情緒、觀察對方非口語行為的涵意,並對所聽到及觀察到的給予適當而簡短的反應,如此才能使對方感受到尊重。

(3)同理心(empathy):同理是人際相處中最基礎且重要的行為之一,同理心是站在對方立場去辨識、體會其感受、想法,並將之恰當表達出來的過程。此過程要能夠設身處地瞭解對方,把自己的標準與價值系統先放一邊,辨識對方想法而非批判,並簡單扼要說出對方主要的意思。

(4)尊重與接納(respect and acceptance):尊重對方真正

的樣子及其獨特性，接受他是與別人不一樣的是人際關係的第一步，並且無條件接納，不因對方的背景如何，做了什麼或不做什麼而有不同的對待，也接納個體擁有屬於自己眞正感受的權利。

(5)眞誠（genuine）：一個眞誠的人表現出眞正的自己，並且自在、誠懇、自發地與人交往，這樣的行爲與態度會讓對方放下防衛，而發展出安全感與信任感，讓他人也能眞誠相對。

(6)建設性的批評（constructive criticism）：每個人都會犯錯，但也能藉由改善而做得更好，因此爲了成長與進步，我們需要被糾正與批評，建設性的批評能協助個體瞭解自己的行爲缺點或不理想之處並加以改進，建設性批評的方法包括：提出批評前，先具體而正確地描述行爲、試著在批評前給予讚美、批評應與目前行爲有關、批評應針對對方可著力之處等（引自黃惠惠，1996）。

(二)人際溝通分析

　　除了上述協助人際溝通的方法之外，當兒童遭遇較大的人際溝通困難，而非一般方法能協助時，必須尋求心理專業人員的協助，在心理諮商治療的方法中，較常被使用的是人際溝通分析（Transactional Analysis, TA），此法是由E. Berne發展出來的一種人格理論，及一種針對個人的成長和改變，有系統的心理治療方法。此法認爲人深受生活中重要他人的期望與要求的影響，尤其是在人生中最依賴他人的時期所做的早期決定，但是決定可以重新加以檢查與挑戰的，如果早期的決定並不適

當，就應再做新的決定。這種觀點強調選擇責任與自由的重要性，個人在特定的架構中，能自由的形成自己的生命，無法逃避這種不斷選擇生命方向的責任，因爲不論是消極逃避或積極面對，同樣都得選擇。當然，人類所擁有的自由是有限的，但是，在這限制之中，人仍能自由地選擇，且活出自己的生命，是無人能代勞的，因此人際溝通分析重視人的自主性，也就是個人要爲自己的感覺與想法負責。在人際溝通分析中有幾個重要的概念（引自黃珮瑛，1996）：

■自我狀態

自我狀態的觀點是人際溝通分析的基礎，Berne將之定義爲「一個人外顯的、可觀察的心理狀態」，包括父母、成人、兒童三個部分，分別簡寫爲P、A、C。人們通常會由某個自我狀態變換到另一個自我狀態，而他們的行爲與當時的自我狀態有關。

父母自我是一個人未經思考就收錄父母的行爲與信念之部分。當我們處於父母自我狀態時，我們使用父母對待我們的方式去對待別人。父母自我狀態包含所有「應該……」與「必須……」及其他生存的規範，可分爲「撫育型父母」及「控制型父母」。處於此種自我狀態，我們的行爲方式可能與父母很類似，我們可能使用他們常說的字眼、話語或姿態、姿勢、音調、音量等。

成人自我是我們的資訊處理器，是人格當中講求客觀及蒐集訊息的部分，不帶情緒或價值判斷的成分，只處理事實與外在的現實情形。兒童自我是由感受、衝動和自發性行動所組成。在我們內部的兒童，有「自由兒童」及「適應兒童」，「自由兒童」是自發、衝動、開放有活力、表情豐富、通常是

迷人而未受過教化的；「適應兒童」是「自由兒童」馴服後的模樣，努力調整自己以滿足別人的期望，俾獲得對方的接納和肯定。

■心理地位

Berne認為人從出生後，受父母、環境的影響，從小就寫定了一生的生命腳本，以生命腳本決定了一生所發生的大大小小事情；而基本的心理地位，便是生命腳本的主要內涵，它是描述孩子最早期時對於自己、他人、世界的信念或結論。心理地位有四個模式：

1. 我好、你也好（I'm OK, you're OK）：這種地位是健康的，又稱為「贏家」的地位，如能符合實際，這是最建設性的地位，也是治療所追求的目標。其他三個心理地位代表的都是輸家。

2. 我好、你不好：這是「傲慢」與投射的心理地位。選擇這種心理地位的人，就是那些感覺被出賣、迫害、並因此反過來出賣或迫害他人的人，行為表現如：向別人挑釁、將自己的不幸怪罪他人頭上、吹毛求疵、自大等；最極端的情形，可能是殺人。

3. 我不好、你好：這是個以自己為破壞對象的心理地位。採用這種地位的人在面對別人時會感到無力、退縮，甚至憂鬱，在最極端的情況下，也會導致自殺。

4. 我不好、你不好：這可稱為沒有意義的地位，是那些對生命失去興趣的人，或是對自己與他人的價值、潛能失去信心的人所採取的地位。這類人身上可能會出現精神分裂的人格傾向，殺人或自殺都可能發生。

　　心理地位是我們在生命早期所得到關於自己、他人和世界的一些結論，但這些是以一概全、絕對的觀點，我們以它來支持自己對生活所做的一些決定，因此是在日後所形成的腳本基礎。

■生命腳本

　　生命腳本由童年時期父母的訓示（禁止、應該訊息），及我們早期、幼年的決定組成。通常，長大成人之後，我們仍會繼續遵循著這些腳本，並且終其一生，還會為自己做出更多決定，並擴充自己的劇本。

　　腳本的形成，始於嬰兒期我們從父母身上接收到一些微妙、非口語的訊息。在生命開始的前八年裏，我們學到很多關於身為人的價值及我們在生活中的位置。父母在環境中經歷了一些痛苦，如焦慮、憤怒、挫折、不幸福等感覺後，自我的兒童狀態傳遞給小孩的訊息，這些訊息告訴小孩一定要做什麼，必須成為怎樣的人，如此才可以獲得大人的認可。雖然父母可能以語言或直接的方式表達，但是孩子更容易從父母行為中獲得這些訊息。下面是常見的禁止訊息與小孩因此做的早期決定。

■禁止訊息

1. 不要做：此訊息來自過度保護或害怕的父母，如不要靠近火、不能爬樹……等。聽到並接受此種訊息的兒童，通常因害怕犯錯而不敢冒險，他們把犯錯當成失敗。

2. 不要活：這是最致命的訊息，通常以非口語的方式很微妙的傳遞給小孩，如「我真希望沒有生出你」、「如果不是為了你們，我早就和你爸爸離婚了」。

3.不要親近：如果父母不喜歡和小孩親熱，小孩會將之解釋為「不要親近」，如從小缺少身體的接觸，正面的安撫。幼年失去親人（如父母離婚、死亡）也常造成這種想法：「和人親近有什麼用，當他們走時我更痛苦」，因而決定再也不要和人親近。

4.不重要：如果孩子說話時總是未受到重視，被告以「囝仔有耳無嘴」，或是常被忽視，都可能把這些訊息解釋成「自己不重要」。孩子可能因而不開口要求他想要或需要的事，因為覺得自己不夠重要。

5.不要像個小孩子：父母可能為了某種原因而希望孩子快快長大，這種情形常見於老大身上，因為他要負責照顧弟妹，或是還很小就被要求太多。

6.不要長大：會接收到這種禁止訊息的像是家中太過寵愛的老么，或是正在發育的年輕女孩，對父親而言可能是一種威脅，這些是由一些害怕不能控制子女成長的父母所給予的。

7.不要成功：如果父母一直挑剔兒童，就會傳遞這種「你什麼都做不好」的訊息；或來自父母心中嫉妒、好勝的兒童自我，意思是「如果你比我成功、有才能、美麗或聰明，我就不會愛你」。

8.不要成為你自己（的性別）：意即性別認同有問題，子女的性別若和父母的期望不同，這些訊息暗示孩子的性別是錯誤的；或長相、高矮胖瘦、膚色，或想法和感受不為父母所接納。

9.不要正常、健康：如果父母在子女生病時才給予關切安撫，健康時就不聞不問，這就等於在告訴小孩「不健康才能得到我的愛」。如果瘋狂混亂的行為被鼓勵或沒有被

矯正，就等於告訴子女「不要正常，要發瘋」，大都見於父母有精神分裂症，小孩因此學不到現實世界的事情，雖然自己沒有精神分裂症，卻也行事瘋狂。

10.不要有歸屬感：這種訊息也許來自一個家庭覺得自己不屬於社區或任何團體，常見於移民家庭，小孩會對自己到底歸屬何處感到困惑，而一直缺乏歸屬感。

■應該訊息

應該訊息來自「爸媽」的父母自我狀態，其功能是限制一個人，如果過度拘泥，會使一個人不易成長、缺乏彈性。依Kahler的看法，驅力有五種：「要完美」、「要堅強」、「要努力」、「快一點」、「討好別人」，這些驅力都是永遠達不到的，因為再怎麼努力做，都可以嫌做得不夠。應該訊息還包括宗教、種族、性別刻板印象、傳統的觀念，甚至有些相信自己應被解放的女性在工作完仍趕回家煮飯洗衣，因為她們的觀念仍然是「女人應該做家事」。

應該訊息是以明顯的、言語的方式來傳達的，傳達應該訊息的人堅信自己的想法是對的，會極力護衛自己的立場；相對於禁止訊息是以隱藏的、非語言的方式傳達，而且傳達的人並不自知，如果告訴為人父母者他的某種行為會傳達不要活的訊息給小孩，他多半會生氣地說：「這怎麼可能，我絕沒有這個意思。」但孩子吸收了周圍大人的口語、非口語訊息，對當時的情況做一個結論，雖然那很可能是錯誤的結論，不是事實真相，但孩子把它當成真實且以此發展自己生命的態度。

■撫慰

撫慰即撫摸的需要、認可和注意，可分為三種：

1.口語及非口語（表情、語調、眼神、手勢、姿勢、身體的接觸）。

2.正面──溫暖的話、擁抱、友善的態度。負面──責備、打耳光等。

3.有條件的給予和無條件的給予。

參考書目

中文部分

王耘、葉忠根、林崇德（1995），《小學生心理學》，台北：五南。

王淑娟（1998），《受虐兒對父母施虐行為之因應初探》，私立東吳大學社會工作研究所碩士論文。

李源煌（1989），《兒童的壓力問題及其心理與行為反應》，國立台灣教育學院輔導研究所碩士論文。

兒童福利聯盟（2002），〈台灣都會地區兒童煩惱指數調查報告〉，台北：兒童福利聯盟。

兒童福利聯盟（2003），〈兒童心理資本投資調查〉，台北：兒童福利聯盟。

周月清等譯，Pauline Boss原著（1994），《家庭壓力管理》，台北：桂冠。

周月清、葉安華譯（1997），《幫助受創傷的家庭》，台北：桂冠。

柯華葳、李昭玲（1988），〈兒童情緒認知研究〉，《國教學報》，1期，頁71-80。

施顯烇（2003），《情緒與行為問題：兒童與青少年所面臨與呈現的挑戰》，台北：五南。

俞筱鈞譯，Douglas H. Powell原著（1996），《適應與心理衛生：人生週期之常態適應》，台北：揚智文化。

高源令（1992），《國小學生日常生活壓力之研究》，國立政治大學教育研究所博士論文。

張珏等（1991），〈台北市國小學童日常生活壓力的研究〉，《教育專題研究》，23期，台北市教師研習中心。

張春興（1977），《心理學》，台北：台灣東華。

張春興（1991），《現代心理學》，台北：台灣東華。

郭靜晃等（1993），《心理學》，台北：揚智文化。

郭靜晃、吳幸玲譯，Philip Newman & Barbara Newman原著（1993），《發展心理學：心理社會理論與實務》，台北：揚智文化。

曾端眞、曾玲珉譯，R. F. Verderber & K. S. Verderber原著（1996），《人際關係與溝通》，台北：揚智文化。

游恆山譯（1988），《心理學》，台北：五南。

馮觀富等（1996），《兒童偏差行為的輔導與治療》，台北：心理。

黃淑清（1998），《失落的因應歷程之探討——以青少年期父母過世的成人為例》，政治大學教育系碩士論文。

黃珮瑛譯，Thomas Ohlsson, Annika Bjork & Roland Johnsson原著（1996），《人際溝通分析：TA治療的理論與實務》，台北：張老師。

黃惠惠（1996），《自我與人際溝通》，台北：張老師。

楊玉女（1990），《兒童的生活壓力、自我能力評估及其適應行為之相關研究》，國立彰化師範大學輔導研究所碩士論文。

靖娟兒童基會（2004），〈國小學童危險事件調查報告〉，台北：靖娟兒童基金會。

劉美淑（1996），《虐待兒童父母壓力源與壓力因應分析》，東海大學社會工作研究所碩士論文。

蔡秀玲、楊智馨（1999），《情緒管理》，台北：揚智文化。

英文部分

Barbara Kuczen(1987). *Childhood Stress-How to Raise a Healthier, Happier Child*. New York :Dell Publishing Co.Inc.

Boss, P. G.(1988). *Family Stress Management*. Newbury Park, CA: Sage.

Cohen, S.(1986). *Measurement of Coping Stress and Health: Issue in Research Methodology*(5th ed.). Kasl and C. L. Copper, John Wiley & Son Led.

Cohen, S.(1988). Psychosocial models of the role of social support in the etiology of physical disease. *Health Psychology*, 7, 269-297.

Folkman, S.(1984).Personal control and stress coping process : A theoretical analysis. *Journal of Personality and Social Psychology*, 46(4) ,839-852.

Hill, R. (1958). Generic features of families under stress. *Social Casework*, 49, 139-150.

Holmes, T. H. & Rahe, R. H. (1967).The social readjustment rating scale. *Journal of Psychosomatic Research*, 11, 213-218.

Jones, C. O.(1981). Characteristics and needs of abused and neglected children. In K. C. Faller (ed.), *Social Work With Abused and Neglected Children*. pp.79-83. New York Free Press, Inc.

Joseph, J. M.(1986). *The Resilience Child*. New York: Plenum.

Lazarus, R. S. & Folkman, S.(1984). *Stress, Appraisal and Coping*. New York: Springer.

Lazarus, R. S.(1966). *Psychological Stress and the Coping Process*. New York: McGraw-Hill.

Leaman, K. M.(1980). Sexual abuse: The research of child and family. *Sexual abuse of Children: Selected Readiness*. Washington D.C. :National Center on Child Abuse and Neglect.

Quay, H. (1979). *Psychopathological Disorders of Childhood*. New York : Wiley.

Seley H. (1956), *The Stress of Life*. New York: McGraw-Hill Book Co.

Chapter

07

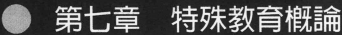

第七章 特殊教育概論

黃 志 成

•美國紐約州立大學特殊教育碩
 士
•中國文化大學社會福利學系、
 青少年兒童福利研究所教授

一、特殊教育的概念與發展趨勢

(一)個別差異

■定義

所謂個別差異（individual difference）是指兒童在某些方面和其他兒童有別，例如智力、情緒、社會行為、人格、感覺與知覺系統、身體狀況等。此外，兒童本身的特質，在發展上也並非齊一的水準，也有特質上的差異，例如一位五歲的幼兒，具有五歲幼兒的語言能力，但其社會技能只有四歲的水準。

■種類

1. 個別內差異（intraindividual difference）：指兒童在本身身心特質發展上的差異性，如圖7-1所示，兩位六歲兒童在本身的特質均有明顯的差異，亦即生理年齡是六歲，但其身高、體重、粗動作、細動作、智能、語言、社會、認知的年齡水準是不一樣的。

2. 個別間差異（interindividual difference）：指兒童與兒童間的身心特質有所不同，如圖7-1所示，兩位六歲兒童的各項特質相比較，有明顯不一樣。

年齡	身高	體重	粗動作	細動作	智能	語言	社會	認知
10								
9								
8								
7								
6								
5								
4								
3								
2								
1								

圖7-1 兩位六歲兒童的身心特質剖面圖

(二)特殊兒童

■定義

　　所謂特殊兒童（exceptional children）是指兒童在身心特質顯著地低於或高於常模（norm）或平均表現水準，需要提供特殊教育方案及其他相關服務才能符合這些兒童的需要，發揮個人的學習潛能（徐享良，民89）。

■種類

依照我國特殊教育法（請參考本章附錄）的規定，特殊兒童可分為身心障礙與資賦優異兩大類，其中身心障礙又分為：智能障礙、視覺障礙、聽覺障礙、語言障礙、肢體障礙、身體病弱、嚴重情緒障礙、學習障礙、多重障礙、自閉症、發展遲緩、其他顯著障礙共十二類；資賦優異則包括：一般智能、學術性向、藝術才能、創造能力、領導才能、其他特殊才能共六類（特殊教育法第三、四條）。

(三)特殊教育

所謂特殊教育（special education）即是以各類特殊兒童為對象的一種教育措施，其目的是在適應各類特殊兒童的個別差異特性，滿足他們獨特需要，充分啟發他們的潛能，以實現全民受教育機會均等的理想（林寶山，民82）。其目的分述如下：

1. 滿足特殊兒童的特殊需要：例如，視障兒童需要學習點字，弱視兒童需要放大鏡，聽障兒童需要助聽器。
2. 消除或減輕障礙：例如，聽障兒童聽不清楚，給他戴上助聽器後，也許就可以聽得清楚了。
3. 啟發潛能：這些有障礙的兒童生來多多少少都有一些能力，若能給予適當的教育，其潛能得以發揮。例如：智能障礙的兒童如果給予好好的教育，在將來仍可貢獻一己之力，服務社會。
4. 教育機會均等：依憲法規定「受教育為國民應盡之義務亦為應享之權利」，既然一般人有接受教育之權利，特殊兒童亦有受教育之權利。

5.回歸常態環境：特殊教育絕對不是要將特殊兒童集合在
　一個封閉的環境（如專屬的學校、專屬的班級），而是希
　望在經過教育之後，讓學生能夠回歸常態的學習及生活
　環境。

(四)特殊教育的安置

以下針對特殊兒童的安置方式做說明：

■特殊學校

即把特殊兒童安置到一個專屬的學校。例如台北市立啓聰
學校、台北市立啓明學校、台北市立啓智學校、高雄市立啓智
學校、國立宜蘭特殊教育學校、私立惠明學校（台中縣）、私立
啓英學校（高雄市）。新式的特殊學校採不分類的方式，如高雄
市立楠梓特殊學校、台北市立文山特殊學校，收容學生可以是
智能障礙、視覺障礙、聽覺障礙和多重障礙等。

■特殊班

特殊班是附設在普通學校內，例如每一年級附設一特殊
班，可區分為二種情況：

1.自足制：特殊班的老師擔任全班所有的課程。
2.合作制：亦稱「部分時間的特殊班」。這些兒童部分時間
　在特殊班上課，部分時間在普通班上課。例如上智育方
　面的課程（如國語、數學等）就在特殊班上課，上美育
　方面的課程（如音樂、美術等）時，就在普通班上課。
　合作制的優點是回歸主流，較有機會和一般的兒童做交
　流。

■資源班（resource room）

即特殊兒童大部分時間在普通班上課，少部分時間在資源教室上課（通常是一週數節課，按學生需要及教師人數而定）。在資源教室內有資源老師做特別輔導，通常是輔導在普通班上課時較弱的部分。例如智能不足的兒童早上在普通班所上的數學不太懂或國字不會寫，下午就抽離到資源教室由資源老師做個別或小組的輔導。或是視障的兒童除在普通班上課外，亦可到資源教室學習點字；而聽障的兒童除在普通班上課外，亦可到資源教室學習手語、讀唇或做說話訓練。

■普通班

普通班顧名思義就是混合就讀，也就是特殊兒童與一般兒童在同一班級中上課。現行的特殊兒童大部分在普通班上課，其原因是回歸主流的表現。

■床邊教學

所謂床邊教學即在醫院成立特殊班或個別指導特殊學生，此種教學對象以罹患慢性病（如心臟病、腎臟病、肝病、肺病）者為主，或其他身心障礙兒童（如肢體障礙）需要在醫院作長期復健者，此種教學以醫療為主，教育、學習為輔，但可隨時彈性調整，教導的方式可有老師面授、電視錄影帶、廣播、電腦網際網路等。

■教育體制外機構

我國特殊教育法第十六條規定：「⋯⋯⋯少年監獄、少年輔育院、社會福利機構及醫療機構附設特殊教育班，應報請當

地主管教育行政機關核准後辦理。」此為教育體制外機構辦理特殊教育的法源依據，目前在台灣無論是公私立養護機構，有不少單位設有特殊班，如台北市第一兒童發展中心等，養護機構特殊班的老師通常由鄰近的學校派老師支援，學生之學籍也附設在鄰近學校，就讀對象通常以中重度障礙學生為主。

■在家教育

學生對象以重度或極重度身心障礙兒童為主，在各縣市政府教育局或學校設輔導員，每週提供一至兩次到家輔導的服務，輔導的內容可為知識的傳授、心理輔導、行為矯正，甚至對家長作親職教育。輔導的方式除巡迴老師前往面授外，還可利用函授、電視、廣播、電腦網際網路等教學活動。

(五)特殊教育的發展趨勢

特殊教育的發展趨勢說明如下：

■對特殊兒童不加分類

不加分類的作法，主要在揚棄傳統醫學本位的身心障礙標記，而注意特殊兒童功能上的損傷（functional impairment），以提供適合其需要的協助，此為目前世界各先進國家的趨勢（何華國，民88）。

■重視特殊兒童高品質的教育權益

訂定個別化教育方案（Individualized Educational Program; 簡稱I.E.P.），以作為提供教學的依據，所謂個別化教育方案是指家長與學校間的協議書，雙方協商如何做，最能符合特殊兒

童的學習需要，I.E.P.是特教老師重要的工作之一，內容明確指出教師要如何教導，以符合個別學生學習能力的需要，此方案之研擬需家長或監護人之參與和同意。

■重視學前教育

特殊教育法第七條規定：特殊教育實施階段時，亦指出「學前教育階段，在醫院、家庭、幼稚園、托兒所、特殊幼稚園（班）、特殊教育學校幼稚部或其他適當場所實施。」台北市公立幼稚園也自八十七學年度起，全面實施融合教育（inclusive education），輕度身心障礙幼兒優先入園的計畫，凡此均表示學前教育對特殊幼兒之重視。

■家長參與

家長參與，至少可有下列幾個意義：

1. 學習教學：家長在學校參與的過程中，可以學習老師如何教導特殊的孩子，回家後再予指導。
2. 組成家長團體：組成家長團體互相傾訴心聲，互相傳遞經驗，或團結一致，為特殊兒童爭取權益。
3. 參與決策：對老師的教學方案，參與決策，讓方案更易落實，有利於特殊兒童的學習。

■研發輔具與教具

科技的進步，對特殊教育產生莫大的貢獻，如團體助聽器的發明，讓啓聰學校（班）的學生受惠；盲用電腦的發明，使視覺障礙學生得以開拓更寬廣的教育內容。

第七章　特殊教育概論

439

■職業導向

特殊學生將來終歸要獨立，立足於社會上，爲此，是否擁有一技之長實爲關鍵，是故特殊教育（尤其國中、高中職階段）就應職業導向，做好職前訓練，有利於就業。我國特殊教育法第廿二條亦規定……對身心障礙者應加強其身心復健及職業教育。

■融合教育

融合（inclusion）教育是目前國際思潮的主流，亦即是回歸主流的概念，也就是將特殊兒童回歸到普通班的「正常社會」學習。融合教育強調特殊兒童和普通兒童的相似性，主張他們在相同的環境接受教育；強調的是和諧性的融合，係指從接納→關懷→包容→互學對方優點→適當糾正彼此的缺點→融合，培養兒童健全人格，使其能力得以充分發展，日後得以各發揮所長，亦能相互扶持（鄭昭雄，民88）。值得一提的是：並非每一位特殊兒童都適合接受融合教育，也並非每一位普通班老師都適合教導特殊兒童。實務上，特殊兒童被安置在普通班內，有許多運氣的成分在內，有的學生被安置在熱忱、細心、負責及專業的導師班上，受到包容與照顧，在快樂中學習與成長；也有的特殊兒童被安置在冷漠、忽視，甚至於排斥的級任導師班級中，其境遇是可想而知的。此外，在融合之時設備、無障礙環境等均需有配套措施，否則特殊兒童仍然無法接受品質良好的教育。

■發展適應體育

適應體育又稱爲特殊體育。教育部已於民國八十八年公布

「適應體育教學中程發展計畫」，在各級學校加強改進適應體育教學，讓身心障礙學生也能享有和普通班學生一起上體育課的權益，獲得發展各種身體機能的機會。

■個別化轉銜計畫

所謂個別化轉銜計畫（Individualized Transition Program, 簡稱I.T.P.）係指執行一項讓身心障礙學生離開現在的學習環境，做好準備進入上一級學校或就業的計畫，包括各種適當的介入與提供的訓練，可協助學生從學校進入上一級學校或職業生活的適應。

二、學習障礙兒童

與其他身心障礙的兒童比較，學習障礙（learning disabilities）兒童算是被父母及老師誤會最深、謾罵最多的小孩，因為他們耳聰目明、四肢完好、頭腦聰明、身體健康……幾乎完全沒有外顯症狀，但是在學校課業的表現就是讓父母及老師頭痛，於是許多負面言語（如聰明但不用功）或行為（如體罰）就不斷地加諸在他們的身上，但其實他們也是感到相當無奈……因此，學習障礙常被認為是一種隱形的障礙或看不見的障礙（invisible handicap），這個說法也道出了學習障礙不易讓人辨識出來的問題。

(一)定義

根據特殊教育法第三條第二項第八款所稱學習障礙，指統

稱因神經心理功能異常而顯現出注意、記憶、理解、推理、表達、知覺或知覺動作協調等能力有顯著問題，以致在聽、說、讀、寫、算等學習上有顯著困難者；其障礙並非因感官、智能、情緒等障礙因素或文化刺激不足、教學不當等環境因素所直接造成之結果。其鑑定標準如下（教育部，民91）：

1.智力正常或在正常程度以上者。

2.個人內在能力有顯著差異者。

3.注意、記憶、聽覺理解、口語表達、基本閱讀技巧、閱讀理解、書寫、數學運算、推理或知覺動作協調等任一能力表現有顯著困難，且經評估後確定一般教育所提供之學習輔導無顯著成效者。

(二)認定標準

　　一般在認定一個學生是否有學習障礙時，通常採用下列三個指標（黃志成等，民93）：

■差距性

　　指潛能和成就有差距。潛能最具代表的是智力，成就最具代表的是學業成績。很多研究皆認為學生的智商和學業成績有正相關，若智商和成績有明顯差距者，但是並非不用功的因素，而是大腦的神經病變所引起，吾人認定可能為學習障礙。

■排他性

　　即前述定義中所指「……非因感官、智能、情緒等障礙因素或文化刺激不足、教學不當等環境因素所直接造成」，以下因

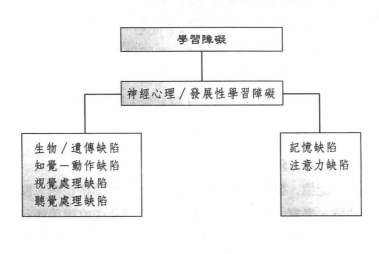

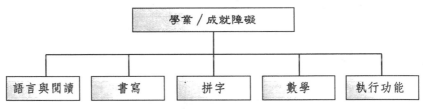

圖7-2 學習障礙的類型

資料來源：Kirk, Gallagher & Anastasiow (2000).

素排除之，包括視覺障礙、聽覺障礙、智能障礙、情緒障礙、缺少教育或教師教學方式不適當等等。亦即兒童若有上述的問題，而又有學習障礙的特質時，吾人不會將之鑑定為學障，而會將之認定為上述的障礙。

■特殊性

至少包含以下兩者：

(1)特殊學習能力的缺陷：例如注意力不集中、記憶力的缺陷或語言的問題等，如此影響學業成績的表現。

(2)此類兒童可能不適合一般教育，而必須給予特殊教育，如此才能滿足其特殊需要，發揮學習效果。

(三)類型

美國特殊教育學者Kirk和他的研究夥伴將學習障礙的類型分為下列三者：

■神經心理／發展性的學習障礙（neuropsychological developmental learning disabilities）

1.生物／遺傳缺陷：指兒童因承繼父母遺傳因子，造成發展上的障礙，而影響學習者。

2.知覺－動作缺陷：感覺、知覺和動作的協調出現問題而影響學習。例如：對類似的刺激有缺陷，難以分辨下列的字「人、入」、「貪、貧」、「今、令」。

3.視覺處理缺陷：指兒童在以眼睛接收訊息後，透過視神經傳達到視覺中樞的過程有問題，而影響學習成效者，例如：看到的東西與大腦的認知有差異。

4.聽覺處理缺陷：指兒童在以耳朵接收訊息後，透過聽神經傳達到聽覺中樞的過程有問題，而影響學習成效者，例如：聽到的聲音與大腦的認知有差異。

5.注意力缺陷：例如上課時注意力無法集中，東張西望，坐立難安，以至於無法學習到老師所講的內容，造成學業成績欠佳。

6.記憶缺陷：一般指記憶有問題。偶爾忘了某些事是正常，但若一個智商在中等以上的學童，卻常常忘東忘西，就可能是記憶有問題了。特別是在課堂上老師所講的內容，學童很容易就忘掉了，以至於考試考不好。以透過注音符號學國字為例，一般學生只要注音符號學會了，學習國字是順理成章的事，但對於學習障礙的學生而言，注音符號和國字之間常無法產生記憶連結，例如：「ㄓˋ」無法與志、制、置、智、治、秩、至等建立連結關係。

■學業／成就障礙（academic／achievement disabilities）

通常指進入國民小學以後才出現的學習障礙。包括：

1.語言與閱讀缺陷：指兒童雖然沒有智能障礙，但無法和同年齡的兒童一樣正常地說話和閱讀，與人溝通有問題，看書會跳字跳行，以至於無法看懂書本的內容，造成考試成績不佳的現象。

2.書寫缺陷：例如「今」和「令」、「人」和「入」等相近文字無法分辨，以至於常常寫錯字或別字。

3.拼字：指英文字彙的拼字常出現錯誤，例如將learning寫成learing。

4.數學缺陷：例如同年齡且智商中等的兒童能運算簡單的

　　加減乘除，該生不會算。

5.執行功能：指對於老師所交代的功課或父母所交代的任務無法有效的達成。

　　由於學習障礙的兒童有上述的問題，以至於常常考不出令父母或老師滿意的成績。而事實上，上述兩類應有因果關係，也就是有「發展性」的學習障礙，造成了「學習性」學習障礙之果（胡永崇，民89）。

■社交障礙（social disabilities）

1.低自我概念：指兒童對自己的認知不清或錯誤，以至於與人互動時產生困難。

2.敵對行為：指兒童與人互動時，常出現敵對行為，如口角、攻擊，以至於影響人際關係。

3.低動機與興趣：指兒童對於與人互動缺乏動機和興趣，以至於在校缺少朋友。

(四)身心特質

■基本特性

1.低成就：指雖然潛能在中等以上，但學業成就低。例如某生已經小學四年級了，但閱讀能力、數學能力或書寫能力只在小學一、二年級水準。也因為如此，常被認為是聰明但不用功。

2.內在能力顯著差異：例如某生做完性向測驗後，發現語文推理能力的百分等級為九十，數學能力百分等級為二十一，空間關係的百分等級為七十九，記憶能力的百分

等級為八十七。由上面的結果，大致可以初步推測該生為數學能力缺陷。經過如此的診斷，也可提供教育上的參考。

3.不穩定的心理動作能力：例如兒童常出現過動、衝動、注意力不集中、破壞力強等狀況。

■學習行為症狀

1.注意力缺陷：上課時不專心，導致不能瞭解老師所講的內容，考試成績當然不好。

2.知覺缺陷：例如視知覺缺陷、聽知覺缺陷及觸知覺缺陷，以至於影響學習成果。

(五)教育安置

對於學習障礙兒童的教育安置，大概可以分為下列幾個方向：

■普通班

學習障礙兒童被安置在普通班上課有二個理由：(1)基於融合教育的觀點，讓學習障礙的學童有更多的機會學習社會適應。(2)因為大部分學校沒有學習障礙的特殊班或資源班，所以學習障礙的兒童以在普通班就學為最多。

■學障班

將學習障礙兒童集合在一起上課，由專業的特教老師依照鑑定結果，撰寫個別化教育方案，依學習障礙兒童的特殊需求給予特殊教育，如此較能重視個別差異，應有較好的學習表

現。

■資源班

即學習障礙兒童大部分時間在普通班上課，只有少部分時間抽離到資源班上課，由資源班的老師針對其缺陷給予特殊的輔導。

(六)教學方法

學習障礙兒童的教學方法很多，主要是根據障礙類型來設計，列舉如下（參考王瓊珠，民91；林素婉，民91）：

■視覺訓練

學習障礙兒童常有符號辨認混淆，左右顛倒，或是閱讀時跳字跳行的現象，其根本問題出在眼睛無法對文字符號做有效處理。因此，可讓兒童走紙上迷宮，練習在兩條線中間畫線；在電腦上快速區辨複雜的視覺刺激，如此均可有效地促進視覺發展或修正視覺上的障礙。

■聽覺訓練

例如以過濾音頻的方式，讓閱讀障礙的兒童只聽某種音樂，或是將聽覺刺激放慢，兒童先聽放慢、拉長的語言後，再練習將聽到的聲音合成。主張聽覺訓練的治療者認為學習障礙者常帶有聽覺理解困難、錯誤指令、聽覺記憶短暫等問題，所以要強化其聽知覺的功能。

■生理的角度介入

例如讓兒童改變睡姿、倒置兒童、讓兒童爬行、以聲音或亮光刺激兒童、服用高劑量維他命、控制過敏原、針灸等，不過最為大家熟知的恐怕是感覺統合訓練。

■潛能發揮

讀寫有困難的兒童，因為能言善道，提供了充滿想像的情境；寫不出卻能讀的兒童，可以領讀；書寫能力較好的兒童，可以扮演白板前的小老師……。透過這種合作學習，除了各展長才，也因互相觀摩學習，而學會勇於嘗試。

三、智能障礙兒童

(一)定義及種類

根據特殊教育法第三條第二項第一款所稱智能障礙，指個人之智能發展較同年齡者明顯遲緩，且在學習及生活適應能力表現上有嚴重困難者，其鑑定標準如下（教育部，民91）：

1. 心智功能明顯低下或個別智力測驗結果未達平均數負二個標準差。
2. 學生在自我照顧、動作、溝通、社會情緒或學科學習等表現上較同齡者有顯著困難情形。

(二)分類

　　智能障礙兒童依教養特性、智商高低及心理年齡發展範圍可以分為三大類，說明如下：

1. 輕度智能障礙兒童又稱為可教育性智能障礙兒童，可以學習一些簡單的國語、數學、社會、自然等學科，教師宜針對他們的程度，設計適合他們的教材。

2. 中度智能障礙兒童又稱為可訓練性智能障礙兒童，可分二點說明：

    (1)在幼兒期和小學階段訓練生活自理能力為主，讓其在生活上盡量不依靠別人，如自己吃飯、穿衣、洗澡等等。此外，另施予簡單的社會適應課程。

    (2)國中以後則施以社會適應課程及簡單的職業訓練，例如簡單的手工、麵包烘焙、印刷、園藝、養殖、清潔工作等等。

3. 重度智能障礙兒童又稱為養護性智能障礙兒童，他們通常無法接受教育或技職訓練，一生都需依賴他人照顧。

表7-1　智能障礙的分類

分類	輕度（可教育性）	中度（可訓練性）	重度（養護性）
智商	50～69	25～49	24以下
心理年齡發展範圍	約8～11或12歲	約4～7歲	約3歲（含以下）

(三)身心特質

　　智能障礙兒童在身心特質方面有部分異於一般兒童，說明如下（黃志成等，民93）：

■在生理方面

　　智能障礙兒童的身高、體重、頭圍、胸圍及身體健康大都比一般兒童差；其次在骨骼、牙齒的發展，也比一般兒童遲緩；感官（如聽覺、視覺、味覺、嗅覺、觸覺）功能較不敏銳；此外，動作發展較同年齡兒童差。

■在心理方面

1. 注意力不集中：常無法對同一遊戲、玩具或功課作較持久的專注。
2. 記憶力較差：對事物記憶的時間較短，記憶廣度狹窄。
3. 想像力貧乏：無法像一般兒童一樣，有豐富的想像空間。
4. 思考能力差：對於大腦功能思考能力的運作，表現常低於同年齡兒童的水準。
5. 語言發展障礙：至少包括兩方面：(1)起步較晚，例如到了二歲還不會叫爸爸媽媽，不會說單字句（one word sentence）。(2)語言障礙，例如構音異常、語暢異常。
6. 認知發展遲緩：以皮亞傑（Piaget）的認知發展為例，皮亞傑把兒童的認知發展分四期，第一期是感覺動作期，重度智能障礙兒童通常一直停留在此期。中度智能障礙者通常可發展到第二階段的前操作期。輕度智能障礙者

通常可以發展到第三階段具體操作期。至於代數、幾何都屬抽象智慧的領域，依皮氏的理論，抽象智慧期為十一至十五歲的發展特徵，所以即使是輕度智能障礙者也很難有機會進到第四期的抽象智慧期，學習這些概念（參考**表7-1**）。

7.自我中心：只能考慮到自己，但非自私。

8.應變能力差：對突發事件可能無法處理，智能障礙兒童只能處理日常例行事情，對於需要應變的事務常不知所措。

9.情緒不穩：因為挫折感大，容易被取笑，自卑，造成情緒不穩。

10.挫折感大：由於能力的不足，智能障礙兒童常有失敗的經驗，所以挫折感較大。

11.求助性高：因為能力的不足，或常遇挫折，為了避免失敗，所以常求助於他人。

12.固執：對於已建立的行為或生活習慣，若有更好的處理方式時，常抗拒改變。

13.自卑：由於自己能力的不足，加上他人的譏笑、謾罵、侮辱，所以智能障礙兒童常常會感到自卑。

■在社會方面

1.因為社會技巧差，所以在與父母、手足、老師、同儕建立良好關係上有困難。

2.由於心智年齡比實足年齡低，所以傾向與年紀較小的兒童玩。例如一位八足歲、智商為五十的兒童，他的心智年齡通常約在四歲左右，所以這位八歲的兒童，若與八歲的一般兒童一起讀書、遊戲時，會顯得困難重重，因

此，若能夠與年紀小的兒童在一起可能會比較合適。

(四)教育目標

對於智能障礙兒童的教育目標，可以分下列幾點說明：

1. 促進身心健康：例如鍛鍊身體健康、加強心理衛生輔導。
2. 培養生活自理能力：使其日常生活食衣住行能夠自理。
3. 培養團體生活的能力：不論托兒所、幼稚園、國小或中學都是過著團體生活，希望藉此學習機會更能適應將來的社會生活。
4. 協助基本知能的學習：基本知能包括日常生活基本知識和自理能力，例如簡單的衛生常識、金錢使用。
5. 培養職業生活的能力：學齡前和國小階段大小肌肉的訓練，對未來從事工作有幫助。國高中職階段則培養簡單的職業技能，以便在離開學校之後，能有一份合適的工作。
6. 休閒生活的輔導：智能障礙兒童常遇挫折且常常有一些負面的情緒，所以心理不是很健康，如此，輔導休閒活動就顯得更加重要，可促使其活潑快樂，並增進身體健康。

(五)教育安置的方法

目前我國對智能障礙兒童的安置方式有下列幾種：

1. 啟智學校：通常中、重度的智能障礙兒童適合安置在啟

智學校。

2.啓智班：可分爲兩類：

(1)學校啓智班：在國民小學通常爲自足式，即啓智班老師包辦所有課程。這種安置方式可叫做「部分隔離」，亦即沒有像特殊學校完全將智障兒童與一般兒童隔離，也沒有像普通班一樣融合。

(2)機構啓智班：例如在收容智能障礙兒童的教養院或啓智中心設啓智班，方便中、重度障礙兒童就學。

3.資源班：智能障礙兒童平時在普通班上課，符合「回歸主流」的理念，但學習上可能有困難，所以每週抽離數小時到資源班，由特殊教育老師個別或小組加以輔導。

4.在家教育：部分重度智能障礙兒童上下學有困難，可施以在家教育，由學校每週定時派教師到家上課。這些家庭在九年義務教育期間可領教育代金。

5.普通班：早期由於啓智班不普遍的因素，所以將智能障礙學生安置在普通班中。新式融合教育及早將智能障礙兒童安置在普通班，可改善將來社會適應問題，所以普通班教師最好也具備特殊教育的知能。

四、自閉症兒童

(一)定義

美國全國自閉症兒童協會（National Society Autistic Children）認爲自閉症有嚴重溝通上的障礙，似乎在很早期即有

認知及知覺功能的損傷而致使他在理解能力、溝通學習及社會關係的參與上的限制（Fallen & McGovern, 1978）。依我國教育部（民91）所公布的「身心障礙及資賦優異學生鑑定標準」中的規定：自閉症係指因神經心理功能異常而顯現出溝通、社會互動、行為及興趣表現上有嚴重問題，造成在學習及生活適應上有顯著困難者。其鑑定標準如下：

1.顯著口語、非口語之溝通困難者。

2.顯著社會互動困難者。

3.表現固定而有限之行為模式及興趣者。

自閉症的出現率為每一萬人中有五至十名，男女患者的比例約為5：1（鄒開鳳，民86）。

(二)身心特質

自閉症兒童通常具有下列之身心特質：

■人際關係的障礙

人際關係的障礙方面包括（黃志成等，民93）：

1.拒絕被抱，或被抱沒有愉快的感覺。

2.逃避他人的視線，目光不與人接觸。

3.被叫喚絲毫沒有反應，態度冷漠。

4.和養育者或家人形同陌路的關係，例如在與父母建立依附關係及與其他家人建立人際關係方面有明顯缺陷。

5.脫離人群而有固執傾向。

6.與人接觸時，只是一種儀式性的反覆動作，並不像正常兒童那樣具有感情，而且也不怕陌生人或陌生的環境。

7.不瞭解社會規範，也無意學習社會規範。

■語言及溝通的障礙

李淑娥（民89）認爲自閉症兒童的語言及溝通具有下列之特點：

1.語言理解困難：自閉症兒童常以語言表面的詞句意思去瞭解一句話，而不能體會抽象的意義，譬如我們常說的「流血不如流汗」，他就只能理解「流血」和「流汗」，想不透其中隱含的關係，像這種抽象的意義對他們是極困難的，所以他們聽話都只是聽表面的意思。

2.仿說能力很強：有時是立即的仿說，有時是過些時候的延宕仿說，例如，問他「你叫什麼名字？」他不會回答：「我叫○○○」，而以仿說的情形又說：「你叫什麼名字？」或只說「名字？」，此種仿說又可稱爲鸚鵡式語言。

3.語彙缺乏：自閉症兒童通常都是使用具體的語彙，如名詞（東西、人物的名稱），動詞（動作的名稱），我要吃、我要買等等，這些是比較容易學的，但是對形容詞、副詞、虛詞等抽象的用字就很難理解，像很高興、悲傷、因爲、所以、雖然等，這些都很難學會或發展出來。

4.語法不成熟：自閉症兒童有些有不少的詞彙，但把詞彙組合起來使用的能力就很差，通常使用的都是簡單句或命令句，如我要做××、去買××；少用疑問句或因果關係的表達語句，如「我可不可以？」、「你如果××就會××」等複雜句，他們難以理解或使用。

5.系統敘述的能力差：有些高功能的自閉症兒童雖已有表

達或轉述一些事情的能力，但仍很難把整個事件做詳細而有系統的敘述，通常是要別人問一句，他答一句，自己無法有結構地敘述或組織一個故事。

■身體及動作特質

自閉症兒童在日常生活中的身體及動作特質，常出現下列之特殊狀況：

1. 自傷行為：如打自己的頭、用頭撞牆、啃手指頭等。
2. 過動傾向：可能極端過動，有時可連續跳躍很久而沒有疲累的感覺。
3. 固執性（或同一性）行為：例如只玩一種玩具或固定吃某一類食物、固定走某一條回家的路等。對事物順序的改變會有激烈反抗，會堅持物品保持一定的位置、排序等固著表現，拒絕變化。
4. 自我刺激行為：如每天都會搖動身體、旋轉身體、擺動手臂、轉頭等，每人表現的方式有個別差異。
5. 感覺異常：如眼睛不看人、迴避與人視線接觸。對光、痛或聲音等感覺刺激，常不太反應或過度反應。
6. 以手（姿）勢表達需求：有需求時（如喝水、吃糖果）以手勢表示，不太喜歡說話。
7. 莫名其妙的笑：自己在玩或沉思時，莫名其妙地笑出來（發出聲或不發出聲）。

■智能與認知特質

自閉症兒童在智能與認知發展，異於一般兒童，說明如下：

1.智力程度不一：自閉症兒童有20％可有正常智力，80％則出現智能不足的現象（汪麗真，民83）。但宋維村（民81）提及自閉症與智能不足的差異在於後者的缺陷是智能的各個面項都低落，不像自閉症仍可能保留某些「智慧的火花」，這保留下來的能力往往達到極優秀的程度。此外，分析自閉症患者魏氏智力測驗的資料並與其他診斷的兒童比較，發現自閉症患者在語文測驗之記憶分測驗得分不比其他診斷者差甚至更高，可是在理解分測驗，自閉症兒童就比其他兒童差很多（宋維村，民89）。

2.認知缺陷：例如在記憶、視動、拼圖、抽象、符號、理解等認知能力常有缺陷，而且對學得的事物缺乏類化應用的能力。

3.不怕危險：對一些危險的事情，如火、玻璃、高低差大的台階、蛇等不會感到害怕。

4.就大部分自閉症患者而言，其操作智商常優於語文智商（宋維村，民89）。

■情緒特質

自閉症兒童偶會因外在不當刺激，而造成焦慮，甚至於憤怒的情緒，常出現有原因或無原因的尖叫、亂踢、亂咬、哭鬧等激烈的情緒反應。

■學習特質

自閉症兒童在學習上常表現出下列的特質：

1.缺乏主動學習的精神：自閉症兒童普遍學習意願不高，自發性行為缺乏，因此無法自動學習。

2.類化困難：所學知識不易主動應用於日常生活中。宋維

村（民89）即認爲類化困難是自閉症教學最大問題之
一。

3.抗拒改變：經常拘泥於同一形式或同一狀態，以至於對
教學上的各種變化產生抗拒與排斥，造成學習上的困
難。

4.挫折感：自閉症兒童在面對難度較高或新的問題無法達
成時，產生高度挫折感，此時常會以生氣、尖叫等方式
來面對挫折，較少用其他有效的策略。

5.分心：自閉症兒童常有注意力方面的問題，包括注意時
間短暫，易被其他刺激吸引而轉移注意力。

6.大多數自閉症兒童的視覺學習優於聽覺學習，例如有些
自閉症兒童還不會叫爸爸媽媽卻會認字，會背課文，但
卻不知道課文的意思，這表示記憶很好，可是理解力差
（宋維村，民89）。

(三)鑑定程序

自閉症兒童如果沒有經過正確鑑定，常被當作智能障礙、
聽覺障礙來看待，不但埋沒了他們潛能，且用錯誤的方式來教
導，影響身心發展甚鉅，故應重視鑑定工作。自閉症兒童的鑑
定，在步驟方面，至少應包括發現、篩選和鑑定三階段，說明
如下（參考自張正芬，民88）：

■發現階段

自閉症兒童的症狀最晚在三歲以前出現。父母或主要照顧
者最遲在三、四歲階段便會因明顯的異常而到醫院求診，而大
部分的自閉症兒童在入小學前就已經診斷確定。由於自閉症屬

能早期發現的類型，若能接受早期療育，其效果更佳。早期發現的指標如溝通、社會性、行為模式和興趣，以及其他方面（如缺乏動機、模仿能力低、感官知覺過度敏感或鈍感的現象……）。當父母、保育人員、幼教教師於日常生活觀察中，發現幼兒有上述行為中的數項時，應至教學醫院接受鑑定或年齡在三歲以上時，可至縣市鑑定安置輔導委員會申請鑑定。至於學齡階段兒童，老師應向學校鑑定小組提出鑑定的申請。

■篩選階段

篩選階段主要在過濾疑似自閉症兒童，以便進行進一步的鑑定工作。此階段可由醫生或學校鑑定小組實施簡易的篩選性工具，如克氏行為量表或自閉症兒童篩選量表，進行篩選工作。篩選階段為疑似自閉症者，應進一步至醫院接受鑑定，或透過學校向縣市鑑輔會提出鑑定申請。

■鑑定階段

已經鑑定確定或領有自閉症身心障礙者手冊而無疑義者，可不需再實施鑑定，直接進行能力評量，並視需要進行相關專業服務需求的評估。未鑑定確定或雖領有身心障礙者手冊，但非自閉症類或雖已鑑定確定但有疑義者，鑑輔會應安排適當的心理評量教師進行評量，或安排至適當的醫院鑑定，以確定是否為自閉症兒童。

(四)教育安置

宋維村（民81）在《自閉症兒童輔導手冊》乙書中指出：學齡前經過矯治的自閉症兒童，有20％可以到普通班就讀，但

仍然需要額外的協助，另有30％自閉症兒童其學習能力無法適應普通班學習，但可以在輕度智能障礙班就讀，其餘50％的自閉症兒童則必須安置在自閉症特殊班或其他教養機構就讀，安置在特殊班或其他教養機構的教育矯治目標以自我照顧及促進個人生存能力為主。自閉症兒童的安置方式大致上可分下列二類：

1.普通班：基於融合教育的觀點，自閉症兒童以在一般學校的普通班就讀為主，在普通班就讀可能需要兩個配套措施，才能夠滿足其特殊需要。

　(1)補救教學：級任老師根據學生在學科學習、語言及社會行為提出輔導計畫，並作補救教學。

　(2)巡迴輔導：由教育行政主管單位召集相關專家學者、特教老師至學校為學童作巡迴輔導。巡迴輔導教師的工作重點，是在協助普通班教師認識自閉症兒童的學習特性及特殊需要，以提供有利的學習環境，幫助自閉症兒童適應學校生活（黃素珍，民87）。

2.資源班：即學童平時在普通班上課，每週再抽離到資源班接受資源老師個別或小組教導，教導的內容含課業輔導、語言輔導、社會行為輔導，以及其他行為治療等。

此外，由於自閉症學童人數不多，無法成立專屬的特殊學校或特殊班，故常依附在其他障礙類型的特殊學校（如啓智、啓聰）、特殊班（如啓智班）、有學籍的機構（社會福利、醫療）特教班、有學籍的機構（社會福利）接受養護訓練或在家教育。

五、嚴重情緒障礙兒童

(一)定義

　　根據特殊教育法第三條第二項第七款所稱嚴重情緒障礙，指長期情緒或行為反應顯著異常，嚴重影響生活適應者；其障礙並非因智能、感官或健康因素直接造成之結果（教育部，民91）。

　　所以嚴重情緒障礙指的是長期的偏異現象，一般精神醫學所指的長期，通常病情持續六個月以上，而非一天、兩天而已。且會影響正常生活及學校適應，例如無法專心上課、無法作作業、家庭生活無法正常等。另外有排除條款，排除智能障礙，亦即若有一個小朋友有情緒障礙也有智能不足，那我們會鑑定其為智能不足而非情緒障礙。感官指的是我們的五官，其中視覺障礙和聽覺障礙就是感官障礙。所以如果全盲和重聽的小朋友若附帶有嚴重情緒障礙的話，同樣的我們會鑑定其為視覺障礙或聽覺障礙，而不認定其為情緒障礙。健康方面也是，身體病弱附帶有情緒障礙時，我們認定其為身體病弱，而非情緒障礙。

(二)種類

　　依照教育部（民91）所提之「身心障礙及資賦優異學生鑑定標準」所列的種類，包括下列數者：

■精神性疾患

　　例如精神分裂症。有精神分裂症的兒童思考無法連貫而有跳躍的現象，例如請他說明昨天發生的事情，他可能會顛顛倒倒，講完了下午的事又跳回早上，這是思想不連貫或跳躍的現象。或有幻覺，如幻聽，可以聽到他人聽不到的聲音；或有幻視，可以看到他人看不到的東西。

■情感性疾患

1. 躁症：當兒童患有躁症時，可能會語無論次、亂發脾氣、坐不住、口中唸唸有詞，有點過動兒傾向，動來動去，顯得毛毛躁躁。
2. 鬱症：例如賴床、不想做任何事、整天懶洋洋不講話。兒童若有鬱症的話，就不太願意參加團體活動，也不喜歡和其他小朋友交談遊玩，一個人靜靜坐在角落，甚至蹲在牆角下。
(3) 躁鬱症：即躁症和鬱症輪替，有時是躁症，有時是鬱症。

■畏懼性（恐懼症）疾患

　　一般所謂的恐懼（phobia）是指特定形式的害怕，通常是指害怕的反應超出現實的程度，而且其感覺是難以理解的，甚至會持續表現出逃避的行為反應。兒童常見的恐懼症介紹如下：

1. 懼高症：有些兒童到了高樓大廈樓頂不敢往下看，或者到了山上不敢走吊橋，這些都屬於懼高症的表現。
2. 社交恐懼症：指不願意有社交活動，參與需要與人互動

的活動時會有恐懼感，例如不敢上臺對大眾講話，很難結交新朋友。

3.幽閉恐懼症：指不敢一個人待在狹小空間裏，例如睡覺時不敢將房門關上。

4.懼動物症：在此所謂懼動物症並非指兒童害怕獅子、老虎，而是指不合理的害怕，例如怕蟑螂、螞蟻等。

5.懼學症：有些兒童沒有理由的害怕上課，尤其在上學前會表現一些不尋常的動作，例如裝病、拖延時間等。

■焦慮性疾患

很多學齡階段的兒童，由於調適力不足以及長期的持續壓力而易產生焦慮性病患。焦慮性病患包括：分離性焦慮、廣泛焦慮、強迫性和創傷後壓力性病患。一般而言，焦慮性病患的出現率約為4-14%，以女生為多，而男生在十歲以後的青春期階段只出現泛焦慮的比例逐漸增加（Wicks-Nelson & Israel, 1997；引自洪儷瑜等，民89），例如慮病症，本身無病，卻誤認為生病或害怕生病。如果一個人罹患癌症當然會害怕，但焦慮症患者可能未得癌症也感到害怕，或者擔心得到癌症，因此整天都在看病，但卻沒病。

■注意力缺陷過動症

患有注意力缺陷過動症（Attention Deficit Hyperactivity Disorder, ADHD）的兒童即俗稱過動兒。

(三)輔導原則

輔導情緒困擾的兒童，必須注意下列幾個原則，其成效會

表7-2 注意力缺陷過動症診斷標準

■注意力缺陷型（inattention type）

本類型至少需持續具有下列八個特徵六個月以上，且這些行為表現與其應有發展水準不符。

1. 學校功課、日常工作或其他活動，經常無法注意細節或因漫不經心，而造成錯誤。
2. 工作或遊戲時，經常無法維持注意力。
3. 別人對他說話時，經常無法維持注意力。
4. 對於學校功課、家庭工作或一般工作，經常無法遵從指示或無法完成（非因反抗或不理解指示）。
5. 經常無法對所從事的工作或活動加以組織。
6. 經常避免或強烈地表示不喜歡需要持續專注心力（mental effort）的工作。
7. 經常忘記攜帶家庭或學校作業、活動所需的物品（例如鉛筆、書、作業）。
8. 經常易因外界刺激而分心。

■過動─衝動型（hyperactive -impulsive）

本類型至少需持續具有下列六個特徵六個月以上，且這些行為表現與其應有發展水準不符。

1. 過動
   (1)坐於座位時，經常手腳動個不停或坐立不安。
   (2)在需要持續坐於座位的教室或其他情境中，卻經常離開座位。
   (3)經常表現過度的、不符情境所需的跑或爬。
   (4)經常難以計畫或從事需要安靜進行的休閒活動。
2. 衝動

（續）表7-2　注意力缺陷過動症診斷標準

(1)經常於問題完成作答前，即搶先回答。

(2)遊戲或於團體性活動的情況中，難於表現依序等待的行為。

■綜合型

持續具有上述二個類型六個月以上，即可稱之為綜合型。

除上述三種類型外，該診斷手冊並列出非特定型，該型雖未符合以上三種類型，但卻具有注意力缺陷／過動之缺陷。

對於ADHD的診斷尚需注意三個標準：(1)行為表現於七歲以前；(2)行為出現於二個情境以上（例如學校與家庭）；(3)明顯地影響其社會、學業或作業活動功能。

資料來源：*American Psychiatric Association*, 1994；引自胡永崇，民
　　　　　89。

更佳（黃志成等，民93）：

1.情緒本身是一個訊號：遇到小朋友哭鬧的時候，大人常利用糖果做條件叫小朋友不要哭，以為只要小孩不再哭泣就沒事了。這是不對的，情緒本身應是一個訊號，我們應當瞭解孩子為什麼哭、為什麼生氣，只是叫他不要哭，問題並沒有解決，情緒依然困擾。如果小朋友不哭，這只是治標的方法，而沒有治本。

2.「瞭解」情緒重於「處理」情緒：如上所述，不能真正瞭解造成情緒困擾的原因，就無法確實地將問題解決，撫平情緒。

3.處理過程：處理的過程依序為：發洩、接納、安撫、瞭解、協助。前面三項是治標的策略，後二項是治本的方

法。例如孩子受了委屈而哭，必須先讓他發洩一下，然後表現對他的接納，小孩子知道自己的委屈已被接納，心中就會感到安慰，接著進行安撫，以上是治標的方法，要治本就要進一步瞭解並協助其解決問題。如果只是安撫他，只哄他別哭，情緒無從發洩也是沒用的。

4. 教導孩子如何適當表現自己的情緒：從小就要教導孩子在適當的時間表現適當的情緒。例如我們不希望孩子在火車上大聲哭泣，我們就要教導他們如何在各種場合表現適當的情緒表現方式。至於在發洩情緒的對象方面，我們也要教導孩子，對什麼人可以有什麼情緒，不可以有什麼情緒。這樣他們才能適當的表現自己的情緒。

5. 讓孩子知道自己（指老師、父母）面對情緒反應的感受：例如當孩子在火車上哭鬧令父母感到難堪時，父母就要讓兒女知道父母內心的感受。使兒女明瞭即使是受了委屈或非常生氣，也不能在任何場合對任何人發脾氣。如此可以避免兒童太過於自我中心，在做任何事時能考慮到別人的感受，幫助其社會化。

(四)輔導方法

輔導情緒障礙兒童的方法有很多，以下就列舉幾個方法以供參考：

1. 心理治療（psychotherapy）：即利用心理學的原理原則及方法，例如正增強、負增強和處罰等方式。有好的行為、情緒表現時就給他物質獎勵（如給糖果或玩具）、精神獎勵（如拍手）和社會性鼓勵（如摸摸頭、抱抱他）。若有不好的行為或情緒出現時，則可給予適度的處罰，

以抑制這類行為的產生。

2. 遊戲治療（play therapy）：小朋友最喜歡玩了，所以當他們鬧情緒時，給他們最喜歡玩的玩具或遊戲，是最好的輔導方法。透過遊戲，小朋友尋找到樂趣，自然就不再鬧情緒了。

3. 工作治療（work therapy）：例如玩積木、剪貼或作勞作等，依兒童個人的喜好而定，兒童在工作中得到快樂，自然可以紓解情緒。

4. 團體治療（group therapy）：最主要是針對較孤僻或社會行為較差的兒童，可以安排幾位社會行為較好的同儕和他一起玩或作功課。因為孤僻行為通常是由不好的人際經驗所引起的，因此若能給一些好的經驗，那麼他們將會再走入人群。

5. 態度治療（attitude therapy）：這是針對兒童的照顧者而言。因為兒童的情緒困擾有許多是因為不當的管教所引起的，所以對照顧者的態度治療也是非常重要。亦即修正父母（或其他照顧者）的管教態度，兒童的情緒或行為問題可獲得消除。

6. 藥物治療（drug therapy）：很多情緒上的問題，如本章前述所提到的精神性疾患、情感性疾患、畏懼性疾患、焦慮性病患、注意力缺陷過動症等，都可以利用藥物作有效的控制，甚至於治療，一般常用的藥物包括中樞神經興奮劑、抗精神病、抗憂鬱劑、抗焦慮劑等。不過對學齡前的幼兒使用藥物治療要特別謹慎，以免妨礙其正常發展。

7. 讀書治療（bibliotherapy）：高嘉慧（民91）認為將讀書治療應用於情緒障礙兒童的輔導會有不錯的成效。其方

法包括：

(1)個案法：以一對一的方式，藉助於童書輔導情緒障礙兒童。亦即教師藉由童書中的情節或人物與兒童討論，協助兒童表達內心的感受，如此可瞭解兒童的情緒問題，進而達到輔導的目的。

(2)理情治療法：以童書中正確的概念去引導兒童因錯誤認知所產生的情緒困擾。

(3)社會學習法：藉助於童書中角色行為的模仿，學習達到治療情緒困擾的目的。

(4)防衛機制法：利用心理自我防衛的方式，消除心理障礙。

六、特殊兒童發生的原因

特殊兒童發生的原因可以由下列幾個方向來探討：

(一)遺傳

基因若有缺陷可能造成智能障礙。根據美國精神醫學會（American Psychiatric Association, 1994）在《心理疾病的診斷與手冊》乙書中提及：智能障礙者因遺傳因素造成的比例為5%。有關學習障礙的研究，DeFries等人（1987）認為同卵雙胞胎的閱讀問題有30%來自於遺傳的因素；Olson等人（1989）的研究發現，同卵雙胞胎二者皆為閱讀障礙的比例，明顯高於異卵雙胞胎，可見閱讀障礙與遺傳有關。

(二)懷孕期

懷孕期間，可能因為孕婦本身的因素、飲食與營養的問題、生病與藥物的問題、外在汙染源的問題等等會造成胎兒腦部或身體發育不健全或受損，導致生出身心障礙的下一代，說明如下（黃志成等，民93）：

1.三十五歲以上的高齡產婦，卵子隨年齡自然老化或身體檢查、生病時照射過量Ｘ光或生病，影響卵子的健康，都可能因此產下智能障礙兒童，尤其是道恩氏症候（Down's Syndrome），或稱為唐氏症、蒙古症（Mongolism）。
2.懷孕期感染疾病，例如德國麻疹、腮腺炎、梅毒、流行性感冒、糖尿病都可能造成身心障礙的下一代。
3.放射線：第二次世界大戰時，美國在日本投下的原子彈及民國七十五年蘇聯車諾比核能電廠爆炸，外洩的放射線皆造成兩國新生兒畸形率偏高的情形。所以孕婦應避免照射Ｘ光。但放射線問題在預防上有死角，例如不知道已懷孕照Ｘ光。而照射部位和劑量也有關係，一般而言，以腹部Ｘ光的照射對胎兒的傷害最為嚴重。
4.藥物：孕婦因為慢性病如腎臟病、肝病等需長期服藥，或服用墮胎藥、安眠藥及麻醉劑使用不當，可能傷害到胎兒。孕婦用藥必須非常小心，應找合格醫師開立處方，並告知懷孕週數，確保胎兒的正常發展。
5.孕婦營養不良，影響胎兒腦部發育。
6.孕婦情緒不穩，引起內分泌失調，影響胎兒腦部發育。
7.維他命服用不當，例如維他命A過量。

8.抽煙（含二手煙）：香煙中含有尼古丁等等兩、三千種化學物質，其中有部分可能會傷及胎兒腦部發育，所以孕婦應該禁止抽煙。

9.喝酒：酒精有麻醉作用，孕婦喝酒，會透過血液循環，由臍帶傳給胎兒，會使胎兒造成智能不足（朱繼璋，民90）。

10.咖啡因：懷孕婦女喝咖啡是否會對胎兒的智力造成影響，目前並沒有直接證據。但經過一些動物實驗（如給懷孕的母鼠服用高劑量的咖啡因）以及人類的觀察結果，發現懷孕婦女經常飲用含咖啡因飲料（包括咖啡、茶、可樂等），可能會影響胎兒智力、流產、新生兒體重較輕、嬰兒難以入睡等現象（胡津筌，民89）。

11.鉛中毒：鉛是種具有神經毒性的重金屬元素，鉛中毒在兒童期最普遍的表現形式是對智能的影響（孫安迪，民89）。

12.小頭症：小頭症的定義是頭圍在平均年齡和性別中小於三個百分位。有很多原因會引起小頭症，例如染色體異常、先天性感染、藥物等等，大部分小頭症的小孩都有智能發展遲緩的情形，故需早期療育、及早安排適當的照顧計畫（高慧芝，民90）。

13.近親通婚：Adams及Neel（1967）曾研究近親交配的風險，他們比較十八個近親婚姻（十二個是兄妹，六個是父女）的嬰兒與控制組（控制組的條件包括年齡、智力、社經地位和其他有關的特性）嬰兒的發展。在六個月的時候，近親婚姻中有五個嬰兒死亡，兩個有嚴重智力障礙而住院治療，三個顯示臨界智力，一個有兔唇。在所有十八個嬰兒中只有七個被認為是正常。相對的，

控制組的嬰兒只有兩個不被認為正常，一個顯示臨界智力，另一個則有身體缺陷（引自游恆山譯，民89）。

(三)生產時

生產過程可能造成身心障礙的高危險狀況說明如下：

1. 生產過程過長、缺氧：例如初產婦產道狹小，生產時間過長，或者臍帶纏住脖子造成缺氧，破壞中樞神經，導致智能障礙、學習障礙等。
2. 器械或麻醉劑使用不當：例如難產時產鉗或吸引器使用不當傷到新生兒的腦部，可能會導致各種障礙。
3. 早產兒：早產可能導致腦部功能不全、障礙，而造成日後腦部發育、學習或情緒的問題。

(四)後天因素

造成身心障礙兒童的後天因素包括：

1. 病毒的感染：例如罹患腦炎、腦膜炎、白喉、流行性感冒傷到中樞神經系統，這些疾病都有一個共同的特點，就是細菌病毒侵入嬰幼兒腦部，使大腦受到傷害，如此可能造成智能障礙、學習障礙和嚴重情緒障礙。此外，美國全國自閉症兒童協會（National Society for Autistic Children）認為自閉症有嚴重溝通上的障礙，似乎在很早期即有認知及知覺功能的損傷而致使他在理解能力、溝通學習及社會關係的參與上的限制（Fallen & McGovern, 1978）。

2.長時間發燒過度：雖然發燒不是造成智能障礙的直接原因，但發燒表示有細菌或病毒入侵大腦。若只退燒不對症下藥殺死病毒，治標不治本，拖延病情可能傷害幼兒腦部，造成智能障礙。一般而言，發燒至41.7度以上（張培鑫，民90）或42度以上（張文華，民90），會造成智能障礙。

3.意外事件：兒童容易因為意外事件的腦傷而導致智能障礙。例如，幼兒被窗帘的繩子纏住脖子或塑膠袋罩住頭部而致使腦部缺氧、游泳溺水、頭部外傷，造成智能障礙。

4.甲狀腺功能低下：新生嬰兒罹患此症應該及早接受治療，其生長曲線、智力方能與常人無異，但若在六個月以後才開始治療，則平均智商只有五十九而已（高慧芝，民90）。

5.成長環境因素：如人格結構的失衡、早期不良生活經驗、日常生活上的挫折、環境剝奪等，都可能造成情緒或學習的問題。

6.營養不良：會影響腦部的發育，進而影響學習的問題。

7.腦部生化不平衡：會影響智力、情緒及學習的問題。

8.教育失當：例如大班級教學、管教過於嚴格、教材使用不當、未能注意個別差異等因素，均可能造成學習障礙。

參考書目

中文部分

王瓊珠（民91），〈學習障礙可以治療嗎？〉，《國語日報》，91年4月7日，第13版。

朱繼璋（民90），〈孕婦用藥安全〉，《嬰兒與母親月刊》，第298期，90年8月出版，第208~211頁。

何華國（民88），《特殊兒童心理與教育》，台北市：五南圖書出版公司。

李淑娥（民89），〈自閉症的語言特質及訓練〉，《台北市自閉症教育協進會會訊》，第10期，第2~3頁。

宋維村（民81），《自閉症兒童輔導手冊》，教育部第二次特殊兒童普查工作執行小組發行。

宋維村（民89），《自閉症學生輔導手冊》，教育部特殊教育小組主編，國立台南師範學院印製。

汪麗眞（民83），《自閉症兒童母親教養壓力、親職角色適應與教養服務需求之研究》，中國文化大學兒童福利研究所碩士論文。

林素婉（民91），〈學障兒的語文學習指引〉，《國語日報》，91年4月7日，第13版。

林寶山（民82），《特殊教育導論》，台北市：五南圖書出版公司。

洪儷瑜、黃慈愛、彭于峰、翁素珍、林書萍、吳怡潔（民89），《情緒障礙學生輔導手冊》，教育部特殊教育小組主編，國立台南師範學院印製。

胡永崇（民89），〈學習障礙者的教育〉，載於王文科主編之《特殊教育導論》，台北市：心理出版社。

胡津笙（民89），〈孕婦及哺乳期母親應少喝咖啡〉，《台灣日報》，89年4月21日，13版。

孫安迪（民89），〈鉛傷害兒童智力，削弱免疫〉，《中國時報》，89年5月23日，39版。

高嘉慧（民91），〈讀書治療對情緒障礙兒童輔導的應用〉，於91年4月26日假崑山科技大學舉辦之「2002童書與兒童情緒輔導學術研討會」所發表之論文。

高慧芝（民90），〈頭頸異樣觀測法〉，《育兒生活雜誌》，2001年2

月，第137~140頁。

徐享良（民89），〈第一章 緒論〉，載於王文科主編之《特殊教育導論》，台北市：心理出版社。

教育部（民91），「身心障礙及資賦優異學生鑑定標準」。

張文華（民90），〈講求速效的就醫思迷〉，《嬰兒與母親月刊》，第298期，民國90年8月出版，第172~176頁。

張正芬（民88），〈自閉症學生鑑定原則鑑定基準說明〉，載於張蓓莉主編之《身心障礙及資賦優異學生鑑定原則鑑定基準說明手冊》，第109~120頁。

張培鑫（民90），〈寶寶發燒會不會燒壞腦袋瓜？〉，《嬰兒與母親月刊》，第298期，民國90年8月出版，第158~162頁。

黃志成、王麗美、高嘉慧（民93），《特殊教育》，台北市：揚智文化公司。

黃素珍（民87），〈自閉症兒童巡迴輔導教學實務〉，《國小特殊教育》，第24期，第38~44頁。

游恆山譯（民89），《變態心理學》，台北市：五南圖書出版公司。

鄒開鳳（民86），〈認識自閉症系列〉，《台北市自閉症教育協進會會訊》，第2期。

鄭昭雄（民88），〈源、緣、圓—融合教育在台灣省立彰化啓智學校〉，《特殊教育季刊》，第70期，第21~25頁。

賴慧貞（民89），〈延緩入學好不好？〉，《國語日報》，90年7月2日，第13版。

英文部分

American Psychiatric Association, 1994, *Diagnostic and Statistical Manual of Mental Disorders (4th ed.)*. Washington, D.C.: American Psychiatric Association.

Gearheart, B. R. & Litton, F. W., 1979, *The Trainable Retarded: A Foundations Approach*. ST. Louis, Missouri: The C.V. Mosby Company.

DeFries, F., Fulker, D. & LaBuda, M., 1987, Evidence for genetic etiology in reading disabilities of twins. *Nature*, 329, 537~539.

Fallen, N. H. & McGovern, J. E., 1978, *Young Children with Special Needs*, Ohio: A Bell & Howell Company.

Kirk, S. A., Gallagher, J. J. & Anastasiow, N. J., 2000, *Educating*

Exceptional Children. N.Y.: Houghton Mifflin Co.

Olson, R., Wise, B., Conners Rack, J. & Fulker, D., 1989, Specific deficits in component reading and language, skills: Genetic and environment influences. *Journal of Learning Disabilities*, 22, 339~348.

附錄　特殊教育法

中華民國七十三年十二月十七日
總統（73）華總（一）義字第六六九二號令公布
中華民國八十六年五月十四日
總統華總（一）義字第八六○○一一二八二○號令修正公布
中華民國九十年十二月二十六日
總統華總一義字第九○○○二五四一一○號令修正公布

第一條　為使身心障礙及資賦優異之國民，均有接受適性教育
　　　　之權利，充分發展身心潛能，培養健全人格，增進服
　　　　務社會能力，特制定本法；本法未規定者，依其他有
　　　　關法律之規定。

第二條　本法所稱主管教育行政機關：在中央為教育部；在直
　　　　轄市為直轄市政府；在縣市為縣（市）政府。
　　　　本法所定事項涉及各目的事業主管機關業務時，各該
　　　　機關應配合辦理。

第三條　本法所稱身心障礙，係指因生理或心理之顯著障礙，
　　　　致需特殊教育和相關特殊教育服務措施之協助者。
　　　　本法所稱身心障礙，指具有左列情形之一者：
　　　　一、智能障礙。
　　　　二、視覺障礙。
　　　　三、聽覺障礙。
　　　　四、語言障礙。
　　　　五、肢體障礙。

六、身體病弱。

七、嚴重情緒障礙。

八、學習障礙。

九、多重障礙。

十、自閉症。

十一、發展遲緩。

十二、其他顯著障礙。

前項各款鑑定之標準，由中央主管教育行政機關會商相關機關定之。

第四條　本法所稱資賦優異，係指在左列領域中有卓越潛能或傑出表現者：

一、一般智能。

二、學術性向。

三、藝術才能。

四、創造能力。

五、領導能力。

六、其他特殊才能。

前項各款鑑定之標準，由中央主管教育行政機關定之。

第五條　特殊教育之課程、教材及教法，應保持彈性，適合學生身心特性及需要；其辦法由中央主管教育行政機關定之。

對身心障礙學生，應配合其需要，進行有關復健、訓練治療。

第六條　各級主管教育行政機關為研究改進特殊教育課程、教材教法及教具之需要，應主動委託學術及特殊教育學校或特殊教育機構等相關單位進研究。

中央主管教育行政機關應指定相關機關成立研究發展中心。

第七條　特殊教育之實施，分下列三階段：

一、學前教育階段，在醫院、家庭、幼稚園、托兒所、特殊幼稚園（班）、特殊教育學校幼稚部或其他適當場所實施。

二、國民教育階段，在醫院、國民小學、國民中學、特殊教育學校（班）或其他適當場所實施。

三、國民教育階段完成後，在高級中等以上學校、特殊教育學校（班）、醫院或其他成人教育機構等適當場所實施。

為因應特殊教育學校之教學需要，其教育階段及年級安排，應保持彈性。

第八條　學前教育及國民教育階段之特殊教育，由直轄市或縣（市）主管教育行政機關辦理為原則。

國民教育完成後之特殊教育，由各級主管教育行政機關辦理。

各階段之特殊教育，除由政府辦理外，並鼓勵或委託民間辦理。主管教育行政機關對民間辦理特殊教育應優予獎助；其獎助對象、條件、方式、違反規定時之處理及其他應遵行事項之辦法，由中央主管教育行政機關定之。

第九條　各階段特殊教育之學生入學年齡及修業年限，對身心障礙國民，除依義務教育之年限規定辦理外，並應向下延伸至三歲，於本法公布施行六年內逐步完成。

國民教育階段身心障礙學生因身心發展狀況及學習需要，得經該管主管教育行政機關核定延長修業年限，

並以延長二年爲原則。

第十條　爲執行特殊教育工作，各級主管教育行政機關應設專責單位，各級政府承辦特殊教育業務人員及特殊教育學校之主管人員，應優先任用相關專業人員。

第十一條　各師範校院應設特殊教育中心，負責協助其輔導區內特殊教育學生之鑑定、教學及輔導工作。

大學校院設有教育院、系、所、學程或特殊教育系、所、學程者，應鼓勵設特殊教育中心。

第十二條　直轄市及縣（市）主管教育行政機關應設特殊教育學生鑑定及就學輔導委員會，聘請衛生及有關機關代表、相關服務專業人員及學生家長代表爲委員，處理有關鑑定、安置及輔導事宜。有關之學生家長並得列席。

第十三條　各級學校應主動發掘學生特質，透過適當鑑定，按身心發展狀況及學習需要，輔導其就讀適當特殊教育學校（班）、普通學校相當班級或其他適當場所。

身心障礙學生之教育安置，應以滿足學生學習需要爲前提下，最少限制的環境爲原則。

直轄市及縣（市）主管教育行政機關應每年重新評估其教育安置之適當性。

第十四條　對於就讀普通班之身心障礙學生，應予適當安置及輔導；其安置原則及輔導方式之辦法，由各級主管教育行政機關定之。

爲使普通班老師得以兼顧身心障礙學生及其他學生之需要，身心障礙學生就讀之普通班應減少班級人數；其減少班級人數之條件及核算方式之辦法，由各級主管教育行政機關定之。

第十五條　各級主管教育行政機關應結合特殊教育機構及專業人員，提供普通學校輔導特殊教育學生之有關評量、教學及行政支援服務；其支援服務項目及實施方式之辦法，由中央主管教育行政機關定之。

第十六條　特殊教育學校（班）之設立，應力求普及，以小班、小校爲原則，並朝社區化方向發展。少年矯正學校、社會福利機構及醫療機構附設特殊教育班，應報請當地主管教育行政機關核准後辦理。

第十七條　爲普及身心障礙兒童及青少年之學前教育、早期療育及職業教育，各級主管教育行政機關應妥當規劃加強推動師資培訓及在職訓練。

特殊教育學校置校長，其聘任資格依教育人員任用條例之規定，聘任程序比照各該校所設學部最高教育階段之學校法規之規定。特殊教育學校（班）、特殊幼稚園（班），應依實際需要置特殊教育教師、相關專業人員及助理人員。特殊教育教師之資格及聘任，依師資培育法及教育人員任用條例之規定；相關專業人員及助理人員之類別、職責、遴用資格、程序、報酬及其他權益事項之辦法，由中央主管教育行政機關定之。

特殊教育學校（班）、特殊幼稚園（班）設施之設置，應以適合個別化教學爲原則，並提供無障礙之學習環境及適當之相關服務。

前二項人員之編制、設施規模、設備及組織之設置標準，由中央主管教育行政機關定之。

第十八條　設有特殊教育系（所）之師範大學、師範學院或一般大學，爲辦理特殊教育各項實驗研究，並供教學

實習，得附設特殊教育學校（班）。

第十九條　接受國民教育以上之特殊教育學生，其品學兼優或有特殊表現者，各級政府應給予獎助；家境清寒者，應給予助學金、獎學金或教育補助費。

前項學生屬身心障礙者，各級政府應減免其學雜費，並依其家庭經濟狀況，給予個人必需之教科書及教育補助器材。

身心障礙學生於接受國民教育時，無法自行上下學者，由各級政府免費提供交通工具；確有困難，無法提供者，補助其交通費。

前三項獎助之對象、條件、金額、名額、次數及其他應遵行事項之辦法，由各級政府定之。

第二十條　身心障礙學生，在特殊教育學校（班）修業期滿，依修業情形發給畢業證書或修業證書。

對失學之身心障礙國民，應辦理學力鑑定及規劃實施免費成人教育；其辦理學力鑑定及實施成人教育之對象、辦理單位、方式及其他相關事項之辦法，由各級主管教育行政機關定之。

第二十一條　完成國民教育之身心障礙學生，依其志願報考各級學校或經主管教育行政機關甄試、保送或登記、分發進入各級學校，各級學校不得以身心障礙為由拒絕其入學；其升學輔導辦法，由中央主管教育行政機關定之。

各級學校入學試務單位應依考生障礙類型、程度，提供考試適當服務措施，由各試務單位於考前訂定公告之。

第二十二條　身心障礙教育之診斷與教學工作，應以專業團隊合作進行為原則，集合衛生醫療、教育、社會福利、就業服務等專業，共同提供課業學習、生活、就業轉銜等協助；身心障礙教育專業團隊設置與實施辦法，由中央主管教育行政機關定之。

第二十三條　各級主管教育行政機關應每年定期舉辦特殊教育學生狀況調查及教育安置需求人口通報，出版統計年報，並依據實際需求規劃設立各級特殊學校（班）或其他身心障礙教育措施及教育資源的分配，以維護特殊教育學生接受適性教育之權利。

第二十四條　就讀特殊學校（班）及一般學校普通班之身心障礙者，學校應依據其學習及生活需要，提供無障礙環境、資源教室、錄音及報讀服務、提醒、手語翻譯、調頻助聽器、代抄筆記、盲用電腦、擴視鏡、放大鏡、點字書籍、生活協助、復健治療、家庭支援、家長諮詢等必要之教育輔助器材及相關支持服務；其實施辦法，由各級主管教育行政機關定之。

第二十五條　為提供身心障礙兒童及早接受療育之機會，各級政府應由醫療主管機關召集，結合醫療、教育、社政主管機關，共同規劃及辦理早期療育工作。對於就讀幼兒教育機構者，得發給教育補助費。

第二十六條　各級學校應提供特殊教育學生家庭包括資訊、諮詢、輔導、親職教育課程等支援服務，特殊教育學生家長至少一人為該校家長會委員。

第二十七條　各級學校應對每位身心障礙學生擬定個別化教育計畫，並應邀請身心障礙學生家長參與其擬定與

教育安置。

第二十八條　對資賦優異者，得降低入學年齡或縮短修業年限；縮短修業年限之資賦優異學生，其學籍、畢業資格及升學，比照應屆畢業學生辦理；其降低入學年齡、縮短修業年限與升學及其他相關事項之辦法，由中央主管教育行政機關定之。

第二十九條　資賦優異教學，應以結合社區資源、參與社區各類方案爲主，並得聘任具特殊專才者爲特約指導教師。
各級學校對於身心障礙及社經文化地位不利之資賦優異學生，應加強鑑定與輔導。

第三十條　各級政府應按年從寬編列特殊教育預算，在中央政府不得低於當年度教育主管預算百分之三；在地方政府不得低於當年度教育主管預算百分之五。
地方政府編列預算時，應優先辦理身心障礙學生教育。
中央政府爲均衡地方身心障礙教育之發展，應視需要補助地方人事及業務經費，以辦理身心障礙教育。

第三十一條　各級主管教育行政機關爲促進特殊教育發展及處理各項權益申訴事宜，應聘請專家、學者、相關團體、機構及家長代表爲諮詢委員，並定期召開會議。
爲保障特殊教育學生教育權利，應提供申訴服務；其申訴案件之處理程序、方式及其他相關服務事項之辦法，由中央主管教育行政機關定之。

第三十二條　本法施行細則，由中央主管教育行政機關定之。

第三十三條　本法自公布日施行。

幼教叢書 18

兒童課後照顧服務訓練教材(上)

主 編 者／郭靜晃、黃志成、王順民
著　　者／郭靜晃等
出 版 者／揚智文化事業股份有限公司
發 行 人／葉忠賢
總 編 輯／林新倫
登 記 證／局版北市業字第1117號
地　　址／台北市新生南路三段88號5樓之6
電　　話／(02)2366-0309
傳　　真／(02)2366-0310
網　　址／http://www.ycrc.com.tw
✉ E-mail／service@ycrc.com.tw
郵撥帳號／19735365
戶　　名／葉忠賢
法律顧問／北辰著作權事務所　蕭雄淋律師
印　　刷／鼎易印刷事業股份有限公司
Ｉ Ｓ Ｂ Ｎ／957-818-680-0
初版一刷／2004年12月
定　　價／新台幣550元

國家圖書館出版品預行編目資料

兒童課後照顧服務訓練教材＝Teaching
materials of schoolager's after-school care
in child welfare professionals' training／郭
靜晃, 黃志成, 王順民主編. -- 初版. -- 臺北
市：揚智文化, 2004- ［民93- ］
　　冊：　公分. - -（幼教叢書；18）

　ISBN 957-818-680-0（上冊；平裝）

　1.兒童學 2.兒童發展 3.兒童福利

523.1　　　　　　　　　　　　93017918